# 분절된 노동, 변형된 계급

# 분절된 노동, 변형된 계급

초판 1쇄 발행  2022년 10월 21일
　　3쇄 발행  2023년 10월 31일

지은이  유형근
펴낸이  강수걸
편집  오해은 강나래 신지은 이선화 이소영 이혜정 김소원
디자인  권문경 조은비
펴낸곳  산지니
등록  2005년 2월 7일 제333-3370000251002005000001호
주소  부산시 해운대구 수영강변대로 140 BCC 626호
전화  051-504-7070 | 팩스  051-507-7543
홈페이지  www.sanzinibook.com
전자우편  sanzini@sanzinibook.com
블로그  http://sanzinibook.tistory.com

ISBN  979-11-6861-097-2 93330

# 분절된 노동, 변형된 계급

## 울산 대공장 노동자의 생애와 노동운동

유형근 지음

산지니

나는 이 책에서 울산의 현대자동차와 현대중공업에서 일하는 산업노동자들의 일과 생활, 문화와 정체성, 노동조합 활동과 저항의 역사를 들여다봄으로써, 민주화 이후 지난 35년의 급격한 사회 변동 속에서 한국의 노동계급이 지나온 행로를 이해하고 오늘날 그들의 집단적 실천은 어디로 향하고 있는지 알아보고자 했다.

이와 관련하여 지난 수십 년 동안 국내외의 많은 연구자들은 한국의 노동운동과 노사관계, 노동정치와 노동체제에 대한 훌륭한 연구를 내놓았고, 이 책도 그러한 성과가 없었다면 쓰일 수 없었을 것이다. 하지만 오래전부터 나는 다음 세 가지 측면에서 아쉬움과 함께 내가 보태고 싶은 바를 생각해왔는데, 이 책은 그 결과물로 나온 것이다.

먼저 나는 산업노동자의 삶의 지평 속에서 노동운동과 노사관계의 의미를 조망하고 싶었다. 여기서 말하는 삶의 지평을 쉽게 풀면, 평범한 노동자들이 공장에서 일하며 가족과 살아온 생애를 말한다. 한국의 정치체제와 경제구조, 노사관계 제도와 노동체제가 수많은 노동자의 운명을 규정해온 것은 틀림없는 사실이지만, 반대로 노동자들은 자신이 살아가는 사회의 구조변동, 산업과 작업장 질서의 변화에 어떻게 적응해왔을까? 이 질문을 본격적으로 파고든 연구는 의외로 찾기 힘들었다.

다음으로, 이와 연관되는 것인데, 노동자의 삶의 지평을 고려하는 경우라도 대개의 연구는 그들의 일터로 분석의 범위를 제한했다. 그런데 공장에서 일을 마치고 퇴근한 후에 그들은 누구와 어울리는가? 가족의 주된 생계부양자로서 남성 노동자는 배우자와 자녀들의 소망을 실현시켜주기 위해 무엇에 힘쓰고 또 무엇을 희생했을까? 그들은 기름때 묻은 작업복을 자녀에게 물려주고 싶어 할까? 이러한 질문들은 별로 제기되지 않았고, 그에 대한 학문적 탐구도 부족해 보였다. 나는 노동자가 생산자이면서 동시에 소비자, 가족의 생계부양자, 지역사회 주민, 교회 신자, 중년의 위기를 겪는 아저씨이기도 하다는 점을 망각하지 않는 연구를 할 수 있길 바랐다.

마지막으로, 노동자의 삶의 지평을 전체적으로 파악하기 위해서는 장기적인 시야를 가질 필요가 있어 보였다. 특정 시점에서 노사관계를 살피거나, 불과 수년의 시야 속에서 노동자의 집합행동을 판단하다 보면, 엄격한 방법론을 동원했더라도 성급한 결론을 내리거나 침소봉대할 가능성이 충분하다. 특히 유행에 민감하고 '축적의 시간'을 충분히 갖지 못하는 한국의 학문 풍토에서 그런 위험은 배가된다. 이 책의 연구대상인 울산 대공장 노동자들은 한때 '골리앗 전사'로 불리며 민주노조운동을 견인해가는 투사들로 칭송받다가, 불과 몇 년이 지나지 않아 자본가와 담합하는 '귀족'의 반열에 오르기 시작했으며, 오늘날에는 자기들끼리 공장 안에서 똬리를 틀고 미래 전환을 가로막는 기득권 세력의 표상처럼 취급되고 있다. 이 모든 재현들은 분명히 부분적인 진실을 담고 있다. 하지만 그것 중 어느 하나를 고정된 실체로 판단하거나 영구적 속성처럼 다루는 것은 조심할 필요가 있다. 나는 노동계급의 집단주의(collectivism)라는 것이 원래 이런 다면성과 모순을 품고 있다고 생각한다. 이것은 서구의 노동사 분야의 연구물을 읽으며 알게 된 것이다. 한국의 노동계급이라고 다를 리 없을 것이다. 문제는 그들의 성향과 행동의 다면성을 가능한 한 온전하게 이해하고, 그것을 주조해낸 구조와 환경의 힘을 밝혀내며, 그 속에서 변화의 가능성을 장기적인 시야 속에서 찾아가는 작업이 필요한 것이다.

이런 문제의식 속에서 나는 1980년대부터 오늘날까지 울산의 대공장에서 약 40년에 걸쳐 일해온 1세대 산업노동자들의 생애와 생활 전반을 아우르면서 그들이 하나의 조직된 집단적 행위자로 스스로를 만들어간 역사적 과정을 이 책에서 탐구하려고 했다. 되돌아보면, 원래의 지적 소망이 이 책에서 온전히 해결되었다고 스스로 자부하기에는 부족한 점이 많은 게 사실이지만, 그것은 이 책의 한계로 남겨두고자 한다.

이 책은 2012년에 심사를 통과한 나의 박사학위논문과 학위를 받고 난 이후 썼던 몇 편의 논문들을 토대로 했다. 단행본 작업을 하면서 나의 연구들을 다시 쪼개어 붙이며 수정했고, 전면적으로 다시 서술하는 작업을 거쳤다. 그 과정에서 예전 작업에서 오류를 발견하여 바로잡은 경우도 있었고, 새롭게 자료 분석을 하여 내용을 보강하거나 최근의 연구들을 참조하며 논지를 다소 수정하기도 했다. 이 과정에서 학술지에 발표했던 논문들이 수정과 보완을 거쳐 이 책의 이곳저곳에 사용되었다. 이에 해당하는 논문들은 다음과 같다.

2장의 일부는 "20세기 울산의 형성과 역사적 변천: 공업도시, 기업도시, 노동자도시"(『사회와 역사』 95권, 2012)의 내용에서 가져왔다. 4장 2절과 7장 2절은 "노동조합 임금정책의 점진적 변형: 자동차산업을 중심으로"(『한국사회학』 48권 4호, 2014)를 축약하거나 다소 수정한 것이다. 5장 2절과 6장 3절의 상당 부분은 송호근 교수와 함께 발표한 "거주지의 공간성과 노동계급의 형성: 울산 북구와 동구의 비교연구"(『산업노동연구』 15권 2호, 2009)를 수정하고 발전시킨 것이다. 8장 2절은 조형제 교수와 함께 발표했던 "현대자동차 비정규직의 정규직 되기: 투쟁과 협상의 변주곡, 2003-2106년"(『산업노동연구』 23권 1호, 2017)의 일부를 큰 폭으로 수정했다. 8장 3절은 "금속산업 사내하청 노동자 투쟁의 난관과 운동의 분화"(『산업노동연구』 26권 3호, 2020) 중에서 이 책과 직접 관련된 부분을 가져왔다. 9장은 "민주화 이후 노동자 저항의 궤적과 집합행동의 레퍼토리: 울산지역을 중심으로, 1987-2016"(『산업노동연구』 23권 3호, 2017)을 발전시켰고 새롭게 자료를 분석하여 내용을 보강했다.

내가 울산 현지조사를 처음 시작한 때는 2007년 1월이었다. 그 이후 지금까지 15년 동안 붙잡고 있었던 울산 대공장 노동자 연구를 이 책을 통해 마무리하기까지 수많은 분들로부터 크고 작은 도움을 받았다. 울산 연구를 구상하고 실천하게 된 것은 서울대 사회학과 대학원에서 노동세미나를 수년간 함께했던 선후배 동학들과의 지적 소통과 토론 덕분이었다. 대학원에서 나의 지도교수였던 송호근 교수는, 현지조사에 필요한 재정 지원과 더불어, 내 글의 허점을 간파하는 질문을 수시로 던지며 논문에서 담고자 하는 나만의 주장과 명제를 명확히 하도록 끊임없이 요구했다. 당시의 논문지도는 이후에 내가 독립된 연구자로 살아갈 수 있는 밑거름이 되었다. 조형제 교수는 15년 전 겨울 울산에 처음 내려간 나에게 현지조사의 안내자 겸 후원자로 많은 도움을 주었다. 또한 몇 년 전 울산에서 함께했던 현대자동차 비정규직 조사 연구는 학자의 열정과 장인정신을 가까이서 직접 목격하며 배울 수 있었던 소중한 기회였다. 이재열 교수는 졸업 이후 서울대 사회학과 대학원의 이론구성 세미나 수업에 초청해서 발표할 기회를 내게 수차례 제공했다. 그 발표를 통해 학위논문에 숨어 있었던 설명의 논리를 나 스스로 뒤늦게 깨우치기도 했다. 김철식 교수, 장귀연 소장, 김보성 후배는 이 책의 뼈대를 이루는 학위논문 초고를 꼼꼼히 읽어주었을 뿐만 아니라, 대학원 졸업 이후 2014~2015년에 울산 현지조사를 함께하기도 했다. 당시 수집한 자료가 이 책 곳곳에서 사용되었다. 이 기회를 빌려 세 분에게 감사의 말씀을 드리고 싶다. 한국산업노동학회와 비판사회학회의 학술대회, 한국노동사회연구소 노동포럼, 참세상 주례토론회, 시민포럼 대안과 실천, 자동차연구모임, 서울대 사회학과 대학원의 사회학이론구성 세미나, 중앙대 사회학과 콜로키움, 노동포럼 나무 월례포럼 등에서 이 책의 일부를 발표할 수 있었고 그 기회를 통해 유익한 의견과 비판적 논평을 얻을 수 있었다. 연구년을 허락해주어 이 책을 마무리할 기회를 준 부산대 일반사회교육과 동료 교수들에게도 감사의 인사를 드리고 싶다.

울산 지역의 노동운동과 관련된 문서자료의 상당 부분은 노동자역사 한내의 활동가들이 오랜 세월 묵묵히 수집·정리한 노동운동역사자료실에서 얻을 수 있었다. 학위논문을 쓰기 전에 수많은 조사연구와 토론을 함께했던 한국노동사회연구소의 여러 연구원들이 없었더라면, 나는 이 책을 쓰는 데 결정적이었던 현장에 기초한 노동 연구의 역량을 기르지 못했을 것이다. 현지조사에서 만났던 노동자, 노동운동가, 시민운동가, 지역주민, 노동자 가족 분들에게도 머리 숙여 감사를 표한다. 이 분들이 외지에서 찾아온 낯선 이에게 자신의 시간을 기꺼이 내어주지 않았더라면 이 책은 쓰이지 못했을 것이다. 현지조사 과정에서 특히 고영호, 김태근, 설남종, 이동익, 최병승, 하부영 등 지역의 노동·시민운동가들로부터 이루 헤아릴 수 없는 도움을 받았다. 금속노조 미조직비정규실 간부들은 장시간 인터뷰에 응해주었고 여러 지역의 비정규직 노조 활동가들과의 만남을 주선해주었다. 덕분에 이 책의 8장을 쓸 수 있었다.

날로 어려워지는 출판 여건에서도 이 책의 출판 의의를 인정해주며 출간 제안에 응해준 산지니의 강수걸 대표와 편집 작업에 애써준 오혜은 씨에게 머리 숙여 감사의 말씀을 드린다.

내 삶의 동반자이면서 항상 내 글의 첫 독자로 조언을 해주는 허은 박사가 없었더라면 오랫동안 완성을 미루던 이 책을 낼 용기와 힘을 얻을 수 없었을 것이다. 이 책은 나의 첫 단독 저서이다. 이 책을 부모님께 바친다. 두 분에게서 나는 타인을 사랑하는 법을 배웠다.

2022년 9월
유형근

# 차례

## 10장 결론

# 1장

# 서론

# 1. 문제의식

한국 산업노동자들의 계급형성을 조망한『한국 노동계급의 형성』(2002)의 마지막 장에서 구해근은 21세기의 초입에 한국 노동운동이 기로에 서 있다고 말했었다. 두 갈래의 길이 앞에 놓여 있었다. 한쪽은 강력한 계급조직을 갖추고 건설적인 미래상을 제시할 역량을 발전시켜 가는 길이고, 다른 쪽은 내부적 분열과 사회적 고립에 시달리는 허물어지기 쉬운 계급으로 퇴보하는 길이었다.

> 새로운 세기의 벽두에, 한국 노동운동은 새로운 기로에 놓여 있다고 하겠다. 새롭게 태어난 한국의 노동자계급은 강력하고 효과적인 계급조직을 갖추고 건설적인 미래상을 제시하면서 성숙한 노동계급으로 계속해서 성장할 수 있다. 다른 한편 현재의 경제 상황은 한국의 노동계급을 협소한 노동조합주의에 몰두하게 만들어, 내부적으로는 분열되고 외부적으로는 고립되게 만들 수도 있다(구해근, 2002: 304).

오늘날의 시점에서 되돌아보면 과연 한국의 노동계급은 어느 길로 나아갔다고 말할 수 있을까? 그 후 20년 동안 우리는 한국의 노동계급이 두 번째 길로 들어선 게 아닌가 하는 의구심을 떨치지 못해왔다. 한국의 노동운동은 강력한 계급조직 건설을 위한 사활적

과제로 추구했던 산업별 노조운동과 노동자 정치세력화는, 초보적 단결을 넘어서 더 이상 진전되지 못하거나 내부 분열로 실패했다고 평가될 만큼 무너진 상태이다. 세계화와 고용 유연화의 압력이 가중되면서 노동계급의 파편화가 가속화되었고, 임금노동자들은 점점 축소되고 있는 소수의 안정된 일자리를 두고 치열한 경쟁을 벌이며 분열과 배제의 움직임이 커져갔다.

1987년 이후 한국 노동계급 형성의 중심 세력이었던 수출부문 제조업의 대공장 노동자들의 상황은 더욱 비관적으로 보인다. 그들이 특권적 신분집단이 되었다는 진단이 성행했으며, 대공장 노동자의 경제적 이기주의를 비판하거나 연대의식의 쇠퇴를 우려하는 목소리가 높아진 지 오래되었다(신광영, 2005; 이병훈, 2005; 송호근, 2017; 조효래, 2018). 한국의 대공장 정규직 노동자의 사회적 행위와 태도를 놓고 볼 때, 우리는 마르크스가 기대한 프롤레타리아의 계급적 통일성보다는, 오히려 베버가 말한 경제적 기회의 독점을 위한 "공동체의 폐쇄 과정"(베버, 2009: 153)을 쉽게 떠올리지 않을 수 없다.

비교역사의 관점에서, 우리는 이러한 한국 산업노동자들의 경험이 해명되어야 할 예외적 성격을 갖고 있음을 짐작할 수 있다. 장구한 노동계급 형성의 역사적 과정 속에서 유럽의 노동자들은 20세기 초반에 전국 수준의 노동조합과 정당으로 조직되어 계급균열에 따른 정당체계로 진입하는 정치적 통합을 경험했고(Lipset, 1983; Ebbinghaus, 1995), 미국의 노동자들은 헤게모니 국가의 사회협약과 실리적 노조주의를 배경으로 20세기 중반 대중소비주의로의 문화적 통합에 도달했으며(안정옥, 2002), 일본의 노동자들은 회사에 종속적인 종업원으로서의 정체성이 지배하는 기업 공동체로의 통합이 이루어졌다(Gordon, 1985; Clark, 1979). 하지만 한국의 산업노동자들은 이러한 중심부 국가들의 경험 중 어느 하나에 해당한다고 말하기 힘들다. 더욱이 한국은 다른 동아시아의 신흥 공업국들에 비해서는 강력하고 전투적인 노동운동을 발달시켰던 반면에, 비슷한 시기에 민주화와 노동운동의 성장을 경험한 브라질과 남아프리카공화국과는 다르게 노동자 정당은 약체화를 면하지 못했고 노동운동의 사회적 영향력 면에서도 주변적 위치에 고립되어 있는 실정이다(은수미, 2005).

'한국 예외주의'라고도 부를 수 있는 이러한 특수성을 해명하기 위하여 기존 연구들은 대체로 '1987년 노동체제'의 한계를 규명하거나 노동시장 분절에 주목하는 구조적 설명을 취했다. 이러한 논의에서 노동운동의 위기는 생산체제와 노동시장 구조 변화에 대한 주체적 대응이 실패한 결과로 인식되었고, 노동운동의 혁신과 연대의 활성화가 규범적 처방으로 제시되곤 했다(임영일, 2003; 최장집 외, 2005; 노중기, 2008).

그러나 연대의 행위 규범을 강조하는 이러한 연구들이 정작 간과하고 있는 것은, 오늘의 한국 사회에 과연 '노동자 연대의 사회적 기반'이 존재하는가 하는 점이다. 전통적으로 노동자 연대의 원천은 공통의 노동조건, 동질적인 지역사회와 계급적 하위문화, 그리고 문화적 전통의 공유 등과 같은 노동계급 성원들 간의 공동체성(실제적인 것이든 상상된 것이든)에 있었다(Hyman, 1999; 촐, 2008). 그러나 우리가 목도하고 있는 최근의 현실은 노동계급의 내부 분화 및 개인화, 세계화와 구조조정에 따른 불안정성의 심화와 계급 내적인 경쟁의 격화, 평등주의의 쇠퇴 등에 의하여 전통적인 노동자 연대의 사회적 기반은 훼손된 반면에, 새로운 연대형식은 난망한 형국이라고 할 수 있다. 따라서 우리는 연대의 규범을 말하기 이전에 그 연대 규범의 현실 유관성을 보다 진지하게 성찰해야 한다.

이러한 문제의식 하에 이 책은 한국의 대공장 정규직 노동자들의 연대적 행위 잠재력이 약화된 이유를 울산 지역을 사례로 규명하려고 한다. 그중에서도 분석의 초점은 울산의 핵심부 노동자층이라고 할 수 있는 현대자동차와 현대중공업 소속의 생산직 노동자들이다.

그렇다면 왜 울산에 주목하려고 하는가? 먼저 한국의 자본주의적 산업화가 국가가 위로부터 육성한 공업도시를 중심으로 이루어졌음을 떠올려보아야 한다. 한국의 노동운동이나 노동계급 형성에 대한 기존 연구들은 한국의 핵심적 조직노동 세력이 공업도시에서 일하며 생활해왔다는 점에는 별로 주목하지 않았다. 울산, 인천, 마산·창원, 포항 등의 대규모 공업도시의 노동운동이나 노동계급 형성을 장기적인 시야에서 본격적으로 다룬 저작도 거의 없다. 이러한 공백은 한국의 노동계급 연구가 허약한 지반 위에서 이루어졌음을 암시한다.

울산은 정부가 지정한 최초의 계획공업도시이자 오늘날까지 최대의 중화학 공업단지가 있는 곳으로서 한국의 공업도시를 대표한다. 또한 울산은 '노동운동의 메카'라는 별칭에서 알 수 있듯이 1980년대 이후 한국 노동운동의 중심지였고, 2000년대 이후에는 '진보정치 1번지'라 불릴 정도로 노동자 정치세력화에서도 상당한 성과를 거둔 곳이었다. 그만큼 공업도시 울산을 깊이 분석하면 민주화 이후 한국 노동계급 형성이 이룬 것과 이루지 못한 것이 무엇인지 파악할 수 있을 것이다.

또한 울산은 노동계급 내부의 경계긋기가 비교적 뚜렷한 지역이라는 특징을 갖는다. 울산은 지역 경제를 지배하는 핵심 대기업이 중소기업들을 수직적으로 통합하여 공존하는 공업도시이다(조형제 외, 2001). 이러한 위계적인 기업간 관계는 고용관계의 계층화를 낳으며 지역노동시장의 분절을 심화시켰다. 기업간 분업구조(원하청 관계)와 고용형태(정규직과 비정규직의 분절)에 따른 복잡한 노동계급 내 지위의 성층화는 노동자 연대를 가로막는 주요한 구조적 요인으로 작용했다. 하지만 다른 한편으로 보면, 울산은 분절노동시장을 타파하고 노동계급의 단결을 꾀하려는 노동자들의 집합행동(collective action)과 노동운동이 어느 곳보다 활성화된 곳이기도 했다. 1987년 노동자대투쟁이 울산에서 시작되고 1996/97년 노동법 개정 반대 총파업에서 울산의 대공장 노동자들이 선도적인 투쟁을 벌였던 것처럼, 2000년대 이후 새롭게 등장한 제조업 비정규직 노동운동도 울산의 금속산업 대공장들에서 매우 활발했다. 따라서 울산의 사례는 노동계급 내부의 분절과 연대의 파노라마를 장기적 시각에서 살피는 데 충분한 경험적 증거들을 품고 있을 것으로 기대할 수 있다.

## 2. 분석의 시각

일반적으로 1987년 이후 한국의 노동계급 형성은 민주화 이행기 노동정치의 산물로 묘사되거나, 노동자 조직의 계급 역량의 발전과 동일시되었다. 이러한 시각은 일정한 타당성을 갖는다. 특히 본격적인 의미에서 중공업 부문의 노동자들이 계급으로 형성되기 시작한 시기가 정치체제의 민주적 개방과 맞물린 한국 사회에서 '정치적·조직적 공간'(Valenzuela, 1989)이 계급형성의 결과에 미친 영향은 매우 컸다. 민주화 이후 한국의 노동계급이 직면해야 했던 정치적 공간의 탈계급성('노동 없는 민주주의')과 조직적 공간의 파편화(기업별 노조체제)가 그것이다(김동춘, 1995; 임영일, 1998; 최장집, 2005). 그런데 기존 논의들은 공통적으로 노동계급 형성을 계급이익을 실현할 계급조직의 형성으로 파악하고 그것의 구조적 제약 조건을 규명하였지만, 이론적이고 경험적인 수준에서 다음과 같은 문제점을 갖고 있다.

첫째, 계급형성을 계급조직의 형성으로 등치시킬 경우 계급형성 연구는 (노동자 정당이 취약한 한국에서는) 노동조합의 결성과 연대, 분화와 통합에 관한 분석으로 치환된다. 이 경우 노동계급 형성의 정도는 노조 조직률, 조직의 포괄성, 정치적 힘과 이데올로기적 급진성 등에 의해 좌우된다. 실제로 한국 노동계급 형성을 직접적으로 다루고 있는 대표적인 연구 사례들은 "노동조합운동의 궤적을 중심으로" 노동계급 형성의 역사적 변천을 분석하거나(조돈문, 2005: 89), "독립적 노동조합으로의 노동자들의 결집 정도, 그리고 노동조합의 분산성과 밀집성의 정도"를 기준으로 계급형성의 변이를 설명하고자 했다(임영일, 2006: 176). 결국 노동조합의 조직화 수준과 조직 역량을 설명한 후 그것이 노동계급 형성의 성격과 정도를 판별하는 핵심 기준이 되는 것이다. 그러나 이러한 설명은 노동계급 형성 연구를 노동자 조직 또는 노동조합 연구로 축소시키는 결과를 낳는다.

둘째, 이보다 중요한 문제는 노동조합 조직 역량을 중심에 둔 계급형성 연구가 노동계급의 사회적 삶 중에서 '조합원으로서의 노동자'의 삶에만 주목한다는 점이다. 하지만 노동자 조직과 노동운동은 공장과 가족, 주거와 지역사회 등 노동자의 삶의 공간에서 전개되는 노동계급의 실천들 전체를 완전히 포괄하거나 표현하지는 못한다. "프롤레타리아화된 개인들을 특징짓는 이해관계, 생활 형태, 담론 형태의 환원 불가능한 다양성"은 언제나 노동운동과 그것의 조직형태에서 비껴나가곤 하며, 그 틈새와 균열 속에서 새로운 조직 형태와 운동이 재구성된다(발리바르, 2022: 293). 따라서 '조합원' 또는 '투쟁 참여자'로서의 노동자에 배타적인 관심을 쏟는 것은 일면적 또는 왜곡된 인식을 초래할 수 있다. 노동자 조직과 노동정치에 대한 진정한 이해를 위해서도 그 조직의 일부를 이루는 사람들의 계급상황, 일상생활, 삶의 열망 등을 살펴보는 게 필요할 것인데, 기존의 연구 경향은 이 중에서도 노동운동의 실천과 활동에 직접 관련되는 사회적 삶에 관심을 집중했다.

또한 노동자들의 사회적 정체성과 행위가 계급적 내용을 갖게 되더라도 그것이 작업장의 노동 경험이나 노동조합에의 참여로부터만 만들어지는 것은 아니다. 집단 정체성과 노동자 의식에 영향을 미치는 노동자들의 사회적 삶과 경험은 고유의 구조와 동학을 가진 지역사회의 사회적 관계, 가족생활의 패턴, 여가와 소비생활 등도 포함해야 그 전체적 모습을 파악할 수 있다. 게다가 '조합원으로서의 노동자'를 다루는 경우에도 대부분의 논의는 일반 노동자의 경험과 의식보다는, 노조 지도부와 노동운동가 집단의 그것을 일반화시키는 경우가 많았다. 연구자들의 눈에 포착된 이른바 '민주노조 정체성'은 사실은 노조 리더십과 활동가 집단의 그것이었다고 해도 크게 틀리지 않다(신병현, 2006). 따라서 한국의 노동계급 형성 연구에 있어 가장 큰 공백 중의 하나는 기층의 일반 노동자들의 사회적 삶과 문화에 대한 분석의 결핍이라고 할 수 있다.[1]

셋째, 우리는 노동계급 형성을 "시공간에 깊이 배태된, 경로의존적이고 상호연계적인 지역의 역사들"(Kalb, 2000: 36)에 대한 연구로서 접근할 필요가 있다. 대부분의 기존 연구들은 전국 수준에서 벌어지는 노동정치를 포착하거나, 사업장 단위의 노사관계와 노조 활동을 분석하는 데 머물러 있었다. 여기서 발생하는 문제는 계급형성의 시공간적 맥락을 소홀히 다룬다는 점이다. 이 문제를 극복하기 위해서는 지역이나 도시 차원의 중범위 수준의 연구가 요청된다. 개별 사업장의 미시적 수준이나 전국적인 거시적 노동정치의 수준이 아닌 지역이라는 중범위 수준은 작업장이나 노조 활동으로 국한되지 않는 노동자의 사회적 삶을 총체적으로 파악하는 데 있어 보다 적합한 분석 범위라고 볼 수 있다.

---

1  독일의 노동사학자 위르겐 코카는 지금까지의 노동사를 두 가지로 구분한다 (Kocka, 2001). 하나는 좁은 의미의 노동사로, 임금노동자들의 사회운동의 역사이며 주로 운동의 지도자, 운동조직, 집합행동에 관한 연구이다. 다른 하나는 넓은 의미의 노동사이다. 그것은 일반적인 노동계급들의 역사로서 주로 다양한 특성을 지닌 노동자들의 가족생활, 인구, 일상문화, 여가활동, 주거생활, 종교, 이주 경험 등을 다루는 것이다. 코카의 구분에 의하면, 한국의 경우 노동계급 형성 연구는 전자에 집중되어 있었고, 후자에 대한 관심은 지극히 적었다고 하겠다. 그런데 2000년대 이후 한국의 노동사 연구들은 공식적인 노동자 조직에 대한 배타적 관심에서 벗어나 일반 노동자들의 문화와 노동자 정체성에 대한 중요한 연구 성과를 내놓았다(이종구 외, 2005, 2006, 2010; 김원, 2006). 하지만 이들 연구의 대부분은 1987년 이전의 노동자를 주요한 연구대상으로 설정했기에 이 책의 논의와 관련해서 제한적 함의를 갖는다.

이러한 선행 연구들의 한계를 극복하기 위해서는 노동계급 형성에 관한 기존의 이론을 비판적으로 재구성하여 사례연구에 적합한 분석틀을 구축하는 것이 요청된다. 이를 위하여 이 책은 최근의 계급이론과 노동사의 연구 성과를 계급형성 이론의 관점에서 새롭게 종합할 것이다.

## 3. 노동계급 형성의 이론

### 1) 계급이익과 노동계급 형성

계급구조가 한 사회의 경제적 분업과 생산관계에 따라서 객관적으로 존재하는 '빈칸'을 구획하고 개인들을 그 빈칸에 할당함으로써 얻게 되는 계급들의 객관적 배치를 의미한다면, 계급형성은 그 '빈칸'에 모인 개인들이 하나의 사회적·문화적·정치적 공동체를 형성하는 역사적 과정과 그 결과를 가리킨다. 마르크스주의 계급이론에서 계급형성의 문제는 전통적으로 즉자적 계급(class-in-itself)과 대자적 계급(class-for-itself)의 구분에 기초했다. 이 모델에서 즉자적 계급은 생산과정에서의 착취관계의 구조에 의해 규정되며, 그 착취관계에 대한 인식에 기초하여 계급의식을 획득함으로써 집단적 행위자로서의 대자적 계급이 출현하게 된다.

그렇다면 한 계급에 속하는 개인들을 공통의 의식을 가진 집단적 행위자로 형성하게 하는 물질적 근거는 무엇인가? 마르크스주의 계급이론은 그것을 계급이익(class interests)으로 개념화한다. 여기서 계급이익은 "자신들이 처한 상황의 원인과 상황을 극복할 수 있는 방법들을 완전하게 인식하였을 때, 그 계급의 성원들이 갖게 되는 목적"으로 규정된다(Elster, 1985: 349). 이로부터 계급형성은 계급이익을 기초로 한 조직된 집단의 형성을 의미하게 된다(라이트, 2005: 27).

그런데 이러한 '이익에 기초한 계급형성' 개념은 이론적 딜레마를 내포하고 있다. 이익은 특정한 행위자와는 독립적으로 존재하는 객관적 계급구조로부터 '외생적으로' 결정된다는 것이 그것이다. 이익에 기초한 계급형성 개념을 정교화한 라이트는 "자본주의 사회에서의 계급이익은 자본주의적 관계의 신비화와 왜곡이 없을 때에 투쟁의 실제적 목표로 설정되는 잠재적 목적"(Wright, 1978: 89)으로 정의하며, 자연스럽게 '진정한' 또는 '객관적인' 계급이익이라는 관념으로 이어진다(라이트, 2005: 315). 이러한 이론적 접근이 갖는 문제점은 다음과 같다.

첫째, 그것은 실제 역사에서 존재하지 않는 '혁명적 계급의식'을 행위 규범으로 놓게 된다. 이 경우 진정한 계급이익과 그것에 대한 확고한 자기의식(이른바 '계급의식')은 객관적으로 주어져 있는 것으로 간주되었고, 설명의 대상은 왜 현실의 노동자들은 이론이 예상하는 목표에서 이탈하여 행동하는가에 맞추어지는 경향이 강했다.

둘째, 계급이익은 구조적으로 주어진 객관성으로 정의된다. 즉, 생산을 둘러싼 착취관계가 객관적인 만큼 거기에서 발생하는 계급이익 또한 객관적인 것이다. 그러나 현실의 노동계급은 객관적으로 주어진 이익을 그저 자각하는 존재들이 아니라, 구체적인 상황에서 담화적·조직적 실천을 통해 자신의 이익을 스스로 정의하며 행동하는 존재로 보는 게 더 현실 적합성이 높다(Offe and Wiesenthal, 1980).

셋째, 계급이익의 개념은 동일한 사회적 범주에 속하는 성원들은 동일한 이해를 가진다는 가정을 함축하고 있다(Somers, 1997: 87-88). 이에 기초한 계급형성 이론에 따르면, 같은 사회적 범주에 속한 개인들의 사회적 행위는 그 범주에 속함으로써 지니게 된다고 가정된 이익의 표출로 간주된다. 이익을 공유하는 집합체는 마치 그것이 여러 육체를 지닌 단일한 정신인 것처럼 취급되는 것이다(보울스·진티스, 1994: 260). 이러한 인식론에서는 현실의 계급 성원들은 계급투쟁과 계급실천을 통해 공통의 이익을 구성하고, 나아가 계급 그 자체를 만드는('계급에 관한 투쟁') 능동적 행위자라는 점이 간과되고 있다(쉐보르스키, 1995: 91-94).

넷째, 방법론적으로 볼 때 이익에 기초한 계급형성 개념은 형식화된 연역적 모델로는 사용할 수 있겠지만, 구체적인 역사 분석에서는 그 유용성이 떨어진다. 실제로 계급형성은 객관적 계급이익에 부합하는 것(혁명적 계급)과 그렇지 않은 것(개혁적 계급), 또는 계급형성의 성공과 실패 등과 같은 이분 변수로 취급되기 쉽다.[2] 이러한 이분법적 정식화는 계급형성 문제를 전부 아니면 전무의 문제로 다루기 쉽고, 현실의 노동계급이 한 번도 가져보지 못했으나 이론

---

2 라이트는 계급이익을 자본주의적 생산관계를 넘어서고자 하는 근본 계급이익과 자본주의적 생산관계 내에서의 당면 계급이익으로 이분화한다(Wright, 1978: 88-91). 특정 사회에서 나타난 역사적 현상으로서의 계급형성을 다루는 조돈문의 경우에는 객관적 계급이익 대신에 '노동계급이 자체적으로 정의한 계급이익' 개념을 사용하지만, 여전히 라이트의 근본/당면 계급이익의 구분을 받아들여 노동계급의 존재양식을 '혁명적 계급'과 '개혁적 계급'으로 대별한다(조돈문, 2004: 17-19).

이 예견하는 계급의식을 소유하지 못하면 계급형성이 실패한 것으로 보는 효과를 낳는다. 결국에 이러한 정식화는 결정적으로 특정 사회(또는 지역)의 구체적인 역사 속에서 나타난 노동계급의 형성이 실제로 어떠한 내용과 특질을 갖는가에 대한 질문에 별다른 대답을 하지 못하게 되는 것이다.

## 2) 계급경험과 노동계급 형성

공통의 객관적 이익에 기초하여 계급이 형성된다는 명제에 대한 비판은 1963년 출간된 톰슨(E. P. Thompson)의 『영국 노동계급의 형성』에서 나타났다. 이 저작은 계급에 대한 새로운 이해 방식을 제시했다. 비록 그가 자신의 계급 개념을 이론적 수준에서 체계적으로 제시하지는 않았지만, 여러 저작들에서 당시의 구조기능주의 사회학과 구조주의적 마르크스주의의 계급 분석을 비판하며 자신만의 계급형성 이론을 창조해내었다(톰슨, 2000a: 6-11; 2000b: 271-273; Thompson, 1978a: 146-150; 1978b: 106, 295).

톰슨은 계급을 "시간의 매개 안에서" 규정할 수 있는 역사적 현상이자, 공통의 "경험"을 통해 형성되는 "사회적 · 문화적 구성체"로 인식한다(Thompson, 1978b: 295). 또한 계급은 추상적인 구조의 파생물이 아니라 "계급적 방식으로 스스로를 규정하려는 성향"을 지니는 사람들이 만들어가는 것으로 보았다.

우리의 논의에서 중요한 지점은, 계급형성에 있어 경험(experience)이 갖는 이론적 위치와 설명력이다. 왜냐하면 톰슨은 계급의 객관적 조건으로부터 계급의식이 발달하는 과정을 규명하기 위해서 객관적 계급이익 대신에 경험이라는 개념을 도입하기 때문이다.

우선 톰슨은 생산관계의 구조적 위치로부터 발생한다고 간주되는 '진정한' 또는 '객관적인' 계급이익과 그로부터 출현하는 계급의식이라는 구조주의적 계급 개념을 신랄하게 비판했다. 대신에 그는 계급의 객관적 조건(생산관계)과 계급의식 사이를 사람들의 생생한 경험이 매개한다고 주장했다. 경험의 매개를 거치며 "구조는 과정으로 바뀌고, 주체는 역사 속으로 다시 들어간다."(Thompson, 1978b: 170) 그렇기 때문에 그에게 있어 계급형성은 구조적 수준에서의 객관적 이익에 의해 그 목적과 방향이 사전에 결정되어 있는 것이 결코 아닌 것이다(Thompson, 1978a: 150).

톰슨의 역사 서술에서의 주된 관심은, 노동대중들이 전승된 문화·관습·담론 하에서 자신들의 사회적 삶에서 직면하는 다층적인 경험들을 계급적 방식으로 다루며 만들어가는 집단적 자의식(계급의식)을 추적하는 것에 집중되어 있다.[3] 따라서 계급형성 과정의 핵심은 경험이 계급의식으로 전환되는 과정과 그 논리라고 할 수 있다. 그가 1830년대에 영국의 노동대중이 하나의 계급으로 형성되었

---

3 실제로 그는 『영국 노동계급의 형성』을 이러한 순서대로 구성했다(톰슨, 2000a, 2000b). 1부 '자유의 나무'는 17세기 이래 영국 민중들에게 전승된 문화, 관습, 정치담론을 추적하여 그들이 '자유인으로 태어난 잉글랜드인'이라는 정체성을 지닌 사람들로서 산업혁명에 직면하였음을 서술한다. 2부 '아담의 저주'는 농업노동자·장인·직조공 등의 다양한 노동대중들이 초기 산업혁명 과정에서 겪은 계급적 경험들을 보여주고 그들의 종교·관습·공동체생활 등에서 그러한 경험들을 다루는 방식을 자세히 서술한다. 마지막 3부 '노동계급의 등장'은 이 모든 노동대중 집단들 사이에서 집단적 자의식이 출현하고 계급의식에 기초한 노동계급의 제도들이 형성되는 과정을 보여준다.

다고 판단하는 최종 근거는, 이해관계의 동일성과 대립성을 인식하는 계급의식의 성장과 함께, 이러한 자기의식에 토대를 둔 다양한 노동계급의 제도들(노동조합, 공제조합, 교육운동, 정치조직, 정기간행물) 그리고 노동계급의 지적 전통, 지역공동체 패턴, 감정구조 등이 바로 이 시기에 확고해졌다는 역사적 사실이었다(톰슨, 2000a: 272-273; 2000b: 496, 529).

그렇다면 과연 경험의 개념으로 노동계급 형성의 과정을 적절하게 포착할 수 있는가? 분석 범주로서의 경험을 놓고 볼 때, 그 개념은 다음 두 가지 측면에서 문제점을 갖는다.

먼저, 톰슨의 경험 개념은 그 외연이 너무 포괄적이거나 자의적으로 정의되어 결국 계급형성 개념이 분석적으로 활용되지 못하는 결과를 낳는다. 톰슨은 경험을 생산관계와 계급의식을, 또는 사회적 존재와 사회적 의식을 매개하는 것으로 제시하지만, 실제로는 경험의 범주가 그것이 매개하는 것으로 상정하는 양쪽 모두를 포괄하는 넓은 외연을 갖고 있다(Sewell, 1990: 59-60). 『영국 노동계급의 형성』에서 생산관계는 추상물이 아니라 사람들의 경험으로 묘사되며(특히 2부), 계급의식도 노동자들이 정치사회적 투쟁 속에서 만들어진 구체적인 경험들로 서술된다(특히 마지막 16장). 즉, 경험은 매개적 역할을 넘어서서 그에게 있어 노동계급 형성 그 자체와 동일시되었던 것이다. 이로 인해 '분석적 개념으로서의 경험'의 이론적 지위는 결국 취약하게 된다.

다음으로, 톰슨의 경험에 기초한 계급형성의 개념화는 즉자-대자적 계급 모델을 완전히 극복하지 못한 것으로 보인다. 그는 경제결정론을 비판하기 위한 핵심 개념으로 경험 범주를 도입했지만, 그 개념은 여전히 '생산관계' 또는 '물질적 생활'에 근거를 두고 있다. "'경험'은 최종 심급에서 '물질적 생활'에서 발생하는 것"이고 "계급적 경험은 사람들이 태어나면서 맺게 되는, 바꿔 말하면 자기의 의도와는 상관없이 그 속에 들어가게 되는 그러한 생산관계에 의해서 주로 결정된다."(Thompson, 1978b: 171; 톰슨, 2000a: 7) 생산관계는 다양한 경험들이 '계급적' 경험으로 접합될 수 있도록 하는 필수적인 공통분모의 기능을 하고, 다시 계급적 경험은 사람들의 성향과 의식을 계급 정체성으로 통일하는 역할을 수행한다(Scott, 1991: 784-85). 그러나 실제 노동사에서 계급 사회의 경험들이 계급의식과 계급투쟁으로 인과적으로 연결되는 것이 필연이 아니라는 점은 이미 널리 알려져 있다. 톰슨이 고찰한 19세기 초반의 영국 사회에서는 경험을 매개로 계급의식과 계급행동으로 이어지는 인과적 연결이 나타났지만, 다른 시대와 다른 사회에서 그러한 모델이 적용될 필연적 이유는 없는 것이다(Katznelson, 1986: 11). 톰슨이 고찰한 19세기 초반 영국은 '생산관계→계급경험→계급의식/투쟁'의 인과적 연쇄가 나타난 하나의 예외적 사례일 수도 있는 것이다. 따라서 경험에 기초한 계급형성 이론은 '객관적 이익' 대신에 '경험' 개념을 도입하여 결정론적 계급이론을 극복하려고 했으나, 결국 여전히 즉자-대자적 계급 모델에서 완전하게 벗어나지는 못했다고 볼 수 있다.

### 3) 계급의 네 가지 차원과 노동계급 형성

그렇다면, '이익'과 '경험'에 기초한 계급형성 이론들이 갖는 문제점과 한계를 극복할 수 있는 이론적 돌파구는 무엇인가? 이 책에서는 그 출발로서 막스 베버(Max Weber)가 일반적인 '공동체'(또는 사회집단)를 형성하게 한 주요한 힘들 가운데 '계급'과 '신분'을 구분한 점에서 찾고자 한다. 베버는 아래에서 보듯이 계급상태(class situation)와 계급행위(class action)의 연관을 우연적인 것으로 취급한다.

> '계급'은 … 공동체가 아니라, 단지 공동체행위의 가능한 (그리고 빈번한) 토대를 나타낼 뿐이다. … 계급에 속해 있는 사람들의 '대중행위'로부터 '공동체행위'가 발생하고 경우에 따라서 '이익사회적 결합'이 발생하는 정도는 일반적인 문화조건에 결부되고, … 보다 자세히 말하자면 '계급상태'의 원인과 결과 사이에 존재하는 연관이 쉽게 간파될 수 있는 정도에 결부된다. 삶의 기회가 제 아무리 많이 분화되어 있다고 하더라도, 모든 경험에 의하면, 이러한 분화 자체가 결코 '계급행위'(계급에 속해 있는 사람들의 공동체행위)를 낳지는 않는다. … 그러므로 온갖 계급은 비록 무수한 형식으로 가능한 그 어느 '계급행위'의 담지자일 수 있지만 반드시 그렇지만은 않고, 계급 그 자체는 어떤 경우에든 공동체가 아니다(베버, 2009: 402, 406-7).

베버의 용어로 계급형성을 번역해보면, 그것은 하나의 계급이 공동체(사회집단)로 구성되는 현상을 지칭하는 것이다. 다른 곳에서 베버는 그것을 "의식화된 계급조직"이라고 부르기도 했다(라이트, 2017: 67). 또한 시장상황에서 구조화되는 계급상태(또는 계급상황)로부터 계급행위, 즉 계급 성원들 간의 사회적 행위가 발생하기 위해서는 '문화조건'이 매개적으로 작용해야 한다. 베버의 설명을 통해 우리는 계급형성을 분석적인 개념으로 사용하기 위해서는 네 가지 차원, 즉 시장상황, 계급상태, 문화조건, 계급행위 등이 분석적으로 구분되어야 함을 알 수 있다.

계급형성에 대한 베버의 접근은 마르크스가 19세기 프랑스의 분할지 농민들을 분석하면서 제시한 계급 개념과 상당한 정도로 공통점을 갖고 있다(마르크스, 1991: 267). 마르크스는 프랑스의 분할지 농민들이 자신을 계급으로 형성하지 못하는 이유로 그들의 동질적 이해가 공동체, 결합, 조직 등으로 이어지지 못한 채 지방적 연계 속에서 고립되어 있기 때문이라고 지적했다. 마르크스와 베버는 공통적으로 특정한 계급위치에 속한 사람들이 하나의 사회집단으로 형성되기 위해서는 그들이 공유하는 이해관계를 넘어 문화와 행위, 연합과 조직이 필요하다고 말했다.[4]

마르크스와 베버의 통찰을 종합하여 계급의 여러 차원들을 구분함으로써 계급형성의 개념을 현대화한 것은 1980년대에 노동사와 비교역사사회학 분야에서 코카와 카츠넬슨 등을 중심으로 이루어졌다(Kocka, 1980: 103-107; 1986: 281-83; 코카, 1987: 37-43; Katznelson, 1981: 201-209; 1986: 13-22). 이들의 비교역사 분석은 일련의 수준들

---

4 마르크스와 베버의 계급분석의 유사성에 대한 보다 자세한 내용은 라이트(2017)의 2장을 보라. 특히 라이트는 두 사람의 계급 개념에서 유력한 공통 지반으로서 "객관적으로 정의된 공간으로서의 계급"과 "집단적으로 조직된 사회적 행위자로서의 계급"을 두 사람 모두 개념적으로 (사용하는 용어는 다르지만) 구분했다는 점을 꼽는다(라이트, 2017: 67).

(또는 층위들)로 계급 개념을 분해함으로써, 한편으로는 마르크스주의의 '즉자-대자 계급모델'에 도전하고, 다른 한편으로는 톰슨이 '경험'의 범주로 느슨하게 묶어버린 매개적 요인들을 보다 분명하고 분석적으로 제시할 수 있었다.

계급형성에 관한 '다차원적 접근'으로 부를 수 있는 이들의 논의에서 가장 큰 특징은 계급의 네 가지 차원들의 상대적 자율성을 인정하고 그 차원들 간의 연관의 패턴을 통해 계급형성의 특질을 도출하려고 했다는 점이다. 이들의 논의를 종합하면, 계급의 네 가지 차원들은 다음과 같이 구성된다.[5]

첫째, 구조(structure)로서의 계급은 자본주의의 발전과 프롤레타리아트의 등장으로 발생한 기본적인 계급구조에 해당하는 것이다. 하지만 이러한 일반적 분석과 더불어, 현실의 자본주의는 국가별로 특정한 역사성을 띠며, 그러한 종별성은 자본주의 세계체계의 계서제 하에서의 위치에 따라 큰 틀에서 규정될 것이다. 이에 따라 국가와 지역에 따라 상이한 형태의 계급구조가 생겨나며, 또한 시간의 흐름에 따라 그 구조는 변화한다.

둘째, 범주(category)로서의 계급은 실제 자본주의 사회에서 만들어지는 생활방식 또는 공통의 계급상황(class situation)을 가리킨다. 일과 생활의 영역에서 특정 인구가 속하게 되는 동질적 조건과 관계는 비교적 뚜렷이 구분되는 사회적 경계(때로는 적대적 관계까지를 내포하는 경계)를 산출하고 이것은 '범주로서의 계급'을 출현시킨다.

---

5  아래의 내용은 Kocka(1980, 1986), 코카(1987), Katznelson(1981, 1986) 등을 종합하여 요약적으로 제시한 것이다. 이 두 학자 사이에는 강조점의 차이가 있지만, 네 가지 차원을 구성하는 내용에 있어서는 큰 차이가 없다.

홉스봄이 영국의 노동계급 형성이 1880년대 이후 이루어졌다고 주장하며 "그들이 살아갔던 물질적 환경, 생활양식 및 여가의 형태 … [즉] 축구경기 결승전, 대중식당, 댄스홀, 그리고 대문자 L로 시작되는 노동자(계급)로 일컬어지는 노동계급"(홉스봄, 2003: 98)이 바로 그 당시에 형성되었다고 말했을 때, 그는 바로 범주로서의 계급 차원에서 노동계급의 형성을 관찰했던 것이다. 구체적으로 이 계급상황 층위에는 고용관계와 노동시장 구조, 직업의 분리와 위계, 작업장 바깥의 소비생활과 노동력 재생산 과정의 특징, 계급별 거주양식 등의 요소들이 포함된다. 이 차원은 첫 번째 차원보다는 경험적 현실에 가깝지만, 이 차원에서의 노동계급의 성원들은 아직까지 잠재적 이해관계, 또는 (베버의 유명한 표현을 따르자면) 차등적인 '삶의 기회(life chance)'를 구성하는 인과요소들을 공유하는 분석적 범주에 머문다. 즉, 노동자들이 특정한 조건과 상황 하에서 어떻게 살아가는지 말해줄 뿐, 그들이 어떻게 생각하거나 어떤 행동할 것인지는 아직 알 수 없다.

셋째, 성향(disposition)으로서의 계급은 계급상황을 공유하는 일단의 사람들이 살아 있는 경험을 통해 스스로 명확히 구별되는 하나의 사회집단으로 인식함으로써 얻는 집단 정체성(collective identity)을 말한다. 톰슨이 계급을 사회문화적 구성체로 이해하는 것은 바로 이러한 차원에서였다. 마르크스주의에서 계급의식의 용어로 노동계급 안에서 찾고자 했던 어떤 동일성(identity)도 이것과 관련된다. 집단 정체성의 구성과 관련된 문화적·정치적 동학은 자체의 논리를 갖기 때문에 '성향으로서의 계급'의 경계가 계급상황에서의 범주적 구분과 항상 일관되게 일치하지는 않는다(에더, 2000). 성향으로서의 계급(또는 '계급 정체성')은 계급구조와 계급상황의 반영물이 아닌 것이다. 다시 말하면, "상대적으로 동질적인 계급 정체성은 예정의 결과가 아니라 정세의 효과인 것이다."(발리바르, 2022: 305) 우리는 그것을 특정한 계급 범주의 구성원들이 그 범주 내부와 외부 구성원들과 (넓은 의미에서의) 상호작용을 통해 간주관적으로 구성되는 것으로 바라볼 필요가 있다.

넷째, 조직(organization)으로서의 계급은 집단적으로 조직된 사회적 행위자로서의 계급을 지칭한다. 노동계급과 관련해서 보면, 노동운동과 집합행동, 노동조합과 노동자 정당과 같은 계급조직, 노동조합의 조직형태와 이데올로기, 계급투쟁의 양상과 목표 등이 구체적인 분석 대상이 된다. 범주와 성향의 차원에서 계급이 형성되었다고 하더라도 그들이 공통의 목적을 의식적이고 집합적으로 추구할 필연적 이유는 없다. 자본과 국가권력의 억압에 의해 조직된 집단적 행위자가 형성되지 못한 채 느슨한 계급 정체성을 공유하는 사회집단으로만 존재할 수도 있다. 또한 인종·민족·국민과 같은 비계급적 정체성들이 일관된 계급조직의 형성을 제약하거나 계급투쟁을 방해하는 일은 역사적 자본주의에서 전혀 이례적인 일이 아니었다. 따라서 이 수준에서 "계급은 연속적인 투쟁의 결과로서 조직되기도 하고 해체되기도 한다."(쉐보르스키, 1995: 98) 그런 점에서 '조직으로서의 계급'은 독자적인 형성과 변형의 논리를 갖는다. 즉, 집단적으로 조직된 사회적 행위자로서의 계급형성의 내용과 형태는 가변적이며 이러한 변이는 설명을 요하는 것이다.

이상의 개념화가 갖는 가장 큰 이론적 장점은 계급형성을 분석적 개념으로 사용할 수 있다는 점이다. '이익'에 기초한 객관주의적

이고 규범주의적인 개념화나, '경험'이라는 미분화된 범주에 의존하지 않고, 계급의 충위들을 분석적으로 구분함으로써 계급형성의 내용과 특징을 구체적으로 파악할 수 있도록 도와주는 것이다. 따라서 계급형성 연구는 계급의 충위들을 분석적으로 해체한 후, 충위들 간의 관계적 배열에 기초하여 그 요소들을 재결합시키는 과정으로 이루어질 수 있을 것이다.

각 충위들에서 구조화된 계급형성의 내용과 충위들 간의 관계에 따라서 전체 계급형성의 결과에 고유한 특성이 부여된다는 진술은 재차 강조될 필요가 있다. 계급의 네 가지 충위 각각이 이분변수(dummy variable), 즉 계급의 미형성/형성이라는 (숫자 0과 1로 양화될 수 있는) 이분변수로 평가할 수 있고, 그것이 합산된 결과물이 계급형성의 정도를 측정할 수 있다고 가정해보자(여기서 '구조'로서의 계급 충위는 나머지 충위의 전제조건이다). 그렇다면, 한 사회의 임금노동자들이 계급으로 온전하게 형성된다는 말은 이분변수의 측정치의 합이 4인 경우에 해당할 것이다. 즉, 네 개의 수준 모두를 충족할 때 이론적으로 계급이 형성되었다고 규정할 수 있는 것이다. 반면에, 그 합계가 4 미만의 결과를 낳은 사회는 계급형성이 이루어지지 않았거나 형성 중에 있거나 아니면 퇴보한 사례로 취급된다. 하지만 이런 식의 설명 방식은 이 책에서 의도한 것과는 전혀 다른 것이다. 오히려 네 개의 수준(충위)들 각각은 일종의 명목변수처럼 다루어져야 하고, 그 수준(충위)들이 맺게 되는 관계에 따라 해당 사회의 계급형성의 내용적 특성이 규정된다. 이러한 입장은 다음과 같은 카츠넬슨의 주장을 수용한 것이다.

우리는 계급이 구조, 생활방식, 성향 그리고 행동의 네 수준 모두에서 동시에 존재할 때에만 계급형성이 이루어졌다고 이야기할수 있을 것이다. 이것은 몇 가지 장점을 갖는다. … 그러나 이러한 장점에도 불구하고, 그러한 정의는 만족스럽지 못하다. 계급의 요소들을 특정화하지 않은 채 네 개의 수준 모두에서 계급의출현을 판단하고 개별 수준들에서 계급 또는 비계급이라는 범위에 의존하는 결과적 접근은 순진한 이분법을 낳는다(그리고 이러한 방식은 '혁명적 계급의식'의 전통과 닮게 된다). 즉, 계급은 사회적연대와 행위의 기반으로서 존재하거나 존재하지 않게 되는 것이다. … 이러한 접근은 계급형성이 어떤 내용을 갖는가에 관한 질문에 대답하지 못한다(Katznelson, 1986: 21).[6]

결국 오늘날처럼 자본주의적 생산관계가 전면화된 이후의 사회라면, 노동계급의 형성 여부가 아니라, 역사적 과정을 거치면서 어떠한 노동계급이 형성되었고 그것이 다시 어떻게, 왜 변형되어 현재의 모습으로 우리 눈앞에 있는가를 물어야 한다. 이러한 이유에서 노동계급 형성의 과정들은 시대와 장소에 따라 현저한 변이를보이게 되며, 그것의 제도적 형식과 이데올로기적 내용들도 각각의사례에 따라 달라진다고 봐야 할 것이다. 따라서 역사적으로 나타난 계급형성의 상황들은 모두 예외적 사례라고도 말할 수 있겠다(Zolberg, 1986). 문제는 계급형성의 내용과 특성이 무엇인가 하는 점

---

6  다른 글에서 카츠넬슨은 이러한 입장을 다음과 같이 표현했다. "중요한 과제는 미국이나 영국, 또는 다른 곳에서 계급이 만들어지지 않았는가 여부가 아니라, 노동계급이 형성되는 방식에 있는 것이다."(Katznelson, 1986: 259).

이다. 이러한 연구 방식은 계급형성 연구가, 마르크스주의에서 다양한 형태로 나타났듯이 현실에 존재하지 않는 '혁명적 노동계급'을 찾으려는 "부재의 인식론"(Somers, 1989)에 빠지지 않으면서, 동시에 계급을 현실적인 경험이나 사회구조와는 독립적으로 존재하는 언어와 담론의 효과로 보는 해체주의적 접근에 치우치지 않는 길이라고 할 수 있다.[7]

## 4. 분석의 전략과 주요 내용

이 책은 시간적으로 1980년대부터 2010년대 말까지 대략 40년에 가까운 시대를 분석하고, 공간적으로는 울산이라는 특정 지역에 집중한다. 이처럼 노동계급 형성 과정에 대한 분석의 시공간적 대상이 비교적 제한된다는 점은 위에서 제시한 계급의 네 가지 수준 모두를 그 복잡성에도 불구하고 다룰 수 있는 가능성을 제공한다. 만약에 계급형성의 공간적 범위가 국가 또는 세계 수준으로 확장되거나 시간적 범위가 보다 확대된다면, 이 같은 분석 대상의 포괄성은 분석의 복잡성을 엄청나게 증가시킴으로써 사실상 연구 가능성을 제약할 것이다.[8]

---

7   노동사 분야에서 계급을 언어와 담론의 효과로 보는 해체주의적 입장을 대표하는 연구는 Stedman Jones(1983)와 Joyce(1990) 등이 있다. 계급에 대한 구조주의적 이해와 담론주의적 이해 사이의 절충을 시도하는 최근의 시도는 Eley and Nield(2000)를 참조할 수 있다.
8   실버(B. Silver)는 장기적이며 세계적 규모의 "동태적 시간-공간 속에서 사건들이 펼쳐지는 노동계급의 형성과정"을 분석하기 위하여 카츠넬슨이 제시한 계급형성

이제 위에서 살펴본 이론적 관점에 기초해서 구체적인 분석 대상을 도출해보도록 한다. 먼저 '구조'로서의 계급은 자본주의적 생산양식의 출현이라는 거시 역사적 과정의 산물로서 나머지 세 층위에서의 계급형성을 위한 구조적·역사적 전제가 된다. 이 차원에서는 세계경제의 분업구조 재편과 국가의 경제개발 정책에 따른 울산 지역의 산업화, 재벌의 자본투자와 지역의 산업구조 형성, 중공업 산업프롤레타리아의 유입과 산업별 배치 등이 주요한 분석 대상이다.

'범주'로서의 계급은 공통의 계급상황을 가리키는 것으로 크게 보아 작업장의 사회적 관계, 그리고 작업장 바깥의 사회적 관계(생활세계)[9]로 구분될 수 있다. 공장과 생활세계 영역의 사회적 관계들이 동일한 '구조적' 계급에 속한 사람들 사이에 수평적 연계와 동질성을 촉진하는지, 아니면 분절과 이질성을 야기하는지, 그리고 비계급적 토대에 기초한 분절의 구분선이 무엇으로 설정되는지 등이 여기서의 관심의 초점이 된다. 연계와 분절은 계급형성의 '사회적 경계'(social boundaries)를 만드는데, 그 경계설정은 자본이 추구하는 노동시장 분절화 전략과 노동자들이 추구하는 배타적인 집단 정체

의 네 가지 차원 중 첫째와 넷째, 즉 '구조'(자본주의 발전의 구조)와 '조직(집합행동)' 수준 간의 상호관계만을 분석한 바 있다. 즉, 세계자본주의 발전의 정치적·경제적 동학과 노동소요의 세계-역사적 패턴형성이 맺는 상호관계에 자신의 분석을 집중한 대신에, 둘째와 셋째의 수준, 즉 '범주'와 '성향' 수준의 계급형성의 과정은 분석에서 명시적으로 배제함으로써 분석의 복잡성을 줄이는 전략을 취했다(실버, 2005: 59-60).

9  이 책에서 '생활세계'라는 용어는 노동자의 전체적 삶 중에서 작업장 밖의 사회적 관계를 총칭하는 용어로 사용한다. 따라서 그것은 하버마스가 제시한 현대 사회를 진단하는 이분화된 사회 인식, 즉 '체계'와 구분되는 '생활세계' 개념을 지칭하는 게 아니라는 점을 밝힌다.

성의 형성, 그리고/또는 국가에 의한 시민권의 차등적 배분 등이 상호 연결되면서 지배적 형태를 갖추게 된다. 사실 현실의 노동운동사를 돌아보면, 다른 사회적 범주에 놓인 노동자들 간에는 계급적 통일성이 발달하기보다는, 특히 노동시장에서 경쟁이 치열해질수록 범주적 차이에 근거한 배타적인 집단 정체성이 발달하며 노동의 분할이 심화되는 모습이 일반적이었다. 배제된 새로운 노동자 집단은 그 분할의 경계를 침범하거나 파괴하고자 노력할 것이다. 이러한 길항적 상호작용과 자본과 국가의 분절화 전략이 함께 결합되어 작용하기 마련이다. 이 책의 후반부에서는 울산 지역의 대공장 정규직 노동자와 비정규직/하청 노동자 간의 범주적 분할을 다루는데, 그 분할이 바로 이러한 문제를 하에서 고찰될 것이다.

'성향'으로서의 계급은 문화적 차원에서 집단 정체성의 구성을 의미하며, 노동자 문화의 성격, 노동자 가족의 삶의 열망 또는 두려움, 노동자의 집단적 소속감과 사회의식 등이 그 구성 요소들이다. 이 요소들은 노동계급 성원들이 문화적 차원에서 '우리'와 '그들'을 구분하는 틀을 제공하며, 공동체의 '상징적 경계'(symbolic boundaries)를 만들어낸다. 그 구분의 일차적 기준이 계급인가 아니면 다른 신분(지위) 특성들(인종, 젠더, 민족, 학력, 지역, 소속기업 등)인가에 따라 집단 정체성의 내용은 가변적이다. 지난 40년 동안 울산의 대공장과 지역사회에서는 자본과 노동의 대립과 더불어, 사무직과 생산직 노동자들 간의 구분, 고학력자와 저학력자의 위계 서열, 원청 대기업의 내부자와 하청 중소기업의 외부자의 구별, 같은 작업장 내에서 정규직과 비정규 노동자의 분절 등이 부단히 노동자의 집단 정체성을 조형해내는 데 영향을 미쳤다. 이러한 경계들은 '우리' 집단의 상징적 경계의 설정에까지 영향을 미친 구분선들이었다.

마지막으로, '조직'으로서의 계급은 노동조합과 정당을 중심으로 한 노동자 조직의 형태, 조직간 연대의 형식, 집합행동의 패턴 등을 주요 구성요소로 한다. '범주'와 '성향'으로서의 계급이 사회적·상징적인 수준에서 집합체의 경계들을 산출한다면, 여기서의 쟁점은 '조직적 경계'(organizational boundaries)이다. 조직 형태 또는 조직적 경계는 그 자체로 집합행동의 대상이자 산물이며, 조직 성원들의 행위 패턴과 집단 정체성을 틀 지운다(Clemens, 1996). 조직의 형태나 연대 형식이 얼마나 포괄적인가, 집합행동이 특수적이고 분파적인 이해의 실현을 위해 일어나는가, 노동조합운동과 단체교섭이 계급 연대를 지향하는가 등이 여기서의 주요 관심 사항들이다. 특히 이 책의 연구대상과 관련하여, 산업의 가치사슬에서 상이한 위치에 놓인 노동자들 사이에, 또는 같은 공장 안에서 함께 일하는 정규직과 비정규직 노동자들 사이에 조직적 경계가 어떻게 설정되었는가는 매우 중요한 문제였다.

그렇다면 이러한 관점 하에서 1980년대 이후 울산의 금속산업 대공장 노동자들의 계급형성의 과정과 그 특성을 어떻게 파악할 것인가? 먼저 이 책에서 '구조'로서의 계급은 크게 변동하지 않은 것으로 취급할 것이다. 현대 울산의 탄생과 재벌 기업의 집중적 자본투자, 1세대 산업노동자의 대규모 유입과 취업, 울산 공단지역의 산업구조와 취업구조 등은 지난 30~40년 동안 큰 변화가 없었다. 물론 개별 기업의 성쇠와 서비스 산업의 성장과 제조업 취업자의 감소 등 일정한 변이가 있었으나, 그것이 최소한 울산에서는 계급형성의 구조적 차원에 심대한 영향을 줄 정도는 아니었다. 계급형성의 나머지 세 층위들과 여기에 조응하는 세 가지 경계들(사회적·상징적·조직적 경계들)은 시기에 따라 변화가 분명히 나타났고 그것들 간의 결합관계도 변화했다. 따라서 이 책에서는 이 지점들을 주로 다룰 것이다.

이 책에서 다루는 주요 내용을 미리 소개하면 다음과 같다.

2장은 공업도시 울산의 탄생과 성장, 그리고 자동차산업과 조선산업을 중심으로 한 중화학공업 분야의 자본투자로 울산으로 이주한 1세대 산업 프롤레타리아트의 형성을 다룬다. 3장은 1987년 울산의 노동자대투쟁과 이후 지역노동운동의 전개를 통해 울산 대공장 노동자들의 조직적 계급형성의 특징을 살펴본다. 4장과 5장은 1990년대 이후 울산 대공장 노동자들의 계급상황의 변화상을 추적한다. 그중에서도 4장은 내부노동시장의 구축, 단체교섭의 제도화, 노조의 임금정책 등에 초점을 맞추고, 5장은 노동자 주택문제의 해결 방식과 기업복지의 확대를 주로 살펴본다. 6장은 1990년대 이후 울산 대공장 노동자의 가족생활과 지역사회의 공간성 변화를 다룬다. 이를 통해 울산 대공장 노동자의 계급상황 전반이 빠르게 변형됨으로써 1987년 이후의 동질적 계급상황이 이질화되고 노동의 분절이 가속화되었음을 밝힐 것이다.

7장에서는 1997/98년 경제위기 이후에 지금까지 형성된 노동계급의 변형 과정을 주로 현대자동차 노동자들을 중심으로 살펴본다. 8장에서는 2000년대 이후 고용 불안전성이 일상화되면서 사회적 경계에서의 노동계급의 분절 양상이 상징적 경계로까지 삼투되었다는 점을 정규직과 사내하청 노동자 간의 계급 연대의 좌초 과정을 통해 확인한다. 9장에서는 노동자대투쟁 이후 30년 동안 집합행동과 조직 차원의 변화를 노동자 집합행동과 저항 레퍼토리의 궤적을 분석하여 추적한다. 이를 통해 21세기에 들어와 조직과 집합행동 수준에서 노동계급 재형성을 주도할 세력이 대공장 노동자 집단에서 주변부 노동자들로 이동하고 있음을 확인할 것이다. 10장은 지금까지의 연구 결과를 요약하고, 그것의 이론적·실천적 함의를 토론하며, 역사적 비교의 관점에서 한국 노동계급 형성과 변형의 특성을 논의할 것이다.

## 5. 자료 소개

1980년대 초반부터 2010년대 말까지 장기간에 걸친 울산 지역 노동자 생활과 노동운동을 조사하기 위해서 다양한 원천의 자료들을 활용했다. 주된 자료는 노동조합과 기업의 공식 문서, 개방적 형식의 면접조사 자료, 다른 연구팀이 수집한 노동자 구술자료, 노동운동 아카이브 자료, 일간신문의 보도기사에 대한 내용분석, 현지조사를 통한 참여관찰 등이 있다. 울산 현지조사는 2007년 1월에 시작했고 이후 2010년까지 집중적으로 이루어졌다. 그 이후에 2014~2015년에 '울산프로젝트팀'의 공동연구원으로 다시 울산 현지조사에 참여했고, 2016년부터 2018년 사이에 울산의 현대자동차 정규직 및 비정규직 활동가, 금속노조 중앙 및 지역간부들과의 면접조사가 추가적으로 이루어졌다. 별도로 언급할 가치가 있는 주요 자료들을 소개하면 다음과 같다.

이 책에 쓰인 면접조사 자료에는 크게 세 가지가 있다. 먼저 필자가 현지조사 과정에서 직접 수행한 면접조사 자료이다. 2007년부터 2018년까지 노조 간부와 활동가, 일반 노동자, 회사 관리자, 시민단체 활동가, 지역 정치인, 해고노동자, 노동자 부인 등 약 40명과 면접조사를 통해 자료를 확보했다. 대부분 개방적 형식의 자유로운 면담이 주를 이룬다. 본문에서 이를 인용할 때는 '필자 채록'으로 구분해서 밝혔다. 다음으로, 울산대학교 울산지역사연구팀이 2002년부터 2005년까지 울산 전역의 노동운동가들(총 76명)을 대상으로 수집한 구술 채록 자료를 사용했다. 이 자료는 한국연구재단 기초학문자료센터에 공개되어 있다.[10] 이 자료를 본문에서 인용할 때에는 연구팀이 부여한 일련번호를 적거나 그것이 어려울 경우는 '울산지역사연구팀 채록'이라고 밝혔다. 마지막으로, 서울대학교 사회학과 울산프로젝트팀이 2014년부터 약 2년간 수집한 면접조사 자료도 쓰였다.[11] 필자는 이 연구에 공동연구원 자격으로 참여하여 일부 면접조사에 동행했다. 이 자료를 본문에서 인용할 때에는 '울산프로젝트팀 채록'이라고 구분해서 밝혔다.

다음으로 울산 지역에서 발간되는 일간신문의 보도기사를 원자료로 삼아 필자가 코딩한 「울산 지역 노동자 저항사건 데이터세트」는 9장에서 다루는 노동자 집합행동에 대한 분석 자료로 활용했다.

---

10 https://www.krm.or.kr/krmts/link.html?dbGubun=SD&m201_id=10002489&local_id=10011115

11 울산프로젝트팀은 이 책을 쓰며 필자가 붙인 임의적 명칭이다. 이 팀은 필자를 포함해 송호근, 김철식, 장귀연, 김보성으로 구성되어 현지조사를 했었다. 중간에 연구사업이 중단되어 공식 연구결과를 내놓지는 못했다. 당시 수집한 자료 중 일부는 송호근(2017)에도 담겨 있다.

이 자료가 포괄하는 시기는 1987년 7월 1일부터 2016년 12월 31일까지 29년 6개월 동안이다. 이 자료에 대한 보다 상세한 설명은 9장에 담겨 있다. 그 밖에도 노동운동 아카이브 자료가 있다. '노동자 역사 한내'에서 소장하고 있는 울산 노동운동 관련 문서자료들을 복사하거나 필사했다. 이 자료들은 주로 1987년 직후 울산의 초기 노동운동을 이해하고 정리하는 데 주로 사용됐다. 마지막으로 언급할 가치가 있는 자료는 노동자들이 남긴 에세이, 수기(手記), 시(詩) 등이다. 노동조합이 편집한 조합원 수기 모음집과 정기간행물 등이 주요한 출처이다. 회사가 발행한 직원 에세이 모음집들도 당시 노동자 생활의 면모를 이해하는 데 사용했다.

# 2장

# '현대시' 울산의 탄생과 노동자 생활

2장은 공업도시 울산의 탄생과 성장의 역사를 되돌아보고 오늘날 울산의 산업구조와 임금노동자의 구성에 장기간 영향을 미친 현대그룹의 자본투자를 살펴봄으로써, 지역 수준에서 '구조로서의 계급'이 형성되는 역사적 배경을 이해하고자 한다. 이와 더불어 1987년 노동자대투쟁 이전의 대공장 노동자들의 계급상황에 대해서도 간략히 살핀다.

## 1. 공업도시 울산의 탄생

현대적 공업도시로서 울산은 1930년대 후반 어느 일본인 자본가의 머릿속에서 기원했고, 1962년 군사정부의 특정공업지구 지정을 통해 물질화되었다. 공업도시 울산의 탄생은 외래 식민주의의 욕구와 권위주의적 개발국가의 실천이 중첩된 지점에서 이루어졌던 것이다.

울산을 공업도시로 만들려는 계획은 '조선의 매축왕(埋築王)'으로 불리던 일본인 자본가 이케다 스케타다(池田佐忠, 1885~1952)에 의해 처음 수립되었다. 배석만(2012)에 따르면, 직업군인으로 조선에 처음 온 이케다는 1920년대 중반 매축업을 본격적으로 시작하여 1930년대 후반에는 매축 부지를 토대로 항만 인프라 건설, 석유사업, 공업도시 건설사업 등을 전개하는 대자본가로 성장했다. 그는 동양척식주식회사와 정군관계의 인맥을 활용해 이미 부산 남항과 적기만 매축사업을 진행한 이후 1930년대 후반에 울산을 주목했다. 1938년 이케다는 울산도시조성 매립 면허 신청을 했고, 1940년에 울산도시계획 특허를 신청하였으며, 1943년부터 매립공사에 착수하게 되었다.

그의 구상을 더 구체적으로 들여다보면, 그는 1938년 울산 대현면의 개펄 108만 평에 대한 매립허가원을 조선총독부에 제출한 후, 1939년에 들어와 조선의 울산항과 일본의 야마구치현 유야(油谷) 항을 연결하는 '제2관부 연락선계획'을 수립했고, 1940년에는 인구 50만의 '울산공업도시계획'을 수립했다. 한삼건(2012)에 따르면, 이케다의 머릿속에서 개념화된 울산은 대동아 전진기지를 위한 생산 공업지대 육성과 일본 본토와 대륙을 잇는 제2의 수송로 창설이라는 목적을 위한 공간이었다. 중일전쟁 발발 이후의 상황에서 이케다가 구상한 울산은 군사적·전략적 목적과 함께 울산을 정유공장을 중심으로 한 신흥 공업도시로 육성하고자 하는 의도가 명백히 드러나 있었고, 이러한 그의 구상은 식민권력의 승인과 허가 하에 실현되고 있었다.

울산공업도시계획은 계획으로만 그치지 않았고 1943년부터 해방까지 공장부지 조성, 공장건설, 기반시설 정비 등이 실제로 일부 이루어졌으며, 이것은 1962년부터 추진된 울산 산업화의 역사적 기원이었다는 점이 중요하다. 약 20년의 시차를 두고 진행된 울산 개발은 여러 곳에서 그 역사적 연속성의 흔적을 남기고 있다.

첫째, 공장부지 조성을 위한 해안매립 사업은 이케다가 설립한 조선축항주식회사와 동양척식주식회사가 중심이 되고 조선석유회사와 울산건설국주식회사가 참여하여 진행되었다. 이를 위해 여천동·고사동·매암동 일대의 부지 109만 평을 동척이 매입한 후 이것을 조선축항주식회사와 조선석유주식회사에 매도했다. 이 부지들은 대부분 해방 이후 국유지로 바뀌었다가 1962년 울산특정공업지구 지정 이후 동일 장소에 입지한 개별 기업들로 소유권이 변경되었다(김승석, 2007: 59). 이처럼 이미 확보된 방대한 국유지의 존재는 1962년 당시 투자재원이 부족했던 군사정부의 입장에서 울산을 특정공업지구로 지정하는 데 큰 영향을 끼쳤다.

둘째, 1944년 2월에 고사동 일대 약 15만 평의 부지에 연간 20만 톤의 정유능력을 갖춘 정유공장이 착공되었다. 이것은 태평양전쟁 이후 원유수송거리를 단축시키고 원산 공장시설의 소개 계획의 일환으로 추진된 것으로, 조선석유주식회사가 1936년 원산에 지은 정유공장 시설 중 일부를 이전한 것이었다(김동욱, 1989: 181; 울산상공회의소, 1981: 145). 그러나 전쟁이 끝나면서 약 70%의 공정이 진행 중이던 정유공장 건설은 중단되었고, 정부 수립 후 몇 차례 공장 완공이 시도되었지만 자금 부족으로 추진되지 못하다, 1963년에 가서 해방 이후 조선석유주식회사를 국영기업화한 대한석유공사에 의해 준공되었다(김동완·김민호, 2014).

셋째, 해안매립이나 공장건설과 더불어 항만·철도의 기반시설 정비가 1940년대 초에 이루어졌다. 조선석유의 정유공장 이설로 장생포항에는 항만 안벽이 축조되었는데, 이는 현재 SK 제2부두에 해당되는 지역이다. 또한 공업단지 개발이 시작되면서 울산역과 공장지대를 연결하는 임항 철도선이 계획되거나 일부 신설되었다. 이 철도선은 울산역을 통해 경주선과 중부선으로 이어지도록 한 것이었다(이민주, 2008: 38-39).

1930년대 이후 일본 제국은 만주사변·중일전쟁을 계기로 본격적인 침략적 제국주의화로 나아갔는데, 이는 이 시기 식민지도시의 변화와 제국 전체의 도시 네트워크의 변동을 초래한 주된 요인이었다(김백영, 2009). 울산은 이 과정에서 전쟁에 따른 부산-시모노세키 연락선의 보완 및 대체, 원산에 위치한 정유공장의 분산과 정유시설의 확충, 대동아 전쟁을 위한 신흥 공업지구 육성 등의 다면적 목적 하에서 식민권력에 의해 선택되었고 해방 이전의 몇 년간 실제로 도시 건설이 이루어지고 있었던 것이다. '미완의 울산'은 약 20년 후 박정희 정부에 의해 다시 주목받게 된다.

군사정부는 1962년 1월 27일 각령 제403호를 통해 울산을 특정공업지구로 지정·공포했다. 이 조치는 1월 13일 제1차 경제개발 5개년 계획을 발표한 지 불과 2주 후에 이루어진 것이었다. 경제개발 5개년 계획의 기본 목표 중 기간산업의 확충과 사회간접자본의 충족을 위한 입지선정에 들어간 지 2주 만에 울산이 선택된 것이다. 특정공업지구로 울산이 결정된 데에는 같은 해 1월 2일 박정희 의장과 재계 인사들의 부산 회동이 직접적인 계기가 되었다고 알려져 있다(울산상공회의소, 1981). 이 회동 이후 불과 한 달도 되지 않아 입지 선정이 이루어진 데에는, 앞서 살펴본 대로 1940년대 초반에 작성된 공업단지 계획이 존재했기 때문이었다. 이처럼 당시 울산의 탄생은 속전속결로 이루어졌다. 특정공업지구 지정 1주일 후인 2월 3일 울산공업지구 기공식이 열렸고, 거기서 박정희는 치사를 통해 울산을 '조국근대화'라는 민족적 숙원의 상징으로 자리매김하고 '혁명정부'의 성패가 달린 사업으로 평가했다.

> 4천년 빈곤의 역사를 씻고 민족숙원의 부귀를 마련하기 위하여
> 우리는 이곳 울산을 찾아 여기에 신생공업도시를 건설하기로 했
> 다. … 제2차 산업의 우렁찬 수레소리가 동해를 진동하고 공업생
> 산의 검은 연기가 대기 속에 뻗어나가는 그날엔 국가민족의 희망
> 과 발전이 눈앞에 도래하였음을 알 수 있을 것이다. … 이 울산공
> 업도시의 건설이야말로 혁명정부의 총력을 다할 상징적 웅도이
> 며 그 성패는 민족빈부의 판가름이 될 것이니…[1]

당시 울산공업지구 조성계획을 보면, 새로운 공업도시에 건설될
주요 사업으로 종합제철공장, 석유화학공업, 비료공장, 화력발전소
등 4가지 분야를 계획했고, 도시계획은 1986년까지 50만 명 규모의
배후도시를 목표로 하고 있었다(울산개발계획본부, 1962).

이상에서 보았듯이, '공업도시 울산'은 식민지 시대에 처음 개념
화되고 권위주의적 개발국가에 의해 실현되었다. 울산의 산업화
는 도시의 내재적 자원에 대한 비교 우위에 의한 미시적 정책 결정
이 아니라, 국가의 거시적 개발정책에 의해 이루어졌다. 다시 말하
면, 이케다의 구상에서부터 울산의 대규모적 공간변화를 추동한 요
인은 국가권력이라는 위로부터의 도시 외부적 힘이었다. 울산은

---

1  울산공업센터기공식(1962년 2월 3일)에서의 박정희 국가재건최고회의 의장의 치
   사(致辭) 중 일부로, 울산상공회의소(1984: 151)에서 재인용했다. 이 치사는 같은
   해 6월 3일에 설치된 울산 공업탑의 비문에 그대로 새겨져서 오늘날까지 내려오고
   있다.

1950~60년대 발전경제학에서 논의되던 성장거점전략을 국내에 적용한 첫 사례라고 할 수 있는데, 이는 성장거점 도시를 중심으로 자원 동원을 극대화하여 그곳에서 발생하는 성장 효과를 국가 경제 전체로 전이하는 불균형성장이론에 근거한 것이었다(임한수, 1984). 따라서 시기별 울산의 산업화 양상은 주민과 지역 기업의 자율적 결정이 배제된 상황에서 국가-재벌 연합의 경제개발 플랜이 전적으로 반영된 것이었다.

## 2. '현대에 의해 현대화된 현대시'

특정공업지구로 지정된 1962년 당시 울산은 1차산업 종사자가 전체 취업인구의 71%를 차지하는 농수산업 중심의 지방 소도읍이었다. 이후 울산은 한국 최대의 중화학공업 중심도시로 탈바꿈했다. 산업화의 속도는 매우 빨랐는데, 1980년에 오면 143개의 공장에서 66,529명의 종업원들이 일하는 공업도시가 되었다(울산상공회의소, 1981: 82).

1962년 울산이 최초의 계획공업도시로 탄생한 후 급속한 산업화가 진행되면서 울산의 인구는 비약적으로 증가했다. 1962년 당시 8만 5천여 명에 불과한 울산의 인구는 1980년에 40만여 명을 기록했고, 2000년대 이후 인구 100만 명을 넘어선 광역시로 성장했다(〈표 2-1〉 참조).

〈표 2-1〉 울산의 인구 변동 추이, 1962~2009년

| 연도 | 인구수(명) | | |
|---|---|---|---|
| | 계 | 남 | 여 |
| 1962 | 85,082 | 42,007 | 43,075 |
| 1965 | 96,701 | 48,048 | 48,653 |
| 1970 | 159,340 | 81,850 | 77,490 |
| 1975 | 252,639 | 131,666 | 120,973 |
| 1980 | 418,415 | 218,341 | 200,074 |
| 1985 | 551,320 | 286,577 | 264,743 |
| 1990 | 682,978 | 356,483 | 326,495 |
| 1995 | 969,688 | 498,774 | 470,422 |
| 2000 | 1,044,161 | 536,088 | 508,073 |
| 2005 | 1,095,105 | 563,847 | 531,258 |
| 2010 | 1,142,341 | 589,180 | 553,161 |
| 2015 | 1,199,717 | 621,515 | 578,202 |
| 2020 | 1,153,901 | 594,291 | 559,610 |

자료: 울산통계연보
주) 1994년의 도농통합으로 1995년부터의 수치는 기존 울산시와 울주군의 합계치임.

울산의 인구 증가는 1970년대 현대그룹의 투자가 본격화된 시기에 가장 높게 나타났다. 이 시기의 인구 증가율은 연평균 10% 이상을 기록했다. 이러한 울산의 인구 증가는 산업화에 따른 외지 노동력의 유입에 기인하는 것이었다. 특히 1970년대 초반 이후 자동차와 조선산업 등의 거대 공장이 증설되며 인구증가는 가속화되었다. 그 결과 1970년대 말에 이르면, 20~30대 연령층이 전체 인구의 40%를 넘어서고, 현대자동차가 입지한 염포 지역과 현대조선이 입지한 방어진 지구의 인구가 울산 구시가지의 인구를 절대수에서 능가하게 된다(김정배, 2006: 245).

1970년대 후반에 오면 울산은 전형적인 공업도시이자 중화학공업 부문의 산업노동자가 공간적으로 밀집된 도시로서의 특징을

보여주게 되는 것이다. 울산 미포공단이 위치한 동구와 북구 일원은 전통적 지역사회가 급속히 해체되고 대기업이 지역사회를 지배하게 되었다(진덕규, 1975). 1970년대 말에 '현대시'(Hyundai City) 또는 '현대공화국'이라는 별칭이 붙게 된 것은 그러한 변화를 상징하는 것이었다. '현대시'라는 용어는 프랑스 잡지인『르 익스프레스』가 1978년에 한국에 대한 소개를 시리즈로 발표할 때 처음 붙인 이름으로 알려져 있다(커크, 1995: 329). 그 이후 현대중공업은 울산을 "現代에 의해 現代化된 現代市"로 표현했다(현대중공업주식회사, 1992; 1388).

1960년대 후반부터 건설업을 중심으로 자본을 축적한 현대는 1970년대에 울산을 중심으로 자본의 집적과 집중을 본격화했고 1970년대 말에 오면 명실상부한 재벌로 성장한다(김기원, 2002; 허민영, 2003a). 자본 투자의 방식과 관련하여 현대가 다른 재벌과 큰 차이를 보인 것은 자본 투자의 지역적 집중이었다. 현대는 울산 미포공단에 관련 계열사들의 지리적 밀집과 사업적 연계를 추구하였을 뿐만 아니라, 자본 투자의 공간적 집중도를 매우 높임으로써 경제적 이점을 확보하려고 했다. 이 부분을 좀 더 자세히 살펴보자.

첫째, 현대그룹 내에서 울산에 대한 투자가 차지하는 비중 자체가 압도적이었다(〈표 2-2〉 참조). 1970년대 중반 이후 현대 계열기업의 전체 공장노동자 중 울산의 비중은 80%를 상회했다. 이러한 압도적 비중은 사실상 건설업 부문을 제외하면 대부분의 계열사들이 울산에 몰려 있었다는 것을 의미한다.

〈표 2-2〉 현대 계열기업 공장노동자의 울산 지역 집중 현황

(단위: 명)

| 구분 | 1971년 | 1975년 | 1980년 | 1985년 | 1987년 |
|------|--------|--------|--------|--------|--------|
| 총인원(A) | 2,550 | 19,658 | 49,813 | 86,427 | 99,316 |
| 울산 인원(B) | 1,697 | 16,930 | 39,836 | 64,887 | 69,984 |
| B/A | 0.67 | 0.86 | 0.80 | 0.75 | 0.71 |

출처: 허민영(2003a), 64쪽.

　　울산으로의 투자 집중을 주도한 계열사는 현대중공업과 현대자동차였다. 현대중공업은 1972년 조선소 기공 이후 2년 만에 2만 명이 넘는 노동자로 가득 찼고, 현대자동차 또한 1970년대 초반 불과 2천 명이 채 안 되다가 1978년에 이르러 1만 명 이상을 기록한 이후 1986년에는 2만 5천 명의 거대 기업으로 성장했다. 노동자대투쟁 직전인 1986년에 두 공장의 종사자는 4만 5천여 명에 이르렀다.

　　둘째, 울산으로의 자본 투자의 집중에 더해 현대그룹 계열사의 지리적 밀집도는 매우 컸다. 현대가 1987년까지 울산에 설립하거나 인수한 기업은 총 12개였는데, 이 중 현대중공업 사업장 안에 현대엔진, 현대중전기, 현대종합목재, 한국프랜지 등이 위치해 있었고, 현대자동차, 현대정공, 현대강관, 고려화학은 서로 담장을 사이에 두고 나란히 자리하고 있었다. 1987년 무렵 약 7만 명이 넘는 현대그룹 노동자들이 동일한 구역에 밀집되어 일하고 있었던 것이다. 계열 기업들의 공간 집중과 더불어 노동자 주거지도 사업장 인접 지역에 형성되었다. 같은 그룹 소속의 수만 명의 산업노동자들의 생산과정과 노동력 재생산 과정이 공간적으로 거의 분리되지 않은 조건에서 이루어지는 매우 독특한 양상이 출현한 것이다.

이러한 공간적 특성은 1987년 노동자대투쟁을 계기로 '노동의 힘'으로 전화된다. 이와 관련해서 공장 건설 초기에 현대의 정세영은 울산으로의 공장 집중이 노사관계의 측면에서 향후에 문제를 초래할 수 있다는 지적을 일본인들로부터 들은 바 있었다고 술회했다. 그러나 당시는 파업의 위력을 알지 못했었기 때문에 계열 공장의 지리적 집중에 따른 이점에만 주목했었다고 전해진다(김기원, 2002: 146).

1970년대 이후 현대그룹의 집중적 투자는 울산의 공간구조를 변화시켰다. 당시에 형성된 도시의 기본 구조는 지금까지 그 모습을 대체로 유지하고 있다. 울산은 공간적으로 크게 시가지와 공단지역으로 구분되며, 시가지는 다시 태화강 북쪽의 구시가지와 태화강 남쪽의 신시가지로 나누어진다. 울산 토박이들은 주로 중구 일원의 구시가지에 거주했었고, 1990년대 이후 태화강 남쪽의 신시가지에 상업 및 서비스업이 발달하면서 구시가지는 상대적으로 쇠락했다. 이에 반해 울산 동구 및 북구 일부의 '현대시'는 기존의 신·구시가지와 지리적으로 멀리 떨어져 있고, 양편의 생활상의 이동과 교류도 적은 편이어서 생활권이나 지역정체성 측면에서 하나의 '지역공동체'로 묶기에는 상당히 이질성이 컸다.

울산의 공업단지는 크게 네 개의 지역으로 나뉘며 각각은 특화된 업종이 배타적으로 집중되어 있다. 이러한 업종별로 공단의 성격이 확연히 구분되는 모습은 오늘날까지 이어지고 있다. 〈표 2-3〉은 2010년 기준 울산광역시 소재 사업체 전수 조사의 결과이다. 울산의 4대 산업(석유화학, 1차금속, 자동차, 조선) 종사자 수는 자치구군별로 뚜렷한 패턴으로 분리되어 있음을 볼 수 있다. 석유화학산업 종사자는 남구가 67.2%, 1차금속은 울주군이 72.8%, 자동차는 북구가 80.7%, 조선은 동구가 91.1%의 비중을 차지한다. 특히 이 책의 핵심 연구대상인 자동차 및 조선업의 지역 편중은 특히 심하다.

〈표 2-3〉 울산광역시의 구군별·업종별 종사자 수 분포, 2010년

(단위: 명)

| 구분 | 전체 | 중구 | 남구 | 동구 | 북구 | 울주군 |
|---|---|---|---|---|---|---|
| 전산업 | 434,485 | 44,602 | 160,941 | 69,261 | 80,734 | 78,947 |
| 제조업 | 148,375 | 2,198 | 25,025 | 38,858 | 47,854 | 34,440 |
| 석유·화학 | 17,741 | 38 | 11,929 | 568 | 215 | 4,991 |
| 1차금속 | 6,769 | 9 | 974 | 0 | 860 | 4,926 |
| 자동차 | 44,296 | 123 | 1,914 | 385 | 35,747 | 6,127 |
| 조선 | 38,766 | 7 | 1,282 | 35,322 | 300 | 1,855 |

자료: 울산광역시 2010년 사업체조사
주) 석유화학 업종은 산업중분류 중 '코크스, 연탄 및 석유정제품'과 '화학물질 및 화학제품 제조업'을 합친 것임.

특히 현대중공업이 입지한 동구는 지역노동시장의 측면에서도 단일한 자족적 시장을 이루고 있다. 동구는 노동수요와 노동공급이 공간적으로 매우 폐쇄적인 지역노동시장을 갖추고 있다. 안주엽(2006)의 분석에 따르면, 동구 소재 사업체 취업자 중 75%가 동구 주민에서 충원되고, 또 동구에 거주하는 취업자 중 82%가 동구 내의 사업체에 취업해 있는데, 이것은 울산 동구가 그 자체로 폐쇄적인 지역 단일노동시장임을 의미한다. 울산 동구를 중심으로 하는 일명 '현대시'는 1970년대 이후 업종의 단일성, 지리적 고립성, 생활권의 분리, 지역노동시장의 폐쇄성과 자기 충족성이 복합적으로 작용하여 '기업

도시'로서의 특성이 매우 크게 나타나는 지역으로 형성되었다.

그러나 1987년 이전 '현대시'에서의 대기업의 지배양식은 매우 형식적인 것에 그쳐 있었다. 생산의 영역에서 노동자의 산업적 시민권이 인정되지 않았었고, 재생산의 영역인 집합적 소비와 지역사회에 대한 대기업의 개입과 관리가 초보적인 수준에 머물러 있었다. 외국의 기업도시 연구들은 공통적으로 지역경제를 좌우하는 대기업이 지역 수준의 노동통제에 성공하기 위해서는 생산과 재생산 영역 모두에서 자본과 노동, 기업과 주민 사이에 (온정주의에 기반한 기업복지주의로 대표되는) 일정 수준의 호혜적 관계가 마련되어야 한다고 지적한다(박재욱, 1999; 염미경, 2002; Hareven, 1982; Jonas, 1996; Kalb, 1997). 하지만 1987년 이전까지 재벌 대기업은 내셔널 스케일에서 형성된 생산의 공간 속에서 전제적 지배를 유지했을 뿐, 로컬 스케일에서의 호혜적 관계를 마련할 필요성을 크게 느끼지 못했다. 대다수의 생산직 노동자와 지역주민들은 호혜성의 경계 밖에 배제되어 있었던 것이다.

1987년 이전 울산 현대 계열사의 산업노동자들은 매우 유동적인 집단이었다. 그들은 생계를 위해 울산을 찾아왔지만 정착의 가능성은 당시에는 그렇게 크지 않았다. 생산직 노동자들은 내부노동시장의 보호 기제에서 제외되어 있어 경기 변동에 따라 해고가 잦았기에 이탈 성향이 매우 컸다. 1970년대 현대중공업 기능직 노동자들의 연간 이직률을 보면 1년에 절반가량의 인원이 자발적 또는 비자발적으로 이직을 했을 정도였다(박훤구, 1982: 409). 1985년 현재 울산시의 평균연령은 23.5세로 20, 30대가 전체 인구의 42.5%를 차지하였는데, 울산 인구의 약 50% 정도는 매년 전입 또는 전출을 하고 있었다(박양호, 1989).

이러한 인구의 유동성과 낮은 정착성, 대부분 20대라는 연령구조 등은 1987년 이후 노동쟁의의 격렬함에도 영향을 미쳤던 것으로 보인다. 노동자대투쟁 직후 동구 지역은 전국에서 가장 격렬한 노동 쟁의가 발생했다. 동구의 지역적 특성, 특히 수만 명에 이르는 젊은 노동자들의 높은 유동성이라는 인구학적 조건이 1987년 이후 높은 빈도로 쟁의가 발생하는 원인 중 하나로 작용했던 것이다. 이와 관련하여 당시 울산시장은 급격한 산업화에 수반되는 주민의 유민화(流民化)가 다른 지역에 비해 쟁의가 빈발하는 조건이라고 꼽으며, 산업평화의 정착을 위해서 포항제철을 모델로 하는 주민의 정착화 유도가 필요하다고 강조하기도 했다(곽만섭, 1989).

현대 계열사의 지리적 밀집이 갖는 노동자 저항의 잠재력은 1987년 이전에는 거의 발휘되지 않았다. 1987년 이전 울산 현대 계열사 노동자들은 조직화되지 못한 채 공장 질서에 개별적으로 순응하거나 이탈의 행위 성향을 보여주었다. 이 시기에 현대 계열사에 취업한 노동자들의 계급상황을 그들의 이주 동기, 노동조건, 생활상태 등을 통해 좀 더 구체적으로 살펴보도록 하자.

## 3. 1987년 이전의 현대그룹 노동자

먼저 노동자들의 이주동기부터 살펴보도록 한다. 1970년대 이래 전국 각지에서 울산의 현대 계열사에 취업한 노동자들의 가장 큰 취업 동기는 '돈을 벌 수 있다'는 경제적 이유가 가장 컸다(원영미, 2006: 309-10). "없는 사람 벌어먹기 좋은 곳이 울산"[2]이라는 게 당시 울산으로의 이주를 선택한 주요한 동기였다. 실제로 설립 초기부터 1980년대 초반까지 현대중공업의 임금수준은 다른 제조업 생산 직에 비해 꽤 높은 편이었다(원영미, 2016: 72). 1984년에 통영을 떠나 이곳으로 온 후 현대중공업에 입사한 구술자의 아래의 발언은 당시의 이주 동기를 보여주는 전형적인 예이다.

> 조선소 일이란 걸 귀동냥으로 들었는데, 다른 자그마한 사업장에 서 일해봤자 별로 돈도, 월급 뻔한 거고, '조선소 일이 힘들긴 해도 돈은 좀 된다드라' 이런 얘기를 귀동냥으로 들은 적이 있었거든 요. 힘 들어봤자 얼마 정도겠노, 젊었을 때 함 부닥쳐보자, 그래 그 때 방위 마치고 나서 바로 쪼끔 있다가 울산으로 왔습니다.[3]

다음으로, 1987년 이전 노동자들의 노동조건과 작업환경에 대해 살펴보자. 경제적 동기로 이주한 이들은 울산에서 고된 노동에 어 렵게 적응해야 했다. 현지조사 과정에서 만난 1세대 노동자들과 그 부인들의 다수는 처음 울산에 이주했던 시절을 떠올리며 '뭐 이런 데가 있나 싶었다'는 말을 공통적으로 했다. 1970년대 후반과 1980 년대 초반에 입사한 노동자들은, 당시의 작업장을 '이북의 강제노 동수용소 같은 곳' 또는 '똥구루마'(현대자동차), '탄광촌 분위기' 또

---

2 김종집, "일터", 현대자동차홍보부(1990: 43).
3 박OO 구술, 울산지역사연구-노동-I-A07-1, 2002년 12월 13일, 울산지역사연구 팀 채록.

는 '조지나 공장'(현대중공업)이라고 묘사하고 있을 정도로 근로조
건이 매우 열악했다.

처음에 나도 화학공장 다니다 80년대 초반에 여기 왔는데 야간
근무 처음 하니까 하늘이 노랗더라고요. 나는 회사가, 컨베어가
이북의 강제노동수용소 같다는 느낌이었어요. 도대체 이런 회사
가 어디 있을까 하는 생각도 들었죠.[4]

비속어로 똥구루마라 그랬거든. 현대자동차, 똥구루마라고. …
경상도 말로 리어카 만드는 똥구루마 회사라고 이렇게 소문이
났어. 사실 그게 결코 좋은 말이 아닌데 그렇게 막 불렀거든, 우
리가. 그러니 사람들이 안 들어오려고 하지.[5]

그냥 시커무리 죽죽한 작업복 차림에, 그런 차림에 얼굴에 똑, 탄
광촌 가보셨는지 모르겠습니다만, 탄광촌 분위기였다, 어떻게 생
각해보면 그런 유사한 분위기였다, 그런 생각이 듭니다.[6]

지금 현재 현대중공업 대기업으로 우리가 인식하고 이러지만 그
때는 조지나 공장이라고 그랬잖아요, 조지나 공장. 완전히 조지

4  서OO 구술, 2007년 12월 1일, 필자 채록. 이 구술자는 1983년에 현대자동차에 입
   사하여 의장부에서 일했다.
5  임OO 구술, 2015년 1월 7일, 울산프로젝트팀 채록. 이 구술자는 1986년에 현대자
   동차에 입사하여 엔진조립부서에서 일했다.
6  박OO 구술, 울산지역사연구-노동-I-A07-1, 2002년 12월 13일, 울산지역사연구
   팀 채록.

나 공장이라고 그랬다구 그래. 이 조지나 공장에서 빨리 돈 벌어서 떠나야 된다는.[7]

    박정희가 '민족의 희망과 발전'의 터전으로 칭송한 울산의 현대조선소(현대중공업의 전신)는 백무산 시인에게는 훗날 「지옥선」 연작시의 소재가 되었다. 열아홉에 입사하여 20대를 바치며 그가 일하던 현대조선소는 "평균 이틀에 세 명은 죽어 나간다"는 말이 떠돌고 "큰 배 한 척 만들 때 스무 명 죽는다, 이런 얘기가 공공연"했던 곳이었다. 조선소 앞 동네는 "술을 못 마시면 할 일이 없는" 동네였고 "밤마다 싸움 소리, 유리창 깨지는 소리, 속옷 차림의 여자들이 남자와 뒹굴며 싸우는 장면들이 펼쳐"지는 "아수라장 그 자체"였다(백무산·고영직, 2013).

    노동자들이 느낀 작업환경의 열악함은 산업재해 통계를 통해 알 수 있다. 현대중공업의 경우, 1974년부터 1987년까지 산업재해로 인한 사망자 수가 총 206명(연평균 14.7명), 부상자 수가 총 9,419명(연평균 672.8명)에 달했다(현대중공업주식회사, 1992: 364; 이균재, 1997: 13). 특히 조선소 건설 직후인 1974~1975년에만 무려 약 4천여 명의 산업재해자가 발생했다.

    그다음으로 노동시간을 살펴보면, 생산직 노동자들에게서는 장시간 노동이 일반화되어 있었다. 현대중공업 노동자들은 평균 주당 60시간, 일일 10시간 이상을 일했다. 1980년대 초반 제조업 부문의

---

7 '조지나 공장'이라는 표현은 '인생 조진다'라는 속어에서 나왔다. 김OO 구술, 울산지역사연구-노동-I-A04-1, 2002년 11월 14일, 울산지역사연구팀 채록.

주당 평균근로시간이 53~54시간인 것과 비교하면, 현대중공업 노동자들은 주당 6시간 이상을 더 일한 셈이다. 대체로 오전 7시 이전에 집을 나서 오후 9~10시 경에 귀가하는 게 일반적인 모습이었다.

> 그때는 우리 큰 애가 아빠를 잘 몰라볼 정도로, 일을 그렇게 열심히 했던. '엄마, 저 사람 누구야?' 할 정도로. … 같이 살면서도 아빠 얼굴을 못 본 거예요. 서너 살 됐을 때, 밤늦게까지 일하고 밤 10시까지 일하고, 새벽되면 나가고. … 우리집 아저씨는 그게 지금도 가슴이 아프다고 그 얘기를 해요.[8]

현대자동차의 생산직 노동자들은 이보다 더 길게 일했다. 배규한(Bae, 1987)이 1980년대 초반 관찰한 자료에 따르면, 생산직은 주간조 기준으로 일일 12시간(08:00~22:00 중 두 번의 식사시간 2시간 제외)이 기본적인 노동시간으로 최소한 일주일에 6일을 이렇게 일했다. 또한 생산직의 대다수는 1주일 단위로 주야간을 교대제로 운영했고, 교대근무가 아닌 노동자의 경우에도 통상 오전 8시부터 오후 10시까지의 12시간 근무가 관례였고, 24시까지의 추가 잔업도 가끔 있었다고 한다. 1977년에 입사한 다음의 구술자는 주간에만 일했는데, 당시의 노동시간을 '술 먹을 시간도 없는' 것으로 기억하고 있다.

---

8  최OO 구술, 2015년 4월 8일, 울산프로젝트팀 채록. 이 구술자는 면접 당시 50대 중반의 여성으로, 현대중공업에 입사하게 될 남편과 함께 1984년에 울산으로 이주했다.

거의 뭐 아침 8시에 나와서 10시까지 일을 하고도 그러고는 술 먹을 시간도 없는 거지요. 술 먹을 시간이라고 하는 것은 [오후] 5시에 정문 밖에, 그 당시에는 출입이 좀 자유로웠으니까, 정문에 나가서 술 먹고. 땀을 그마이 흘리니까 견딜 수가 없는 거 아닙니까? 물을 먹든지 막걸리를 먹든지 뭐 쩨건 해야 되니까. 뛰 나와서 막걸리 먹고 뛰 들어와서 일하고, 밤 10시까지 일하고. 개인시간은 아예 없었지요.[9]

위험하고 열악한 작업환경과 장시간 노동에 더해 울산의 노동자들이 대면한 작업장은 억압적 노동통제와 비인격적 대우가 만연해 있는 곳이었다. 그룹의 기원이 건설 부문에 있던 현대 계열사들의 노동통제는 기본적으로 건설 현장에서 통용되던 노동력 관리방식에 기반하고 있었다. 최고 경영자로부터 현장의 일선 감독자에 이르는 병영적 통제의 연쇄 고리가 노동통제의 기본이 되었고, 여기에 더해 취업규칙과 인사·노무관리 규정 등의 관료적 규칙의 제정을 통한 관료적 통제 방식이 뒤늦게 자리 잡게 되었다.

1974년부터 기능직 노동자가 1만 명 이상으로 급증한 현대중공업은 체계적인 노무관리 제도가 결여된 조건에서 대규모 신규 노동력을 통제하기 위하여 건설업의 폭력적인 관리·통제 방식을 이전해 왔다. 초창기 현대중공업은 기술력과 경험의 부족을 노동력의 대량투입을 통해 돌파하려 했다. 이러한 공기 단축 방식은 초창기 현대중공업이 생존하는 데 큰 역할을 했고, "그야말로 육탄용사

---

9 하OO 구술, 2004년 5월 18일, 울산지역사연구팀 채록.

의 맹공격 같은 업무추진"과 '하면 된다'는 "선구자적 개척정신"은 이후 '현대정신'으로 신화화되었다.[10] 이를 위하여 '위임관리제'라는 건설업에서 통용되던 일종의 인력하도급 제도를 도입하는 한편, 작업장의 노동통제는 현장 감독자에 의한 병영적 통제에 의존했다. 현대자동차의 노동통제 방식도 이와 유사했다. 생산 현장의 노동통제에서 조·반장이 핵심적 역할을 했다. 특히 반장은 생산관리와 노무관리에 더해 특근통제, 배치전환과 상여금 수준을 결정하는 인사고과 통제권을 가지고 있었다. 이들은 최고경영자에서 일선 현장에 이르는 위계적 통제구조의 핵심적 고리였다(박준식, 1992: 129-30, 248-50).

그렇다면 이처럼 산업재해가 빈발하는 위험한 작업환경, 여가시간이 절대적으로 부족한 장시간 노동, 경영 전제적 조직문화가 일상화된 작업장 질서 속에서 대다수의 노동자들은 어떻게 견디며 적응할 수 있었을까?

그것은 그들의 이주 또는 취업의 동기로부터 그 해답의 실마리를 찾을 수 있다. '고생은 되어도 돈을 벌 수 있다'는 경제적 동기가 노동자들이 울산으로 모여든 주요한 이유였고, 그것은 '객지'였던 울산에서의 열악한 노동환경을 인내하며 거기에 적응할 수 있는 심리적 기제로 작용했던 것으로 보인다. 당시의 입사자들이 가져왔던 공장 생활 이전의 원(原)경험은 공장에서의 일에 대한 태도와 동기를 규정하는 일차적 요인이었다. 상대적 고임금을 좇아 이주한 노동자들은 울산에서의 공장 생활이 힘들고 어렵더라도, 다른 곳도

---

10 인용구는 당시를 회상한 현장수기에서 따왔다(현대중공업주식회사, 1992: 414).

별반 다르지 않다는 생각과 함께 '고생스럽더라도 젊어서 돈을 벌자'는 생각으로 적응하려 했다.[11] 이러한 노동자들의 일에 대한 도구적 의미부여는 노조가 결성되기 전까지는 집단적 발언의 기회가 차단된 상태에서 소극적 충성 또는 개별적 이탈의 행위 지향으로 이어졌다.

이러한 개별적 행위 지향은 민주화와 함께 일어난 노동자대투쟁을 계기로 조금씩 변화하기 시작했다. '조국 근대화의 상징'으로서 탄생한 최초의 계획적 공업도시 울산은 1987년의 뜨거운 여름을 기점으로 '노동계급 형성의 대표적 장소'로 재탄생한 것이다. 노동자대투쟁은 울산 지역 노동계급 형성이 본격적으로 시작된 계기가 되었다.

---

11 1980년대 울산 현대중공업과 현대자동차 노동자들의 노동·주거·여가 생활에 대한 보다 자세한 역사적 서술은 원영미(2016)를 참조하라.

# 3장

# 노동자대투쟁과 지역노동운동

# 1. 노동자대투쟁 이전의 미시동원의 네트워크

한국에서 임금노동자의 형성 이래 최대 규모의 노동자투쟁으로 평가되는 1987년 7~9월의 노동자대투쟁의 진원지는 울산이었다. 한국 최대의 중공업 밀집 지역이었던 울산은 그 이전에는 노동자들의 집합행동이 거의 일어나지 않았다. 1984년부터 1986년까지 울산 및 양산 지역의 노사분규는 총 6건, 참가자 수 4,495명에 불과했다(울산지방검찰청 울산지청, 1998: 240). 이처럼 쟁의의 무풍지대나 다름없었던 울산에서 7월 5일 현대엔진 노동조합 결성을 계기로 폭발적으로 번진 현대그룹 계열사의 투쟁은 전국적 투쟁의 도화선이 되어 부산·마산·창원·거제 등 동남임해공업단지로 번졌고, 이후 인천·경기·서울 등 수도권으로 전파되었다.

그렇다면, 무슨 요인 때문에 울산이 거대한 노동자투쟁의 진원지가 되었을까? 대투쟁의 발생에 대해서 기존의 연구들은 정치적 기회구조의 개방이나 노동자의 공간적 집중과 같은 동원의 구조적 조건의 변화를 강조하거나, 저임금과 장시간 노동의 억압적 노동통제로 인한 광범위한 불만의 형성과 같은 동원의 잠재력을 지적하곤 했다. 그러나 이러한 구조적 조건과 동원의 잠재력 그 자체는 실제 저항 행동의 필요조건이기는 하지만 충분조건이 되기는 힘들다. 조건과 잠재력이 실제로 활성화되기 위해서는, 그러한 동원의 잠재력에 접근할 수 있고 불만의 상황을 규정하며 집합행동에 참여를 촉구할 수 있는 동원 세력이 존재해야 한다(Klandermans, 1988). 울산의 노동자대투쟁에서 이에 해당하는 것은 1980년대 중반부터 노조 조직화를 준비해온 개별 노동자들과 이들 간의 미시동원 (micromobilization)의 네트워크였다. 이러한 요인 덕분에 급작스런 정치적 자유화 조치인 6·29선언이 나온 지 단 일주일 만에 현대엔진에서 노동조합이 결성되었고 곧이어 현대미포조선(7월 15일), 현대중공업(7월 21일), 현대자동차(7월 25일), 현대중전기(7월 26일) 등에서 연달아 노조 조직화가 신속히 이루어진 것이다.

민주화 이전 국가의 권위주의적 노동통제와 자본의 감시 기제하에서 저항의 조직적 공간을 공식화하는 것은 대단히 어려웠다. 따라서 저항 세력은 노동자들 간의 비공식 집단이나 권위주의 체제가 형식적으로 허용한 노사협의회를 통해 미시동원의 네트워크를 만들 수밖에 없었다. 이러한 사정은 수출 전략사업장이 밀집된 울산 현대 계열사에서 특히 두드러졌다.

울산에서 1987년의 집합행동을 촉발한 미시동원자에 해당하는 것은 현대엔진·현대중전기·현대자동차·현대중공업 등에서 1987년 이전부터 현장 활동을 하던 소수의 노동자들과 이들이 조직한 소모임들(독서회, 고적답사회, 취미써클 등)이었다. 이 노동자들은 대개 독서회나 교회 청년회 활동 등을 하면서 사회문제와 노동운동에 관심을 갖게 되었고 사업장 안에서 조금씩 활동을 시작했다. 원영미 (2021)에 따르면, 현대엔진 초대 노조위원장이자 현대그룹노조협의회 초대 의장인 권용목은 울산YMCA 클럽활동을 통해 만난 이들과 독서 소모임에 참여했고 이후 노동법 독서모임을 꾸렸다. 현대자동차 노조설립을 주도한 이상범은 처음에 독학으로 사회과학에 관심을 갖고 있다가 양정교회에서 열린 『어느 돌멩이의 외침』 저자 유동우의 강연회에 참석한 동료 노동자 4명과 함께 독서회를 꾸렸다. 이 모임이 현대자동차 초창기 노조결성 시도를 주도했다. 교회를 통해 노동조합에 관심을 가지게 된 또 다른 대표적인 인물은 현대엔진의 오종쇄였다. 그는 교회에서 민중신학을 접하고 사회문제에 관심을 가지게 되었고, 장로교 청년회 활동을 하면서 1985년에 KBS 시청료 거부운동 유인물 배포 작업까지 했다.[1] 현대중공업의 소수의 노동자들 사이에도 이와 유사한 흐름이 존재했다. 정병모의 구술에 따르면, 1987년 7월의 이른바 '11인 대책위' 성원들은 그전에는 서로 몰랐던 3개 노동자 모임이 중심이 되어 구성되었다고 하는데, 이 중 1개는 동구 평강교회의 노동연구 모임이었다.[2] 수도권과는 다르게 울산에는 학출 노동자가 그리 많지 않았다. 1987년 이전 울산의 노동자 모임에서 극수소 학출 중 한 명이었던 현대중전기의 천창수는 1970년대 학생운동 경험이 있었고 졸업 후 석탑그룹 장명국의 권유로 1983년에 울산으로 내려와 노동자가 되었다. 그가 동료 노동자들 몇 명과 노동법 독서모임을 꾸린 것은 1986년 여름이었다.[3]

현장 소모임 활동을 주도했던 노동자들은 당시 지역의 사회운동가들과 교류하게 되었다. 교류의 계기는 현대자동차 앞에 위치한 양정교회에 학생운동가 출신 이상희의 주도로 YMCA 야학이 개설된 것과 관련되었다(원영미, 2021: 168). 이곳을 중심으로 현대자동차

---

1  오종쇄 구술, 울산지역사연구-노동-I-A12-2, 2003년 2월 28일.
2  정병모 구술, 울산지역사연구-노동-I-A16-2, 2002년 11월 23일.
3  천창수 구술, 울산지역사연구-노동-I-A22-1, 2003년 1월 2일.

및 현대엔진 노동자들과 노옥희·이상희 등 지역 활동가들이 연결되었다. 1985년 말부터는 석탑그룹의 장명국이 내려와 이들과 소모임도 시작했다. 훗날 장명국(2016)의 증언에 따르면, 이 모임에서는 노동법 학습뿐만 아니라, 실천 활동의 역량을 개발했고, 이를 토대로 현장의 노사협의회 활동, 중식거부 투쟁, 유인물 배포 등이 조금씩 나타나게 되었다.

이렇게 소규모 모임을 주도한 노동자들 다수는 1986년 10월에 설립된 울산사회선교실천협의회(이하 울사협) 노동문제상담소를 매개로 느슨한 형태의 인적 네트워크로 연계되었다. 이들은 정례적으로 모여 단위 사업장별 현장 활동 경험과 정보를 공유했고, 때로는 울산 바깥의 노동운동 활동가와의 교류도 추진했다.[4] 이들 외에도 울산의 교회와 시민단체의 영향으로 고립적으로 활동하던 몇몇 노동자들이 있었다. 이들은 1987년 울산에서 벌어진 6월항쟁을 전후로 자연스럽게 서로의 존재를 확인하게 되면서 이들을 중심으로 울산 지역 초기 노동운동의 리더십이 형성되었다.

---

4  노옥희 구술, 울산지역사연구-노동-I-B02-2, 2002년 12월 15일. 노옥희는 당시 울사협 노동문제상담소 간사였는데, 부산의 노무현 변호사 사무실에서 노동상담에 관련된 교육을 받았다. 이 연결망은 울사협 모임에 참여하던 노동자들과 당시 창원의 통일중공업 해고자 문성현과의 교류로 이어지기도 했다(문성현, 1997: 129-30). 또한 울사협은 1987년 이전에 쟁의 경험이 있는 영남지역 노조 위원장을 초청하여 파업 경험을 현대엔진 노동자들에게 전하는 데 역할을 했었다(현대그룹 노동조합협의회 청산위원회, 2002: 31).

## 2. 울산 노동자대투쟁의 양상

현대엔진은 노동자 간의 비공식 집단을 넘어 노사협의회까지 진출하는 등 동원을 위한 준비가 가장 앞서 있었고, 실제로도 6월항쟁 이후 최초로 노조를 결성했다. 현대엔진에서는 1980년대 초반부터 독서회를 통해 사회의식에 눈을 뜬 일부 노동자들이 노조가 없는 상태에서도 노사협의회를 중심으로 조금씩 활동의 폭을 넓혀가고 있었고, 그 연장선에서 노조 결성의 노력을 기울였다(권용목, 1988). 사실 현대엔진노조 결성은 민주화운동이 가져온 정치적 개방국면과는 상관없이 1987년 1월부터 노사협의회 활동을 한 주도세력이 치밀하게 계획한 자체의 일정대로 진행되었고 6월항쟁은 그러한 계획 추진에 자신감을 불어넣은 것으로 볼 수 있다.

다른 현대 계열사에서도 비공식 모임에 참여하던 소수 노동자들의 주도로 항의와 저항이 나타났다. 대표적으로 1985년 가을에 현대자동차에 회사의 부당처우와 그룹 총수를 비판하는 유인물이 뿌려진 적이 있으며, 1986년 3월 18일에 현대중전기 노동자들은 관리자의 폭행에 대한 항의와 임금인상을 요구하며 잔업거부 및 중식거부 투쟁을 벌였고, 4월 8일에는 현대자동차 노동자들이 기본급 인상과 가족수당 지급을 요구하며 중식거부 운동을 벌였다(이원보, 2004: 735-36). 이러한 움직임은 비록 그 규모가 작고 투쟁의 결과가 미약했지만 7월 이후 현대그룹 노동자들의 투쟁 폭발의 가능성을 예고하고 있었다. 이러한 흐름의 연장선에서 현대엔진에서 가장 빨리 노조 결성에 성공했고, 이 소식은 울산의 다른 계열사에 급속하게 전파되었다.

7월부터 9월까지 울산의 노동자 집합행동의 동원 양상을 살펴보면 현대 계열사의 노동자들, 특히 그중에서도 현대중공업과 현대자동차가 초기부터 울산 지역 노동운동의 핵심 세력이고 이 두 곳 노동자들의 동원의 성패가 지역 전체의 동원을 좌우하고 있었음을 알수 있다. 동원 패턴을 보다 자세히 살펴보면 다음과 같다.

첫째, 가장 먼저 주목되는 것은 동원의 대규모성이었다. 대규모 동원 현상은 현대중공업과 현대자동차를 중심으로 한 거대 사업장의 효과로 볼 수 있다. 1987년 이전 진행된 자본의 공간적 집중 · 집적이 노동자 동원의 대규모성을 낳은 조건으로 전화되었던 것이다. 울산사회선교실천협의회 노동문제상담소(1987)와 한국기독교사회문제연구원(1988)에 수록된 투쟁일지 자료를 계산해 보면, 일일 참가인원 1만 명 이상의 동원이 이루어진 날은 총 10일이고, 2만 명 이상은 7일이다. 일일 참가인원 2만 명 이상의 대규모 동원은 7월 25일부터 31일까지 1주일간, 8월 6일, 8월 17~18일, 9월 2일에 나타났는데, 모두 현대중공업과 현대자동차 소속 노동자들의 동원 효과였다. 3개월 동안 울산의 파업 · 농성 · 시위 · 집회 · 태업에 참가한 연인원 38만여 명 중에 현대중공업과 현대자동차 2개 사업장의 참가 연인원 비중은 약 80%에 달할 정도로 압도적이었다. 이러한 사실은 최초의 대중동원에서부터 이 두 사업장의 노동자들이 울산 노동운동의 핵심 세력이라는 점을 잘 보여준다.

둘째, 현대 계열사의 대공장이 지역의 전체적 집합행동 패턴을 선도하고 나머지 사업장들이 그 뒤를 따르는 패턴을 관찰할 수 있다. 한국기독교사회문제연구원(1988)에 실린 울산 지역 노동자대투쟁 일지에 따르면, 7월 25일의 현대자동차 파업농성을 시작으로 28

일의 현대중공업 파업농성으로 이어진 최초의 대규모 동원은 다른 계열사로 파급되는 한편, 27일에 석유화학공단의 태광산업·대한화섬과 동양나이론·동양폴리에스터로, 29일에는 온산공단의 풍산금속으로 전파되었고, 31일에는 시내버스 운전사, 금호석유, 효성바스프로 파업농성이 번져갔다. 8월 초(3일~12일)가 울산에서 쟁의가 가장 빈발했던 시기였다. 이 기간에 고려아연, 효성금속, 대한알루미늄, 럭키울산공장, 미원상사, 진양화학, 정일공업, 동해조선, 럭키온산공장, 삼양사, 영남화학, 덕양산업, 한일이화, 삼우화학, 세운공업사 등 울산공단 및 온산공단 전 지역으로 파급되었다. 그 후 두번째로 큰 대규모 동원이었던 8월 17, 18일 이틀간의 현대 계열사 노동자들의 가두시위가 있은 이후 20일부터 31일까지 효성바스프, 한국비료, 태창운수, 매일제관, 현대중공업 하청업체, 운수노동자들, 항운노조, 삼성전관, 럭키 울산공장에서 파업농성이 이어졌다. 집합행동의 전염 현상은 처음에는 미포공단의 현대 계열사 내에서 일어난 후 석유화학공단과 온산공단으로, 대기업에서 중소기업으로, 금속부문 제조업에서 비금속부문으로 확산되는 양상을 보였다.

전체적으로 보면, 울산 지역(양산 포함)에서 1987년에 분규 발생 사업체는 139개, 참가자는 89,485명이었다. 분규의 발생기간을 보면, 139건 중에 당일 종료가 15건, 2~5일이 75건, 6~10일이 21건, 10일 이상이 28건으로 집계된다. 1987년에 5인 이상 사업체 노동자 수가 약 18만여 명이라고 볼 때 약 절반 정도의 노동자들이 집합행동에 참여했던 것이다(국회 노동위원회, 1988: 12).

1987년 여름의 집합행동은 그 이전처럼 일시 분출한 후 사라진 게 아니라, 대부분 처음부터 자주적 노동조합의 결성을 목표로 한 것이었고, 실제로도 그러한 결과를 낳았다. 1987년을 전후로 노조 및 조합원 조직 현황을 비교한 〈표 3-1〉을 통해 1987년의 집합행동의 조직적 결과를 잘 알 수 있다. 1986년의 울산 지역(양산 포함)에는 121개의 노동조합에 3만 5천여 명이 조합원으로 조직되어 있었는데, 1987년 1년 동안 신규노조 80개가 설립되었고 45,588명이 새롭게 조직되었음을 알 수 있다. 노동조합 조직률은 1987년 이전 약 20%에서 1년 만에 44%로 급증했다. 1990년에는 노조 수 241개, 조합원 수 9만 4천여 명이 되었다.

〈표 3-1〉 울산 지역 노동조합 및 조합원 현황, 1982~1990년

| 구분 | 사업장 | | 노동조합 | | 조직률(%) | |
|---|---|---|---|---|---|---|
| | 수(A) | 근로자수(B) | 수(C) | 조합원수(D) | C/A | D/B |
| 1982 | 867 | 122,929 | 74 | 26,175 | 8.5 | 21.3 |
| 1984 | 1,289 | 157,529 | 81 | 27,921 | 6.3 | 17.7 |
| 1986 | 1,912 | 173,607 | 121 | 35,918 | 6.3 | 20.7 |
| 1987 | 2,000 | 183,771 | 201 | 81,506 | 10.0 | 44.4 |
| 1988 | 2,013 | 201,862 | 236 | 90,736 | 11.7 | 44.9 |
| 1989 | 2,031 | 197,174 | 240 | 93,660 | 11.8 | 47.5 |
| 1990 | 2,789 | 226,139 | 241 | 94,808 | 8.6 | 41.9 |

자료: 울산지방검찰청 울산지청(1998: 239, 248)
주) 울산지청 관할구역인 양산지역도 포함된 수치임.

그렇다면 이러한 노조 조직화의 물결은 어떤 부문에서 주도하였을까? 이것을 살펴보기 위하여 노동부의 『전국노동조합조직현황』 (1989)의 자료를 토대로 업종별 상급단체를 기준으로 시기별 노조의 소속 부문을 비교해 보았다. 분석의 결과, 1987년 7월 이후의 광범위한 노조 조직화의 물결은 단순히 조직화의 양적 확산에만 그친

게 아니라 울산 지역 노동조합운동의 업종별·지역별 지형도를 완전히 변화시켰음을 알 수 있었다.

1962년부터 1987년 7월 이전까지 울산에서 노동조합은 주로 한국노총의 섬유노련과 화학노련에 속한 업체들이 다수를 차지하고 있었다. 반면에 1987년 7월 이후에 새로 설립된 노동조합의 절대 다수는 금속부문의 노동자들이었다. 1987년 7월 이후 신규 조직화 현황을 상급연맹별로 살펴보면(1989년 6월 기준), 금속이 46개 조합에 61,598명으로 전체 신규 조직화 인원의 83.2%를 차지하고 있다. 산업의 측면에서 화학 관련 업종에서 금속산업으로, 지역의 측면에서 남구의 석유화학공단에서 현대 계열사가 밀집된 미포공단으로 지역 노동운동의 중심축이 이전된 것이다. 이 새롭게 조직된 6만여 명의 금속산업 노동자들이 노동자대투쟁을 통해 태어난 이들로서 향후 울산 지역 노동자의 계급형성은 이들을 중심으로 이루어지게 된다.

## 3. 계급전쟁

노동자대투쟁은 오랜 개발독재 시기의 권위주의적 노사관계를 무너뜨리는 계기가 되었지만 새로운 형태의 노사관계가 곧바로 정착되지 못했다. 울산의 주요 사업장들에서는 자주적 노동조합의 인정을 둘러싼 대결 국면이 펼쳐졌다. 노동정치의 차원에서 이 시기의 주요 행위자들의 전략을 살펴보면, 노동자대투쟁 당시 물리적 강제력의 행사를 일시 유보하였던 국가는 주요 전략 사업장이 밀집된 울산의 노동자 투쟁에 물리적 개입을 다시 시도했다. 자본은 노조 불인정의 태도를 유지하면서도 새롭게 등장한 노조 세력을 기업 내부에서 순치시킨 노사협조체제를 구축하려고 했다. 이러한 국가와 자본의 공세에 맞서 새롭게 태어난 노동 세력은 조합원의 전투적 동원을 통해 이 공세를 막아내려고 했다. 1989년까지의 계급갈등은 작업장 수준에서 노동의 시민권을 둘러싸고 진행되었고 그 과정에서 종종 치열한 폭력적 저항이 빈번하게 나타났다.

먼저 현대그룹의 대공장 노동운동에 대하여 정부는 경찰력의 동원, 지도부에 대한 인신적 제재 등의 물리적 강제수단을 자주 동원했다. 이 시기 울산의 노동운동사는 국가의 물리적 강제력의 행사와 여기에 대항하는 노동자들 간의 폭력적 대결로 점철되어 있다고 해도 과언이 아니다(이수원, 1994).[5] 민주화 이전의 권위주의 국가의 핵심적 노동운동 통제수단이었던 물리적 강제력의 동원과 인신적 제재는 노태우 정부에서도 주요한 노동통제의 방법으로 활용되었다(노중기, 1995). 이러한 물리적 강제수단의 동원은 국가의 압도적인 물리적 힘의 우위를 과시함으로써 이제 막 성장하고 있는 노동운동의 굴종을 강요하거나, 초창기 노동운동 지도부를 일정 기간

---

5  억압적 국가기구를 동원하여 물리적 강제력을 행사한 최초의 사례는 노동자대투쟁의 초기 단계였던 1987년 8월 2일 현대정공 노동자들의 가두시위와 농성에서부터 나타났다(현대자동차노동조합 정공본부, 2001: 17). 그 후 1987년 9월 4일 사내농성 중이던 현대중공업 노조원들에 대한 경찰력 투입과 지도부 구속, 권용목 현대그룹노조협의회 의장의 구속(1987년 10월), 1988년 2~3월 현대엔진노조의 농성에 대한 공권력 투입과 지도부 구속, 1989년 3월 30일 현대중공업 파업 농성에 대한 15,000여 명의 경찰 병력 투입 및 이후의 시위 진압, 1989년 11월 14일 민주노조 사수투쟁 중이던 현대종합목재 노조에 경찰 투입, 1990년 2월 7일 현대중공업 신임 위원장의 전격 연행 및 구속, 1990년 4월 30일 현대중공업노조의 파업에 대한 공권력 투입 및 지도부 대량 구속 등이 그 대표적인 사례로 기록된다.

조합원들로부터 격리시킴으로써 활동의 폭을 제한하고 노조 활동 자체를 제한하려는 목적으로 행사되었고, 실제로 그러한 효과를 일정하게 거두었다. 특히 국가의 물리적 강제력의 동원은 기업별 조합의 지역적 단결과 계급 연대에 대한 물리적 차단을 위해 집중적으로 사용되었다. 그러나 이러한 국가의 강압은 오히려 국가기구의 폭력과 계급 편향성을 체험한 노동자들로 하여금 계급의식을 갖게 하는 역효과를 불러오기도 했다.

다음으로 1987년 이전 체계적인 노무관리의 부재와 국가의 물리적 강제력에 대한 전적인 의존 상태에 있었던 자본은 노동자대투쟁 이후 자체적인 노무관리와 대노조 전략을 수립하기 시작했다. 노조 결성 이후 현대 계열사들은 노무관리 담당부서와 인력을 신설하거나 확대했다. 현대중공업은 1989년 무렵 기존 인력관리부를 노무관리부와 인력관리부로 분리하고, 노사협력실을 신설했으며, 각 사업본부별 관리부와 생산부서별 노무관리부를 신설하여 일선 현장의 노무관리 기구를 확충했다. 이들 부서의 인원도 1987년 이전에는 50여 명에 불과했으나 이후 150여 명으로 증가시켰다(현대중공업주식회사, 1992: 778). 노조 설립 이후 현대그룹은 노골적인 반(反)노조주의를 견지하다가 계열사 노조의 잇따른 결성과 폭발적 집합행동에 직면한 이후부터는 노조의 기업 내부화, 즉 기업별 노조의 순치와 일원적 노사협조 체제의 강화를 추구했다(박준식·조효래, 1989).

먼저 1987년 이후 1990년까지의 현대그룹의 노무관리는 계급 연대를 추구하는 전투적 노조에 대한 강압적 배제를 한편으로, 기업 내부의 노사협조 노선을 추구하는 타협적 노조에 대해서는 용인하는 이중적 모습을 보였다. 이 시기 전자의 대표적인 경우가 현대중공업이고, 후자는 현대자동차에 해당했다. 현대중공업노조로 대표되는 대결적 성향의 노조에 대한 강압은 노조 불인정, 민주노조의 정상적인 노조 활동 방해와 노동자 내부의 갈등 유도, 쟁의의 장기화를 빌미로 한 공권력 투입, 공권력에 의한 노조 지도부의 제거와 어용노조 육성이라는 수순을 따르는 것이었다. 이 과정에서 현대그룹은 노조 지도부와 활동가에 대한 집단 테러 및 납치 등의 직접적 폭력도 종종 사용했다.[6] 이러한 강압에 기초한 노무관리 및 대노조 전략은 현대그룹의 소유·경영구조와 전제적인 의사결정 구조가 반영되어 나타난 결과로, 총수 개인의 노동조합관이 그룹총괄조직을 통해 계열사 노무관리에 영향을 미친 것으로 볼 수 있다(현대그룹노사관계진단연구단, 1994; 허민영, 2003b).

1987년 노동자대투쟁 기간에 대중적 저항을 통해 생겨난 현대 계열사의 노조들은 이처럼 6공화국 들어와 본격화된 국가의 개입과 자본의 강압적 통제에 직면했다. 민주화 이행에도 불구하고 국가의 자원동원 능력에서의 압도적 우위, 노조 활동을 제약하는 노동법체제, 노동자 계급정당 및 이익대표 세력의 부재, 노동운동에 대한 이데올로기적 제약 등의 구조적 요인들은 큰 변화가 없는 조건 속에서 자주적 노조 활동을 지향하는 단위 노조들은 조합원의

---

6  1987년 이후 현대그룹은 집단 테러, 납치 등과 같은 직접적 폭력을 여러 차례 행사했다. 대표적인 테러 사건으로는 1989년 1월 8일 현대중전기노조 지도부와 현대해고자복직실천협의회에 대한 구사대 테러, 같은 해 2월 21일 현대중공업 정문에서 벌어진 식칼 테러 등이 있다. 이외에도 현대미포조선 노조설립 서류 탈취(1987년 7월 15일), 현대건설 노조위원장 납치(1988년 5월) 등의 물리적 폭력이 행사되었다. 이러한 현대그룹의 폭력적 강압은 오히려 노동자들의 분노를 높여 저항을 확대시키는 효과를 가져왔다.

밑으로부터의 최대 동원을 통하여 노조를 인정받고 자신의 이해를 실현하려는 전략, 즉 '전투적 동원' 전략을 취할 수밖에 없었다. 이에 따라 노사관계는 매우 대립적인 양상을 띠게 되었다. 노조 리더십과 조합원의 호응성이 대단히 높은 상황이었기에 이러한 전투적 동원 전략이 현실화될 수 있었다.

〈표 3-2〉 현대중공업 연도별 파업 및 구속·해고자 발생현황

(단위: 일, 명)

| 연도 | 파업<br>일수 | 참가<br>근로자수 | 근로손실일수 | | 구속자 | 해고자 현황 | | |
|---|---|---|---|---|---|---|---|---|
| | | | 현대<br>중공업 | 전국 대비<br>비중(%) | | 해고자 | 복직자 | 잔여<br>해고자 |
| 1987 | 35 | 17,381 | 608,335 | 8.8 | 22 | 4 | - | - |
| 1988 | 20 | 17,448 | 348,960 | 6.5 | 19 | 26 | 23 | 7 |
| 1989 | 101 | 17,371 | 1,745,471 | 26.9 | 45 | 47 | 48 | 6 |
| 1990 | 23 | 19,049 | 438,127 | 9.8 | 38 | 29 | - | 35 |

출처: 이균재(1997: 221)

울산 지역에서 전투적 동원 전략의 대표적인 사업장은 현대중공업이었다. 1990년까지 현대중공업의 노동자 저항의 격렬함을 단적으로 보여주는 자료는 〈표 3-2〉의 파업 및 구속 · 해고자 통계이다. 현대중공업에서는, 1987년부터 이후 4년간 총 179일의 파업일수, 연간 평균 근로손실일수 785,223일, 124명의 구속자, 106명의 해고자가 양산되었다. 특히 이른바 '128일 파업투쟁'이 있었던 1989년에 동원이 최고조에 달했다. 그 해 현대중공업의 근로손실일수가 전국 대비 26.9%에 이르렀다. 이러한 수치는 1987년 직후 현대중공업의 노사갈등이 가히 '계급전쟁'(class warfare)이라고 부를 수 있을 정도로 격렬했다는 사실을 보여준다.

## 4. 지역노동운동의 결정적 국면과 조직적 경계

노동자대투쟁을 계기로 탄생한 울산의 노동운동은 노조 결성, 사용자로부터의 노조 인정, 국가기구의 물리적 통제에 대한 방어 등을 둘러싼 지난한 저항을 펼치면서 단위 사업장을 넘어선 지역 수준의 연대를 추구해 나갔다. 다른 지역도 마찬가지였지만, 울산 노동자들의 지역 연대는 국가와 사용자의 억압에 대한 자연발생적인 방어적 차원의 연대가 그 출발이 되었지만 점차 '지역연대조직'의 결성을 도모했다.

국가의 물리적 억압, 단위 사업장별로 파편화된 노조조직 형태, 제3자 개입금지와 같은 노동법 독소조항, 기업별 임금교섭 관행 등이 단위 사업장을 넘어선 연대행동을 제약하는 상황에서, 지역연대조직의 결성 문제는 단위 노조 간의 조직적 연계를 통해 노동계급의 조직적 역량을 확대하고 노동계급 내부의 연대의식을 높이는 데 사활적인 과제로 초기 노동운동 리더십에게 인식되었다.

그런데 흥미롭게도 노동자대투쟁의 진원지이며 동시에 전국에서 가장 격렬한 노동 쟁의가 벌어졌던 울산에서는 지역연대조직의 부재 상태가 오랫동안 지속되었다.[7] 이러한 부재는 결정적 국면(critical

---

7  1987년 이후 등장한 민주노조운동 세력이 결성한 지역노조협의회 중 제일 처음 결성된 것은 마산창원노동조합총연합(마창노련, 1987년 12월 결성)이었다. 그 후 1988년 1월부터 1989년 7월까지 진주, 서울, 인천, 전북, 부산, 경기남부, 대구, 포항, 동광양, 성남, 부천 등 전국의 주요 공단들에서 지역노조협의회가 차례로 결성되었다. 이 조직들은 대부분 제조업 부문의 노조협의체들로서 전노협의 건설의 기반이자, 민주노총 출범 전후로 설립된 민주노총 지역본부의 모체였다.

juncture)에서 지역연대조직을 결성하려는 시도가 실패한 결과였다. 뒤에서 자세히 살펴보겠지만, 울산의 지역연대조직 결성의 결정적 국면은 1989년 하반기부터 1990년 상반기까지의 시기였다. 여기에서 말하는 결정적 국면이란 '행위자들의 선택이 결과에 영향을 미칠 확률이 실질적으로 증가하는 상대적으로 짧은 시기로, 그 이후에는 여러 다양한 가능성들이 대부분 사라지고 특정한 하나의 경로가 지속되는 결과를 낳는 시기'로 정의한다(Capoccia and Kelemen, 2007).

다시 말하면, 1989~1990년의 결정적 국면에서는 지역연대조직 결성의 가능성이 그 이전과 그 이후보다 훨씬 더 높았고 울산 지역 초기 노동운동의 리더십도 그러한 높은 가능성을 인식하여 조직 결성을 시도했지만 결국 실패했던 것이다. 그 이후 지역연대조직 결성의 가능성은 매우 낮아졌다. 울산의 노동운동은 그 이후 '지역연대조직의 부재', 다른 말로 하면, 대공장 기업별 노조 중심의 지역노동운동이라는 조직적 유산을 떠안게 된다. 결정적 국면에서 지역연대조직이 만들어지지 못하고 기업 단위의 노조운동이 우위를 점한 사태는 울산에서 노동자 연대의 조직적 기반을 협소하게 하는 장기적 결과를 낳았다.

## 1) 지역노동운동의 결정적 국면

1987년 직후 울산의 노동운동은 주로 현대 계열사 노조들을 중심으로 이루어졌고, 자연스럽게 지역연대의 조직적 시도도 현대 계열사 노동자들 간에 처음 나타났다. 최초의 지역연대조직은 노동자대투쟁이 한창이던 1987년 8월 8일에 결성된 현대그룹노동조합협의회(현노협)이다. 현노협은 그룹 총수의 전제적 의사결정구조와 계열사들의 노조 회피전략에 맞서 계열사 노조들이 공동으로 대항하기 위한 노조 대표들의 협의체로 만들어졌다.[8]

현노협은 현대그룹과의 일괄 교섭을 요구하였으나 모두 거부되었다. 8월 16일 현대 계열사 6개사가 일제히 무기한 휴업조치를 단행하자, 8월 17일부터 이틀간 가두시위를 벌였다. 수만 명의 현대그룹 노동자들의 시위는 전국적인 주목을 끌었고 18일 노동부 차관이 급거 울산 현지에 도착하여 현노협 대표들과 조업 정상화를 위한 3개 항에 합의문을 작성하면서 사태가 마무리될 정도로 위력이 컸다. 그러나 이틀간의 가두시위를 끝으로 현노협은 현대중공업 공권력 투입, 권용목 현노협 의장의 구속, 현대엔진노조의 와해 등의 사태 전개 속에서 별다른 활동을 하지 못한 채 사라졌다.

단명한 연대조직이었지만 현노협은 울산의 지역연대조직의 원형을 보여준 것이었다. 울산은 현대그룹 계열사의 공간적 집중과 기업간 상호연관이라는 독특한 조건에 따라 그룹 계열사 노동자들 간의 연대가 자연스러운 형태로 인식되었고, 노동자대투쟁 당시의 대규모 가두시위에서 알 수 있듯이 이러한 그룹 계열사 노동자들의 연대가 갖는 효용도 매우 컸다. 이러한 형식의 연대조직은 1990년대에 들어와 현대그룹노동조합총연합(현총련)으로 재출현하게 된다.

---

8 "현대그룹노동조합협의회 결성의 목적"(1987. 8. 8), 울산사회선교실천협의회 노동문제상담소(1987: 151)

현노협이 와해된 이후 울산 노동자의 지역 연대는 노조 차원이 아니라 해고 노동자들이 조직한 노동운동단체를 중심으로 이어졌다. 1988년 2월 25일 결성된 현대해고자복직실천협의회(현해협)가 그것이다. 현해협은 노동자대투쟁 이후 현대 계열사 노동운동의 초창기 리더십의 구심체였고, 노조 차원의 지역연대조직이 부재한 울산에서 1990년대 초반까지 사실상 지역노동운동의 지도부 역할을 수행했다. 현해협은 1988년 총선에서 울산 동구 노동자후보를 통한 선거운동, 현대그룹의 민주노조 탄압 규탄을 위한 각종 집회 개최, 현대그룹연대투쟁본부(1989. 2. 12)와 같은 한시적 연합조직의 결성, 현대중공업 128일 파업투쟁의 장외 지도부 등과 같은 크고 작은 울산 지역 노동운동의 주요 사건들을 주도했다.[9]

이상에서 보았듯이, 1987년 이후 다른 주요 공업도시들과 달리 울산 지역은 노동조합의 공식 연대조직이 없는 상황이 계속되고 있었다. 1987년 12월 마창노련 창립을 필두로 주요 공단지역에서는 지역노조협의회가 속속 결성되고 있었고, 전국적인 차원에서는 새로운 노조운동 세력이 기존의 한국노총과 분리된 독자적인 전국조직 건설을 추진했지만, 울산에는 그러한 흐름에 보조를 맞출 지역연대조직이 없었던 것이다. 울산에서 지역 차원의 노조연대조직 결

---

9 현해협과 현총련에서 오랜 실무를 맡아왔던 전직 활동가는 필자와의 면접(2011년 7월 12일)에서 당시 현해협은 (현총련이 실질적인 활동을 하기 전까지) 울산 지역의 "실질적인 운동의 리더 역할"을 했다고 진술했다. 현해협은 일상적으로 현대 계열사 노조 집행부 및 활동가들에 대한 지원,《울산노동자》와 같은 소식지 발간, 해고자 복직 투쟁, 토론회와 학습 소모임 개최 등의 활동을 벌였다. 이후 현해협의 지도적 인물들은 1990년대 초 현총련으로 역량을 이전하면서 현해협은 현대 계열사 해고자들의 모임으로 그 위상이 축소되었다.

성 논의가 다시 본격화된 것은 그로부터 2년이 지난 1989년 하반기에 이르러서였다. 이로부터 1990년 5월 현대중공업노조의 '골리앗투쟁'까지의 시기가 지역 연대와 관련하여 울산 노동운동의 '결정적 국면'이었다. 이 시기에 노동운동의 세 가지 스케일(scale), 즉 작업장·지역·국가 스케일 모두에서 지역연대조직 결성을 위한 기회구조가 거의 동시에 개방되었다.

좀 더 구체적으로 살펴보면, 1989년 하반기에 지역연대조직 건설이 실질적인 가능성을 갖게 된 데에는 전국적 스케일에서 민주노조운동의 전국적 결집체로서 전국노동조합협의회(전노협) 건설이 본격화되고 있었다는 점이 결정적이었다. 한국노총과는 구분되어 독립적인 활동을 벌였던 지역노조협의회와 업종노조협의회 등으로 구성된 민주노조운동 진영은 1988년 연말에 전국회의를 결성하며 전국조직 건설을 추진했다. 1989년 7월에 들어 전국회의는 산하에 단일한 중앙집행위원회를 설치하여 전노협 건설로 사업을 집중했고, 10월에 전노협 건설 일정을 확정했으며, 12월에 전노협 창립준비위원회를 발족하는 등 전국적 연대조직 결성에 박차를 가하고 있었던 것이다(전노협백서발간위원회 2권, 2003: 21-26).

작업장 스케일에서는 울산 노동운동의 핵심 부대였던 대공장에 연대 지향적인 민주노조 집행부가 연이어 들어섰던 점이 중요한 변화였다. 1989년 8월 현대자동차 2대 노조위원장 선거에서 지역연대조직 건설과 전노협 건설에 앞장설 것을 공약으로 내세운 집행부가 새로 당선되었고, 10월에는 현대중공업에서 계열 분리된 현대중장비의 초대 노조위원장에 연대 지향적인 인물이 당선되었으며, '128일 파업투쟁'의 후유증을 앓던 현대중공업에서도 1990

년 1월에 민주노조 계열의 집행부가 당선되었다. 이렇게 1989년 하반기와 1990년 초는 전국 수준에서의 민주노조 총단결의 움직임과 더불어, 울산 대공장 노조 리더십의 변화가 중첩되면서 오랫동안 지체되던 지역연대조직 건설 시도가 가시화될 수 있었던 것이다(이수원, 1994: 263-64). 당시 전국회의에서도 현대자동차 2대 집행부가 들어서자 현대자동차노조를 전노협 건설에 참여시키기 위한 의식적 노력을 기울였다. 대표적으로 제12차 전국회의 중앙집행위원회(11월 23~24일)를 12개 지노협 및 4개 업종협 등 총 70여 명의 대표자들이 참석한 가운데 울산 현대자동차에서 개최하여 그 회의에서 전노협 건설일정 및 사업계획을 최종 확정했다(전노협 백서발간위원회 2권, 2003: 25).

그리고 지역 스케일에서는 두 가지 요인이 중요했다. 첫째로는 작업장과 전국 스케일의 흐름을 지역연대조직 결성을 통해 종합할 지역노동운동의 리더십, 즉 현해협의 지도력이 주요 단위 사업장에 상당한 영향력을 행사하며 존재했었다는 점을 들 수 있다. 둘째로는, 1989년은 현대중공업 128일 투쟁을 통해 노동자 연대뿐만 아니라 사회적 연대(가족·주민·학생·민중운동 등 사회세력과의 연대)가 크게 확대된 시기였고, 투쟁의 양상도 단위 사업장을 넘어선 지역 차원의 투쟁이 확산되었다는 점에서 지역연대조직 결성에 있어 대단히 우호적인 상황이 조성되어 있었다.

이러한 배경에서 지역 수준에서는 현해협을 중심으로 한 노동운동 활동가들이 민주노조의 지역연대조직 결성에 뜻을 모으고 공동 집회와 토론회를 개최하는 등 연대조직 건설을 본격적으로 추진했다. 당시 지역연대조직 건설 논의는 다른 지역과 마찬가지로 지역

노조협의회 형태로 갈 것인가, 아니면 현대그룹 계열사 노조들의 연합조직을 먼저 구성할 것인가를 놓고 의견이 엇갈렸다.

당시 울산 지역의 노조운동은 〈표 3-3〉에서 보듯이 현대 계열사 노동자들이 압도적 다수를 차지한 가운데 공단 및 업종별로 분단되어 있었다. 1987년 이후 이들 간에는 조합원 수준의 연대는 차치하고라도 노조 지도부 수준의 연대도 일천한 상태였다. 다른 지역의 지역노조협의회가 지역 연대투쟁의 경험을 기반으로 조직 결성에 성공했던 데에 반해, 울산은 연대 경험이 현대 계열사 노동자들 사이에서는 어느 정도 있었지만 다른 공단·업종의 노동자들과의 연대는 거의 존재하지 않았다(이상철, 1991).

〈표 3-3〉 1989년 하반기 울산의 공단별 노조운동 현황

| 구분 | 노동자 수 | 소재지 | 중요사업장 | 핵심사업장* | 특성 |
|---|---|---|---|---|---|
| 동구지구 | 7만 5천 | 동구 일대 중구 양정동 | 현대 계열사 | 현대중공업 현대엔진 현대자동차 현대중장비 | 현대 계열사 중심의 대규모 금속부문 사업장 |
| 효문지구 | 1만(?) | 효문지역 | 한일이화, 세종공업, 삼주기계, 영수물산 | 삼주기계 | 현대 계열사 하청업체, 중소사업장 밀집 |
| 남구·온산지구 | 3만(?) | 석유화학공단 온산공단 남구 | 유공, 동양나이론, 풍산금속, 고려아연, 쌍용정유 | 동양나이론 | 석유·화학 등 원료생산 중심의 대규모 장치산업 |
| 기타 | 3만(?) | - | 동강병원 일용공노조 | - | 병원, 서비스업종, 기타 |

출처: 울산지역 노동조합협의회 건설준비를 위한 설명토론회 자료집(1989. 10. 15)
주) '핵심사업장'은 당시 울노협 결성을 주도할 수 있다고 판단된 조직을 가리킴.

따라서 현실적으로 가능한 지역연대조직은 현대 계열사 노조들의 연합조직이었고 실제로 울산 지역에서 이러한 형태의 조직 건설 논의가 진행되기도 했지만, 지역노조협의회를 근간으로 한 전노협 결성이라는 대의에 따라 울산에서도 울산지역노동조합협의회 준비위원회(울노협준비위)의 구성으로 방향을 잡게 된다(천창수·권용목, 1991: 125).

전노협 건설을 목전에 둔 당시의 상황에서 울노협의 결성 여부는 초미의 관심사였다. 폭발적 잠재력을 보유한 대공장이 밀집된 울산은 "마창지역과 함께 전노협 건설사업에 있어서 중추적 역할을 떠맡아야 하는 지위"[10]에 있었다. 이러한 상황 인식 하에서 10월 15일 '울노협 건설 준비를 위한 토론회'가 개최되어 추진소위가 구성되었다. 추진소위는 현대자동차노조, 현대중공업노조, 현대엔진노조, 현대중장비노조, 동양나이론노조, 삼주기계노조 등 총 6개 노조와 현해협 및 울산지역임투지원본부 등 2개 노동운동단체로 구성되었다.[11] 그 후 11월 3일에 울노협준비위 결성식이 동구 만세대 민주광장에서 천여 명의 노동자들이 참석한 가운데 열렸으며, 12월 14일 중구 양정동에 사무실 개소식을 가지는 등 본격적인 활동에 나섰다.[12] 울노협준비위는 아래 결성선언문에 나타나듯이 울산 지역 노조들의 수평적 연대의 확대, 노동운동 탄압에 대한 연대투쟁,

---

10 "울산지역 노동조합협의회 건설준비를 위한 설명토론회 자료집"(1989. 10. 15)에서 인용. 이와 관련해 전노협의 청산과정을 분석한 김창우는 "역사에 가정이 없다지만 만약 '울산지역노동조합협의회'가 건설되었다면 전노협은 탄탄대로를 걸었을 것"이라고 회고했다(김창우, 2007: 54).
11 "울산지역 노동조합협의회 건설준비를 위한 설명토론회 자료집"(1989. 10. 15)
12 전노협창준위, 《전국노동자신문》, 창간호(1989. 12. 20), 2면과 8면 기사 참조.

노동법개정투쟁 등을 통한 울노협 건설을 최종 목표로 삼았다.

> 모든 민주노조를 울노협 대열로 불러모으고, 중간적인 노조를 끌
> 어 당길 것이며 또한 어용노조를 물리치고 민주노조를 건설하기
> 위한 투쟁을 적극 지원할 것입니다. 뿐만 아니라 울노협선봉대를
> 조직하여 현대엔진노조, 현대종합목재노조에 시시각각 닥쳐오고
> 있는 노조탄압을 연대투쟁으로 분쇄하고, 노동법개정투쟁을 힘
> 차게 벌여나감으로써, 연대의식과 투쟁역량을 드높여 울노협건
> 설을 위한 튼튼한 기초를 다져나갈 것입니다(울산노동조합협의회
> 준비위원회, 1989: 11).

울노협준비위는 전국회의와 전노협 창준위에 참여하며 전노협
건설 사업에 동참하는 동시에, 울산 지역에서는 노조 대표자 회의
와 노조 부서 간 연대사업 추진 등 지역연대조직 건설을 위한 노력
을 기울였다. 1989년 하반기 기준으로 전국회의 참여조직 소속 조
합원 수는 약 20만여 명이었는데, 그중 울노협준비위 소속 조합원
이 4만 7천여 명으로 전체의 약 1/4에 달할 만큼 규모가 컸다. 그러
나 울노협준비위는 전국회의 재정 분담금 납입에서 빠져 있는 것으
로 보아 그 참여의 정도는 미약했음을 알 수 있다(전노협백서발간위
원회 2권, 2003: 15, 27). 전노협 창준위 구성을 보면, 부위원장 및 운
영위원 총 18명 중 울산에서는 3명이 들어 있었고, 전노협 대의원
배정(안)에도 울산에는 140~180명 선에서 배정할 계획이 수립되어
있었다. 또한 울산 지역 내에서도 울노협준비위에서 조직강화소위
원회 주최의 지역순회 간담회가 열리기도 했고, 노조 상집부서 간

연대 사업이 이전보다 활발히 진행되기도 했다.

그러나 결국 울노협준비위는 결성 이후 이렇다 할 활동을 하지 못했다. 소속 노조의 내부 문제로 인해 가입 노조들 간의 정기 회의 조차 제대로 이루어지지 않았고, 당시 지역 내 주요 사안이었던 현대엔진 합병, 현대종합목재 파업 파괴, 동양나이론 노조지도부 구속, 효문공단의 해고 선풍 등에 대해서도 울노협준비위 차원의 지원과 연대는 거의 이루어지지 않았다. 울노협준비위는 출범 이후 얼마 되지 않아 사실상 기능이 정지되었고, 울노협 출범에 실패했다. 이것은 울산 지역의 차원에서 '결정적 국면'에서 새로운 노조운동의 지역연대조직 건설 시도가 좌절되었음을 의미했다.

## 2) 지역연대조직 건설은 왜 실패했는가?

1987년부터 시작된 폭발적 동원과 새로운 노동운동이 형성되는 시기에 미포공단의 현대 계열사, 효문공단의 중소부품업체, 남구·온산공단의 석유화학업체 등 울산 주요 공단의 노조를 모두 아우르는 대중적인 지역연대조직의 결성은 결국 좌절되었다. 이로 인하여 1996년 2월 민주노총 경남지역본부 울산시협의회가 만들어질 때까지 지역연대조직의 부재 상태가 지속되었다. 그렇다면 왜 다른 어느 곳보다 더 폭발적인 노동자투쟁이 일어났던 울산에서 포괄적인 지역연대조직이 만들어지지 못했을까?

그것은 초기 리더십의 분산적 형성 또는 중위동원자 (mesomobilizer)의 취약성 때문이었다. 사회운동의 동원 과정은 미시 동원과 중위동원의 두 가지 수준으로 구분할 수 있다. 미시동원이

운동조직 내외부의 '개인'에 동기를 부여하여 동원하는 과정이라면, 중위동원은 분산적인 개별 미시동원자('운동집단들' 또는 '운동조직들')를 연결하고 통합하는 과정을 말한다(Gerhards and Rucht, 1992; 정철희, 1996). 중위동원자는 이러한 과정을 담당하는 조직 또는 개인을 가리키는데, 그것은 사회운동에서 "서로 연계되어 있지 않은 둘 또는 그 이상의 사회적 위치들의 연결", 즉 중개(brokerage)를 담당한다(McAdam, Tarrow and Tilly, 2001: 142).

다시 말해, 결정적 국면에 울산의 지역노동운동의 초기 리더십이 개별 기업별로 분산적으로 형성되었고, 개별 노동운동 조직의 연결 및 통합을 담당하는 중위동원자가 지역노동운동 내에서 매우 약했던 것이다.[13] 이 점을 구체적으로 살펴보면 다음과 같다.

첫째, 울산에는 노동자대투쟁 이전 지역노동운동의 전통이 사실상 전무했다. 앞에서 살펴보았듯이, 1987년 이전 노동운동 리더십은 몇몇 현대 계열사에 긴밀한 연계 없이 존재하던 소수의 소규모 모임을 통해 잠재되어 있었을 뿐이었다. 이 당시 소규모 모임들을 연결하는 중위동원자에 해당하는 것은 울사협 노동문제상담소와 현대엔진의 몇몇 활동가들이었지만, 규모의 측면에서나 동원의 영향력의 측면에서 매우 초보적인 상태였다. 이렇듯 울산 지역 노동운동은 사실상 중위동원자의 부재라는 초기 조건에서 출발할 수

---

13 국내의 노동운동 연구에서 중위동원자의 역할에 주목한 것으로는 이재성(2010)이 거의 유일하다. 그에 의하면, 인천의 민주노조운동은 1987년 이전부터 형성된 중위동원자, 즉 지역의 선진 노동자 그룹, 민중문화운동단체, 그리고 급진적 정치써클들의 연합조직 등이 지역노동운동의 발전과 연대 형성에 있어 지대한 역할을 했다. 이 연구는 울산 지역노동운동의 특성을 파악하는 데에 매우 중요한 비교준거를 제공해준다.

밖에 없었다. 그만큼 지역 전체의 노동운동을 시야에 넣을 수 있는 역량 있는 리더십의 형성이 어려운 상황이었다. 당시 현해협과 현총련의 핵심 실무를 맡았던 인사는 면접조사에서 당시 상황을 다음과 같이 설명했다.

> 노동운동의 준비역량이 부족한 거죠. … 울산은 87년에 갑자기 대폭발하고 나서 그 전에 준비된 거는 소모임밖에 없었어. 그 당시 노동운동이 젊어지고 갈, 안고 가야 할 대의나 준비된 정도에 비해 사업장이 너무 큰 거라. 대중들의 요구를 담아서 노동운동의 대의를 젊어지고 전노협으로 끌고 갈 내부역량이 준비가 안된 거야. … 상당히 민주노조운동의 훈련, 조직된 정도 이게 너무 기반이 약했던 거죠. … 그런 상태에서 지노협 조직, 지역의 지도 역량을 만드는 것은 역부족이지, 준비된 정도가.[14]

이것은 마산, 창원, 인천 등 다른 공업도시의 지역노동운동과는 크게 다른 조건이었다. 대표적으로 같은 영남 지역에 속했던 마산·창원 지역에는 1987년 이전부터 해고노동자, 지식인 활동가, 종교 및 사회단체 간의 모임을 통해 노동운동의 초기 리더십이 이미 형성되고 있었고, 이들이 노동자대투쟁 기간에 지역노동운동의 중위동원 조직(경남지역노동자협의회)으로 빠르게 결집했다. 이를 토대로 그해 12월에 마산·창원노동조합총연합(마창노련)이라는 지역연대조직이 전국에서 제일 빨리 건설될 수 있었다(김하경, 1999). 이에

---

14 이OO 구술, 2011년 7월 12일, 필자 채록.

반해 울산의 지역노동운동은 초기에 노조운동의 지역적 구심을 만들 수 있는 인적·조직적·문화적 자원이 매우 부족한 상황에서 폭발적인 대중 투쟁의 시기를 맞게 되었다.

둘째, 이러한 초기 조건에 더해 노동자대투쟁 이후의 투쟁 과정에서 초기 노동운동 리더십은 대부분 단위 사업장 내부에서의 폭발적인 동원 과정을 통해 분산적으로 형성되었다(조효래, 2001; 김차두·허민영, 2002). 1980년대 말과 1990년대 초에 현대중공업과 현대자동차라는 지역의 양대 대공장 노조는 기업 내에서 자주적 노조를 인정하지 않던 자본과의 투쟁이나 노조 민주화에 배타적으로 집중하고 있었다. 거대한 조합원 규모로 동원의 잠재력이 매우 컸기 때문에 초기 노조운동의 리더십의 입장에서 기업 내부의 전투적 동원을 넘어서는 지역 차원의 연대조직 건설은 부차적인 관심사였다.[15]

당시 울산에서 기업별로 분산적으로 형성된 리더십이 지역적 구심으로 통합하기 위한 핵심적인 인적 자원은 해고 노동자들이었다. 1987년부터 현대 계열사 해고자들은 현해협을 결성하여 초기 지역노동운동의 지도부로 기능했지만 지역노동운동의 통합적인 대중적 연대조직 결성에는 실패했다. 해고자 대부분은 출신 사업장의 일상적인 노조 활동, 복직 투쟁, 현장조직 운영, 임단협 지원 등에 집중했고, 지역연대의 전망이나 전국적 시야를 갖춘 포괄적 리더십 조직의 형성은 좀처럼 이루어지지 않았다.

---

15 현대자동차 노조사에는 이 시기의 노동운동을 평가하면서 지역연대를 강화할 시기에 모든 현장조직들이 노조 민주화 투쟁에 골몰했었다고 서술하고 있다(전국금속노동조합 현대자동차지부, 2009: 121).

지금 울산지역의 가장 큰 고민은 선진노동자들이 단사 중심의 투쟁에는 상당한 정도의 영향력을 미쳤다고 보여지는데, 그것이 지역차원에서 조직화되지 않고 단사 중심의 임투, 민주노조 사수 투쟁으로 주로 전개되어 왔다는 점이다. 현재 해고자들은 상황이 계속 어려워지자 단사활동마저 계속 막히고 있는데, 그때마다 '지역의 연대사업이 왜 이래 안 되느냐'고 고민하고 있다(천창수·권용목, 1991: 123).

이처럼 울산에서는 지역 차원의 중위동원 조직이 매우 약한 상황에서 기업 내부의 쟁점을 둘러싼 전투적 동원을 통해 노조운동이 성장하고 리더십이 형성되었다. 이러한 리더십 형성의 과정은 자체적인 동원력을 보유할 만큼의 규모의 경제가 되는 대공장에서나 가능한 일이었다. 실제로 1987년 이후 결정적 국면에서 울산의 중소기업 노조운동은 초보적인 상태에 있었다. 현대자동차 부품업체들이 밀집되어 있는 효문·연암 지구와 석유화학업종이 밀집된 남구 지역의 노동운동이 여기에 해당했다.

이러한 지역노동운동 패턴은 현대 계열사 소속의 일부 대공장 노조운동과 현대 계열사와 하도급 관계를 맺고 있던 중소기업 노조운동 간의 불균등 성장을 낳았다. 효문·연암지구의 자동차 부품업체 노조들 간에 한국노총 금속노련의 틀을 벗어난 연대활동은 민주금속연맹의 출범 후인 1996년 6월에 열렸던 노조 간부 수련회가 사실상 처음이었다. 이 수련회에는 삼주기계, 세종공업, 영수물산,

한일이화 등 네 사업장 노조 간부들 약 50명이 모였다.[16] 울산의 지역노동운동에서 "노동시장의 분절선을 따라 노동운동도 분절화 되는 결과"(조효래, 2001: 74)가 나타난 것이다. 이 점을 단적으로 보여주는 것은 울노협준비위 가입노조의 현황이다.

〈표 3-4〉 울노협준비위 가입노조 현황(1989. 11. 12)

| 노동조합 | 조합원 수(명) | 비고 |
|---|---|---|
| 현대자동차 | 27,000 | 미포공단<br>(현대그룹 계열사) |
| 현대중공업 | 18,467 | |
| 현대엔진 | 2,133 | |
| 현대미포조선 | 2,092 | |
| 현대중장비 | 760 | |
| 삼주기계 | 212 | 효문공단 |
| 전교조울산울주지회 | 30 | 법외노조 |
| 총계 | 50,694 | |

출처: 울산노동조합협의회 준비위원회(1989)

〈표 3-4〉에서 보듯이, 울노협준비위는 총 7개 노조 소속의 5만여 명의 조합원이 참여하고 있지만 절대 다수가 현대그룹 계열사로 지역 차원의 연대조직이라고 하기에는 그 구성에 있어 너무나 큰 편향을 갖고 있었다. 또한 출범 이후에도 '중간노조'를 견인한다는 애초의 계획은 이루어지지 않았다.

셋째, 중위동원자의 부재라는 지역노동운동의 초기 조건과 운동 리더십의 기업별 분산적 형성이라는 조건을 넘어설 수 있는 또 다

---

16 "효문 연암지역 96 임투에 부쳐", 울산노동정책교육협회, 《주간울교협통신》 22호 (1996. 6. 14).

른 가능성은, 울산 노동운동을 주도한 양대 산맥, 즉 현대중공업노조와 현대자동차노조의 연대 활성화 여부에서 찾을 수 있을 것이다. 그러나 결정적 국면에서 이 양대 노조의 저항행동의 파동은 불일치했다. 같은 시점에 출발한 두 노조운동의 시간성(temporality)이 어긋난 것이다.

현대중공업의 노조운동은 1989~90년에 투쟁이 최고조에 이른 후 서서히 하강기로 접어들어 1990년대 중반 이후 대중 투쟁이 거의 소멸했다. 현대중공업 노동자들의 저항의 템포(tempo)는 매우 빨랐던 것이다. 이에 반해 현대자동차의 노조운동의 저항의 템포는 상대적으로 느렸고, 1990년대 중후반에 이르러서야 급격하게 고조되는 패턴을 보였다. 즉 양대 노조운동의 저항 파동과 템포는 1987년 이후 10년 동안 시간성의 불일치를 보였다.

이러한 시간성의 불일치에서 흥미로운 지점은 울산 지역 노동자 저항행동의 파동에서 가장 거대한 동원을 보여주었던 두 번의 시기, 즉 1989/90년과 1997/98년 모두 양대 노조 중 한 쪽만의 투쟁에 그쳤다는 점이다. 1989/90년은 현대중공업의 '128일 투쟁'과 '골리앗 파업'이 있던 해이다. 이 시기 현대자동차노조는 지역연대를 배타시하거나 소극적인 노조 집행부 하에서 반대파 활동가조직의 주도로 현대중공업 투쟁에 부분적으로 연대했다. 1997/98년은 노동법 개정반대 총파업과 현대자동차 정리해고 반대 투쟁이 있던 시기로 현대자동차노조가 저항의 중심세력이었지만, 현대중공업노조는 동원력의 쇠퇴로 지역연대투쟁에 거의 결합하지 못했다. 노동자대투쟁 당시 현대 계열사 노동자들의 가두시위 때 노조 설립을 위하여 '자연발생적으로' 연대했던 두 사업장의 노동자들은, 역설적으로 그 이후에는 노조가 주도하는 '조직적인' 연대행동에서는 유의미한 성공을 거두지 못했던 것이다. 이러한 울산의 양대 노조운동의 시기적 어긋남과 조직적 연대행동의 실패는 두 대공장 노조의 자기 완결적 조합 활동이 강화된 채 지역연대의 전통이 울산 노동운동에 뿌리내리지 못하게 하는 데 기여했다.

### 3) 지역연대조직의 지체와 기업별 노조운동

지역노조협의회 건설 시도가 좌절된 이후 한동안 울산에서는 지역연대조직 건설의 흐름이 중단되었었다. 1990년에 들어와 현대중공업은 노조위원장의 구속과 그에 뒤이은 '골리앗 투쟁'으로, 현대자동차는 노조위원장의 직권조인과 외부 연대 활동의 중단 선언 등이 연이어 벌어지면서 지역의 양대 노동운동 세력은 내부 문제의 해결에 주력하고 있었다. 이에 따라 지역 전체적으로 노동운동의 활력이 이전보다 약화되었다. 지역연대조직 건설을 재추진할 리더십의 구심도 흩어졌다. 1991년 말 울산 노동운동 주체들의 지역연대조직 건설에 대한 당시의 상황 인식을 옮기면 다음과 같다.

마창노련과 함께 전노협 건설의 쌍두마차로서의 울노협! 불과 1년 전의 현실이자, 지역 민주노조운동의 구심이었던, 울노협 준비위의 오늘의 현실은 어떠한가? 노조 대표자 회의는 실종되어 버렸고, 그나마 울노협 건설의 선두 주자였던 현자노조는 탈퇴를 공식 선언했다. 울노협 사무실에는 몇몇 실무자들만이 할 일 없

는 자리를 지키고 있을 뿐, 지역 노동자들의 발걸음은 없다.[17]

전국 각 지역은 전노협 가입 사업장으로 이루어진 지역노조협의
회를 중심으로 한 노동조합과 노동운동단체가 연대하여 지역공
대위를 결성하여 전국공대위와 발맞춰 지역적으로 공동대응해
가고 있다. 그런데 울산지역은 전노협 가입 사업장 하나 없을 뿐
아니라 지역노조협의체가 없다. 이런 속에 현대 계열사 노조연대
체인 현총련이 있으나 아직 출범식도 못했고 집행체계도 제대로
갖추고 있지 못한 어려운 실정이다. 다수의 노동자가 밀집해있는
노동자 도시임에도 조직활동 등에 있어 가장 낙후된 상태에 있
다.[18]

지역노조협의회 건설 시도와 함께 울산에서는 현대 계열사들의
연대조직(현총련)이 1990년 1월 결성되었지만 초대 의장의 사퇴와
현대중공업 및 현대자동차 노조의 내부 문제로 유명무실한 조직이
되었다. 그 후 현총련의 재건은 현해협을 중심으로 한 해고노동자
들의 제안과 노력으로 이루어졌다. 해고노동자들은 그룹노조 연대
기구가 지역 차원의 연대조직 구축에 방해가 될 수 있다는 우려가
있지만, 우선은 연대조직 건설의 대중적 토대가 분명한 현총련을
튼튼히 세우고 나서 이를 바탕으로 울산 전역을 포괄하는 지역연대

---

17 "현 시기 민주노조운동의 현황과 전망: 특히 '울노협 준비위'와 '대공장 민주노조운
   동'과 관련하여"(1991. 11. 1), 출처미상, 노동자역사 한내 소장자료.
18 "노동법 개정 투쟁승리를 위한 지역 공동투쟁 위원회 건설", 현대해고자복직실천협
   의회, 《울산노동자》, 제8호(1991. 11. 15), 7쪽.

조직 건설에 나서자는 제안을 했다(현대그룹노동조합협의회 청산위원회, 2002: 129). 현총련 재건을 둘러싼 당시 현해협 내부의 문제의식은 다음의 권용목(전 현대엔진 노조위원장)의 발언에 잘 나타나 있다.

> 울노협 건설은 대중적 토대가 문제로 된다. 현총련에 대한 대중적 토대는 어느 정도 확보되어 있다. 87년 이후 계속된 임·단투에서 노조가 탄압받고 구속되고 해고될 때마다 정주영과 그룹종합기획실의 이름을 안 떠올리는 현대그룹 노동자들이 없었으리라 생각된다. 공통된 대상을 갖고 있고 공통된 대상에 맞서 투쟁할 수 있는 전체 대중의 공통된 기반을 일단 갖추고 있다고 판단한다. … 그래서 현해협을 중심으로 해고 노동자, 현대그룹계열사 노조위원장과 집행부들이 긴밀하게 결합해 들어가면서 현총련을 건설해야 될 것이고, 아울러 울노협을 건설하기 위한 준비작업을 같이 병행해서 차분하게 진행해야 할 것이다(천창수·권용목, 1991: 125).

해고노동자들의 제안 이후 현총련은 1992년 2월 제2차 정기대의원대회를 개최하여 의장단을 다시 구성하며 의욕적으로 재출발하지만, 그해 의장단 사업장 전부가 임금인상 투쟁에서 직권 조인해버리고 의장마저 사퇴함으로써 현총련은 다시 무기력 상태에 빠졌다. 현총련이 자기 위상을 분명히 확립한 것은 1993년 공동임투부터라고 볼 수 있다.

1993년의 현총련 공동임투는 현대중공업노조와 현대자동차노조뿐만 아니라 현총련에 소속된 '중간노조'까지 결합하여 노동자대투쟁 이후 울산에서 가장 강력하게 조직된 연대 투쟁의 성격을 띠었다. 공동임투 방식은 임금교섭은 기업별로 하되 교섭 및 쟁의 일정을 현총련 차원에서 조율하여 최대의 성과를 도모하는 방식으로 1987년 이후 처음으로 시도된 것이었다. 현총련은 공동임투의 최우선 목표를 대중조직으로서의 현총련의 신뢰 회복 및 단결력 강화로 상정했다(현대그룹노동조합총연합, 1994; 전노협백서발간위원회 6권, 2003: 306-321).

〈표 3-5〉 현총련 가입노조 현황 (1993년 2월)

| 구분 | 합계 | 울산 | 경인지역 | 창원 |
|---|---|---|---|---|
| 조합 수(개) | 35 | 17 | 17 | 1 |
| 조합원 수(명) | 81,220 | 59,856 | 19,464 | 1,900 |
| 비중(%) | 100 | 73.7 | 24.0 | 2.3 |

자료: 현대그룹노동조합총연합, 제3차 정기대의원대회 자료집(1993).

그러나 현총련은 엄밀한 의미에서 지역연대조직이라고 보기 어려웠다. 현대 계열사 노조들만이 가입 대상이었고, 〈표 3-5〉에서 보듯이 울산을 주력으로 하지만 경인지역과 창원의 계열사가 포함된 전국적인 그룹노조협의체에 가까웠기 때문에 지역 활동은 조직의 중심적인 과제가 되기 힘든 구조였다. 현총련 설립 초기의 문제의식은 울산의 지역연대조직의 건설에 큰 방점이 찍혀 있었지만, 조직의 제도화가 진행되면서 현대그룹이라는 공식적인 '조직적 경계'가 점점 더 공고해졌고, 지역 내에서 조직적 경계 바깥의 노동자와의 연대는 주변적인 활동이 되었다.

우리는 계속 밖에 있으면서도 요구했던 게 울산 같으면 현대그룹만 노동조합이 있는 것이 아니고 효문에 가면 작은 자동차 공장도 있고 남구에 가면 화학공장도 있고 한데 거기는 사실 어렵지 않습니까? 거기에 대한 지원사업도 벌여야 된다고 많이 요구했는데 그 점은 좀 소홀했죠. 현대그룹이라는 틀 속에서만 자꾸 자기들 사업만 하려고. … 자기 스스로 연대의 폭을 넓혀가려고 하는 노력이 부족했고 그 점에 있어 가지고 여러 가지 갈등이 빚어졌고. … 회사의 경영상황도 괜찮고 하다 보니까 쉽게 쉽게 해 가지고 자기들 목표를 달성할 수 있는 실리적인 어떤 목표를 달성할 수 있는 그런 게 있다 보니까 거기에 안주하는 경향이 있었던 거죠.[19]

게다가 현총련의 조직적 위상은 1993년 상반기 전국노동조합대표자회의(전노대) 추진 시기부터 울산 지역보다는 전국 수준으로 격상되었다. 1993년 상반기 전노대 결성 추진 과정에서 그룹노조협의회(현총련과 대우그룹노조협의회)는 기존의 전노협·업종회의와 대등한 위상을 갖춘 대공장 대표 조직으로 인정받았다. 대표적으로 전노대 발족을 공식화한 '전국노동조합의 공동사업 추진체 위임위원회 합의문(1993. 4. 22)'에 현총련은 합의 주체 4개 조직 중 하나로 명기되었다(전노협백서발간위원회 6권, 2003: 161). 그리고 전노대의 공동대표도 이 4개 조직에 각 1명씩 배정되었고, 이후 현총련 소속 노

---

19 천OO 구술, 울산지역사연구-노동-I-A22-4, 2003년 1월 16일, 울산지역사연구팀 채록.

조들은 현총련을 가맹단위로 하여 민주노총에 참여했다. 노조 연대조직의 운영과 활동의 스케일을 작업장-지역-전국으로 구분한다면, 현총련은 처음에는 지역(울산)을 활동의 주요 스케일로 상정했으나, 공식 조직으로서의 제도화가 진행되면서 그 활동의 스케일이 전국으로 향하게 되었다고 볼 수 있다.

현총련 이외에 울산 지역에서는 지체된 지역연대조직의 건설을 목표로 한 또 다른 움직임이 있었다. 대표적으로 1992년 울산의 노동운동 활동가들은 현총련을 강화하고 이를 토대로 좌초된 울노협을 다시 결성한다는 목표로 울산민주노동자협의회(준)(울민노)를 추진했다. 울민노는 노조 간 연대조직이 아니라 단위사업장의 현장조직, 지역 해고자단체, 개별 활동가 등의 협의체였다.[20] 울민노는 현총련이 현대 계열사 노조들만의 연대조직이 아니라 울산의 새로운 노조연대조직으로 발전해야 함을 강하게 주장했다.

울산노동운동의 중심이랄 수 있는 현대그룹노조의 연합체라는 점을 생각한다면 현총련을 빼놓고 지역연대를 논할 수는 없을 것이다. 다만 지역의 많은 노동자들은 현총련이 현총련으로만 머물지 말고 효문과 남부지역에 흩어져 있는 민주노조를 묶어 세워 새로운 지역노동조합의 연대체로 발전해 나갈 것을 학수고대하고 있는 것이다. … 울민노가 현총련에 거는 기대는 현총련의 내

20 울민노는 울산지역의 1991년 5월투쟁 과정에서 각 단위사업장의 현장조직과 활동가들이 결성한 한시적 연합조직인 '박창수열사 사인규명 및 91임투승리를 위한 노동자대책위'가 일상적인 연대 사업을 수행해 나갈 지역노동운동 조직으로 활동할 필요가 있다는 인식 하에 전환한 것이었다(전국노동조합협의회, 《전국노동자신문》, 제69호, 1992. 9. 3, 2면).

적 질적인 발전을 통해 지역노동조합의 연대체로 확대 강화되길 바라는 것이다.[21]

그러나 울민노는 현장 활동가조직 대표자들의 회의 이상으로 발전하지 못했고 현총련의 강화와 울노협 건설이라는 목표도 달성하지 못했다. 그 이유는 개별 기업 단위로 조직된 현장조직들은 태생적으로 단위 사업장의 쟁의와 현안 문제, 집행부 선거 등에 활동의 우선순위를 둘 수밖에 없었고 '공장 밖으로의' 연대 지평의 확장을 체계적으로 실천하지 못했기 때문이었다(김차두·허민영, 2002).

결국 1990년대 초반에 현총련과 울민노 모두 지역 전체의 노조운동을 포괄하는 연대조직 결성에 실패했다. 결국 울산은 작업장-지역-전국으로 이어지는 노동운동의 스케일에서 지역 수준에서의 실질적인 노동자 연대조직이 한 번도 결성되지 못한 채 민주노총 건설을 맞게 되었다. 울산의 노동운동에서 명실상부한 지역연대조직은 1996년 2월 민주노총 울산시협의회가 만들어지면서 사실상 처음 시작되었다.[22] '노동운동의 메카'로 불리던 울산에서 노동자대투쟁 이후 10년이 지나서야 공식적인 지역연대조직이 첫걸음을 뗀 것이다.

1989/90년의 결정적 국면에서 형성된 지역연대조직의 부재 상황, 현대중공업노조와 현대자동차노조의 연대행동의 좌초, 지역 전

---

21 "울민노와 현총련의 관계: 지역운동을 이끌어 갈 두 개의 수레바퀴", 울산민주노동자협의회(준), 《울산노동자》, 통권 제12호, 1992. 12월호.

22 민주노총 경남본부 울산시협의회에는 1996년에 26개 노조(조합원 65,402명)가 소속되었다(전국민주노동조합총연맹, 1996a).

반을 운동의 지평으로 삼는 노동운동 리더십의 취약성 등은 이후 소수의 대공장 노조 중심의 지역노동운동의 경로를 만들었다. 노동 자대투쟁 이후 10년이 지난 1996년에 민주노총 울산시협의회가 결성되었지만, 그러한 경로를 바꾸기에는 너무 늦었다. 민주노총 울산시협의회는 출범 당시 석유화학공단의 대다수 노조, 온산 비철금속단지의 많은 노조들을 포괄하지 못했고, 효문지역의 노조 대다수도 한국노총 금속노련을 당장 탈퇴하지 못했다. 병원과 대학 등 비제조업 사업장의 노조 대다수도 울산시협의회에 참관조직으로도 들어오지 못했다.[23] 1990년대 후반은 초창기 전투적 동원을 주도했던 현대중공업노조의 동원력 쇠퇴, 분산적인 기업별 단체교섭의 제도화, 대공장을 중심으로 한 노조와 현장조직 활동의 기업 내부화가 이미 상당히 진행되어 역진의 가능성은 크지 않았다. 이러한 상황에서 갑자기 몰려온 외환위기와 고용조정의 물결은 이제 막 지역연대의 첫 단추를 채우고 있었던 울산 지역 노동운동을 덮쳤다.

지금까지 살펴본 1987년부터 약 10년간의 울산 지역 노동자들의 조직적 연대행동의 특징과 그것이 남긴 조직적 유산을 정리하면 다음과 같다.

첫째, 1987~1990년의 전투적 동원기에는 자생적인 연대행동이 자주 일어났었다. 당시의 연대 행위자들은 주로 그룹 계열사 노동자들뿐만 아니라, 가족과 지역주민, 학생과 민중운동부문 등까지 확대되는 양상을 보였다. 이런 측면에서 이 시기는 울산 지역 노동

---

23 "민주노총 울산시협의회에 거는 기대", 울산노동정책교육협회, 《주간울교협통신》 5호, 1996. 2. 9. 참조.

자의 연대적 행위 지향의 잠재력이 상당히 컸던 시기였다고 볼 수 있다. 그러나 이러한 행위 성향은 일시적으로 표출되었을 뿐이다. 그것은 국가의 물리적 탄압을 계기로 단속적으로 형성되었고 그 계기가 소멸한 이후에는 연대적 행위 지향이 노동조합 조직형태로 제도화되지는 못했다.

둘째, 울산 지역 노동자 연대의 양상은 '분절 속의 연대'로 볼 수 있다. 즉 대부분의 연대행동은 산업 및 노동시장의 분절구조 내에서의 연대였고, 그것을 뛰어넘는 연대행동이나 연대조직은 거의 발생하지 않았거나 실패했다. 현대 계열사의 미포공단, 중소기업이 밀집된 효문·연암공단, 석유화학 중심의 남구 지역 등 울산의 주요 공단 노동자들 간에는 연대 활동이 드물었고, 노조 지도부 차원의 교류와 연계도 약했다. 특히 지리적으로 가깝고 동일한 금속 부문에 속한 현대 계열사와 하청 부품업체들 노조운동 간의 연대는 전무하다시피 했다. 연대는 대부분 독점부문의 현대그룹 내에서 발생했고, 그 결과 독자적인 자원이 부족한 주변부 하청 부품업체 노조운동은 매우 취약한 상태 하에 놓였다. 이렇게 지역노동시장의 분절구조가 그대로 노동운동의 분절로 이어진 것은 이후에도 울산 노동운동의 특징으로 남게 된다.

셋째, 노동자 연대가 기업 단위, 넓어질 경우는 현총련의 그룹 계열사 단위에 그쳤다는 것은 노동계급 형성의 관점에서 그 조직적 경계가 협소했다는 것을 의미한다. 현총련 결성 초기의 문제의식은 당장에 실현 가능하고 대중적 토대가 분명한 연대조직을 기반으로 하여 향후 포괄적인 지역노조간의 연대조직을 건설하자는 것이었지만, 한 번 그어진 조직적 경계는 이후의 활동에서 더 넓어지지 않았다. 오히려 그 경계는 내부 성원들만의 배타적인 집단 정체성을 공고히 하는 효과를 발휘했다. 현총련은 대공장 기업별 노조들의 연대조직으로서 기업별 노조의 한계를 뛰어넘을 수 없었다. 노동자 연대행동의 결과로 그 조직적 경계가 설정된 것이 아니라, 동일한 자본에 속한다는 사실로부터 일차적인 경계설정이 되었기 때문이다.

마지막으로, 울산에서 노동시장 분절구조에 조응하는 형태로 지역노동운동의 패턴이 형성된 것은 그 중심 세력인 대공장 노조의 전략적 선택이 매우 중요해졌음을 뜻했다. 대공장 노조가 자신의 특수이익의 실현을 최우선적인 운동 과제로 제기하는지, 아니면 자신의 특수이익을 보다 폭넓은 시야 속에서 계급 연대의 구현을 위한 일부로 자리매김할 수 있는지에 따라 노동운동의 성격이 크게 달라지기 때문이다. 현실의 경로는 대공장 기업별 노조의 활동이 기업별 교섭을 중심으로 좁은 범위의 경제적 이익 실현을 위주로 이루어졌다. 그 결과 1990년대 동안 대공장 노조의 전략적 선택과 전체 노동계급의 장기적인 계급이익 사이의 균열이 점점 커져갔다. 경제위기의 충격이 한국 사회를 강타하기 직전 울산 지역의 노동계급은 이미 계급상황에서 동질적 집단이 아니게 되었다. 그 외생적 충격이 휘몰고 간 이후에야 그 분절의 단층선이 생생하게 드러났지만, 그것은 이미 1987년 새로운 노동운동의 등장 이후 울산 지역 차원의 노동계급 형성의 특질로 굳어가고 있었던 것이다.

# 내부노동시장의 구축과 임금인상의 정치

4장과 이어지는 5장에서는 노동조합 결성 이후 울산 대공장 노동자의 계급상황의 변화상을 알아본다. 그중에서 4장은 작업장 내부의 계급상황 변화를 노동자의 정착성 강화와 노조의 임금정책을 중심으로 파악하려고 한다. 노동조합 결성 이후 대공장 노사관계는 큰 변화를 겪었다. 대공장 노동자들은 내부노동시장의 보호 기제를 만듦으로써 자본주의 체제에 고유한 고용과 실업의 주기성으로 인한 불안정성과 노동자 간 경쟁을 최대한 억제하고자 했다. 또한 자본과의 연례적 단체교섭을 통해 임금을 상승시키고 조합원들 간의 임금차이를 최대한 억제함으로써 단결을 강화하는 전략을 추구했다. 그런데 대공장 노동조합의 이러한 노력은 (자체적인 성공과는 별개로) 기업별 노조체제 속에서 계급상황의 이질성이 커지는 효과를 낳았다. 1980년대에 업종과 기업 규모에 상관없이 대체로 동질적이었던 산업노동자들은 1990년대를 거치면서 점차 사회경제적 처지가 달라져갔다.

# 1. 내부노동시장의 구축

대기업의 생산직 노동자들이 내부노동시장의 보호를 받게 된 것은 노동자대투쟁 이후 노조 설립부터라고 볼 수 있다(김형기, 1988; 송호근, 1991; 정이환, 1992). 1987년 이후 생산직 노동자의 이직률 감소와 고용안정, 고율의 임금인상과 규모별 격차의 확대, 승진 및 인사제도 등의 관료적 규칙 명문화 등 내부노동시장의 특징들이 대기업을 중심으로 발전되었다. 물론 그 이전부터 제조업 생산직 노동자들의 내부노동시장이 등장했었지만, 1987년 이후 그것이 대기업을 중심으로 일반화되고 강화되었던 것은 분명했다(정이환, 2013: 244-262).

노동자의 요구에 기초해 내부노동시장이 발전했기 때문에, 한국의 내부노동시장은 서구에서처럼 노동자들에 대한 분할통제를 목적으로 하는 '관료제적 통제'(Edwards, 1979)의 특징보다는 일차적으로 노동자들 사이의 경쟁을 제한하는 기능을 했다. 경쟁의 제한은 두 가지 측면에서 나타났다. 첫째는 외부노동시장으로부터의 차단 및 보호로서, 대공장 노동자의 고용안정성의 제고와 외부노동시장과는 뚜렷이 구별되는 임금결정 제도의 발전 및 최대한의 임금인상 추구가 그것이었다. 둘째는 내부노동시장에 속한 노동자들 간 임금경쟁의 최소화이다. 노조는 단체교섭을 통해 내부노동시장 안에서 임금 평준화를 이루고자 했고, 자본의 분할통제 시도를 저지했다.

울산 대공장의 내부노동시장 형성을 확인하기 위하여 아래에서는 이직률과 근속 추이를 볼 것이다. 내부노동시장 형성의 가장 중요한 기준이 기업 내에 속한 노동자들이 외부노동시장의 경쟁 압력으로부터 보호되는지 여부라고 한다면 고용안정성이 일차적 기준이기 때문이다.

현대중공업 기능직 사원의 이직률을 나타낸 〈그림 4-1〉을 보면, 두 가지 사실을 확인할 수 있다. 1970년대와 비교하여 1980년대의 이직률이 큰 폭으로 감소했다는 점이 하나이고, 그 감소 추세가 1987년 이후에 가속화되어 이직률이 최소 수준으로 떨어졌다는 점이 다른 하나이다. 이처럼 1987년 이후 이직률의 감소 및 하도급 인원의 직영화 등 생산직 노동자의 기업내부화가 가속적으로 진행되고 신규 채용도 사실상 중단되면서 현대중공업의 생산직 내부노동시장의 폐쇄성은 매우 커졌다(요코타, 2020: 92-96).

〈그림 4-1〉현대중공업 기능직 사원의 연간 이직률 추이, 1975~1990

(단위: %)

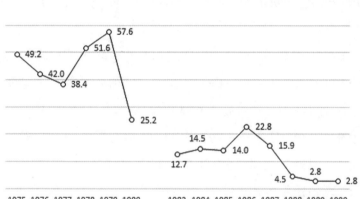

자료: 회사자료, 박훤구(1982: 409)와 현대그룹노사관계진단연구단(1994: 141)에서 가져옴.
주) 박훤구(1982)에서 인용한 1975~80년의 수치는 월평균 이직률을 연간 이직률로 환산했음. 1981, 1982년의 수치는 자료의 미비로 알 수 없음. 이 자료는 사내하청의 이직률도 포함된 수치임.

현대자동차의 경우를 살펴보면, 1968년 설립 이래 종업원 수는 지속적으로 증가 추세였지만 1980년대 중반 이전의 경우 노동자들의 고용상태는 대단히 불안정했다. 불황기에는 대량해고나 계열사 전출을 통한 인원조정이 빈번히 일어났었다. 인원조정의 정확한 규모를 파악하기는 어렵지만, 1970년 한 해 동안 전체 종업원의 54.3%에 달하는 인원이 정리되었고, 1979년 6월 말부터 1981년 말까지 약 4천 명이 감소되었으며, 계열사 전출로 1980년에 156명의 노동자들이 울산 지역의 다른 계열사로 옮겨 가기도 했다(박준식, 1992: 192-193). 현대자동차 생산직 노동자들의 기업 내 정착성이 급속히 커진 데에는 대미 수출공장의 완공을 계기로 공장설비가 확대되고 회사가 본격적인 성장기로 접어든 것과 함께, 노조 결성이 크게 기여했다. 노조 설립을 전후로 하여 이직률은 크게 감소해서 1990년 5월의 평균 이식률은 0.27%에 불과할 정도로 낮아졌다(같은 곳, 188).

1987년 이후 두 기업의 내부노동시장 형성의 또 하나의 지표는 근속의 증가였다. 〈표 4-1〉을 보면, 두 기업에서 모두 평균 근속년수는 해마다 계속 증가했다. 이에 비해, 울산의 중소기업 생산직 노동자들의 이직률과 근속년수는 1987년 이전과 큰 차이가 없었던 것으로 보인다. 현대자동차의 부품업체들이 주로 입지한 효문공단의 노동자들은 여전히 이직률이 높아 거의 평균 근속년수가 2년을 넘지 못했다.[1] 또한 울산상공회의소에 따르면, 1990년부터 1995년까지 대기업 생산직 노동자의 자연이직률은 평균 2%선을 유지했지만, 중소기업은 15% 내외였다.[2]

---

1 "효문 중기근로자 대기업 임금 절반수준",《경상일보》, 1989년 11월 9일자, 7면.
2 "중기 이직률 13.4%: 대기업 7배, 기술자 면담 등 고심",《경상일보》, 1995년 12월 4일자, 6면.

〈표 4-1〉 현대중공업과 현대자동차 노동자의 평균 근속년수 추이, 1990~1996

| 구분 | 87년 | 89년 | 90년 | 91년 | 93년 | 94년 | 95년 | 96년 |
|------|------|------|------|------|------|------|------|------|
| 중공업 | 6.3 | - | 8.4 | 9.4 | 9.7 | 10.7 | 11.1 | 12.1 |
| 자동차 | - | 3.2 | 4.3 | 5.3 | 6.1 | 6.9 | 7.2 | 8.1 |

자료: 1987, 1989년은 한국사회연구소(1989); 1990년 이후는 노조의 각년도 『사업보고』.

이상에서 확인했듯이, 울산 대공장 생산직 노동자들에게도 기업 내부노동시장의 관행이 적용된 것은 노조의 결성을 전후하여 이루어졌다. 노조 결성이 기업의 인사관리 정책에 미친 충격은 광범위한 것이었다. 그중에서도 가장 중요하게는 회사의 일방적 명령에 의한 지배가 노조 결성 이후로는 노사 쌍방의 단체교섭에 의한 타협으로 변화한 것이다. 일반적으로 유노조 사업장의 노사관계는 단체교섭을 중심으로 짜여지는 게 보통이지만, 1987년 직후 한국의 대기업 노사관계에서 단체교섭의 위상은 특히 컸다. 노동자의 산업적 시민권을 둘러싼 치열한 노사갈등 과정에서 단체교섭은 각축의 시연장이었기 때문이다. 특히 국가와 자본의 배제적 노동통제가 여전한 가운데 민주노조운동은 일반 조합원들의 호응성을 최대로 끌어올릴 수 있는 단체교섭을 고리로 하여 노조의 대중적 기반을 확보하려고 했다. 이러한 맥락에서 다른 지역과 마찬가지로 단위 사업장의 임단투 중심의 노동운동이 1987년 이후 대공장 노조운동의 특징이 되었다.

## 2. 1987년 이후 노동조합의 임금정책과 임금인상의 정치

노조 결성을 전후로 형성된 울산 대기업의 내부노동시장은 기존에 비교적 단일했던 노동시장 지위가 이질화되고, 기업 규모와 산업의 가치사슬에 따라 노동계급 내부의 분절이 본격화된 계기가 되었다. 더욱이 내부노동시장이 기업별로 파편화된 노조 조직 하에서 발달했다는 것은 분절과 이질화의 추세를 제어할 조직적 수단이 결여되어 있었음을 뜻한다. 노동자 연대가 노동계급 내부의 차이나 격차를 줄이고 계급상황의 동질성을 넓힘으로써 유지·확대될 수 있다고 한다면, 노동운동의 성장으로 형성된 내부노동시장이 오히려 계급 연대의 사회적 기반을 침식하는 효과를 낳은 것이다. '성공의 역설'로 부를 수 있는 이런 현상을 낳은 핵심적인 메커니즘은 대기업 노조의 임금정책이었다.

### 1) 노동조합 임금정책의 유형

일반적으로 노동조합이 임금정책을 통해 추구하려는 전략적 목표는 크게 임금 극대화(wage-share maximization)와 임금 평준화(wage leveling)의 두 가지로 구분된다(Swenson, 1989; Schulten, 2004). 임금 극대화가 자본과 노동 간의 소득분배에서 노동의 몫을 높이려는 것이라면, 임금 평준화는 임금노동자 내부의 격차를 최소화시켜 가급적 평등주의적 임금구조를 만들려는 것이다.

〈표 4-2〉는 노조 임금정책의 두 가지 전략적 목표를 이념형의 수

준에서 간략히 비교한 것이다. 먼저 임금 극대화 목표가 상정하는 분배 갈등의 축은 노자 간의 계급갈등이고, 여기서 노조는 최대한의 임금인상을 달성함으로써 노동의 분배 몫을 극대화하려 한다. 이 목표에는 두 가지 변이가 있다. 하나는 생산성 증가보다 더 높게 임금인상을 추구하려는 팽창적 임금정책으로, 이것은 노조가 보기에 공정하지 않은 현재의 계급 간 소득 분배를 적극적으로 교정하려는 것이다. 다른 하나는 이보다 온건한 것으로, 생산성 향상의 결실에 대해 노동과 자본 간에 공평하게 분배하여 현재의 분배 상황을 유지하는 것을 목표로 한다.

〈표 4-2〉 노동조합 임금정책의 두 가지 전략적 목표

| 구분 | 임금 극대화 | 임금 평준화 |
|------|------------|------------|
| 분배 갈등의 축 | 계급간 갈등 (자본과 노동) | 계급 내 갈등 (임금노동자 내부의 상이한 집단들) |
| 우선적 목표 | 고임금 | 평등주의적 임금구조 |
| 규범적 목표 | 적극적 분배 (팽창적 임금정책) 분배적 중립성 (생산성에 연동된 임금정책) | 동일노동 동일임금 임금차별 철폐 임금격차 축소 |

출처: Schulten(2004)

다음으로 임금 평준화는 계급 내 분배 갈등을 해결하려는 노조의 전략적 목표와 관련된다. 그것의 우선적 목표는 전체 노동계급 또는 조합원의 임금소득 격차를 최대한 축소하는 것으로, 전통적으로 '동일노동 동일임금' 원칙의 실현이 규범적 목표로 제시되곤 했다. 이 원칙은 소속 기업의 경제적 지위가 아니라, 노동자가 보유한 숙련이나 직무와 같이 정치적으로 합의될 수 있는 기준에 따라 임

금이 결정되어야 한다는 것이다. 또한 임금 평준화의 규범은 여성·비정규직·이주자·장애인 등 취약 노동자 집단에 대한 임금 차별을 최소화하는 것, 그리고 노동시장 불평등을 완화하기 위해 다양한 노동자 집단들 사이의 전반적인 임금 차이를 축소하려는 연대임금정책과도 긴밀히 관련된다.

그런데 문제는 이러한 노조 임금정책의 규범적 목표는 국가·자본과의 타협을 통해 실현되기 때문에 노동조합은 거시경제 상황과 기업의 경영 환경 등에 대한 고려를 자신의 임금정책에 포함해야 하거나, 더 나아가 국가의 공공정책 형성에 깊이 관여할 수 있는 경우 국민경제 차원에서 노조 임금정책의 합리성을 성찰해야 한다는 점이다. 특히 후자는 노동조합의 '교섭 지평'(Kittel, 2000)이 넓어질 수 있는 제도적 전제 조건이 구비되어야 가능하다. 국가의 경제·사회정책에 관여도가 높았던 북서유럽의 노동조합은 수요의 안정화, 산업 혁신과 생산성 향상, 물가안정, 완전고용 등의 거시경제 목표까지 자신의 임금정책 수립에 적극적으로 고려했다(Swenson, 1989). 이를 위해 노조운동의 전국적 지도부들은 노조 임금정책의 통일성을 높이기 위하여 산업·지역·전국 차원의 포괄적 노조 조직을 통한 초기업 교섭 또는 다양한 방식의 임금조율 제도들을 발전시켰다.

국내의 노조 임금정책에 관한 주요한 연구들은 노조 임금정책이 노동시장 성과, 특히 불평등에 미친 영향을 주로 파고들었다(박동, 2005: 159-231; 정이환, 2011: 139-203). 이에 따르면, 한국의 조율되지 않은 기업별 교섭이라는 오래된 전통이 기업 규모별 임금격차를 유발하는 중요한 요인으로 작용했다. 또한 노조 임금정책의 두 가지 목표 중 한국의 노조운동은 현재까지도 단기적인 임금 극대화 전략을 위주로 했고 임금 평준화 전략은 매우 제한적이었다고 평가한다. 또한 국내 연구들에서 얻을 수 있는 중요한 시사점은 한국의 노조 임금정책이 노동시장 환경의 변화에도 불구하고 꽤 강인하게 지속되어왔다는 점이다. 특히 민간부문 대기업 노조들의 임금정책은 기업별 임금교섭의 유지, 연공급 체계의 지속, 단기적 임금인상 중심의 요구, 임금조율에 대한 무관심 등의 특징을 보이는데 이러한 것들은 지난 20~30년 동안 계속되어왔다.

그렇다면 울산 대기업 노동조합의 임금정책은 어떠했는가? 결론을 미리 말하자면, 그것은 임금 극대화와 내부적 임금 평준화가 결합된 것이었다. 한국의 경우 노동조합은 생계비 임금론에 근거한 최대한의 임금인상을 최우선시했고, 이와 더불어 기업 내 임금격차를 축소하려고 했다. 이와 더불어 노동조합은 이러한 목표를 달성하기 위해 기업별 교섭체제 하에서 전투적인 임금인상투쟁을 동원했다. 노조의 임금정책은 기업별 노조의 경계 내에서 실행되었고, 특히 대공장 노조의 임금정책이 발생시키는 문제를 기업 바깥으로 외부화할 수 있는 조건이 허락되었다. 이에 반해 중소기업 노조들은 임금 극대화와 임금 평준화의 부작용들이 기업의 투자 감소와 그에 따른 고용문제로 나타나게 된다. 대공장 노조가 선도한 임금정책을 동일하게 실행한 중소기업 노조들은 1990년대 초중반의 산업구조조정 과정에서 '임금인상의 정치'의 한계에 다다르게 되었다. 그 결과 수출부문 대기업과 그에 종속된 중소기업 간 임금격차의 확대가 가속화되었다.

## 2) 임금 극대화 정책

먼저 임금 극대화 정책에 대해 살펴보도록 하겠다. 1987년 이후 임금인상 추이를 살펴보면, 현대중공업과 현대자동차 노동자들의 임금인상률은 1987년 이전에는 한자리 수에 멈추어 있었지만, 노조 결성 이후 3년간 연간 20% 이상의 대폭적인 인상이 이루어졌다(이상철, 1991: 121-122). 1987년부터 3년간 현대중공업은 연평균 24.5%, 현대자동차는 24.9%의 임금인상률을 기록했다.

1990년 이후에도 임금인상은 지속되어 1997년까지는 거의 매년 10% 이상을 기록했고, 이로 인해 현대 계열사 노동자들의 임금 수준은 상당히 높아졌다. 현대자동차의 경우에 〈표 4-3〉을 보면, 1988년부터 1997년의 10년 동안 변동임금(시간외수당 및 성과급)을 제외한 월급여가 41만 원 수준에서 162만 원 선까지 거의 4배에 가깝게 상승했음을 알 수 있다. 같은 기간 소비자물가지수가 약 1.8배 상승한 것을 감안해도 매우 큰 폭의 상승이었다.

〈표 4-3〉 현대자동차 조합원의 임금항목별 액수 및 증가율, 1988~1997

(단위: 원)

| 구분 | | 기본급 | 통상급(A) | 월할고정상여(B) | 월급여(A+B) |
|---|---|---|---|---|---|
| 액수 | 1988년 | 229,446 | 270,960 | 145,480 | 416,440 |
| | 1997년 | 844,581 | 997,844 | 632,155 | 1,629,999 |
| 증가율(%) | | 368 | 368 | 435 | 391 |

자료: 현대자동차노동조합, 『사업보고』에 수록된 각년도 조합원 임금현황 자료에서 계산.

임금상승은 전적으로 기업별 교섭에 의존했다. 두 회사 모두 호봉제도와 같은 정기승급을 통한 기본급 인상제도가 없었기 때문에 베이스업(base-up) 중심의 임금인상이 절대적이었다. 베이스업은 교섭으로 결정되기 때문에 노조로 단결하여 그 수준을 높이는 것이 조합원들의 임금상승을 위해서 무엇보다 중요했다.

이러한 임금교섭에서 노조의 임금인상 요구액 산정은 '생계비임금'에 그 이론적 근거를 두었다. 생계비 원리는 임금이 노동력상품의 가격, 즉 노동력의 재생산에 필요한 제반 비용이라는 관점에 기반하는 것이다. 생계비 원리는 가족 구성원의 생활보장이라는 (남성 생계부양자) 노동자들의 기본적 요구에 부응한다는 점에서 당시 저임금을 받으며 생계부양의 책임을 지던 노동자들에게 호소력을 지녔다. 이에 따라 조합원 생계비, 즉 노동력 재생산 비용의 추계액과 현재 임금수준 간의 차이를 반영하여 임금인상 요구액이 정해졌다. 노조는 생계비 추정을 통해 현실의 임금수준의 열악함을 드러냄으로써 교섭에 의해 결정되는 임금인상을 유리하게 이끌어내고자 했다.

생계비는 한 가구가 생활을 영위하기 위하여 지출하는 비용으로 정의되는데, 생계비 산정은 계측의 목적과 방법에 따라 다양하게 분류된다. 노조의 생계비 산정 절차를 살펴보면, 이론생계비 계측 방법을 토대로 한 상급단체의 생계비 모형을 사용하여 직접 시장물가를 조사한 후 조합원의 인적 속성에 맞는 가족 모형에 따라 생계비를 산출했다. 이렇게 산출한 생계비를 조합원의 평균 부양가족 수와 소비자물가 상승률에 따라 조정하여 최종적인 조합원 평균 생계비를 산정했던 것이다. 이 생계비 산정액과 현재의 조합원 임금수준을 비교하여 그 차액을 임금인상 요구액으로 사측에 제시했다. 즉, 생계비와 비교할 때 현재의 임금이 이 정도나 낮으니 그 차액만큼 인상하라는 논리이다. 그런데 문제는 만약 생계비와 현재 임금수준의 차액이 충분히 크지 않다면 높은 수준의 임금인상 요구 자체가 불가능해진다는 점이다. 이러한 문제는 1990년대 초반에 벌써 현실화되었다.

〈표 4-4〉1993년 현대중공업·현대자동차 조합원 4인 가족 생계비와 임금총액

(단위: 천원)

| 구분 | 한국노총 | 전노협 | 마창노련 | 현대중공업 | 현대자동차 |
|---|---|---|---|---|---|
| 조합원 생계비 | 1,256.1 | 1,254.2 | 1,327.1 | 1,504.8 | 1,468.9 |
| 월임금총액 | - | - | - | 1,212.6 | 1,260.7 |

자료: 한국노동조합총연맹(1993), 전국노동조합협의회(1993), 마산창원노동조합총연합(1993), 현대중공업·현대자동차노조, 『1993년 사업보고』.
주) 월임금총액=통상급+고정상여금월할+시간외근로수당+각종변동수당. 단, 현대중공업의 임금총액에는 시간외근로수당이 제외되어 실제보다 과소 계산된 수치임.

〈표 4-4〉는 1993년에 상급단체 및 기업별 노조에서 산정한 4인 가족 기준 조합원 최저생계비를 현대중공업노조와 현대자동차노조 조합원의 월임금총액과 비교한 것이다. 현대중공업과 현대자동차의 조합원 생계비는 상급단체의 그것보다 월등히 높은 것을 알 수 있다. 또한 이들 사업장의 당시 임금수준은 한국노총과 전노협의 최저생계비를 초과했거나 별 차이가 없었다. 이러한 사태가 의미하는 바는, 1990년대 초반에 들어오면 최저생계비 모형을 통해서는 임금인상의 이론적 근거를 만들어내기가 어려워졌다는 것이었다. 이에 따라 현대중공업노조는 1993년부터, 현대자동차노조는 1994년부터, 최저생계비 모형 대신에 '필요생계비' 모형이라는 것을 자체적으로

고안하여 추가적 임금인상의 근거로 사용했다. 필요생계비는 이론에 근거한 엄밀한 개념이 아니라 기존의 최저생계비 모형의 부적합성을 고려하여 개별 노조 수준에서 자의적으로 고안하여 명칭을 붙인 것이었다. 두 노조는 1995년까지 자체 고안한 필요생계비 모형을 사용했고, 1996년부터 민주노총이 마련한 표준생계비 모형을 도입했다. 당시 현대자동차노조의 설명을 직접 인용하면 다음과 같다.

> 간략하게 설명하면 이전의 최저생계비에서는 주택이나 자가용 등이 제외되어 있는데 현실은 그렇지 않다. 즉 현자의 경우 주택 보유율이 65%를 상회하고 자가용 보유도 60%를 상회하는 등 그동안 생활 조건이 많이 변했다. 그래서 생계비를 산정함에 있어서 과거 최저생계비에서는 제외되었던 자가용, 주택 등의 품목까지 추가시킨 표준생계비를 임금인상의 기준으로 설정하는 게 타당하다고 본다.[3]

이상으로 생계비에 근거한 노조의 임금 극대화 정책에 대해 살펴보았다. 노조는 조합원의 임금수준에 따라 노조 결성 이후 초기에는 '현재의 사회문화적 조건 하에서 건강과 체면을 유지하면서 인간다운 생활을 보장할 수 있는' 최저생계비에 근거하여 임금인상을 요구했고, 1990년대 중반부터는 '해당 사회에서의 보편적인 문화생활을 하면서 건강하게 사는 데 필요한' 표준생계비에 근거하여 임금인상 요구를 제기했다. 이러한 생계비 기준의 변화는 그 자체로

---

3  현대자동차노동조합, 『사업보고』, 1996, 211쪽.

노동자의 임금수준의 급속한 상승을 반영하는 것이었다.

## 3) 내부적 임금 평준화 정책

다음으로 임금 극대화 정책과 더불어 노조가 추진한 임금 평준화 정책에 대해 살펴보도록 하겠다. 1987년 이후 한국의 기업별 노조체제 하에서 임금 평준화 정책의 범위는 기업내부노동시장의 경계에 한정되어 이루어졌기 때문에 '내부적' 임금 평준화 정책이라고 부를 수 있다. 그 핵심은 기업 내에서 임금 배분의 제도와 규칙의 기본 원리를 평등주의(egalitarianism)를 준거로 하여 설계하는 것이었다. 임금 평준화 정책은 크게 직군 간 임금격차의 축소, 생산직 노동자 내부의 동질화, 그리고 연공급 중심의 임금체계 유지 등의 세 가지 형태로 나타났다. 이것들은 모두 내부노동시장에 속한 노동자들의 동질성을 강화하고 단결의 기반을 유지하는 데 기여했다.

첫째, 노조 결성 이후 생산직과 사무직 간의 임금격차가 축소되었는데, 이것은 제조업 고졸 생산직 노동자를 중심으로 한 강력한 임금 상향평준화 압력이 작용한 결과였다. 〈그림 4-2〉는 울산상공회의소가 매년 조사하는 '울산지역 제조업체 표준자 모델임금'을 토대로 고졸 생산직과 대졸 사무직의 초임 수준과 인상률을 비교한 것이다.[4] 1987년부터 두 집단 간의 초임 격차는 지속적으로 감소했다. 직군 간 초임 격차의 축소는 오른쪽 그래프에서 보듯이

---

4  '울산지역 제조업체 표준자 모델임금'은 울산상공회의소가 매년 연말 또는 연초에 울산의 제조업체 약 140~160개에서의 신입사원 초임과 2년 근속자를 표준자로 한 임금실태를 조사하여 발표한 것이다.

1987년 이후 약 5년간 고졸 생산직의 초임 인상률이 월등히 높았기 때문이었다. 이러한 사실은 고졸 생산직과 대졸 사무직 간의 신분적 차별이 최소한 임금구조 측면에서는 상당히 개선되었음을 시사한다.

〈그림 4-2〉 울산 주요 제조업체 학력·직종별 초임(좌측) 및 명목인상률(우측) 추이

(단위: 백원, %)

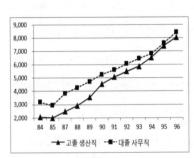 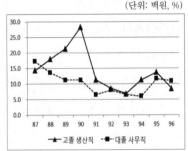

자료: 울산상공회의소(1984~1996)

둘째, 생산직 노동자 내부에서도 임금 평준화가 이루어졌다. 1987년 이전 현대 계열사에는 인사고과를 기초로 상여금, 임금인상률, 승진 및 승급이 결정되었는데, 그 평가의 공정성에 대해서 노동자들은 받아들이지 않았고 그 결과에 대해서도 불만이 컸다(신원철, 2012). 노동자대투쟁이 일어난 후 인사고과에 의한 임금 차등지급 관행은 폐지되었는데, 이로써 임금을 둘러싼 내부노동시장에서 노동자 간 경쟁이 억제되었다.

여기에 더해 교섭을 통한 임금인상이 하후상박(下厚上薄)의 원칙에 따라 적용되면서 교섭 범위에 속한 노동자들 내부의 임금격차가 줄고 기업 내 동질성이 강화되었다. 하후상박 원칙의 적용은 교섭

타결액을 실제 조합원 개인의 임금인상에 적용할 때 정률 인상보다는 정액 인상을 우선시하는 것이었다. 그 결과 기존에 임금수준이 상대적으로 낮았던 노동자들이 실질적으로 더 많은 임금인상의 혜택을 입게 되었다.

1987년 이후 임금인상액 적용 방식에 있어 정률 인상보다 정액 인상이 더 선호되었다. 현대자동차는 1987년과 1988년은 100% 정액 인상을 했고, 1989년부터는 장기근속자를 고려하여 정률제가 도입되었지만 정액 대 정률의 비율을 7:3 또는 6:4로 설정해 정액 인상분의 비중을 더 높게 잡았다.[5] 현대중공업의 경우에도 비슷했다. 1987년과 1988년은 100% 정액 인상으로, 1989년에는 장기근속자를 우대하기 위해 정률제가 도입되어 정액 인상분과 정률 인상분을 7:3으로 조정했고, 1990년에는 노조 집행부가 그 비율을 5:5로 하려고 했으나 조합원들의 반대로 7:3으로 조정했다(정이환, 1992: 174). 현대자동차의 경우 근속에 따른 기본급 격차를 줄이기 위하여 1999년에 정률 인상을 아예 폐지하고 그 이후부터 정액 인상만 적용해 왔다(조성재·곽상신, 2021: 357).

이렇듯 정액 인상 위주의 임금인상 방식이 선호된 데에는 하후상박의 평등주의 원칙이 초창기 민주노조진영에 강한 영향을 발휘하고 있었고, 노조운동의 중심세력이 장기 근속자보다는 젊은 노동자들이었다는 사정이 반영되었기 때문이었다. 기업 내 노동자들의 동질성이 높아진 것은 아래의 임금구조 변화에서 확인할 수 있다. 〈표 4-5〉는 현대자동차 생산직 노동자의 학력별 초임을 비교한 것

---

5  현대자동차노동조합, 『사업보고』, 1994, 189쪽.

이다. 초임이 가장 높게 책정되는 공고졸 군필자와 가장 낮았던 중졸 군미필자의 초임을 비교해 보면, 1987년 이후 차이가 현격히 줄어들었고, 상대적으로 초임 수준이 낮은 노동자들의 임금인상률이 더 높았음을 알 수 있다. 당시 현대자동차에는 생산직 노동자에 적용되는 호봉표가 없었기 때문에 초임은 이후 임금인상의 유일한 기준이었다. 따라서 초임 간격이 좁혀진 것은 그만큼 생산직 노동자들 내부의 동질성을 높인 결과를 낳았다.

〈표 4-5〉 현대자동차 생산직 노동자의 학력별 초임시급의 변화, 1979~1993

(단위: 원, %)

| 구분 | 1979 | 1985 | 1987 | 1988 | 1989 | 1990 | 1991 | 1992 | 1993 | 증가율 |
|---|---|---|---|---|---|---|---|---|---|---|
| 공고졸 군필(A) | 335 | 610 | 700 | 955 | 1,035 | 1,150 | 1,495 | 1,715 | 1,790 | 534.3 |
| 중졸 군미필(B) | 285 | 535 | 625 | 880 | 960 | 1,075 | 1,420 | 1,635 | 1,710 | 600.0 |
| 비율(A/B) | 117.5 | 114.0 | 112.0 | 108.5 | 107.8 | 107.0 | 105.3 | 104.9 | 104.7 | |

자료: 현대자동차노조, 『사업보고』, 1994년, 343쪽의 '연도별 초임 현황'을 토대로 계산.

셋째, 기업내부노동시장 안에서의 임금 평준화 정책을 확인할 수 있는 마지막 측면은 임금체계의 평등주의적 구성이다. 그것은 연공급 체계의 방어와 능력주의 임금체계 도입 시도의 저지로 요약할 수 있다. 현대자동차와 현대중공업의 임금체계는 연공급을 중심으로 하고 있었다. 별도의 임금테이블이 없는 상태에서 초임을 기준으로 매년 협약임금이 보태지는 방식으로 임금의 연공성이 제도화되었다. 임금체계의 강한 연공성은 1987년 이후 생산직 기업내부노동시장의 주요한 특징이었고 한국의 사용자들은 이러한 임금 연공성의 경직성을 완화시키고자 했다(정이환, 2011: 116-122). 연공급 제도에서 노동자 개인의 기본급은 근속을 기준으로 책정되는데, 가능한 다른 기준들, 즉 직무·숙련·능력·성과 등은 기본급 산정 기준에서 부차화되거나 탈락한다. 따라서 여기서 임금 형평성의 원리는 '같은 근속이면 같은 임금을 받는다'(동일근속 동일임금)는 원칙으로 표현된다.

1990년대에 들어와 한국의 대기업들은 연공급 체계의 경직성을 이유로 직능급 제도를 포함한 능력주의적 인사관리의 도입을 시도했다. 울산의 현대 계열사에도 이러한 시도가 있었지만 노조의 반대로 제대로 시행되지 못했다. 현대중공업은 1990년대 초반에 생활보장적 기본급과 직능급 부분이 병존하는 임금체계로 개편을 시도했지만, 노조의 반대에 부딪혀 도입되지 못했다. 당시 노조는 전사원 임금 지급형태의 일원화(생산직 임금지급의 월급제화), 생활급 확보를 위한 연령별 호봉표 도입(단일호봉제), 직급승진 및 직무보상 강화 등을 임금체계 개편의 방향으로 제시했었다.[6] 현대중공업의 임금체계 개편은 1996년 생산직 월급제 도입으로 일단락되었는데, 그것은 기존의 시급제 형태의 기본급에 고정적인 시간외근로수당을 더한 단순한 형태로 도입된 것이었다.

현대자동차에서도 1988년 첫 번째 단체협약에서 호봉제 도입이 요구된 이후 1990년대에 들어와 직제개편의 과정 속에서 임금체계 개편이 노사 간에 장기간 협의되었으나 구체적인 성과를 낳지는 못했다(박명준, 1997: 42-47). 이 과정에서 노사가 잠정적으로 논의했

---

6   현대중공업노동조합, 『사업보고』, 1995, 283-292쪽.

던 임금체계 개편안은 '근속에 기초한 단일호봉급 + 자격급'이었는데, 여기서 자격급은 인사고과에 따라 호봉승급수나 호봉액이 전혀 달라지지 않는다는 점에서 능력급적 요소가 제거된 형태였다(현대자동차주식회사 · 현대자동차노동조합, 1994). 그러나 노조 집행부의 교체 이후 이러한 직능자격 제도의 도입은 완전히 무산되었다. 노조가 조합원들 간의 개별 경쟁을 조장하면서 단결력을 약화시킨다는 이유로 도입을 반대했던 것이다. 직능자격제도 도입 무산은 이후 현대자동차의 임금체계가 내부노동시장에서의 숙련형성이나 직무가치에 대한 고려 없이 연공을 중심으로 한 비경쟁적 요소가 지배하게 된 중요한 분기점으로 평가할 수 있다(조형제, 2008). 그 이후 지금까지 현대자동차의 임금체계는 유의미한 제도 변화를 경험하지 않았다. 이로써 연공급은 내부노동시장이 발달한 생산직 노동자들 내부에서 '상식'으로 인정되었으며 일종의 '윤리적 아우라'(Piore, 1973)를 지니며 규범화되었다.[7] 현대자동차 노동자들에게 '같은 사람은 같은 대접을 받아야 한다'는 원칙의 일차적 기준은 연공 또는 근속이었던 것이다.

이처럼 두 기업 모두 1990년대 초반에 내부노동시장의 제도 개편 과정에서 임금체계의 변화가 시도되었지만, 임금의 연공성이라

---

7  피오르(Piore, 1973)는 작업장에서 발생하는, 일견 편협해 보이는 노동자들의 형평성 규범과 관습이 반복적으로 지속되면 그것은 윤리적 아우라(ethical aura)를 갖추게 되며, 특히 고용이 상대적으로 안정된 숙련 · 반숙련 생산직 노동자들에서 이러한 경향이 더욱 강하다고 말했다. 스웬슨(Swenson, 1989)은 노동자의 평등주의는 '변화의 형평성'과 '같은 사람은 같은 대우를 받아야 한다'는 두 가지 단순한 원칙에 기반하고 있다고 지적했다. 이들 논의에 비추어 보면, 한국의 대공장에서 연공급 체계의 변화가 거의 나타나지 못한 것은 그것이 생산직 노동자들 내부에서 형성된 형평성 규범과 거의 일치하였기 때문이었다.

는 생산직 노동자 특유의 형평성 규범은 굳건히 유지되었다. 오히려 당시 울산 지역 노조운동에서 주목받은 것은 현대정공에 도입된 생산직 단일호봉제였다. 현대정공은 1991년 임금교섭에서 호봉제 추진을 노사가 합의한 이후, 1994년에 현장직 단일호봉제를 실시했다. 기존의 생산장려수당·가족수당·복지수당 등을 기본급으로 전환하고, 연령과 근속을 고려한 단일호봉표가 도입되어 정기적인 근속년수 상향에 따른 기본급 인상분이 생겼다. 여기서 주목되는 것은 노동자의 연령별 생애주기에 따라 호봉표가 설계되어 임금의 연공성이 공식화되었다는 점이다. 현대정공의 생산직 단일호봉제는 당시 전노협이 내세운 임금체계의 기본 원직과 방향에 가장 부합하는 것으로 평가받기도 했다(전국노동조합협의회 조사통계국, 1994a).

이상으로 1987년 이후 울산 대공장 노조가 추진했던 임금정책, 즉 임금 극대화 및 내부적 임금 평준화 정책에 대해 분석했다. 이러한 임금정책에 관한 노조의 선택은 생계비에 기초한 최대한의 임금인상과 기업 내부적 동질화를 낳았고, 매년 벌어지는 임금교섭을 통해 조합원의 일상적인 동원을 수월하게 하는 데 기여했다. 그러나 이러한 성공은 안정적인 내부노동시장을 유지할 수 있는 자원을 갖춘 노동자들에게 국한된 것이었다. 분권적 교섭구조 하에서 개별 기업별 노조 중심의 임금 극대화 및 임금 평준화 정책은 결과적으로 기업의 시장 지위 또는 기업 규모에 따른 임금격차의 확대를 낳았고, 그것은 동일 산업 또는 동일 지역의 노동계급 내부의 이질화를 심화시켰다.

## 4) 노조 간 임금경쟁과 임금인상의 정치

교섭단위가 기업으로 제한된 상황에서 이러한 이질화를 그나마 완화할 수 있는 거의 유일한 방법은 단위노조들 간의 긴밀한 협력을 바탕으로 한 조율된 임금교섭이다. 한국과 마찬가지로 기업별 노조체제인 일본에서 기업 간 임금 평준화는 춘투(春鬪)로 불린 임금조율에 의해 일정한 성과를 거두었다. 그러나 한국은 파편적인 교섭구조와 조율되지 않은 교섭관행이 지속되었으며, 노조운동 내에서도 기업 간 임금 평준화를 위한 노력도 매우 부진했다(박동, 2000).

그나마 1990년대에 울산 지역에서 시도된 임금교섭 조율 노력 중 가장 눈에 띄는 것은 1993년의 현총련 공동임투였다. 이것은 울산에서 1987년 이후 노조운동이 주도한 사실상 거의 유일한 교섭 조율의 시도로 볼 수 있다. 이 공동임투는 기업별 노조의 한계와 차이를 인정한 선에서 교섭 및 쟁의 시기의 통일을 통해 정부의 임금억제 정책을 무력화시키고 현총련의 조직력을 증대시키기 위한 것이었다. 이러한 시기 조율의 방식은 어느 정도 성공을 거두었다.[8] 그러나 이러한 시도는 현총련 노조들 간의 임금 평준화보다는 임금 극대화가 목표였고, 그것도 재벌그룹 소속 노동자들만의 공동행동이었다. 현총련 외부의 중소기업이나 하청업체 소속 노조들과의 조율은 시도되지 않았다. 또한 1993년의 공동임투는 현총련 차원에서

---

8  현대그룹노동조합총연합, 『제4년차 사업보고』(1994. 1)에 실린 "현총련 공동임투 평가(안)" 참조.

도 예외적인 시도였다.

　오히려 현총련 산하 노조들 간에는 임금정책과 관련해서 행동의 조율보다는 임금경쟁(wage rivalry)이 더 일반적이었다. 특히 울산 노동운동을 대표하는 현대자동차노조와 현대중공업노조 간에는 줄곧 임금인상액을 둘러싼 임금경쟁이 지속되었다. 두 노조는 소속 그룹이 같고, 지리적 위치가 가까우며, 기업 규모도 비슷하여 쌍방 모두 임금경쟁에 있어 명확한 준거집단이 될 수 있었다. 일반적으로 단체교섭을 통한 임금결정의 동학에서 준거집단과의 비교는 매우 중요하게 작용한다. 보통 노동자들은 임금의 공정성을 준거집단과의 비교를 통해 판단하기 때문이다. 또한 독립적인 교섭 단위들 사이의 임금 비교는 교섭에 참여하는 당사자들에게 매우 중요하다. 준거집단과의 비교는 노조 지도부에게 적정 임금인상의 기준을 제공해줄 뿐만 아니라, 임금덤핑 또는 임금부상에 민감한 사용자, 그리고 산업평화를 유지하길 원하는 정부에게도 적절한 행동지침을 제시해준다(Ross, 1948: 49; Brown and Sisson, 1975: 29-33).

　〈표 4-6〉은 두 노조의 임금경쟁 양상을 보기 위해 연도별 임금인상액과 교섭 타결시기를 정리한 것이다. 공식적인 임금교섭을 통해 임금인상액이 정해지기 시작한 1988년부터 1994년까지 모든 해에 걸쳐 타결시기가 조금이라도 늦은 기업의 임금인상액이 더 높게 나타나고 있음을 볼 수 있다. 즉, 시기적으로 일찍 교섭을 타결한 기업의 임금인상액이 그 이후에 타결하는 기업의 인상액의 준거가 되는 '등 짚고 뛰어넘기'(leapfrogging) 기제가 작동했던 것이다. 이러한 메커니즘은 두 회사의 노동자들이 상대방을 임금수준 결정에 있어서의 '비교준거집단'(Runciman, 1966)으로 인식하고 있었고, 결과적

으로 이 두 집단 간에 임금경쟁을 통해 두 집단 모두의 임금수준을
극대화시키는 전략을 취했던 것으로 볼 수 있다.

<표 4-6> 현대자동차와 현대중공업의 연도별 임금인상 타결액과 타결일자

(단위: 원, 월/일)

| 구분 | 1988 | 1989 | 1990 | 1991 | 1992 | 1993 | 1994 |
|------|------|------|------|------|------|------|------|
| 자동차 | 79,000 (6/23) | 79,260 (6/5) | 53,900 (5/23) | 89,053 (6/26) | 75,425 (12/11) | 50,500 (7/23) | 95,468 (9/14) |
| 중공업 | 63,000 (4/19) | 93,000 (8/11) | 78,000 (9/5) | 93,500 (8/26) | 48,500 (9/5) | 54,300 (8/19) | 89,719 (8/25) |

자료: 현대자동차노조, 『사업보고』, 1994, 185쪽.

기업별 노조체제 하에서의 임금교섭은 거의 아무런 제약 없는 분
산적 임금교섭이다. 엘스터는 이러한 종류의 임금교섭을 각자 숫
자를 쓰고, 그중 가장 큰 숫자를 써낸 사람이 다른 모든 사람들이
써낸 숫자들의 평균과의 차이만큼 이득을 거두는 게임에 빗댔다
(Elster, 1989: 8-9). 이에 따르면, 두 노조의 임금경쟁은 상대방이 써
낸 숫자를 보고 난 후에 자신이 더 큰 숫자를 써내 이득을 올리는
것으로 볼 수 있다. 개별 노조의 입장에서는 이런 게임의 룰을 충분
히 인지한 상황에서 교섭 시기를 상대적으로 늦춤으로써 추가적인
이익을 얻는 것은 지극히 합리적인 행동이었다.

이러한 그룹 계열사 내부에서의 임금경쟁은 현총련 내의 중간규
모 또는 소규모 노조들의 행동 패턴에도 영향을 미쳤다. 이들 노조
의 입장에서 현총련 멤버십의 효용은 양대 노조의 임금경쟁으로부
터 얻어지는 추가적인 임금인상의 가능성이었다. 임금교섭의 관행

만을 놓고 볼 때 현총련으로 묶인 그룹 계열사 노동자들의 연대의 성격은 단기적 이익의 극대화를 위한 것으로 볼 수 있었다. 당시 노조 지도부도 이러한 현총련 조합원들의 정서를 인지하고 있었다.

> 울산 현총련 조합원들이 현총련에 갖는 일반적 정서는 어떤 것일까? … 이런 임금인상 과정은 계열사 내 노조집행부로 하여금, 현중과 현자 뒤만 쫓아가면 상당한 임금타결액을 보장 받을 수 있다는 기대 속에서 임투시기에는 항상 모여들 수밖에 없는 것이다. … 가령 언양의 현대알루미늄 조합원들이 현총련에 갖는 생각은 솔직하다. 바로 '임금'의 문제이다. 언양 주변의 공장 노동자의 평균임금과 울산 현총련의 평균임금과는 약 1/3의 차이를 보여주고 있기 때문에, 주변 공장 혹은 동일업종과의 연대보다는 임금 수준이 높은 울산 현총련의 임금을 기준으로 삼고 싶어 하는 것이다.[9]

이론적으로 보면, 노조의 임금 극대화 정책과 임금 평준화 정책의 동시적 추구는 노동의 소득분배 몫을 늘리고 임금의 상향평준화를 유도하지만 자본의 투자 유인을 약화시켜 실업을 증대시킬 위험을 갖고 있다(Swenson, 1989: 111-125). 북유럽의 노조들은 (스웨덴의 연대임금정책에서 가장 잘 드러나듯이) 이를 해결하기 위하여 임금 극대화 대신 임금 평준화와 완전고용 정책을 결합하거나, 국가의 공

---

9   현대중공업노동조합, "민주노총건설과 산업별 재편에 따른 현중노조의 입장", 『사업보고서』, 1995, 153쪽.

공정책에 적극 개입하여 탈상품화·수요관리·산업정책 등을 통하여 실업이 야기할 수 있는 혼란을 완화했다. 그런데 한국의 경우 임금 극대화와 임금 평준화의 동시적 추구가 낳은 결과는 이와 달랐다. 북유럽과 같이 조직률이 높고 중앙집중적이고 포괄적인 노사관계 하에서는 임금 극대화가 야기하는 실업 문제는 노조에 내부화되기 때문에 노조의 임금정책이 다른 방향으로 수정되었다. 하지만 한국과 같이 조직률이 낮고 분권적·비포괄적인 노조형태와 교섭구조가 일반적이고, 독점 재벌이 산업의 가치사슬을 지배하는 조건에서는 대공장 사업장의 임금 극대화가 야기하는 충격이 외부 또는 주변부 노동시장으로 전가될 여지가 충분했다. 이러한 이유로 대공장 기업별 노조의 임금 극대화 및 내부적 평준화 정책은 기업의 경영실적이 악화되지만 않는다면 지속될 수 있었던 것이다.

이상으로 울산 지역 대기업 노조들의 임금정책과 그 결과를 살펴보았다. 요약하면, 울산 대기업의 노조들은 1987년 노조 결성 이후 10년 동안 임금 극대화와 내부적 임금 평준화를 임금정책의 주요한 목표로서 추구했다. 임금 극대화 정책은 고율의 임금인상으로 나타났고, 임금 평준화 전략은 내부노동시장에 속해 있는 노동자들 간 임금 경쟁의 최소화와 연공에 기초한 평등주의적 임금체계의 구축으로 구현되었다. 그러나 이러한 노조 임금정책은 그 시행과 적용의 범위가 기업내부노동시장의 경계로 국한되었고, 그 경계를 넘어선 노조 간 임금 조율은 제대로 시도되지 못했으며, 오히려 그것은 노조 간 임금 경쟁의 수단으로 활용되었다.

한국 노조운동의 임금정책은 기업별 노사관계의 구속력을 거의 벗어나지 못했고 기업 간 임금불평등의 확대를 막지 못했다. 물론 다른 나라에 비해 매우 분권화된 교섭구조와 정부의 임금억제 정책 등으로 임금연대의 조건이 취약했던 점을 인정한다고 하더라도, 한국의 노조운동은 주체적으로 임금정책을 통해서 전체 임금노동자 간의 불평등을 완화하고 계급 연대의 기반을 강화시킬 수 있다는 점을 적극적으로 인식하지 못한 것도 사실이다. 흔히 전투적 경제주의로 일컬어지는 공격적인 임금 최대화 요구와 이를 달성하기 위한 전투적 동원 전략은 1990년대에 들어와 점점 의도치 않은 결과를 낳게 된다. 노조의 임금정책이 실현되면 될수록 연대의 기반은 축소되는 것이 그것이다.

'임금인상의 정치'의 효과는 두 가지 측면에서 노동자 연대의 기반을 침식했다. 첫째, 임금인상의 정치의 혜택은 노동시장의 지위에 따라 비대칭적이었다. 동일 산업 내에서 대기업의 고임금 노동자와 중소기업의 저임금 노동자 간의 격차는 오히려 더 확대되었고 그것은 산업의 하도급 관계에 따른 구조적 분절로 이후 고착되었다(조성재 외, 2004; 김철식, 2009).

둘째, 임금인상의 정치가 분산적인 기업별 교섭을 통해 성과를 거두게 된 것은 그 최대의 수혜자인 대기업 핵심 노동자층의 선호와 행위 지평의 경계가 기업 내부로 협소화되도록 했다. 2000년대 이후 현대자동차와 같은 울산 지역 대공장의 임금결정 과정이 기업 외부의 준거집단에 대한 의존도가 매우 낮고 타 노조와의 조율과정이 없는 반면에, 기업 내에서의 과거의 임금교섭에 따라 형성된 관행과 경로의존성이 강한 영향력을 행사하게 된 것은 1987년 이후부터 약 10년에 걸쳐 제도화된 임금교섭의 영향으로 볼 수 있다(이병훈·유형근, 2009). 1987년 이후 대공장 노조가 전투적 경제주의에 따라 추진한 '임금인상의 정치'는 그 자체로 성공적이었지만, 그 성공의 대가가 초(超)기업적 수준에서 임금연대 가능성의 약화였다는 점에서, 계급 연대의 사회적 기반은 훨씬 더 취약해진 결과를 낳았던 것이다.

**5장**

# 노동자 주택문제의 해결과 기업복지

5장은 4장에 이어 1990년대 이후 울산 대공장 노동자의 계급상황에서 나타나는 변화상을 살펴본다. 앞서는 내부노동시장의 공고화와 임금교섭의 결과를 다루었다면, 5장에서는 작업장 내에서 노사 간의 각축과 타협에 의해 형성된 기업복지에 초점을 맞춘다.

단체교섭의 장치는 단순히 임금 및 노동조건 등에 대한 고용계약 사안에만 국한되지 않는다. 자본주의적 생산이 발전하고 노동자의 실질임금이 올라가게 되면 노동계급의 "사회적 필요욕구"(리보위츠, 1999) 수준도 상승하게 된다. 그에 따라 노동력 재생산 영역에서 새롭게 구성된 사회적 필요욕구 중 일부분은 작업장 내부의 단체교섭 의제로 인입된다. 1980년대와 1990년대에 걸쳐 울산 대공장 노동자들의 사회적 필요욕구 충족에 있어 가장 중요한 사안은 '주택문제'였다. 이와 더불어 노동자 가구의 생애과정에 따라 여타의 필요욕구들이 기업복지 제도의 형태로 확대되었다. 대기업의 고도성장에 따라 이러한 노동자의 필요욕구 충족은 큰 무리 없이 이루어져갔다. 하지만 그 과정은 울산 지역 전체 노동계급의 계급상황을 이질화하는 결과를 낳게 된다. 그 이질화의 양상을 이 장의 마지막 부분에서 다룰 것이다.

# 1. '가족의 시간'과 '산업의 시간'

한국은 자본주의적 산업화를 경험한 그 어떤 사회보다 급속한 프롤레타리아화가 진행되었다(Koo, 1990). 농민층 분해와 프롤레타리아화를 통해 생겨난 노동력들은 울산과 같이 일자리가 있는 도시로 대거 이주하여 한국의 1세대 산업노동자층을 형성했다. 현대자동차 생산직 노동자들은 대부분 농촌 출신의 1세대 노동자였다. 1991년에 조사된 자료에 의하면(한국사회과학연구소, 1993: 9), 부모의 직업이 농림수산업인 생산직 노동자의 비율이 71.6%로 압도적이었다. 부모의 직업이 제조업인 노동자는 6.0%에 불과했다. 그들은 가난의 원체험을 안고 이주하여 공장 생활에 적응하며 생계를 꾸려나가다 어느 시점에 거시적인 역사변동과 깊이 연루되었다. 그들은 자신의 생애에서 처음으로, 그 이전에는 삶의 지평에 한 번도 들어오지 않았던 노동조합이라는 삶의 보호 장치와 조우하게 되었던 것이다.

여기서 중요한 것은 그 만남의 타이밍이다. 한편으로, 민주노조운동의 시작과 함께 한 울산 노동자들의 '가족의 시간'(family time)은 대부분 20대 중후반에서 30대 초반의 나이로 결혼을 앞두고 있거나 이제 막 아이를 낳아 기르는 때에 해당했다. 다른 한편으로, 이 '가족의 시간'은 1980년대 중후반부터 본격적으로 전개된 수출제조업의 고도성장이라는 '산업의 시간'(industrial time)과 맞물렸다.[1]

---

1 '가족의 시간'과 '산업의 시간'은 Hareven(1982)에서 가져온 용어이다. '가족의 시간'은 결혼, 출산, 자녀의 성장 및 새로운 가구의 구성 등과 같은 생애과정의 사건들의 타이밍을 지칭한다. '산업의 시간'은 경기순환 하에서 전개되는 특정 산업 또

말 그대로 1980년대에 울산에서 청춘을 보냈던 현대그룹 노동자들은 지금까지 "회사랑 같이 나이를 먹어가는" 삶을 살았다.[2]

가족/산업의 시간이 노동조합운동과 조우하게 된 바로 그 타이밍의 문제는 1세대 산업노동자들이 어떠한 계급으로 형성되는가라는 질문과 관련해서 매우 중요한 함의를 담고 있다. 왜냐하면 1987년 직후의 시기는 한국의 노동체제나 노동운동의 거시적 사회변동의 전환점일 뿐만 아니라, 미시적으로는 그 시기를 통과한 노동자 개인들의 선호와 삶의 계획이 새롭게 재구성되는 생애사적 전환점이기도 했기 때문이며, 결정적으로 이 두 가지 서로 다른 시간대의 교차가 바로 1세대 산업노동자들의 계급형성과 동기적으로 이루어졌기 때문이다. 노동운동의 시간, 가족의 시간 그리고 산업의 시간이 특정하게 조우한 상황에서 울산의 1세대 노동자들은, 이전 삶의 문화와 경험 속에서 규정된 자신의 선호와 열망을 재구성할 수 있는 현실적 가능성을 발견했다. 세 가지 서로 다른 종류의 시간의 교차는 노동자대투쟁을 통해 계급형성의 무대로 새롭게 등장한 1세대 산업노동자들이 다른 무엇보다 '전투적 경제주의'(조효래, 2002)라는 노조운동의 지향에 적극적으로 호응하면서 기업별 단체교섭 기제를 통해 임금인상과 기업복지 확대를 일관되게 추구해 나갈 수 있었던 중요한 시간적 맥락으로 작용했다.

1970년대 이래로 울산의 자동차산업과 조선산업에 종사하게 된

---

는 기업의 변화를 말한다(Hareven, 1982: 6-7).

2  임OO 구술, 2015년 1월 7일, 울산프로젝트팀 채록. 이 구술자는 1960년생으로 1986년에 현대자동차 입사했는데, 30년간의 직장 생활을 한마디로 이렇게 회고했다.

이들은 대부분 농촌 출신의 1세대 노동자들로서 노조 결성 이전에 이들을 지배했던 감정구조 중 하나는 '이주민 정서'였다. 이 이주민 정서는 프롤레타리아트의 지위에 있었던 당시 노동자들의 '삶의 불안정성'과 함께 단신 이주라는 형태가 반영된 감정구조였다. 노동자들은 대개 농촌의 가난에서 벗어나려는 경제적 동기를 지닌 채 울산으로 단신 이주를 선택했고, 그들에게 울산은 몸뚱이 하나로 어렵게 적응해야 할 '황량한' 객지(客地)로 다가왔다. 당시 노동자들의 수기나 구술을 보면, 그들이 처음으로 와서 본 울산의 풍경을 자주 '황량함'이라는 단어로 표현하는 것을 발견할 수 있다. "삭막하고 황량하게만 보이던 이곳 양정벌", "노동자 숙소가 여기서기 흩어져 있는 황량한 시골동네", "하루 종일 벌판에서, 허허벌판에서 땜질 일하다가", "공장만 보이고 이런 거였기 때문에 굉장히 황량하다 이런 느낌" 등이 그 전형적인 표현이다.[3] '황량함'이라는 단어는 단순히 공업도시의 풍경만이 아니라 돈을 좇아 객지를 떠도는 노동자의 심정을 나타내는 표현이었다.

그들에게 울산에서의 정착은 쉬운 일이 아니었다. 조선이나 자동차 경기가 불황일 때 회사는 쉽게 인원을 해고하거나 계열사로 전출을 보내는 등 1987년 이전에 대기업인 현대 계열사에서도 내부 노동시장의 규칙이나 관행은 거의 발달하지 않았다. "입사하면서 5년만 일하고 고향으로 간다고 한 것이 벌써 30년의 세월이 지났다"는 정년을 앞둔 어느 노동자의 술회는 당시 1세대 노동자들의 이주

---

3  인용의 출처는 윤주경, "한 울타리", 현대자동차홍보부(1990: 87); 원영미(2006: 318); 박OO 구술, 울산지역사연구-노동-I-A07-1, 2002년 12월 13일; 방OO 구술, 울산지역사연구-노동-I-B03-2, 2002년 10월 30일이다.

민 정서를 잘 나타내고 있다.[4] 이들에게 울산은 '정 갈 만한 곳이 없는' 동네, '돈 벌어서 빨리 떠날' 동네, '여기서 계속 살 것이라고 생각 안 한' 지역이었다.

이건 마, 정 갈 만한 곳이 없어요. … 여기 돈 많이 준다는 것 바깥에서 듣고, 저도 들어와 가지고 1~2년 해 가지고 나간다, 이래 해 가지고 들어와 가지고 일하니까, 전부다 사람들이.[5]

객지에서 돈 벌어먹으러 온 사람들이니까 그거 그 무슨 회사에 대한 애사심이라든가 이런 것들은 극히 인제 관리자들 외에는 극히 적은 거죠. 그래 현장 생산직 종사자들은 거의 다 우쨌든. … 빨리 여서 시간이라도 많이 해가지고 돈 벌어서 빨리 여기를 떠야지. 이 동네에, 그런 분위기였어요. 사실은 밑바닥 분위기가.[6]

(처음 울산 오셨을 때 인상은 어땠습니까?) 정이 안 들었지. (왜요?) 처음에 시골에서 나올 때 나오기 싫어가지고 그렇게 나왔는데, 전혀 정이 안 들고. 한, 한 3년, 3년 이상은 회사만 왔다 갔다 해도 계속 여기 살아야, 내가 여기 살 거라고 생각은 안 들더라구요.[7]

---

4  "늙은 노동자 30년 세월을 말한다", 금속노조 현대자동차지부, 『한라에서 백두까지』 통권 47호, 2007, 49쪽.
5  강OO 구술(현대중공업 노동자), 울산지역사연구-노동-I-A01-2, 2003년 4월 2일.
6  김OO 구술(현대중공업 노동자), 울산지역사연구-노동-I-A04-1, 2002년 11월 14일.
7  하OO 구술(현대자동차 노동자), 2004년 2월 26일, 울산지역사연구팀 채록.

이러한 이주민 정서는 1987년 이전 울산 노동자 생활을 조사한 몇몇 연구에서도 확인된다. 1980년대 초반 그곳에서 인류학적 현지 조사를 수행한 이문웅(1985)에 따르면, 이들은 대부분 농촌 출신의 1세대 노동자로 객지생활 중에도 고향의 친지들과 유대관계를 긴밀히 유지하는 '도시의 농민들'(peasants in the city)로 이주민 정체성이 강했다. 이들은 직장보다는 향우회와 종친회 등 혈연과 지연에 기초한 연줄망을 형성했고 이를 이용하면서 적응하고 있었다. 1987년 이전 현대중공업 노동자들의 생활을 연구한 김준(2006a)과 원영미(2006)는 공통적으로 농촌 출신 1세대 노동자들이 몸에 간직해 갖고 온 농촌의 공동체석 문화가 노동계급 거주공동체의 형성을 촉진한 하나의 요인이었다고 지적했다. 1980년대 초반 현대자동차 노동자들의 공장 생활을 조사한 배규한도 유사한 지적을 했다. 그에 따르면, 당시의 노동자들은 대부분 농촌 출신 이주민으로 구성되어 있었고, 직장 동료를 제외하고는 그 지역에 알고 지내는 사람이 매우 적었으며, 대부분 이웃 주민과의 일상적인 교류와 지역사회 현안에 대한 관심도는 아주 낮은 수준이었다(Bae, 1987: 39-40, 91-95).

이처럼 1987년 이전 울산 지역 노동자의 전형적 모습은 외지에서 이주해 온 20대의 단신 노동자였다. 노동자대투쟁 무렵의 현대자동차와 현대중공업 노동자의 특성에서 이러한 모습을 확인할 수 있다. 1980년대 후반의 노동자의 연령을 보면, 대다수의 노동자가 20대 중후반부터 30대 초반에 속했다(〈표 5-1〉 참조). 1989년에 현대자동차 생산직 노동자 중 30세 이하의 비중은 무려 70%에 이르고, 1987년 말 현대중공업도 32세 이하가 68.5%의 비중을 차지한다.

〈표 5-1〉 1980년대 후반 현대자동차와 현대중공업의 생산직 노동자의 연령 현황

| 구분 | 현대자동차 (89년 기준) | | | | 현대중공업 (87년 말 기준) | | | |
|---|---|---|---|---|---|---|---|---|
| | 25세 미만 | 26-30 세 | 31-35 세 | 36세 이상 | 24세 이하 | 25-32 세 | 33-40 세 | 41세 이상 |
| 인원수 | 5,481 | 10,322 | 3,253 | 3,536 | 3,378 | 9,858 | 6,743 | 2,677 |
| 비중 (%) | 24.3 | 45.7 | 14.4 | 15.7 | 14.9 | 43.6 | 29.8 | 12.7 |

출처: 조형제(1992: 171), 한국사회연구소(1989: 311)

1980년대 후반 노동자의 연령이 20대 중후반이 대다수를 이룬다는 사실은 그들이 결혼 적령기 또는 가족형성기에 있었음을 말해준다. 실제로 현대자동차노조의 매년도 『사업보고』에 실린 조합원의 평균 부양가족수를 보면, 1988~91년까지는 본인을 포함하여 평균적으로 3인 미만의 부양가족을, 1992년 이후는 3인 이상의 부양가족을 갖고 있었음을 알 수 있다. 특히 1980년대 말에 부양가족 수의 증가가 가팔랐다. 이것은 이 시기에 결혼을 하고 첫 자녀를 출산하는 노동자들이 그만큼 많았음을 말해준다. 종합적으로 보면, 1987년 이후 약 10년 동안 평균적인 현대자동차 노동자의 '가족의 시간'은 혼인과 첫 자녀 출산 등 가족형성기에 해당했다.

이처럼 노조 설립 이후의 시간대는 노동자들의 생애과정과 관련하여 결혼과 출산 등의 가족 형성기와 중첩되어 있었다. 전형적인 울산의 남성 노동자는 1980년대 초중반에는 미혼의 단신 노동자였다면, 1980년대 말과 1990년대 초반의 시기에는 2~3인 가구의 생계 부양자가 된 것이었다. 그만큼 생활 안정의 욕구는 커졌고 그에 따라 노동력 재생산 비용은 상승할 수밖에 없었다. 노조 설립 이후 생계비 상승의 압력은 임금인상 요구로 나타났고, 그러한 요구는

기업의 지불능력이 획기적으로 개선되면서 실현되었다.

노조 설립을 전후한 시기의 '산업의 시간'은 어떠했을까? 울산 지역의 두 개의 핵심 산업인 조선산업과 자동차산업을 중심으로 살펴보도록 한다.

먼저 조선산업은 1970년대에 정부차원의 주요 육성산업으로 채택되어 정책적·재정적 지원을 받으며 본격적으로 세계시장에 진입했지만(김주환, 1999), 두 차례에 걸친 석유파동의 여파로 1980년대에 들어와 불황이 장기화되고 있었다. 조선산업은 세계 단일시장을 형성하고 있기 때문에 세계경제의 부침에 직접적인 영향을 받는다. 2차 석유파동 이후 해상 물동량의 격감, 선가(船價)의 하락, 신조선 수주의 감소 등으로 한국의 조선산업은 불황에 빠져 있었고 회사들의 경영실적은 악화되고 있었다. 경영환경의 악화는 고용 인원의 감소로 곧바로 이어져, 조선산업 총 종사자가 1983년 7만 2천여 명에서 1986년에는 5만여 명으로 약 30%의 인원이 정리되었다(한국조선공업협회, 2005: 45). 현대중공업도 이 기간에 대량 감원이 진행되었는데, 주로 하도급 인력을 중심으로 1985년에 1,687명, 1986년에 5,588명을 감원했다(현대중공업주식회사, 1992: 629).

조선산업의 장기불황은 1980년대 후반기부터 점차 개선되어갔다. 1987년부터 해운 시황이 회복세로 돌아서며 발주 물량이 증가하기 시작했고, 특히 그 대부분이 한국으로 몰려옴에 따라 한국의 세계시장 점유비가 30.2%까지 올라가기도 했다. 1990년대에 들어와 한국의 조선산업은 재도약의 계기를 맞이했다. 1980년대의 장기불황을 통해 해운의 과잉 선복과 조선의 과잉 능력이 대부분 해소되면서 발주가 꾸준히 증가했고, 한국의 조선업체들은 조선 시황의 호전에 대비한 설비투자를 확대하면서 수요 증가에 기민하게 대응했다. 인력도 꾸준히 증가하여 1990년의 5만 4천여 명에서 1999년에는 7만 1천여 명으로 증가했다(기능직의 증가는 주로 하도급 인력의 증가에서 기인했다). 1993년에 선박수주 기준 세계 1위가 되기도 하면서 국내 조선업체의 경영수지는 점차 안정화되었고, 한국은 2000년대에 들어서면 건조량 기준 세계 1위를 유지했다.

한국의 조선산업은 1970~80년대에는 원가우위 전략을 통해 주로 유럽 조선업체들의 점유율을 잠식하는 데 성공했고, 1990년대부터는 원가우위 전략과 함께 글로벌 세분화 전략을 통해 일본 조선업체의 시장 점유율을 추격하는 데 성공했다(조동성, 2006). 현대중공업의 조선 건조량도 연도별 소폭의 등락이 있지만 성장을 지속했다. 1984년 처음으로 100만GT를 넘어선 이후 1996년에 그 세 배인 300만GT를 상회할 정도의 급성장이었다. 현대중공업은 한국 조선산업의 발전과 궤를 같이하며 고도성장을 이루었다. 경영실적을 보면, 조선산업의 장기불황기에는 매출액이 정체 내지 감소하고 영업이익이 1980년대 후반에 적자가 났지만, 1990년대부터 비약적인 매출액 증가와 영업이익의 흑자가 지속되었다(이종훈·박영범·차종석, 2007). 1990년대부터 지속된 고성장과 영업실적의 개선을 통해 현대중공업은 아래로부터의 임금인상 요구를 수용할 수 있는 물적 기반을 갖추게 된다.

다음으로 현대자동차의 '산업의 시간'을 살펴본다. 국내 자동차산업은 1960년대의 수입대체 산업화의 일환으로 해외 메이커 모델의 조립 생산 단계로부터 1970년대에는 수출산업으로서 국산 고유모델의 개발 및 생산 단계로 이행했고, 1980년대부터 본격적으

로 외국 자동차 초국적 기업과의 합작을 통한 수출 전략형 소형
차 생산으로 나아갔다. 1980년대 국내 완성차업체들의 고성장은
미국 초국적기업이 추진한 소형차 해외조달 전략에 국내 업체들
이 적극적으로 대응하여 미국 시장으로의 대규모 수출에 성공함으
로써 가능한 것이었다(조형제, 1992). 이 과정에서 국내 완성차업체
들은 전형적인 포드주의적 대량생산방식을 확립했다. 현대자동차
의 경우에 1976년에 고유모델 포니를 생산하기 시작한 이후 1979
년 석유파동을 계기로 큰 어려움을 겪었지만, 1985년 울산에 연산
30만 대 규모의 생산 공장을 준공하여 수출 전략 차종인 엑셀을
생산하면서 본격적인 대량 수출 시대를 열었다(현대자동차주식회사,
1992).

　이 시기 울산공장의 인력이 급증했다(〈표 5-2〉 참조). 전체 종업원
수가 1981년에 9,039명에서 1989년에 오면 36,678명으로 증가했고,
특히 생산직 노동자는 같은 기간 5,670명에서 22,198명으로 늘어
났다. 특히 대미 수출공장이 본격 가동되기 시작한 1985년과 1986
년 두 해 동안 종업원 규모가 두 배 이상 늘어났다. 1986년에 입사
한 한 노동자는 당시의 대량 입사를 회고하며 "줄만 서면 다 들어갔
었다"라는 말로 표현했다.[8] 1987년 노조 설립은 바로 이러한 생산
설비의 대규모 확충과 노동자 수의 급증이라는 '산업의 시간' 한가
운데에서 발생했다. 2008년 재직 중인 생산직 노동자 29,497명 중
1984~91년 8년 동안의 입사자는 18,066명으로 전체의 61.2%에 이
를 정도로, 1987년을 전후로 한 시기의 입사자 코호트(cohort)가 압

---

8　김OO 구술, 2003년 9월 19일, 울산지역사연구팀 채록.

도적 다수를 차지한다.[9]

〈표 5-2〉 현대자동차 종업원 추이, 1981~1989년

(단위: 명)

| 구분 | 1981 | 1983 | 1984 | 1985 | 1986 | 1987 | 1988 | 1989 |
|------|------|------|------|------|------|------|------|------|
| 관리직 | 2,940 | 4,184 | 4,474 | 5,871 | 7,652 | 8,251 | 8,937 | 9,646 |
| 영업직 | 429 | 932 | 987 | 1,342 | 1,746 | 2,492 | 3,303 | 4,834 |
| 생산직 | 5,670 | 5,210 | 5,829 | 9,493 | 15,378 | 16,919 | 20,427 | 22,198 |
| 소계 | 9,039 | 10,326 | 11,290 | 16,706 | 24,776 | 27,662 | 32,667 | 36,678 |
| 증가율 | - | - | 9.3% | 48.0% | 48.3% | 11.6% | 18.1% | 12.3% |

출처: 조형제(1992: 169)

한국의 자동차산업은 1980년대 말과 1990년대 초반 수출 실적의 둔화로 일시적으로 어려움을 겪었지만, 1990년대 초중반 내수시장의 성장에 힘입어 지속적인 고도성장을 기록했다. 현대자동차는 1989년에 엑셀의 수출 누계가 100만 대를 돌파했고, 1994년에 오면 연간 생산 대수가 100만 대를 돌파하였으며, 1996년에 오면 전 차종 생산 누계가 1천만 대를 기록할 정도였다. 이 고도성장기 동안 현대자동차는 국내의 생산 거점을 다변화하여 1996년에 중대형 승용차 전용공장인 아산공장을, 1997년에 세계 최대 규모의 상용차 공장인 전주공장을 각각 준공했다(현대자동차주식회사, 1997).

이상에서 볼 수 있듯이, 울산에서 민주노조운동이 시작된 1987년을 전후로 한 시기는 '산업의 시간'의 측면에서 해당 기업이 고도

---

9  전국금속노동조합 현대자동차지부, 『사업보고』, 2008.

성장의 길목에 들어선 시기였음 알 수 있었다. 현대중공업과 현대자동차는 모두 1980년대 초반 전 세계적인 불황의 여파로 큰 어려움에 처해 있었으나 1980년대 중후반부터 경영실적이 크게 개선되고 생산설비와 산출물이 급속히 증가하는 등 고도성장의 사이클로 접어들었다.

　종합적으로 보면, 1980년대 중후반부터 1997년의 외환위기 전까지의 시기는 미시적인 노동자 개인의 입장에서는 미혼의 20대의 청년기 노동자들이 3~4인 가구의 생계부양자가 되는 '가족의 시간'에 해당했고, 거시적인 사회변동의 측면에서는 기존의 억압적 노사관계가 해체되고 민주노조운동이 대중화되는 '노동운동의 시간'이면서 동시에, 조선산업 및 자동차산업 대기업의 경영환경이 급속히 개선되면서 자본축적이 급속히 진행된 고도성장의 '산업의 시간'에 해당했다. 이 세 시간대가 교차하면서 울산의 대공장 노동자들은 단체교섭 기구를 통해 급격한 임금인상과 기업복지를 충족시켜 나갔던 것이다.

## 2. 노동자 주택문제의 해결

　1987년 이후 생산직 노동자의 노동시장에서 가장 큰 변화가 대기업 생산직의 내부노동시장이 구축되고 대공장 노동자들의 임금소득이 상승했다는 것이라면, 노동력 재생산 영역에서의 가장 큰 변화는 대기업 노동자의 주택문제가 자가 보유의 확대를 통해 해결되고 간접임금에 해당하는 기업복지가 대폭적으로 확충된 것이었다. 대공장 노조의 임금정책과 마찬가지로 1990년대에 이루어진 이러한 변화는 비교적 동질적이었던 울산 지역 노동자들의 계급상황을 이질화시켰고 그들 간의 사회적 경계의 분절을 낳았다. 먼저 노동자 주택문제가 기업복지 형태로 해결된 과정을 살펴보자.

## 1) 1980년대의 노동자 주택문제

일반적으로 주택은 생활기회의 차이를 드러내는 핵심적인 소비재이고, 특히 한국에서 주거비용은 가계의 생활수준을 결정하는 주요인이며, 개인의 신분과 사회적 지위를 드러내는 상징이다(장세훈, 2007; 줄레조, 2007). 또한 주택은 단순히 물질적 건조환경이 아니라 인간적 의미와 체험이 녹아 있는 공동의 거주 장소이고, 근린과 마을, 도시와 지역의 공간성을 구성하는 기초 단위이다. 따라서 어디에서 누구와 함께 어떤 방식으로 사는가는 우리가 누구인가 하는 정체성 문제와 함수관계에 있다고 말할 수 있다.

특히 노동계급에게 주택은 생활의 안정을 도모하는 핵심적 수단이다. 역사적으로 주거의 공공성이 약한 한국 사회의 노동자들에게 안정적인 주거공간의 확보는 노동력 재생산의 불안정을 완화하고 삶의 통제력을 얻는 것을 의미했다. 1970~80년대의 한국의 많은 가난한 노동자들이 만성적인 생계의 불안정성 하에서도 높은 저축률을 유지하려고 한 주요한 이유가 바로 '내 집 마련'의 욕구였을 정도로 주거안정의 욕구는 매우 컸다(강인순, 1990; 정수복, 1994). 더욱이 새로운 노조운동이 발흥한 1980년대 후반은 부동산 가격의 폭등으로 노동자와 서민의 주택문제가 사회문제로 비화된 시기였고,

주택문제가 노동문제의 주요 영역으로 정치화된 시기였다(백욱인, 1989, 1990; 최윤정, 1990; 한국노동조합총연맹, 1990). 바로 이 시점에 평범한 노동자들은 노동조합 결성이라는 대사건을 만났다.

'내 집 마련의 꿈'을 생애사적 열망으로 간직해온 한국의 노동자들은 유례없는 임금인상과 노조의 교섭력을 통해 그 열망의 실현에 가깝게 다가갔다. 노동운동의 성장과 더불어 울산 대공장 노동자들은 그 생애사적 열망을 빠르게 달성했다. 그들에게 '내 집 마련'은 생애사의 중요한 에피소드였다. 당시에 쓰인 노동자들의 수기를 읽어보면, 내 집 마련은 '가난한 유년시절 → 객지에서의 고생 → 궁핍한 신혼살림 → 셋방살이의 설움 → 가계의 내핍과 절약 → 고된 육체노동'의 연쇄로 구성된 생애 서사를 종결하는 해피엔딩의 위상을 갖고 있음을 알 수 있다.

> 85년 6월 1일! 우여곡절 끝에 이모부님의 도움으로 나는 현대자동차 직업훈련생으로 난생처음 울산 땅에 첫 발을 내디뎠다. … 월세방에서 전세방으로 수차례 이사를 해오면서, 현대자동차에서 입사한 지 8년 3개월 만에 우리는 빈손으로 시작하여 그렇게도 원하고 소망했던 내집마련에 성공했다. 31평의 아파트! 지나온 고생과 슬픔을 한꺼번에 훌훌 털어 버린 날이었다. 아내는 너무나 기쁜지 또 한 번 울었다.[10]

어머님의 상여가 장지로 떠나던 날 아시는지 모르시는지 대답조

---

10 백기철, "눈물의 의미", 현대자동차홍보실(1996: 163-64).

차 없으신 어머님의 상여를 집앞에 모셔놓고 술 한잔 올리면서 여기가 우리집이라고 고해드렸다. … 월세방에서 전세방으로 전세방에서 내집으로 이것은 신데렐라의 이야기 속이라면 하루아침에도 가능한 일이며 가진 사람들의 입장에서 본다면 18평 아파트 하나에 10년을 송두리째 바쳐버린 얼간이들의 푸념쯤으로 들릴지도 모르지만 나는 최선을 다한 10년이었음을 말하고 싶다.[11]

18년 객지로 떠돌면서 모은 돈이 높은 사람 일 년 수입에 지나지 않고 나날이 치솟는 땅값에 비교하면 부끄럽지만 마흔이 넘도록 뼈와 살을 깎으며 번 돈이다. 그 돈으로 내 생전 처음으로 아파트를 장만하여 이제 입주를 눈앞에 두고 있으니(6월경) 정말로 기쁘고 소중하지 않을 수 없었다. 자동차에 와서도 방을 두 번 옮겨 결혼 후 열다섯 번이나 셋방살이의 설움을 겪고 다녔다.[12]

1987년 전후로 한 시기에 주택문제는 울산 지역 노동자들의 생활에서 가장 절실하게 해결을 요하는 문제였다. 앞서 살펴보았듯이, 당시 울산의 주요 대기업체의 노동자들의 연령대는 20대 중후반과 30대 초반이 절대 다수를 차지하고 있었고, 이들은 미혼 단신 노동자에서 기혼의 생계부양자가 되는 생애과정을 통과하고 있었기 때문에, 안정적인 주거의 확보는 노동자 가족의 생활에 있어 매우 중요한 문제였다. 당시 울산의 노동자 주택문제는 주택부족, 주

---

11 정영숙, "훈장", 현대자동차노동조합 주택건립추진위원회(1991: 256).
12 김만수, "어둠에서 찾은 행복", 현대자동차노동조합 편집실(1990: 102).

거비 상승, 열악한 주거 환경 등이 복합적으로 얽혀 있었다.

첫째, 무엇보다 주택부족 문제가 매우 심각했다. 전국에서 밀려오는 유입 인구에 비해 가용한 주택은 양적으로 부족했다. 특히 1980년대 중반에 갑자기 인원 충원이 늘어난 현대자동차 노동자들에게 주택의 부족은 매우 큰 문제였다. 급속히 유입된 노동자들을 수용할 기존의 회사주택은 턱없이 부족했다. 1987년 현대자동차의 종업원은 27,662명이었지만, 1988년 11월 현재 회사가 제공하는 주택은 사원아파트 160세대, 단독·연립주택 43세대, 사원임대아파트 528세대, 분양아파트 1,304세대와 기숙사 등이 전부였다(박래영 외, 1989: 53). 단순 계산할 때 수요에 비해 회사주택의 공급은 10분의 1에도 미치지 못하는 것이었다. 이로 인해 거의 대다수의 사원들은 공장 인근 또는 울산 시내에서 전월세 등으로 집을 구해야 하는 사정이었다. 공장 증설 이전인 1983년에 전 공장직원의 45% 정도가 어떤 형태로든 회사로부터 주거 혜택을 받고 있었던 것에 비추어 보면(배규한, 1985: 161), 1985년 이후 현대자동차 직원의 주택문제의 심각성은 우선적으로 인력 규모의 급팽창에 기인한 것으로 볼 수 있다.

회사가 제공하는 주택의 부족으로 인하여 대부분의 노동자들은 출퇴근이 편리한 공단 부근의 양정동과 염포동 일대나 그것이 여의치 않을 경우 시내의 셋방에 첫 처소를 마련했다. 생면부지의 타지에서 최소한의 비를 피할 잠자리를 마련하는 일은 이후 노동자 가족의 수기 여러 곳에서 아주 상세히 서술되어 있는데, 그만큼 주거 문제가 절박한 생존의 과제였음을 시사한다.

없는 사람 벌어먹기 좋은 곳이 울산이라는 말만 듣고 막상 와보니 문제가 한두 가지가 아니었다. 이런 경우를 두고 사면초가라 하리라. 그 많고 많은 집들 중에 당장 비라도 피할 게딱지만한 방 한칸도 보증금 몇십만원이 없어 얻지 못하고 그 넓은 울산 시내를 밤낮없이 일주일이나 헤매었다. 보증금 없는 달셋방을 구하기 위하여.[13]

얼렁뚱땅 넘어간 결혼식에 만원짜리 신혼여행을 마치고 우리 보금자리가 될 울산으로 내려왔다. 자동차에 몸담은 지가 3년이 되었지만 숙소가 나의 안방이었으니 보금자리 꿈은 우리 부부사이에 막막함으로 가슴을 짓눌러 버렸다. 이리저리 양정동 염포동을 한없이 돌아다녔지만 우리가 얻을 수 있는 집은 나타나지 않았다. 왜냐하면 주머니에 고작 만 2천원이 들어있었기 때문이다.[14]

둘째, 당시 젊은 노동자 가족들은 높은 임대료와 가파르게 상승하는 전월세 가격으로 대부분 빚을 짊어진 채 울산에서 생활을 시작할 수밖에 없었다. 1980년대 말은 전국적으로 부동산 가격이 앙등하여 서민들의 '전세대란'이 사회문제로까지 비화되던 시기였다. 이에 따라 정부는 주택 200만호 건설계획과 근로자 주택건설 계획 등을 연이어 발표했고, 1990년부터 노동계에서도 노동자 주택문제 해결을 핵심적 정책과제로 삼게 되었다(한국노동조합총연맹, 1990).

---

13 김종집, "일터", 현대자동차홍보부(1990: 43).
14 장세영, "행복의 시작", 현대자동차홍보실(1996, 142).

그런데 울산의 노동자 주택문제는 다른 지역에 비해 훨씬 더 심각한 수준이었다. 무엇보다 울산은 급속한 인구 유입과 주택 부족 때문에 매매 및 전세 가격이 다른 어떤 지역보다 가파르게 상승했다. 〈표 5-3〉에서 보듯이 전국적으로 주택 가격의 상승기였던 1986년에서 1991년 사이에 울산은 매매 가격에서도 다른 지역보다 상승률이 매우 높았고(125.3%), 특히 당시 노동자들의 주된 주거형태인 단독주택의 전세 가격은 무려 178.5%의 상승률을 기록하고 있어 서울보다 2배 이상의 상승률을 보이고 있었다.

〈표 5-3〉 주택매매 및 전세가격 지수 증가율 (1986년 1월~1991년 5월)

(단위: %)

| 구분 | 전국 | 서울 | 6개 광역시 | 울산 |
|---|---|---|---|---|
| 매매 종합 | 72.9 | 63.4 | 87.8 | 125.3 |
| 아파트 매매 | 116.6 | 111.1 | 147.3 | 109.3 |
| 전세 종합 | 108.4 | 107.0 | 110.6 | 147.5 |
| 단독 전세 | 92.0 | 83.9 | 99.1 | 178.5 |

자료: KB국민은행, 전국주택가격동향조사.

이러한 상황에서 1980년대 후반 주거비의 급격한 상승은 노동자 가계를 압박했고 이에 대해 노동자들은 다양한 형태의 적응 전략으로 대응했다. 잔업과 특근을 통한 소득의 극대화, 극단적인 내핍생활과 저축, 그리고 부인의 경제활동을 통한 가구소득 보조 등이 당시의 주요한 적응 양태였다.[15] 당시의 주거비 압박의 문제는 다음

15 1990년 현대자동차 노동조합의 조합원 조사에 따르면, 부채상환을 위한 방법 중 잔업·특근이 58.3%로 가장 많고, 그다음이 생활비 절약 및 저축(32.4%)인 반면, 가정 부업으로 충당한다는 응답은 5.4%에 불과했다(현대자동차 노동조합, 『제3차

발언에서 잘 묘사되고 있다.

> 최근 3, 4년 사이에는 부동산 가격이 무섭게 치솟았습니다. 매달 먹을것, 입을 것 절약하고 아이들과 전쟁을 치르며 준비하던 내 집마련의 꿈은 전세 보증금조차 채우지 못하고 마을금고 대부에 은행대출, 시골에서 농사짓고 있는 부모님께 농협 융자금까지 손을 벌리게 하는 통에 우리들은 벌어도 벌어도 모자란 '외상인생'으로 전락하는 것입니다.[16]

> 한푼 먹지 않고 아껴 10년이면 내집 한칸 마련하겠다던 꿈은 사라진지 옛날이고 어찌하면 전세방이라도 괜찮은 것을 얻을까? 라는 암담한 현실이다. … 수요는 많고 방은 없다 보니 방값이 오전 오후 차이가 있다 한다. 이러한 생활 속에서 현실을 비관하지 않고 만족하며 살아갈 수 있는 사람이 과연 몇이나 될까?[17]

조합원의 다수가 세입자 신분이었던 현대자동차노조의 경우 주거비 상승의 압박은 매우 컸다. 현대자동차노조 주택복지부가 한국리서치에 의뢰하여 조사한 '조합원대상 주택설문조사'(92. 11월 조사) 결과를 보면, 총 응답자 21,059명 중 80%가 현재 살고 있는 집에 불만족하고 있었고 가장 큰 이유는 높은 집세였다. 또한 최근 3

---

년도 사업보고』, 1990).

16 "권두언", 현대자동차노동조합 주택건립추진위원회(1991).

17 김종휘, "현중노조가 조합원의 권익을 위해 해야할 일들은?", 현대중공업노동조합, 『민주항해』 8호(1989. 11. 20), 14-15쪽.

년간 이사 횟수의 평균은 1.7회로 나타났고, 약 80%가 1번 이상 이사 경험을 갖고 있었으며, 1년에 3회 이상도 24%나 되었다.[18]

셋째, 주택부족과 임대료 상승 이외에도 열악한 주거 환경이 당시 노동자의 주거형태를 특징지었다. 세를 놓기 위해 급조된 허술한 주택에 노동자 가구가 네다섯 모여 사는 게 일반적 모습이었다. 당시 현대중공업 노동자들의 셋방살이는 '방 하나 부엌 하나', '닭장' 등으로 묘사될 정도로 매우 좁고 밀집된 주거공간에서 이루어졌다(원영미, 2016: 117-123; 김준, 2006a). 당시의 한 조사에 따르면, 1980년대 초반 현대자동차 노동자들은 주거와 관련된 가장 큰 문제로 이웃의 행실(36%), 위생시설과 공공시설의 열악함(25%) 등을 주로 지적했는데, 이것은 당시 주거공간의 과밀과 도시 기반시설의 부족 등이 매우 큰 문제였음을 시사한다(Bae, 1987: 94). 이러한 주거 상황에서 노동자들의 생활은 거의 반(半)공개적이었고 사생활이 보장될 공간적 여유는 별로 존재하지 않았다.

게다가 주거 환경의 열악함은 노동력 재생산에 문제를 일으켰다. 특히 1주일마다 주야간 근무를 교대로 하는 현대자동차 노동자들의 경우 열악한 주거공간은 안정적인 노동력 재생산을 위협했다. 주야 맞교대의 근무형태는 기혼 가족의 단칸방 생활이라는 주거 환경과 양립되기 어려웠던 것이다. 철야 노동을 마치고 아침에 퇴근하는 남성 노동자가 낮에 단칸방의 주거 환경에서 충분한 수면을 취하기는 힘들었다. 이 때문에 남편의 수면을 위해서 부인은 아이를 둘러업고 남편이 깨어날 때까지 밖으로 떠도는 상황이 벌어지곤

---

18 현대자동차노동조합, 『사업보고』, 1993, 401쪽.

했다. 또한 주야간 교대제 근무형태는 현대자동차 생산직 노동자들이 결혼을 비교적 빨리 하려는 동기를 제공하기도 했다. 주야 맞교대는 사실상 남성 노동자의 노동력 재생산을 원활히 하기 위한 전업 주부의 가사노동과 돌봄을 전제하고 있는 근무형태였던 것이다 (조주은, 2004: 129). 그래서 당시 현대자동차 노동자 가족들에게 '방 두 칸짜리'는 노동력 재생산을 위해서 매우 긴요한 욕구였음을 노동자 수기 이곳저곳에서 발견할 수 있다.

> 방도 단칸방이라 남편이 야간근무를 하는 날이면 남편 잠을 방해하지 않으려고 애를 업고 할 일 없이 길거리를 쏘다녔고 비오는 날이나 겨울이면 부뚜막에 앉아 애를 잠재운다. 1년 후 우리는 다시 두칸짜리 전세방을 7백만 원에 얻었다. 이젠 남편이 야간근무를 해도 숨이라도 약간 크게 쉴 수 있었고 남편 또한 편안한 수면을 취할 수 있었다.[19]

> 이제 주야 교대근무를 하게 되어 야간 하고 퇴근하여 집에 오면 방 한칸에 애기가 둘이 되다 보니 시끄러워서 잠을 제대로 잘 수가 없었고, 피로가 쌓이게 된 적도 많았지만 그때마다 아내는 애들 데리고 이웃집으로 피난 다니는 것이 일쑤였습니다. 하루 이틀은 몰라도 매일 피난가는 곤욕이 보통일이 아니었고, 그래서 두 칸짜리 전세방 얻어 사는 것이 유일한 희망.[20]

---

19 이선남, "가난속에 핀 행복", 현대자동차노동조합 편집실(1990: 66).
20 박원규, "구두쇠의 소망", 현대자동차노동조합 편집실(1990: 84).

이처럼 1987년 이전 울산의 노동자 주택문제는 주택의 양적 부족, 주거비의 폭등, 주거 환경의 열악함 등이 중첩되어 있었고, 노동자들은 내 집 마련을 통한 생활의 안정을 열망하고 있었다. 이러한 노동자 생활세계에서의 열망은 노조의 결성 이후 기업복지의 확대와 급속한 임금소득의 상승을 통해 빠르게 실현되었다.

## 2) 대공장 노동자의 주택문제 해결 과정

### (1) 현대자동차

울산 대공장 노동자의 주택문제 해결 과정을 현대자동차와 현대중공업의 사례를 통해 살펴보겠다. 먼저 현대자동차의 경우 1987년 이후 주택문제는 곧바로 노동자 생활세계의 핵심 문제로 떠올랐고 임금인상과 더불어 단체교섭의 중심 의제로 편입되었다. 다른 사안과는 달리 주택문제에 관해서는 노사 간에 큰 마찰이나 분쟁이 발생하지는 않았다. 무엇보다 회사 측에서도 노동자 주거안정이 산업평화를 달성하는 데 기여를 할 것이라는 기대가 있었고, 주택 공급 방식에 있어서도 사원임대가 아닌 분양 방식을 채택함으로써 재정 압박이 상대적으로 덜했다.

당시 현대자동차 노동자들에게 주택문제는 생활상의 가장 큰 난관이자 주요 관심사였다. 1988년에 노조 설립 이후 처음 실시된 조합원 설문조사 자료에 의하면, 노동자들은 현재 생활 중 가장 어렵다고 생각하는 것으로 주택문제(38.7%)를 꼽았다. 그다음 순위인 건강(18.7%)과 생활비 부족(12.4%)보다 배 이상 많은 응답률을 보였다. 특히나 세대 형성 및 자녀 출산기에 해당하는 25~29세와

30~35세 노동자의 경우 주택문제가 현재 생활 중 가장 어렵다고 응답한 비율이 각각 40.7%와 41.9%에 이를 정도였다.[21]

〈표 5-4〉에서 보듯이, 조합원의 자가 보유율은 1992년 말에 가서야 30%를 겨우 넘어서는 정도에 그치고 있을 정도로 낮은 수준이었다. 이러한 수치는 같은 시기 전국적으로 조사된 노동자 주택 보유 실태와 비교할 때 오히려 더 낮거나 중소기업 노동자와 비슷한 수준이었다. 예를 들어, 한국노총의 조사는 1989년 조합원의 자가보유율을 32.5%로, 같은 해 한국노동연구원의 자료에서는 29.5%, 1990년 노동부의 자체 조사에서는 36.2%로 집계되었고, 다만 중소사업장 위주의 전노협 조합원의 경우에는 1990년에 21.7%로 조사되었다(최윤정, 1990). 또한 1990년 울산지방노동사무소의 자체 조사에 따르면, 울산의 상시근로자 100인 이상 사업체 61개 업체에 종사하는 노동자 21,647명 중 자가 보유자는 30.9%로 나타났고, 50.8%가 전세나 월세에 거주하고 있었다.[22] 현대자동차의 자가 보유율은 울산 지역의 평균보다 더 낮은 수준이었다.

〈표 5-4〉 현대자동차 노동자의 자가 보유율, 1988~1992년

| 조사시점 | 1988년 5월 | 1990년 9월 | 1991년 9월 | 1992년 11월 |
|---|---|---|---|---|
| 자가 보유율 | 24.0% | 22.3% | 29.2% | 31.0% |

출처: 현대자동차 울산공장 근로자 실태 및 여론조사 보고서(1988. 5), 조합원 일반 여론조사 (1990. 9), 회사 측 조사자료(1991. 9), 조합원 대상 주택설문조사(1992. 11). 이상의 조사결과는 현대자동차노조의 각년도 『사업보고』에서 종합하였음.

---

21 현대자동차노동조합, "조합원 실태 및 여론조사", 『제1차 회계연도 사업보고』, 1989, 179쪽.
22 《경상일보》, 1990년 2월 21일자 7면.

노동조합이 결성되자 이러한 생활세계로부터의 압력이 작용하여 주택문제는 임금인상과 함께 단체교섭의 핵심 의제로 떠올랐고, 1990년의 두 번째 단체협약부터 본격적으로 다루어졌다. 당시 노조 2대 집행부는 선거에서 1순위 공약사항으로 '1세대 1주택 보급 사업'을 제시했고, 당선 후 주택복지부를 노조의 공식부서로 만들었다. 이후 주택복지부는 상설기구로서 사원분양아파트 건립 및 관리, 주택 관련 고충처리, 직장주택조합 상담 및 관리 등을 담당했다. 단체교섭의 제도화가 진행되면서 노동조합은 회사에 조합원 주거안정을 위한 대책을 적극적으로 요구했다. 단체교섭 의제로 나타난 요구는 크게 두 가지였는데, 하나는 주택문제에 대한 간접적인 재정 지원으로 주거지원금의 출연 및 적립에 대한 요구이고, 다른 하나는 직접적인 사원아파트의 건립 및 분양 요구였다.

첫째, 주거지원금 요구는 노조 설립 다음 해인 1988년에 시작되었다. 그해 체결한 첫 번째 단체협약에서 조합원 주거지원금 조항이 도입되었고 1990년의 단체협약에서는 별도합의서 형식으로 구체적인 지원 규모에 합의했다. 그 내용을 보면, 회사가 1992년까지 총 100억 원의 주거지원금을 적립하여 연 6%의 이율로 조합원의 주택마련 지원금(1인당 한도 500만원)으로 활용하고 상환금은 적립시킨다는 것이었다. 주거지원금의 지급 기준 및 대출 조건은 노사합의 사항이었으며, 대출자 선정은 노조에서 정하도록 해 노조의 참여와 개입이 상당히 컸음을 알 수 있다. 이후에도 단체협약을 통해 주거지원금의 추가 출연이 이어졌다. 1989년부터 1998년까지 총 205억 원의 기금이 조합원의 주거지원금으로 출연되었다.

노조 주택복지부 자료를 종합해 보면, 1999년까지 총 6,200여 명의 조합원이 주거지원금을 대출받은 것으로 나타났다. 제도 시행 초기에는 주로 전세금 충당의 비율이 압도적이었지만 1993년경 이후부터는 아파트 구입을 사유로 한 대출이 그와 비슷한 비중으로 늘어났다. 자세히 살펴보면, 1991년에서 1993년 중반까지 대출을 받은 총 2,460명 중 전세금 충당이 2,080명(84.6%)으로 압도적이었다. 그러나 1993년 말부터 1999년까지의 총 대출인원 3,374명 중 전세금 충당이 1,861명(55.2%), 아파트 구입이 1,497명(44.4%)로 집계되었다. 이를 통해 1990년대 초반부터 현대자동차 노동자들에게 이른바 '마이 홈' 바람이 불기 시작했음을 짐작할 수 있다.[23]

둘째, 주거지원금 지원이 간접적인 주택마련 지원제도라고 한다면, 노동조합은 단체교섭을 통해 직접적으로 사원아파트의 건립과 분양을 요구했다. 1990년 단체협약에서 처음으로 사원아파트 건립 계획이 합의되었고, 이를 위한 주택건립추진위원회가 노사 동수로 운영되었으며, 1991년부터 1993년까지 회사가 매년 천 세대 이상의 사원아파트를 건립한다는 합의가 이루어졌다. 그러나 이 계획대로 순조롭게 주택보급 사업이 진행되지 못했다. 가장 큰 문제는 통근 범위 내에서 택지를 확보하기가 어려웠다는 점이었다. 여러 난관에도 불구하고, 노동조합은 1992년 단체협약을 통해 1996년까지 3천 세대의 추가 분양을 회사 측으로부터 이끌어내었다. 한때 사원아파트 분양사업은 부동산 경기 하락 등의 여파로 1993년 700여 세대의

---

23 현재 남아 있는 자료 중 주거지원금 대출사유별 통계는 1991년 이후부터 잡힌다. 주거지원금 대출 현황 자료는 해당 업무를 담당하는 노동조합 주택복지부가 매 회계연도별로 집계하여 노동조합 『사업보고』에 보고한 내용을 필자가 종합한 것이다.

미분양 사태가 발생하면서 어려움에 처하기도 했지만, 노사는 단체 교섭과 주택건립추진위원회를 통해 사원아파트 분양 사업을 지속적으로 전개했다. 그 결과 〈표 5-5〉에서 보듯이 노동조합 설립 이후부터 1998년 말까지 4,537세대가 사원아파트로 분양되었고, 노조 설립 이전 건립된 사원아파트를 합하면 총 5,840호의 주택이 제공된 것이었다. 1990년대에 건립된 사원분양 아파트는 대부분 20평대의 중소형 규모였다.

〈표 5-5〉 현대자동차 사원아파트 분양 현황, 1978~1998

| 구분 | 아파트 명칭 | 건립시기 (입주시기) | 세대수 | 조합원 세대수* | 면적(평) | 위치 |
|---|---|---|---|---|---|---|
| 노조 설립 이전 | 새마을 | 1978 | 950 | 855 | 15, 18, 21 | 북구 양정동 |
| | 현대1차 | 1982 | 230 | 180 | 15, 18, 21 | 북구 염포동 |
| | 현대2차 | 1984 | 124 | 85 | 15, 18 | 북구 염포동 |
| | 소계 | | 1,304 | 1,120 | | |
| 노조 설립 이후 | 대송1차 | (1990. 7) | 750 | 488 | 23 | 동구 화정동 |
| | 대송2차 | (1991. 9) | 627 | 408 | 21 | 동구 화정동 |
| | 염포(현대3차) | (1992. 1) | 80 | 65 | 18 | 북구 염포동 |
| | 서동현대 | (1992. 8) | 401 | 261 | 20 | 중구 서동 |
| | 매곡현대 | (1994. 7) | 826 | 661 | 20 | 북구 매곡동 |
| | 중산현대 | (1995. 7) | 465 | 326 | 23,27,31,33 | 북구 중산동 |
| | 현대문화1차 | (1996. 3) | 387 | 348 | 25 | 남구 삼산동 |
| | 신복현대 | (1996. 4) | 651 | 586 | 25 | 남구 무거동 |
| | 현대문화2차 | (1998. 10) | 350 | - | 25 | 남구 삼산동 |
| | 소계 | | 4,536 | 3,143 | | |
| | 합계 | | 5,840 | 4,263 | | |

자료: 현대자동차노동조합, 『사업보고』(매년도)의 주택복지부 자료를 재구성
주) 조합원 세대수는 1998년 5월 기준.

사원분양아파트의 건립과 더불어 노동자들은 주택조합을 결성
하거나 민간아파트를 분양받는 등 여러 방식으로 내 집 마련의 꿈
을 실현시켜갔다.[24] 회사의 자료에 따르면, 1990년대 초반 20%대였
던 자가 보유율이 불과 몇 년 만에 50%를 넘어섰고 1997년에 오면
울산공장 종업원의 72%(기혼자 기준으로는 82%)가 자가를 소유하게
되었다(현대자동차주식회사, 1997: 645). 노동조합에서도 1998년에 오
면 더 이상 주택복지부가 필요없다고 판단하여 노조 집행부 체계에
서 없앴다.

### (2) 현대중공업

다음으로 현대중공업에서의 주택문제의 해결 과정을 살펴보도
록 하겠다. 회사는 조선소 건설과 동시에 기숙사, 사원주택 임대를
대대적으로 펼쳤다. 독신자 기숙사는 1972년 258개 호실을 시작으
로 1981년까지 총 3,405개 호실을 건립하여 1985년에 7,436명이 거
주하고 있었다. 또한 일반직 사원과 반장급 이상의 감독노동자를
대상으로 한 임대사택 약 4,000세대와 일반 노동자까지 대상에 포
함되는 10평대의 사원분양아파트 약 5,300여 세대가 1985년까지
건설되었다(김준, 2006a). 물론 회사가 제공하는 주거시설에 모든 노
동자가 수용될 수 있었던 것은 아니었다. 원영미(2006)의 추산에 따

---

24 현대자동차노조 주택복지부가 1991년 한 해 동안 사내 식당 및 정문에서 배포된
사내 주택조합 홍보물을 수거하여 집계한 자료에 따르면, 주택조합은 울산시와 울
산군 일대에 총 86개로 총 22,470세대의 아파트, 빌라, 다세대주택이 포괄되어 있
다. 이들 86개 주택조합 중 거의 대부분이 노조 조합원이 주택조합의 임원 신분으
로 참여하고 있었다(현대자동차노동조합, 『사업보고』, 1992, 370-380쪽).

르면, 1987년경 약 2만 4천여 명의 종업원 중 약 1만여 명은 인근 지역의 일반주택에서 거주하고 있었다.

회사가 1970년대부터 적극적인 회사주택을 건설·보급하게 된 데에는 울산 시내에서 멀리 떨어져 지리적으로 고립된 입지 조건과 함께 안정적인 숙련공 확보의 목적이 컸다. 1970년대는 현대·대우·삼성 등 초대형 조선소의 잇따른 건설로 조선산업의 급성장과 함께 조선산업 노동시장 규모가 폭발적으로 팽창한 시기였다(한국조선공업협회, 2005: 34-38). 이 당시는 산업의 팽창 속도가 너무 빨라 업체들 사이에 숙련 기능공 확보 경쟁이 일어났었다. 업체들은 다양한 형태로 숙련 노동력 유인 정책을 펼쳤고 대규모 사택과 숙소의 제공도 그러한 유인 정책의 일환이었다.

따라서 1980년대 후반에 현대중공업 노동자의 주택문제는 현대자동차의 그것과는 성격이 달랐다. 1991년 10월 기준으로 현대중공업의 주택보급률은 이미 74.9%에 달하고 있는데,[25] 이를 통해 현대중공업 노동자의 주택보급 자체는 상대적으로 양호했음을 짐작할 수 있다. 당시 현대중공업 노동자에게는 주거공간의 열악함과 협소함 등이 더 큰 문제였다. 실제로 주택 재개발이 한창 진행 중이던 1994년 1월에 조사된 한 자료에 따르면, 현재 주거상태에서 가장 큰 애로사항 중 '좁은 주거공간'이 64.7%로 가장 높게 나타나고 있었다(현대그룹노사관계진단연구단, 1994: 352). 현대중공업 노

---

25 당시 현대자동차 종업원의 자가보유율은 29.2%였다. 현대자동차노조는 현대중공업과의 주택보급률 격차를 회사의 적극적인 주거 대책을 촉구하는 근거로 사용하고 있다. 위 현대중공업의 자가보유율 수치도 현대차노조의 자료에 수록되어 있다(현대자동차노동조합, 『제5년차 사업보고』, 1992, 388쪽).

동자의 주택문제 해결은 주거양식의 현대화를 통한 자가 보유로 집약되었다.

노조 결성 이후 노동자들은 주택문제에 대한 회사의 대책을 적극적으로 요구했고, 회사는 그러한 요구를 수용하여 1990년대 초반부터 기존 노동자 주거지의 대대적인 재개발·재건축 사업을 벌였다. 1970년대 중후반에 지어진 소규모 평수의 사원아파트와 사택을 헐고 20~30평 규모의 현대식 고층아파트가 건설된 것이다. 〈표 5-6〉에서 보듯이, 1990년부터 주택 재개발이 진행되어 1997년까지 6년 동안 총 8,309세대의 현대식 고층아파트가 새로 들어서 사원들에게 저렴한 가격으로 분양되었다.

〈표 5-6〉 1990년대 현대중공업 사원아파트 재개발 및 분양 현황

| 구분 | 면적(평) | 세대수 | 착공일자 | 최초입주일자 | 비고 |
|---|---|---|---|---|---|
| 명덕1차아파트 | 25, 27 | 1,206 | 90. 5 | 92. 1 | 구 가족아파트 재개발 |
| 서부1차아파트 | 20, 24, 27, 31 | 3,027 | 90. 12 | 92. 6 | 구 중공업사택 재개발 |
| 동부아파트 | 20, 24, 28 | 2,110 | 92. 3 | 93. 12 | 구 돌안아파트 재개발 |
| 명덕2차아파트 | 20, 24 | 484 | 93. 7 | 95. 2 | 구 명덕아파트 재개발 |
| 서부2차아파트 | 20, 24, 33 | 984 | 93. 7 | 95. 10 | 구 중공업사택 재개발 |
| 전하아파트 | 24 | 498 | 95. 5 | 97. 5 | 구 돌안아파트 재개발 |
| 합계 | | 8,309 | | | |

자료: 현대중공업 주택운영부, 김준(2006a: 393).

현대자동차의 사례와 비교해서 볼 때, 현대중공업의 특징은 주택문제 해결에서 기업의 주도성이었다. 기업의 주도성은 회사의 소유주(정몽준)가 1988년 울산시 동구 국회의원으로 선출된 이후 지

역사회 관리에 대한 정치적 필요성이 매우 커졌다는 사정이 강하게 작용했다. 따라서 현대자동차가 주로 노사협의나 단체교섭을 통해 주택문제를 해결했다면, 현대중공업은 회사의 주택관리부(이후 주택운영부로 개칭)가 아파트 건설 및 분양, 재개발과 재건축, 입주자의 선정, 공동주택단지의 관리 및 운영 등 거의 모든 과정을 전담했다는 특징을 보였다. 노조는 이러한 회사의 일방적 주도를 견제하려고 했지만, 큰 효과를 거두지는 못했다. 일례로 1990년 1/4분기 노사협의회 안건으로 노조는 주택심의위원회 구성을 제시했으나 "회사에서 건립하는 주택에 대해서는 평형, 분양대상, 분양방법, 시설 등을 노조 후생복지부와 협의"하겠다는 답변을 듣는 데 그쳤고, 같은 해 3/4분기 노사협의회에서도 노조는 현대자동차처럼 노사 동수로 구성되는 주택실무추진위원회 구성 안건을 제시했지만 이후 단협에서 논의하자는 것 이외에는 실질적인 협의가 이루어지지 않았다.[26]

사원분양아파트 신청 자격은 1990년의 처음에는 기혼자로서 근속 5년 이상의 무주택자거나 근속 5년 미만인 경우 2회 이상 포상을 받은 자로 했다가, 1991년에 오면 근속 5년 이상인 자로 통일했다. 입주 대상자 선정은 근속, 부양가족 수 이외에도 인사고과, 포상 등의 평점에 의한 우선 배정 70%와 추첨 30%로 결정되었다.[27] 따라서 주택분양은 회사의 노무관리와 연계될 가능성이 높았고 실제로도 그러했다. 당시 노조 활동에 열성이던 한 노동자의 다음 진

26 현대중공업노동조합, 『1990 회기년도 사업보고』, 164, 170쪽.
27 현대중공업노동조합, 『1991 회기년도 사업보고』, 119쪽.

술은 사원아파트 분양이 노무관리와 긴밀히 연계되어 있었던 사정을 말해준다.

> 회사가 분양하는 아파트가 있었어요. 그게 언제부터였냐면, 80년대 말인가 90년대 초반부터 그 아파트를 분양했어요. 그거도 회사 고과 잘 받고 포상 하나 받으면 몇 점, 근속년수도 해서 했는데 회사 고과, 포상 받고 이러면 점수가 확 올라가고. 몇 번을 했어요. 추첨을 할 자격은 있는데 하니까 계속 떨어지는 거에요. … 내 같은 경우에는 회사 포상을 받으면 근속년수가 많아서 가산점이 엄청 올라갔거든, 상 받았으면 동부아파트 넓은 데로 우선순위로 갈 수 있었는데 매일 밀렸지. 우리 친구들 같은 경우에는 그때도 회사에 잘 하는 사람들은 일찍 들어갔고.[28]

대규모 아파트 재개발 사업을 통해 현대중공업 노동자의 자가 보유율은 1991년에 이미 74.9%에 이르렀고 1993년 말에는 85.7%까지 올라갔다(현대그룹노사관계진단연구단, 1994: 351). 1992년 기준으로 한국노총과 전노협 조합원의 자가 보유율이 43.5%와 37.0%였음을 감안하면, 현대중공업 노동자의 자가 보유율은 매우 높았음을 알 수 있다.[29]

---

28 김OO 구술, 2008년 1월 17일, 필자 채록.
29 현대중공업은 1995년 연말에 서부2차아파트가 완공되고 나면 회사가 공급한 사원주택의 총가구수가 15,523가구가 되어 기혼자 주택보급률이 94%를 넘어서게 되었다고 밝혔다("현중 사원주택 보급 10월게 94% 넘어서",《경상일보》, 1995년 2월 21일자 5면).

1994년 1월 기준으로 자가를 보유한 노동자의 주택 구입 시기를 조사한 자료를 보면, 재개발을 통한 사원아파트 분양사업이 본격화된 1990년 이후에 주택을 구입하게 된 비율이 72.9%로 압도적 다수를 차지하고 있었다(현대그룹노사관계진단연구단, 1994: 352). 동일한 조사 자료에 따르면, 당시 주택 구입의 방법은 사원아파트 분양과 민영아파트 분양이 절반씩을 차지했는데, 이러한 사실을 감안할 경우 현대중공업 노동자의 자가 보유 경향이 1987년 이후 임금인상과 회사의 적극적인 주택공급 정책과 밀접한 관련이 있음을 알 수 있다. 현대중공업 노동자의 주택문제는 회사의 주도력 하에서 노동자 가족에게 자가 보유를 확산시킴으로써 해결되었던 것이다. 1990년 현대중공업노조의 '골리앗 투쟁' 당시 골리앗 크레인 농성 장소에 매달린 플래카드에는 "단체협상 승리하여 내집마련 쟁취하자"라는 구호가 쓰여 있었다. 이후 주택문제가 빠르게 해결되면서 골리앗 농성장에 붙어 있던 노동자들의 요구는 회사의 주도로 몇 년 안에 실현된 셈이었다.

이상에서 현대자동차와 현대중공업을 중심으로 울산 대공장 노동자의 주택문제 해결 과정을 재구성해 보았다. 두 기업의 노동자들의 주택문제는 모두 자가 보유의 확대를 통해 빠르게 해결되었다. 1996년 민주노총 조합원 생활실태조사에 따르면, 민주노총 조합원 중 자기 집을 가진 사람은 가구주 기준으로 46.4%, 4인 가구 기준으로 56.3%인 점과 비교해 보면(전국민주노동조합총연맹, 1996b), 울산 대공장 노동자의 자가 보유가 매우 빠르게 이루어진 것임을 알 수 있다.

울산 대공장 노동자 가족의 주택문제의 해결이 자가 보유의 열망으로 응축된 것은 서구에서 나타난 공공주택이나 사회주택과 같은 대안적 주택복지 정책이 발달하지 못한 역사적 조건이 작용했다. 대부분의 유럽 복지국가들에서 노동자 주택문제가 정부의 공공주택 정책을 통해 해결되었던 것에 비해, 한국의 경우 국가가 노동자의 복지 문제를 될 수 있으면 기업에 전가하고자 한 것과 마찬가지로 노동자 주택문제도 기업복지의 확대의 일환으로 해결하려고 했다. 지불능력이 있는 대기업들은 국가의 주거복지의 결여라는 조건 속에서 당장의 산업평화를 위해서도 기업복지의 확대를 통한 주택 공급을 마다하지 않았다.

노동운동의 입장에서 기업복지의 확대는 다른 현실적 대안들이 없는 상황에서 조합원들의 생활을 향상시키고 노조의 기반을 다지는 데 매우 유리한 선택이었다. 현대자동차노조 출신의 노동운동가는 필자와의 인터뷰에서 노조 결성 이후 10년 만에 노동자들이 내 집 마련에 성공한 것은 "외국의 노동운동에서 유례를 찾기 힘든 혁명적인 결과"라고 표현했다.[30] 또한 아래에서 인용한 현대중공업 노보 편집실의 조합원 가정 탐방 기사에서도 다소 전형적인 문답형식을 빌려 자가 보유를 노동운동이 낳은 성과로 평가하고 있다.

한눈에 흰색으로 화사한 아파트 실내가 들어온다. "아파트가 좋은데요." "중장비 노동자들이 주택조합을 만들어 지은 아파트입니다. … 투쟁으로 쟁취한 아파트라 좀 다르지요?" … "지금은

---

30 하OO 구술, 2008년 4월 28일, 필자 채록.

주택보급의 확대로 대개는 자기 집과 승용차를 갖고 생활하다 보니 옛날의 어려웠던 시절은 다들 잊나 봅니다. 그만큼 치열한 노동자의식이 부족하다는 거지요. 노동조합이 없었더라면 현재 집 한 칸이라도 소유할 수 있었겠습니까? 임금의 노예로 살아갈 수밖에 없었을 것인데 노동자도 이렇게 당당하게 살아갈 수 있게 되었으니 더욱 열심히 노동자의 힘을 키워야 하지 않을까요?"[31]

울산 대공장 노동자들은 임금소득의 상승과 기업의 주거복지 혜택에 힘입어 빠르게 자가 보유자로서의 사회적 지위를 획득하게 되었다. 노동자와 그 가족들의 생애과정을 감안해 볼 때 자가 보유자로서의 주거 지위는 뚜렷한 계층 상승의 경험이었다. 자가 보유의 경험을 통해 일반 노동자들은 기업별 노조의 경제적 효용을 몸소 체험할 수 있었던 것이다.


## 3. 기업복지의 확대와 '사적 복지국가'

노동자 주택문제가 노조의 교섭력에 의해서든 기업의 주거지원을 통해서든 기업복지 중심의 자가 보유 확대를 통해 해결된 과정은, 울산 대공장 노동자의 생활세계가 어떻게 기업에 의존적

---

31 "가정탐방: 중장비 조립2과 김OO 조합원을 찾아서", 현대중공업노동조합, 『민주항해』 8호(1989. 11. 20), 50-52쪽.

인 방식으로 구조화되었는지 보여준다. 한국의 핵심 노동자층은 자신의 복지욕구를 국가나 공동체보다는 자신의 고용을 책임지고 있는 개별 기업이나 사용자에게 해결하라고 요구해왔다. 민주노조운동의 전통에서 이러한 관행은 기업별 임금인상투쟁과 더불어 사내복지 요구로서 단체교섭의 주요 의제로 다루어졌다. 이에 대응하여 기업들은 독점 대기업을 필두로 기업복지비용을 증가시키고 기업복지 프로그램들을 확대했다. 무엇보다 전투성을 누그러뜨리고 노사관계를 안정시킬 필요가 컸던 기업들로서는 그 주요 수단으로 기업복지의 확대를 택한 것이다. 1987년 이후의 기업복지를 둘러싼 노사 간의 타협과 갈등은 새롭게 등장한 전투적 노동운동에 대한 순치와 노동자에 대한 기업 내 포섭을 도모하려는 동기가 강하게 작용했다(최균, 1992; 송호근, 1995; Woo, 2004).

따라서 1987년 직후의 시기는 한국의 기업복지의 성격에 있어 큰 전환점이라고 부를 수 있다. 그 전환점에서 나타난 기업복지의 확대는 (공적 사회복지가 단기간에 확대될 가능성이 낮은 조건 하에서) 당장의 복지욕구의 해결을 강력히 요구하는 아래로부터의 전투적 노조운동과, 분절주의적 노동시장 전략을 통해 그들을 기업 공동체 내부로 포섭하려는 자본 사이에 이루어진 호혜적 교환의 산물로 해석할 수 있다. 사회적 시민권에 기초한 복지제도가 미발달된 조건 하에서 기업복지는 새로운 노조운동의 등장과 더불어 그 대체재의 역할을 했던 것이다.

그렇다면 1987년 이후 한국의 기업복지 추세에는 어떠한 변화가 나타났는가? 이 점을 기업복지 중 법정외 복지를 중심으로 살펴보도록 한다.[32] 법정외 복지는 종업원들의 복리후생과 기업 헌신도를 높이기 위해 기업이 임의로 지급하거나 단체교섭을 통해 결정되는 대표적인 기업복지 혜택이기 때문에, 기업복지의 변동은 법정외 복지비의 추이를 통해 가장 잘 드러난다.

〈그림 5-1〉 기업규모별 1인당 월평균 법정외 복지비 액수와 비중 추이,
1987~2007

(단위: 천원, %)

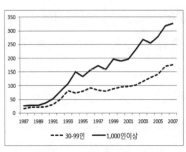

자료: 노동부, 기업체노동비용조사
* 법정외 복지비 비중 = (법정외 복리비/기업체노동비용)×100으로 계산

1987년 이후 전국적인 법정외 복지비 추이는 〈그림 5-1〉에서 볼 수 있다. 여기서 확인할 수 있는 것은 두 가지이다. 첫째, 법정외 복지비는 노동운동의 공세기 이후에도 큰 폭의 하락 없이 유지되었다. 1987년 이후 1993년까지 법정외 복지비는 큰 폭으로 상승하여 1993~94년 무렵 1,000인 이상 대기업의 경우 전체 노동비용 중 8% 이상으로 그 비중이 커졌다. 법정외 복지비의 절대액수는 지속

32 노동부의 기업체노동비용조사에서 법정외복리비 항목은 주거 · 의료보건 · 식사 · 문화 · 체육 · 오락 등에 관한 비용, 보험금 지원금, 경조, 재형저축 등의 장려금, 학비보조비용, 기타(통근시설, 공제회기여금, 종업원지주제 지원금 등)이 포함된다.

적으로 상승했고, 전체 노동비용에서 차지하는 비중은 1990년대 중반 이후 상대적으로 하락했지만 2007년까지 (대기업의 경우) 약 6~7% 선을 유지했다. 주목할 점은 1990년대 중반 이후 공적 사회보험 확충에 따른 기업의 법정 복지비 부담이 크게 늘어난 이후에도 법정외 복지비의 비중이 그에 비례하여 크게 감소하지 않았다는 점이다.

둘째, 1990년대 중반 이래로 법정외 복지의 기업 규모별 격차는 본격적으로 확대되는 양상을 보인다. 규모별 격차는 절대액수뿐만 아니라 비중 면에서도 확대되거나 유지되었다. 1990년대 초반경까지 중소기업에서도 법정외 복지비는 가파르게 상승했지만 그 이후에는 지불능력의 한계에 직면하여 대기업과의 격차가 확대되었다. 임금수준뿐만 아니라 기업복지에서도 '대기업 프리미엄'이 존재하게 된 것이었다.

이상으로부터 알 수 있는 것은, 1987년 직후 기업 수준에서 노자 간의 호혜적 타협의 산물이었던 기업복지 제도가 그 이후에도 자체의 제도적 관성을 가지며 꾸준히 발달했다는 점이다. 특히 대기업의 경우 기업복지는 국가복지의 확충에도 불구하고 큰 감소 없이 일정한 선에서 유지되어왔다.

이러한 대기업 기업복지의 관성은 무엇 때문일까? 그것은 각종의 기업복지가 기업 측이 임의로 제공하는 일방적 혜택이 아니라 노사 간의 명시적 또는 암묵적 합의 하에 제도화된 사적 복지(institutionalized private welfare)이기 때문이다. 특히 유노조 사업장의 경우 기업복지 제도는 명시적으로 단체교섭을 통해 관리가 이루어졌다. 대기업 노조는 조합원의 생애과정에 따른 복지욕구의 변화에 발맞추어 기업복지 프로그램을 확대할 것을 꾸준히 요구했다. 울산의 대기업의 경우에 1987년 직후 조합원 대다수가 가족 형성기에 속한 관계로 주택문제의 해결이 기업복지의 주요 의제였다면, 1990년대 후반 이후 조합원 다수가 40세 이상이 되면서 자녀교육비와 의료비 혜택이 기업복지의 또 다른 주요 의제로 등장했다. 이러한 과정을 거치며 대기업 조직 노동자의 복지혜택은 그들이 '사적 복지국가'(private welfare state)에 속하고 있다고 해도 과언이 아닐 정도로 발전했다.[33] 이 과정을 현대자동차와 현대중공업의 기업복지 제도를 통해 확인할 수 있다.

〈표 5-7〉은 1988년부터 2003년까지 약 15년 동안 현대자동차의 단체협약 중 법정외 기업복지와 관련된 조항들을 통시적으로 정리한 것이다. 1980년대 후반과 1990년대 초반까지는 주로 주거복지와 관련된 기업복지 제도들이 중심이었다. 이것은 앞서 밝혔듯이, 20대 후반의 세대 형성기에 있던 대다수의 노동자들의 핵심적 복지욕구였기 때문이었다. 노동자 자녀의 교육비 지원, 특히 대학교 등록금의 지원책은 1990년대 중반부터 본격적으로 도입되었는데, 이는 노동자의 평균 연령이 높아지면서 나타난 생애과정 상의 복지욕구 변화가 반영된 것이었다. 대학 등록금 지원이 처음 나

---

33 사적 복지국가(private welfare state)는 전후 미국의 복지제도가 공공복지가 취약한 가운데 기업의 부가급여를 중심으로 발전한 현상을 지칭하는 용어이다. 특히 미국의 자동차기업 조직 노동자들은 사용자가 제공해주는 민간의료보험, 기업연금, 보충적 실업급여 등의 기업복지 제도를 통해 유럽의 복지국가 수준에 해당하는 사회적 보호를 받아왔고, 이러한 기업복지 관행이 다른 산업의 조직 노동자들에게 확산되었다. 유럽에서 사회적 급여가 시민권에 근거해 부여되는 것과는 달리, 미국의 그것은 노조 조합원의 지위에 기초하여 허용된다는 점에서 '사적' 복지국가로 지칭되는 것이다(Lichtenstein, 1985; Gottschalk, 2000).

타난 것은 1995년으로, 자녀 2명에 한하여 대학 등록금의 절반이 지급되기 시작했다. 그 후 1997년에 지원액이 확대되었고, 2003년에 오면 자녀 2명에 한하여 대학교 등록금 전액이 지급되었다 (2009년에는 3자녀까지 확대되었다). 2003년은 전체 조합원의 평균연령이 38.1세, 생산직 조합원의 평균연령이 40.8세에 달한 해였다. 이때부터 현대자동차 노동자 자녀들은 사실상의 대학교 '무상교육'이 이루어진 것이다.

〈표 5-7〉 현대자동차 사내복지 관련 단체협약 내용

| 연도 | 주요 내용 |
| --- | --- |
| 1988 | - 조합원 주거 지원금 추후 노사 합의 결정<br>- 3년 이상 근속 조합원 2자녀 중고등학교 등록금 100% 지급<br>- 업무상 상병으로 요양 중인 조합원 생계보조금으로 통상임금의 40% 매월 추가지급 |
| 1990 | - 조합원 주거지원금 적립: 92년까지 총 100억 원<br>- 회사분양주택 건립: 93년 상반기까지 총 4,827세대 건립<br>- 자녀 장학금 지원: 중고교 100%, 전문대 및 대학 입학금 50%<br>- 업무상 질병으로 요양 중인 조합원 생계보조금 평균임금 30% 매월 추가지급(기존은 통상임금의 40%) |
| 1993 | - 전문대 및 대학교 입학금 100% 지급(기존 50%)<br>- 업무상 재해로 성형수술 필요시 2회까지 지원<br>- 보철보조기 치료종결시 1회 지원<br>- 단체보험 가입: 상해사망, 질병사망, 후유장해<br>- 의료비 지원: 사고당 28만 원 한도, 입원보조금 1일 5,000원<br>- 퇴직금 중도정산제: 5년 이상 근속자 중 무주택자 |
| 1995 | - 조합원 자녀 중고교 등록금의 100%(3자녀), 대학교 등록금의 50%(2자녀) 지원<br>- 만 40세 이상 조합원 중 본인이 원할 경우 1년 1회의 종합정밀 건강진단을 받도록 하고, 검진 비용의 50%를 회사가 부담 |

| | |
|---|---|
| 1997 | - 조합원 자녀 중고교 등록금 100%(전 자녀), 대학교 매 1학기 등록금 100%, 매 2학기 등록금 50%(2자녀) 지원<br>- 노후생활 안정을 위하여 개인연금 월 20,000원 10년간 불입<br>- 입원진료시 월 10만 원 초과분의 본인부담금 전액 지원(1,000만 원 한도)<br>- 외래진료시 월 10만 원 초과분의 본인부담금 전액 지원, 가족은 반액 지원 |
| 2001 | - 종합정밀 건강진단 조합원 가족(부모, 배우자, 배우자 부모) 중 1인 추가, 검진비용의 50% 회사 부담 |
| 2003 | - 조합원 자녀 중고교 전자녀, 대학교는 2자녀에 한하여 입학금과 등록금 전액 지급<br>- 조합원 자녀 취학전 1년간 분기별 10만 원씩 유아교육비 지원<br>- 외래진료 본인부담금 조합원은 전액, 가족은 반액 지원<br>- 조합원 전원 초음파 검진 1년 1회 실시 |

출처: 현대자동차 단체협약, 각년도.

조합원의 고령화가 진행되면서 의료비 지원도 확대되었다. 1995년에 만 40세 이상 조합원을 대상으로 한 종합정밀 건강진단비 반액 지원이 도입되었고, 1997년에 공적 건강보험의 보장이 미치지 못하는 본인부담금 부분에 대한 회사의 지원이 시작되어 2003년에 오면 외래진료 본인부담금 전액 지원이 이루어진다. 이외에도 회사는 조합원의 노후생활 안정을 위하여 개인연금 지원을 1997년부터 시작했다.

현대중공업의 경우에도 의료, 교육, 노후보장을 위한 각종 기업복지 제도를 운영하고 있다. 〈표 5-8〉은 그중에서 대표적인 법정외 기업복지 제도의 운영 현황을 요약한 것이다. 현금성 지원 중에서 가장 큰 비중을 차지하는 것은 자녀 장학금 지원 제도로 2006년에 총 493억 원 정도의 비용이 지출되었다.

〈표 5-8〉 현대중공업의 의료·교육·노후연금 지원 현황, 2006년

| 구분 | 내 용 | 지원현황 |
|------|-------|----------|
| 진료비 지원 | - 입원: 본인, 배우자, 자녀, (처)부모 진료비의 본인 부담금 전액 지원<br>- 외래: 본인은 전액, 가족은 반액 지원 | 35,228명<br>(60.6억 원) |
| 건강진단 | - 일반, 특수, 종합검진 | 38,602명<br>(37억 원) |
| 장학금 | - 중고교 및 대학생 자녀 전액 지원<br>- 장애자녀(5~20세) 월 10만 원 지원<br>- 취학전 자녀 1년간 매분기 10만 원 지원 | 54,387명<br>(493.7억 원) |
| 개인연금 | - 1인당 월 20,000원 퇴직시까지 보험료 지원 | 24,580명<br>(58.9억 원) |

출처: 현대중공업(2007)

이상에서 울산 지역 대기업의 기업복지 제도의 확대 과정을 살펴보았다. 그것은 1987년 이후 등장한 노동운동에 대한 일시적인 회유책으로 머물지 않았고, 이후에도 꾸준히 확대되면서 '제도화된' 사적 복지의 중요한 구성요소로 자리를 잡았다. 이처럼 조직노동의 복지욕구가 기업복지 제도를 중심으로 해결되었다는 것은 노조운동의 연대전략이 분절 노동시장 구조의 한계를 벗어나지 못했음을 의미한다.

기업복지는 복지공동체의 구성원들, 즉 기업별 노조의 조합원들에게 일종의 '선별적 보상'을 줌으로써 노조운동의 집합행동 딜레마에 일정한 해결 수단을 제공하지만, 반대로 협소한 범위의 집단 연대를 공고히 하고 노동계급 내부의 분절 효과를 배가시키는 것이었다(홍경준, 1995). 기업별 노조의 경우, 다른 기업 노동자의 복지 수준을 향상시키기 위해 노조의 자원을 집중하고 희생할 합리적 이유는 없다. 노조 활동을 통한 복지 혜택이 해당 기업의 노동자

들에게만 돌아가게 만들려는 유인이 강하게 작용하기 마련이고 이를 통해 기업복지에 대한 선호가 형성된다. 예외적인 경우 노조 리더십이 전체 노동계급의 단결을 위해 보편적 복지 프로그램을 주창할 수는 있지만 복지소비의 경합성을 인지하고 있는 조합원들의 거부권을 돌파하기는 매우 힘들다(양재진, 2005). 대규모 사업장의 정규직 노동자들이 그들과 한지붕에서 일하고 있는 사내하청 비정규직 노동자들에게 기업복지 혜택의 문호를 열지 않으려고 하는 것은 이러한 복지소비의 경합성 때문이다. 이러한 복지 환경 속에서 노동자의 집합행동은 그 경계가 뚜렷하고 외부에 대해서는 대단히 폐쇄적인 집단 연대(group solidarity)의 특성을 강하게 갖게 된다(Hechter, 1987). 이러한 한국 노조운동의 경험은 초기 북유럽 노조운동이 집합행동의 딜레마를 해결하기 위한 선별적 보상체계로 겐트식 실업보험 제도를 도입하거나, 공공복지제도의 탈상품화 기제를 통해서 기존의 협소한 집단 연대를 사회적 연대로 대체한 것과는 크게 비교되는 경로였다(유형근·이정봉, 2008; Rothstein, 1992; Esping-Andersen, 1990).

## 4. 계급상황의 이질화: 연대적 집단주의의 기반 약화

1987년 이후 새롭게 등장한 울산 대공장의 기업별 노조들은 국가권력의 통제와 탄압 속에서도 노동운동의 대중적 토대를 확보했고, 노조 불인정 또는 노조 지배 전략을 구사한 자본의 시도에 맞서 자주성을 지킬 수 있었다. 노동의 권력자원이 대단히 척박한 노동정치의 환경과 어용화의 가능성이 상존하는 기업별 노조체제에서 노동조합의 대중적 기반을 유지할 수 있었던 것은 노조 리더십과 조합원 간의 높은 호응성 기제 덕분이었다. 그 호응성 기제의 핵심에는 '임금인상의 정치'를 중심으로 하는 노조 임금정책 그리고 단체교섭을 통한 기업복지의 확대라는 대공장 노조의 효과성이 자리하고 있었다. 더욱이 1980년대 후반 이후의 시기가 수출 제조부문 대기업의 고도성장기라는 '산업의 시간'에 속했기 때문에 대공장 노조의 경제적 요구들은 큰 어려움 없이 충족될 수 있었다. 앞에서 보았듯이, 실제로 울산 대공장 노조의 지도부는 단체교섭을 통하여 고율의 임금인상, 주택문제의 해결, 기업복지의 확대 등의 가시적인 성과를 매년 조합원들에게 선사했고, 반대로 조합원들은 그러한 지도부에게 높은 수준의 참여와 동원으로 화답했다. 개별 단위 사업장의 노조운동만 놓고 본다면 이것은 민주노조운동의 성공적 결과로 평가할 수 있겠다.

그러나 그 성공의 과실은 대기업의 내부노동시장에 들어와 있는 내부자에게만 귀속되었고, 그 외부의 노동자들에게는 미치지 못했다. 비록 동일한 계급위치에 속했지만 두 노동자 집단의 계급상황은 점점 이질화되면서 격차가 심화되었다. 이것을 '성공의 역설'로 부를 수 있겠다. 즉, 의도하지는 않았지만 대공장 노조운동의 성공이 전체 노동계급의 연대에는 부정적 효과를 미친 역설적 결과를 낳게 된 것이었다. 1987년 직후 국가와 자본의 탄압에 맞서는 투쟁 과정에서 잠재적 가능성을 보였던 '연대적 집단주의' 성향은 이러한 성공의 역설 속에서 점점 그 사회적 기반이 침식되었다.

노조의 임금 극대화 및 내부적 평준화 정책은 1987년 이후 핵심 노동자층과 주변 노동자층 간의 격차 확대 및 이질화 추세를 가속화시켰다. 1990년대 동안 중심-주변 노동시장, 원청-하청업체 간의 임금 격차는 공고화되었고 지역노동시장 수준에서 노동자 간 계층성은 명확해졌다. 한국의 노동시장 구조에 대한 주요 연구들은 1987년 이후부터 '분절 고용체제'(정이환, 2013) 또는 '중심-주변 모델'(박준식, 1997)이 본격화되었다고 설명하는데, 여기서 더 나아가 노동시장 분절뿐만 아니라 그에 기초하여 (기업복지, 소비수준, 주거지위 등의) 전반적인 계급상황에서의 계급 내 분절과 이질화가 1990년대에 명확해진 것이었다. 1987년 이후 울산 지역노동시장 분절구조의 정확한 추이와 변화는 공식 자료의 부족으로 그 실태를 정확히 파악하기는 매우 힘들지만, 몇몇 가용한 자료를 통해서 그 대강의 추이를 살피는 것은 어렵지 않다.

〈표 5-9〉는 울산의 주요 공단별 월평균임금과 상여금 수준을 비교한 것이다. 임금수준이 가장 높은 지역은 자본집약적인 대규모 장치산업이 몰려 있는 울산 남구의 석유화학공단이었다. 현대공단은 현대 계열사들로만 구성되어 있고, 효문공단은 주로 현대자동차에 부품을 납품하는 하청업체들이 입지해 있다. 두 공단의 임금수준을 비교해 보면, 1990년에 효문공단의 임금수준은 현대공단의 약 75.0% 수준이었고, 1993년에는 68.8% 수준으로 격차가 더 확대되었음을 볼 수 있다. 1996년 무렵 효문공단의 자동차 1차 부품업체 생산직 노동자의 임금총액 수준은 근속년수를 고려했을 때 현대자동차의 약 60% 이하로 알려져 있었다.[34]

---

34 효문공단의 대표적 부품사였던 한일이화의 노조위원장에 따르면, 조합원의 평균

〈표 5-9〉 울산의 주요 공단별 월평균임금 및 고정상여금 비교

| 구분 | 석유화학공단 | 현대공단 | 효문·연암공단 |
|---|---|---|---|
| 업체수<br>(노동자 수) | 32개<br>(9,890명) | 20개<br>(85,113명) | 158개<br>(9,976명) |
| 1990년 | 791천원<br>(700~800%) | 619천원<br>(500~600%) | 464천원<br>(300%) |
| 1993년 | 1,145천원<br>(700~800%) | 1,033천원<br>(600%) | 711천원<br>(500%) |

출처: 업체 및 노동자 수는 국회 노동위원회(1993); 임금수준은《경상일보》1990. 2. 10(4면)과 1993. 5. 25(1면)에서 인용된 울산지방노동사무소 및 울산시 자료에서 가져옴.

〈표 5-10〉 현대자동차와 사외하청업체의 협약임금 인상액 비교, 1988~1995

(단위: 원)

| 구분 | 1988년 | 1989년 | 1990년 | 1991년 | 1993년 | 1995년 |
|---|---|---|---|---|---|---|
| 현대자동차 | 79,000 | 79,260 | 53,900 | 89,053 | 50,500 | 98,726 |
| 사외하청업체 | 38,000 | 75,000 | 46,800 | 64,800 | 44,000 | 82,800 |
| 업체명 | 한일이화 | 한일이화 | 덕양산업<br>세종공업<br>한일이화 | 정일공업<br>우영산업<br>한일이화<br>덕양산업 | 덕양산업<br>우영산업<br>정일공업 | 덕양산업 |

출처: 현대자동차노조, 『사업보고』;《경상일보》, 89.11.9, 90.7.9, 91.6.9, 93.7.3, 95.7.1 기사 참조.
주) 사외하청업체 임금인상액 중 90년은 3개 업체 평균, 91~93년은 공동임금교섭 타결액.

---

근속은 3.7년이고, 통상급이 약 62만 원 수준, 남자 신입사원의 기본급이 약 47만 원이었다. 같은 해 현대자동차의 평균 통상급은 약 89만 원 선이었다. 그런데 이러한 차이는 연장근로수당, 성과금 등의 변동급여를 포함할 경우 총액 기준으로 약 60% 수준으로 더 벌어진다는 것이다. 이상의 내용은 영남노동연구소 산별노조연구교육분과(1996)에서 가져온 것이다.

이러한 원하청 업체 간의 임금격차는 매년의 협약임금 인상액의 차이가 누적되면서 나타난 결과였다. 〈표 5-10〉은 현대자동차의 협약임금 인상액과 울산의 효문공단에 입지한 주요 1차 부품업체들의 그것을 비교한 것이다. 매년 현대자동차의 인상액이 조금이라도 더 많은 것을 알 수 있다. 여기서 조사된 업체들은 효문공단 내에서 규모나 경영사정이 상당히 괜찮은 중견부품업체들인 점을 감안한다면, 영세한 부품업체와의 임금격차는 훨씬 더 컸을 것으로 짐작할 수 있다.

1990년대 후반에 오면 원하청 노동자 간의 임금격차에 대해서 노동자들도 그것을 단시간 내에 해결하기 힘들 정도로 구조화되었다고 인식하게 되었다. 일례로 1997년 현대자동차 노동자들을 대상으로 한 노조의 설문조사 결과를 보면, '원하청 노동자 간에 임금 및 노동조건 격차에 대한 대책'을 묻는 질문에 80.9%가 '한꺼번에 해결할 수 없으므로 조금씩 좁혀야 한다'고 응답한 반면, '동일노동 동일임금의 적용'에 찬성하는 응답은 10.5%에 불과했다.[35]

동일 산업 노동자들 간의 임금격차 확대는 소비영역에서의 지위 분화로 이어졌다. 〈표 5-11〉은 2000년 1월에 조사된 민주노총 금속연맹 울산본부 조합원들의 객관적 생활실태를 규모별, 업종별 구분하에 비교한 것이다. 여기서 확인할 수 있는 것은, 노동자의 생활실태 상의 차이가 기업 규모와 하도급 관계의 위계에 따라 매우 일관되게 나타났다는 점이다. 금속산업 내에서 대기업에 속할수록, 또는 자동차산업의 하도급관계에서 원청업체에 소속된 노동자일수록

---

35 "'97 임단투 승리를 위한 현대자동차 조합원 여론조사 결과 보고서", 현대자동차노조, 『사업보고』, 1997.

〈표 5-11〉금속연맹 울산본부 조합원의 규모별·업종별 생활실태 비교

| 구분 | 규모별 | | | 자동차산업 | | 전체 평균 |
|---|---|---|---|---|---|---|
| | 1,000명 이상 | 301-999명 | 300명 이하 | 완성차 | 부품사 | |
| 근속년수 평균(년) | 12.7 | 9.8 | 9.3 | 11.4 | 7.1 | 12.3 |
| 배우자 취업률(%) | 10.5 | 13.4 | 23.4 | 8.6 | 18.7 | 11.3 |
| 자가 보유율(%) | 68.2 | 49.2 | 47.7 | 67.3 | 45.4 | 65.3 |
| 전세보증금 평균(만원) | 2,422 | 2,366 | 2,062 | 2,439 | 1,834 | 2,397 |
| 월세액수 평균(만원) | 17 | 11 | 9 | 19 | 9 | 14 |
| 승용차 보유율(%) | 83.6 | 81.8 | 64.5 | 86.5 | 61.7 | 82.6 |
| 95년 이전 승용차구입(%) | 57.2 | 38.4 | 45.2 | 59.3 | 32.6 | 55.1 |
| 주식투자 비율(%) | 79.9 | 43.4 | 29.1 | 74.2 | 13.4 | 74.6 |
| 재산세·토지세(만원) | 7.9 | 6.0 | 5.3 | 7.5 | 4.3 | 7.6 |
| 표본 수(명) | 4,905 | 591 | 248 | 2,660 | 219 | 5,744 |

출처: 울산리서치연구소(2000)
주) 조사에 포함된 표본은 크게 보아 조선업종, 완성차, 자동차부품사, 기타 금속일반 등에 속한 18개 노조 조합원으로 구성되어 있었음; 주식투자 비율은 일반주식투자, 우리사주보유, 간접투자 등을 합한 수치임.

배우자의 취업률은 낮고, 자기 집을 소유한 사람이 많으며, 전월세의 주거유형에 속하더라도 임대료가 보다 높은 집에서 살고, 승용차 소유자의 비중이 높으며(또한 처음 승용차를 구입한 시기도 더 이르다), 각종 주식을 소유한 노동자의 비중이 월등히 높고, 재산세·토지세의 납부액도 더 많다는 점을 알 수 있다. 이러한 차이는 1990년대 동안 동일 지역, 동일 산업의 대공장 노동자와 중소업체 노동자 간에 생활상태의 분절화가 진행된 결과로 해석할 수 있다. 또한 이 자료는 노조 조합원만 대상으로 한 것임을 감안할 필요도 있다. 노

조로 조직되지 않은 주변부 노동자층과의 격차는 이보다 훨씬 더 컸을 것으로 추측된다.

이상에서 금속산업 노동자를 중심으로 울산 산업노동자의 계급 상황의 성층화 양상을 살펴보았다. 1990년대를 통과하면서 그들은 생산수단의 소유 여부나 노동과정에서의 위치라는 마르크스적 의미에서는 동일 계급으로 분류할 수 있지만, 임금소득과 생활기회를 중심으로 본 계급상황이라는 베버적 의미에서는 점차 동일한 '범주'에 속하는 계급으로 보기 어려워졌다.

요약하면, 1990년대 중후반에 오면 이미 동일 산업의 노동자들 내부에서 '사회적 경계'가 뚜렷한 형태로 모습을 드러내었다. 노동 계급 연대가 일차적으로 공통의 계급상황에서 연원하는 이해관계의 동질성에 기반한다고 할 때, 계급상황의 분절화는 그 자체로 계급 연대에 부정적 효과를 미친다. 계급상황의 이질화를 제어할 거의 유일한 조직적 수단은 노동조합의 정책이지만, 앞에서 보았듯이 울산의 경우 소수의 대공장 노조를 중심으로 지역노동운동이 발달하였기 때문에 계급상황의 분화를 제어하거나 완화시킬 조직적 수단이 거의 없었다.

# 6장

# 대공장 노동자의 가족생활과
# 지역사회의 변화

6장은 작업장 바깥 노동자 가족의 생활방식을 중심으로 계급상황과 집단 정체성의 변화를 살펴본다. 이를 통해 '범주'와 '성향' 수준에서 노동계급의 생활과 의식의 변모를 전체적으로 파악하고자 한다. 몇몇 연구들을 제외하면(조주은, 2004; 허은, 2018), 대다수 국내의 노동계급 연구들은 작업장 안에서 일하고 투쟁하며 사회적 관계를 맺어가는 (대개는 남성) 노동자들의 모습을 일면적으로 다루었다. 그러나 노동자의 계급상황과 생활방식 그리고 그들의 성향과 집단 정체성을 이해하기 위해서는 가족생활과 지역사회에서의 사회적 관계에까지 분석의 범위를 확장할 필요가 있다. 따라서 지금까지의 논의에서는 주로 남성 노동자만 등장했다면, 여기서는 그들과 더불어 여성 배우자도 무대에 오른다.

먼저 울산 대공장 노동자의 집단 정체성을 이해하는 데 있어 육체노동자로서의 자의식에 주목하고 그것이 노동조합 결성 이후 그들의 투쟁과 지위 상승에의 열망에 미친 영향을 드러내고자 한다. 다음으로, 노동자 가족의 소비생활과 성별 분업 그리고 노동자 집단주거지를 중심으로 한 지역사회의 변화를 살펴본다.


## 1. 육체노동자로서의 신분의식과 집단 정체성

울산 대공장 산업노동자의 계급경험과 행위 지향의 독특성을 해석하려고 할 때 신분의식의 프레임은 상당한 쓸모가 있다. 여기서 신분의식은 육체노동자로서 자신의 개인적·사회적 정체성을 신분적 위계에 따라 일차적으로 구성하는 것을 가리킨다. 그것은 육체노동자에 대한 한국사회의 전통적인 신분체계에서의 부정적 평가와 맞닿아 있으면서, 산업화 이후 신분적 구별을 기초로 한 공장체제에서의 여러 관행을 반영하는 것이었다. 한국의 현대에서 사회적으로 공장노동자라는 '하층신분'의 정체성은 무엇보다 학력 위계에 따른 직업의 배분과 그에 수반되는 문화적 구별짓기의 오랜 관행 속에서 형성되었다. 구해근(2002)은 교육에 기반을 둔 신분억압이 한국 노동자들의 계급경험을 이해하는 데 매우 중요하다는 점을 강조한 바 있다. 그에 의하면 1970~80년대에 "노동자들은 분명히 세계를 불평등하고 불공평한 것으로 보았지만, 그들의 일기와 수기에서 그려진 불평등은 부자와 빈자 사이의 불평등이라기보다는, 교육받은 사람과 교육받지 못한 사람 간의 불평등이었다."고 말했다 (구해근, 2002: 196).

'하층신분'의 정체성과 신분의식은 상황과 맥락에 따라 다양하게 표출되었다. 어느 현대중공업 생산직 노동자가 지은 시(詩)를 통해 이 점을 짚어보자.

기름묻은 옷을 벗고 퇴근길을 걷는
오늘도 자식하나 잘 되길 바라는 마음뿐이네
노동자 내 생활 너에게는 줄 수 없어
아들아 내 아들아

너만은 잘살게 하마[1]

아들이 '기름묻은 옷'을 입어야 하는 것만은 보고 싶지 않다는 어느 노동자의 다짐을 통해 우리는 한편으로 "프롤레타리아트의 지위를 기꺼이 받아들이기보다는 그것으로부터 빠져나가고픈 욕망" (Perry, 1996: 3)을 읽어낼 수도 있다. 이 경우 신분의식은 산업노동자의 계층 상승의 욕망, 즉 중산층 지향성을 낳는다고 말할 수 있다. 그러나 또 다른 한편으로 이 시가 노조가 주최한 문예작품 공모의 당선작이라는 점을 고려할 때, 노동자의 다짐은 자신이 처한 산업적 질서를 바꾸어내려는 근원적 동기를 드러낸 것으로 해석할 수도 있다. 이 경우 신분의식의 에토스는 계급투쟁과 접속한다. 이 두 가지 해석의 가능성은 사실상 노동자의 인식 속에서는 구분되지 않은 채 존재했던 것으로 보인다. 공장노동자라는 하층신분을 대물리지 않겠다는 노동자의 결의를 통해 우리는 중산층 지향성과 전투적 집합행동이 특수하게 결합되어 있는 양상의 실마리를 발견할 수 있다. 그렇다면, 구체적으로 울산 노동계급의 경험 속에서 육체노동자로서의 정체성과 신분의식이 어떻게 드러났고 어떠한 역할을 했는지 탐구해보자.

우선 산업노동자들의 신분적 정체성은 저항의 국면에서 불의(不義)의식의 모태로 작용했다.[2] 1987년 노동자대투쟁은 공장의 권위

---

1  "조합원 글잔치 우수작", 현대중공업노동조합, 『민주항해』, 1994년 9/10월호(26호), 105쪽.

2  호네트(2009)에 따르면, 불의의식(sense of injustice)은 사회적 하층민들의 경험과 직결된, 명료한 형태로 표현되지 않는 도덕적 지각들의 구조물로서 사회 현상들에

구조에서 발생하는 신분적 차별에 대한 '불의의식'이 표출된 것이었다. 그 이전의 공장체제에서 사무직과 생산직 사이에는 단순한 학력이나 임금의 격차만이 아니라, 복장, 명찰, 안전모, 임금지급 방식, 출퇴근시간 확인 방법, 식당이용, 직군명 등 기업의 내부 규칙과 관행의 거의 모든 측면에서 신분적 차별이 뚜렷했다(이균재, 1997: 30-31). 이런 신분적 차별로 인하여 산업노동자 특유의 '우리/그들'의 대립의식은 매우 명료한 형태로 일상에서 재현되었다. 작업장에서 생산직 노동자들은 "철 화이바 쓰고 다니는 사람들" 또는 "빽[白] 바가지"로 불린 관리자와 선명하게 구별되었고, '그들'의 욕설과 반말, 폭력과 경멸을 일상적으로 경험했다.[3] 1987년 여름에 분출된 그들의 행동과 요구들을 자세히 살펴보면, 그들의 저항의 동기는 적극적으로 정식화된 도덕원칙들이나 계급의식적 지향이 아니라, 존중받는 인격체로 인정받고 사회적 기여의 몫을 보상받고자 하는 도덕적 기대에 더 가까웠다.[4]

이러한 도덕적 지평에는 공장의 신분질서에 대한 밑으로부터의 반발과 분노가 공통적으로 자리하고 있었다. 이것을 개념화자면,

___

대한 비체계적인 비판적 평가의 인지적 기반으로 정의할 수 있다. 그것은 헤게모니적 규범체계에 반항하면서도 추상적인 도덕적 표상이나 정의로운 사회에 대한 체계적 구상의 형태로는 잘 드러나지 않는다.

3 울산의 현대 계열사에서 사무직과 생산직의 안전모는 재질과 색깔에 의해 뚜렷이 구별되었다. 사무직은 은색 알루미늄 안전모를, 생산직은 플라스틱 안전모(색상은 직종에 따라 다양)를 썼다.

4 사회적 하층민들의 저항이나 집합행동의 동기를 물질적 생존기회의 불평등한 분배라는 객관적 상황에서 도출된 이해 범주에서가 아니라, 사회적 무시에 대한 도덕적 경험의 차원에서 설명하려는 시도로는 Thompson(1971), Moore(1978), 호네트(1996: 263-77, 2009: 109-65)를 참조하라.

그것은 관리자와 육체노동자 간의 신분적 위계질서와 차별적 대우를 근간으로 한 가산관료제적 공장 질서에 대한 도덕적 불의의식이었다. 송호근(1991)은 1987년 이전 한국의 공장체제를 베버의 지배 개념을 원용하여 '가산관료제적 공장체제'로 개념화했다. 소유와 경영의 분리가 매우 약하고, 소유주의 인격적·주관적 지배가 일상적이며, 구래의 신분질서가 온존하는 한국의 경우에 공장의 질서는 인격적이고 신분제적인 가권력(家權力)의 지배가 관철되는 형태를 갖는다는 것이다. 이러한 가산관료제적 공장체제에서 중간관리자('직원')는 가신(家臣)으로서 일정한 보상체계를 제공받지만, 산업노동자('직공')는 기업 내에서 지위 상승이 차단된 하층신분으로 규정되었다(송호근, 1991: 47-103; 이재성, 2008).

과거에 거의 아무런 집합행동 참여의 경험도 없는 개별 노동자들이 단시간 내에 광범위한 집단적 행위로 나아갈 수 있었던 데에는 이러한 신분제적 공장체제에서 '우리/그들'의 선명한 구별과 함께 '우리'들 간에 공유된 불의의식이 작용했던 것이다. 따라서 1987년 투쟁 당시 노동자들이 신분적 위계질서의 철폐와 인간적 대우에 관련된 요구사항을 우선시하며 제기했던 것은 우연이 아니다. '두발 자유화'와 '인격보장'의 요구나 '공원과 사무실 직원의 임금격차 해소', '대졸 고졸 임금격차 축소' 등과 같은 생산직 노동자들에 대한 인간적 대우와 신분적 위계질서의 철폐 요구는 울산 지역의 거의 모든 사업장에서 노동자대투쟁 당시에 제기되었다.

이 점을 확인하기 위하여 당시에 오랜 침묵을 깨고 나타난 최초의 발언들을 살펴보자. 울산의 노동자대투쟁 초기인 7월 말부터 8월 초에 노조 설립을 주장하고 단결을 호소하려는 목적에서 제작

된 아래 유인물의 내용은 당시 노동자들이 공유하는 도덕적 기대의 지평이 생생히 드러난다. 그 요체는 '가진 자의 횡포와 사회적 멸시' 그리고 '팔지도 않은 인격까지도 무시당하는' 비인간적 상황에서, '개만도 못한 똥개 값'을 받으며 '노예처럼 동물처럼' 일을 해왔고, 이러한 불의를 시정하고 자신들의 사회적 기여의 몫을 인정받고자 단결하여 노조를 만들자는 도덕적 호소들이다.

현실은 어떠합니까? 우리는 강도 높은 장시간 노동, 열악한 근로 조건, 산업재해 속에서 이기적인 욕망에 사로잡혀 인간을 인간으로 보지 않고 이윤추구의 도구로만 보는 가진자의 온갖 횡포와 사회적 멸시속에 소외된 삶을 살아왔습니다. ("와서모여 하나의 함성이 되자!", 현대엔진노동조합; 울산사회선교실천협의회 노동문제상담소, 1987: 20)

저들의 집에서 키우고 있는 개만도 못한 똥개 값에 우리의 몸을 창부같이 팔아야 합니다. 우리의 함성으로 우리의 팔자를 정당하게 보상 받아야 할 때입니다. ("노보 제3호 함성", 현대미포조선 노동조합; 같은 곳: 28)

돈이 없어 자신의 재주를 살리지 못하고 썩혀 버리는 일, 돈이 없는 부모를 두어 눈물을 흘렸던 일, 공돌이 공순이라는 이유 하나만으로 시집 장가가는 데 애로사항이 있던 일, 돈이 없어 품을 팔 수밖에 없어 팔지도 않은 인격까지도 무시당하는 일. 이 모든 사용자들의 경제적 폭력에 대해 근로자 모두가 뭉치지 않고서는 대

항할 수 없다는 것입니다. ("현대중전기 동지 여러분!", 현대중전기
(주) 노동조합: 같은 곳: 38)

저임금과 과다한 작업연장, 불량한 대우, 간부들만을 위한 복지
시설 등 앞을 못 볼 정도의 먼지 속에서 생활이 나아질 것을 기다
리며 마치 노예처럼, 동물처럼 일만을 해왔습니다. ("천팔백 목재
노동자에게", 현대종합목재 노동조합 설립위원회; 같은 곳: 49)

최초의 목소리에서 우리가 주목해야 할 것은 이들이 인격, 인간,
팔자, 노예, 차별 등의 핵심어를 사용하여 자신들의 요구의 정당성
을 주장했다는 점이다. 특히 이 발언들은 노조 설립과 단결을 호소
하는 것들로서 발언의 청자(聽者)가 같은 사업장의 동료 노동자들
이었다는 점을 고려한다면, 당시 그들에게서 공장질서의 신분적 차
별에 대한 도덕적 불의의식은 상당한 공감을 받고 있었음을 알 수
있다.

또한 주목되는 점은 당시 노동자들에게 노동조합은 무엇보다도
이러한 사회적 무시와 신분적 차별을 극복할 수 있는 기구로 인식
되었다는 점이다. 일반 노동자들에게 노동조합은 일차적으로 그동
안의 공장질서가 강요한 "소·돼지와 같은 생활을 청산"하여 "한번
사는 것처럼 살아보자"는 염원의 구현체였다.[5] 1987년 여름 자신들
생애 처음으로 '광장'으로 나와 민주노조 결성을 위한 집회와 농성

---

5  인용은 1987년 7월 27, 28일 무렵 현대중전기와 동양나이론 노동자들의 노조 결
   성을 위한 집회에 배포된 유인물에서 가져왔다(울산사회선교실천협의회 노동문제
   상담소, 1987: 38, 70).

을 하게 된 노동자들이 이후 구술 증언에서 당시의 느낌을 다른 무엇보다 '해방감'으로 묘사했던 것도 그러한 맥락에서 해석할 수 있다.[6] 노동자대투쟁 이후에 노조가 인정되고 노조 활동이 일정하게 제도화된 이후에도 이러한 원초적 노조관은 일반 생산직 노동자들에게 상당한 시간 동안 남아 있었다.

마지막으로 산업노동자의 신분적 차별에 대한 불의의식의 에토스는 외견상 사소한 문제로 보였던 것도 그들의 급진적 저항을 초래하는 촉매제의 역할을 하도록 만들었다. 여기에 해당하는 대표적 사례가 1990년 봄에 벌어진 현대중공업 노동자들의 이른바 '골리앗 투쟁'이었다. 이 투쟁은 골리앗 크레인에서 벌어진 고공농성의 상징성과 더불어 울산 현대 계열사 노동자들의 연대파업과 전노협 수준의 총파업 투쟁을 촉발한 것에서도 알 수 있듯이, 1987년 이후에 노동계급의 전투성과 연대의식이 최고조로 발휘된 투쟁사례로 유명하다(전노협백서발간위원회 3권, 2003: 208-231; 이수원, 1994: 284-300; 현대중공업노동조합, 2007: 133-160; 노동해방문학 특별취재단, 1990). 그런데 우리의 논의에서 중요한 것은 당시 계급투쟁의 정점으로 평가되는 이 투쟁이 촉발되고 확장된 배경에는 신분적 차별에 대한 도덕적 불의의식이 자리하고 있었다는 점이다.

골리앗 투쟁은 단체협약 갱신 과정에서 벌어졌지만, 실제 노동자

---

6  1987년 7, 8월 현대중공업 민주노조 결성을 위한 농성과 집회에 참여한 노동자들은 구술 회고를 통해 그때의 느낌을 "통쾌한 일", "글자 그대로 자유로워진 분위기", "완전히 진짜 해방된 기분", "노도와 같은 물결", "억압에서 탁 풀린 그런 거", "그래 맞다, 이거다, 이런 마음", "8·15 해방" 등으로 표현했다(김호연 외, 2007: 88, 119, 125, 141, 143-4, 219, 285, 339, 348).

들의 저항을 촉발한 것은 노조 지도부의 연이은 구속조치였다. 취임식도 열리기 전에 새롭게 당선된 노조 위원장이 구속되고 얼마 안 있어 수석부위원장이 연이어 구속되자 일반 조합원들의 작업거부 사태가 번지면서 전면 파업으로 이어졌다. 그런데 주목할 것은 현장 노동자들이 노조 지도부의 구속을 육체노동자인 자신들에 대한 신분적 멸시와 사회적 무시로서 받아들였다는 점이다. 현대중공업 노동자들은 같은 시기에 '대졸 화이트칼라'로 구성된 KBS노조의 방송제작 거부 농성에 대한 국가의 관대한 대응을 접하면서, 정부의 차별적 대우에 분노하며 자발적인 작업거부와 극한적인 고공 농성을 택했던 것이다.[7]

아래의 인용문에서 잘 나타나듯이, 노동자들은 대졸 화이트칼라에 대한 국가의 관용적 태도를 지켜보며 '같은 국민으로서 같은 노동자로 대우하지 않고' '생산직 노동자들을 만만하게 깔보고 업신여기는 처사'에 분노했다. 또한 전노협 차원의 전국 총파업과 노동절을 맞아 발표한 골리앗 농성 결사대의 결의문을 보면, 그들은 정부의 '진압'을 일차적으로 '우리 노동자들'에 대한 '사회적 천대'로 이해하고 있고 이에 대한 분노와 반감이 급진적 저항행동을 감행한 동기였음을 알 수 있다.

---

7  KBS노조는 신임 사장 취임 반대를 내세우며 1990년 3월 2일 사내 철야농성을 시작했다. 4월 12일 공권력이 투입되어 조합원 117명이 강제 연행되었으나 4월 14일 한 명의 구속자도 없이 전원 석방되었다. 현대중공업 노조원들은 정부가 단 하루의 집단조퇴 행동을 이유로 취임식도 치루기 전에 위원장과 수석부위원장을 구속·수배한 자신들의 경우와 비교하면서 매스컴에서 보도되는 KBS노조의 농성사태를 접했다.

펜과 방송은 무섭고, 용접기나 망치를 들고 있는 노동자는 힘이
없다라는 발상을 우린 이번 기회에 완전히 뜯어 고쳐야 하므로
이제는 우리가 그동안 무참히 처절하게 당하여 왔던 암울을 딛고
이빨에는 이빨, 돌에는 돌로 부딪혀야 하는 현실이 다가온 것이
다.[8]

어스름 새벽, 헬기까지 동원한 정부의 진압에 우리 노동자들은
사회적 천대와 비애에 울분을 느끼고 급기야 투신하려는 동지들
을 감싸안으며 눈물로 자제시키고 있습니다. 저희도 저 밑 가족
들의 품으로 돌아가고 싶습니다. 그러나 더 이상 회사측에 의해
일방적으로 노조가 유린되고 정부에 의해 이렇게 천대받는 현실
에서는 죽을 수는 있어도 물러설 수는 없습니다. … 정부에서 계
속 우리를 이렇게 천대한다면 우린 이곳에서 모두 함께 죽을 것
입니다.[9]

현대중공업노조 간부들은 잇따라 구속하고 한국방송공사 노조원
은 전원 석방한 것이 현장 노동자들의 가슴에 불을 질렀다. 당국
이 생산직 노동자들을 만만하게 깔보고 업신여기는 처사에 대한
분노가 이번 '현대 사태'에 핵심 중의 하나로 떠올랐다. … 같은 국
민으로서 같은 노동자로 대우하지 않고 생산직 노동자들의 마지

8   현대중공업노동조합, 『민주항해속보』 제201호, 1990년 4월 24일자. 이수원(1994:
    292)에서 재인용.
9   "골리앗 결사대 투쟁 결의문"(1990. 5. 1), 『전노협 백서』 12권, 324쪽.

막 자존심까지 짓밟는 공권력의 횡포는 도저히 묵과할 수 없다.[10]

1987년 이후의 여러 투쟁 속에서 노동자들은 자신들의 요구가 외면당하거나 왜곡되고 심지어는 물리적 강압의 위협을 체험하면서 그들의 도덕적 불의의식과 신분적 에토스는 종종 뚜렷한 형태의 계급의식이나 사회변혁의 이데올로기와 혼융되기도 했다. 특히 노조 활동가, 해고자, 노조 간부 등의 '선진 노동자'들은 투쟁 경험과 학출 노동자가 주도하는 소규모 학습 조직 참여 등을 통해 계급적 세계관과 언어를 매우 빠르게 흡수했다.

그러나 일반 노동자들이 대투쟁 이후에 곧바로 계급의식을 획득했다는 증거는 거의 찾기 힘들다. 오히려 기존 연구도 지적했듯이, "일반 노동자의 의식은 극히 초보적 권리의식과 연대의식을 견지하는 정도"였다(김동춘, 1995: 105). 이와는 반대로 구해근(2002)은 1980년대 노동계급 정체성이 발달하는 데 있어 민중문화운동과 노동문학과 같은 문화적 도구가 매우 큰 역할을 했다고 평가했지만, 최소한 울산은 그러한 영향력이 제한적이었던 것으로 보인다. 주로 저항적 지식인과 민중문화운동 단체들을 통해 전파된 대안적 문화 형식들이 1987년 직후 단기적으로 노동자들 내부에서 새로운 행위의 양식과 문화적 실천을 만들기도 했지만, 장기적인 시야에서 볼 때 그것들은 일반 노동자들의 에토스와 문화에 뿌리를 내리지는 못했다. 1980년대 후반부터 현대중공업노조에서 노래패 · 풍물패 · 문예

---

10 "연대파업 현대 노 · 사 입장", 《한겨레신문》, 1990년 5월 1일자, 10면에 실린 현총련 의장과의 인터뷰 기사에서 재인용.

패 등의 문화운동에 전념했던 활동가들조차 노동계급의 세계관과 미학을 강조한 문화운동 단체들이 미친 영향력은 매우 미미했거나 현장 노동자들의 정서구조와 괴리되어 있었던 것으로 평가했다.[11]

다른 한편으로, 1987년 이전에 신분적 차별의 문화와 그에 기초한 공장체제의 질서는 산업노동자들로 하여금 육체노동(자)에 대한 부정적 자기인식을 갖게 했다. 한국의 산업화 과정에서 육체노동자들은 자신의 사회적 위치를 긍정할 수 있는 문화적·제도적 자원이 절대적으로 결여되어 있었다(구해근, 2002: 187-222; 신원철, 2004, 2006; 정승국, 2006). '공돌이', '공순이'와 같은 육체노동자에 대한 멸시적 시선과 '노동자'라는 말에 부여된 열등한 신분 이미지 등은 공장질서와 사회 모두에서 산업노동자의 자아정체성을 부정적인 것으로 만들기에 충분했다. 이러한 '하층신분'으로서의 노동자상은 산업노동자들 스스로 계급 정체성이나 저항적 정체성을 발달시키는 데 장애 요소로 작용했을 뿐만 아니라, 육체노동자로서의 자신의 처지로부터 가능한 한 벗어나려는 열망을 품게 하는 데도 기여했다.

이러한 부정적 자기인식의 일단은 울산 지역 노동자들의 구술 속에서도 확인된다. 아래의 인용문에서 구술자들은 1987년 이전에 갖고 있던 육체노동에 대한 부정적 자기인식을 주로 자신들의 신분과 직업을 직접적으로 나타내는 복장에 대한 부끄러움으로 표현하고 있다.

---

11 김OO 구술, 울산지역사연구-노동-I-A06-4, 2003년 3월 23일 채록; 박OO 구술, 울산지역사연구-노동-I-A07-3, 2002년 12월 21일 채록. 이 두 명은 현대중공업 노동자문예활동에 매우 활발히 참여했던 대표적인 인물이었다.

내업(內業) 쪽에서 일하는 사람들은 점심시간에 수백 명씩, 수천 명씩 거꾸로 나오는 거 보면 작업복 허름하지요, 뭐 불똥 튀어 가지고 구멍 난 게 천지지, 낡은 작업복. … 후줄근한 모습 보면은 참, 나도 저런 사람이 되겠구나. 밖에 나가면 좀 그렇지 않습니까? 뭐, 때깔 있는 이런 사람들하고 우리들 비교한다면은 좀 자존심도 상하고 그랬던 기억이 있습니다.[12]

그래 중공업에 뭐, 우리 사회가 이제 나는 그때까지 여전히 그랬다고 생각하는 건데, 이 노동자로 사는 걸 부끄럽게 생각하는 사회잖아요. 87년 이전에는 노동, 노동하는 게 부끄러운, 내가 노동자라는 걸 자랑스럽게 얘기 못하는. … 괜찮은 직업인데 스스로는 쪽 팔려 하고 챙피스러워 하는 측면이 있었거든요. 이러다 보니까 가족들하고 얘기를 잘…. 옷을 집에 가서 빠는 사람이 별로 없었어요. 회사 세탁소에 맡기고.[13]

그러니까 버스 타면 마 형편없는 거죠. 냄새나고 마. 그런데 제가 형님들 집에 놀러가 보면은 빨래를 안에다 널어요. 왜 그러냐 하면은 옥상 같은 데 밖에다 널고 하면은 그 자기 신랑 속옷이나 메리아스나 이런 것들이 다 용접해서 구멍 나 있을 거 아닙니까? 그러니까 챙피하니까 아줌마들이, 새댁들이 챙피하니까 빨래를

12 박OO 구술, 울산지역사연구-노동-I-A07-1, 2002년 12월 13일.
13 오OO 구술, 울산지역사연구-노동-I-A12-3, 2003년 3월 5일.

밖에다 못 널고 작업복이나 이런 것들을 다 안에다. 그런 정도였
어요.[14]

이러한 육체노동(자)에 대한 부정적 자아정체감은 공장노동으
로부터 벗어나려는 욕구로 쉽게 이어졌다. 1970년대 현대중공업
노동자의 의식과 정체성에 대한 김준의 일련의 연구들을 보면(김
준, 2004; 2006b, 2010), 당시 생산직 노동자들 가운데 상당수가 비
교적 높은 성취동기를 가지고 회사에 몰입하려 했고 관리자로 승
진하려는 강한 욕구를 가지고 있었음을 확인할 수 있다. 이것은 육
체노동자로서의 부정적 자아정체성과 불가분의 관계를 갖고 있다
고 할 수 있다. 또한 그것은 공장체제 바깥에서의 사회적 지위 상
승 열망—소비영역에서의 중산층 생활수준 달성—으로 전이되기
도 했다.


## 2. 노동자 가족생활의 변형: 소비와 성별 분업

### 1) 소비생활의 고도화

노조 결성 이후 제도화된 단체교섭 기제를 통해 큰 폭의 임금상
승이 지속되면서 대기업 노동자 가족의 소비규준 고도화가 진행되
었다. 이것은 그 이전 시기의 가난이나 불안정한 삶과 비교해 매우

___

14 하OO 구술, 2004년 5월 18일, 울산지역사연구팀 채록.

큰 반전이 일어난 것이었다. 1990년대는 이러한 소비규준이 보편화된 시기라고 볼 수 있다.

울산 대공장 노동자의 소비규준을 구조화한 두 가지 핵심 상품은 주택과 자동차였다. 이것들은 임금의 구매력으로는 소유하기 힘든 내구재이기 때문에, 이 두 품목의 소비는 금융할부제도의 발달과 고용 및 임금 불안정성의 제한이 요구된다. 이 요구조건은 앞 장에서 살펴보았듯이 내부노동시장의 형성, 기업의 주택구입 지원제도, '임금인상의 정치'를 통해 실현될 수 있었다.

주택에 대해서는 앞 장에서 다루었기 때문에 여기서는 자동차 구입에 대해 살펴보겠다. 1990년대 초반에 울산 대공장 노동자들 사이에서는 자동차 소유 붐이 일었다. 1993년 연말의 울산상공회의소 조사에 따르면, 비교적 규모가 큰 86개 업체의 생산직 노동자 중 약 33%가 승용차를 보유하는 것으로 나타났는데, 1990년의 10%와 비교해 볼 때 이 당시 '마이 카' 붐이 일어난 것을 알 수 있다.[15] 현대자동차 종업원의 승용차 보유 현황을 살펴보면, 1992년 상반기에 약 4,300대가 등록되어 종업원 7.4명당 1대꼴이었고, 1993년 초반에 오면 약 20%대로 증가하였으며, 1996년 11월에는 등록 차량이 총 19,303대로 울산공장 종업원 중 62.4%가 승용차를 보유한 것으로 조사되었다.[16] 1990년 이후 주차장 확충 문제는 노사협의회의 단

15 공단별로 승용차 보유율을 보면, 석유화학공단 45%, 염포 · 양정 · 전하지역 33%, 효문 · 연암 · 농소지역 18% 등으로 나타났다. 공단별 임금소득 격차가 승용차 보유율의 차이에 반영되고 있음을 볼 수 있다. 연도별로 보면, 1990년은 10%, 1992년 23%, 1993년 33%였다. "제조업 근로자 3명중 1명 자가용 소유", 《경상일보》, 1994년 2월 15일자, 5면.
16 현대자동차노동조합, 『사업보고』, 각년도 중 주차장 확충 대책 관련 노사협의 사

골 안건이 될 정도로 '마이 카' 붐은 거셌다. "87년 당시 누구도 현장 작업자가 승용차를 굴리게 되리라고는 상상치 못하였"[17]던 상황은 노조 설립 이후 9년 후에는 "이제 자동차는 꼭 사야겠다는 마음만 먹으면 언제든지 살 수 있는 필수품"[18]이 된 것이다.

아파트와 승용차 이외의 가전제품과 같은 내구소비재 보유도 1990년대 초반부터 빠르게 증가했다. 구매력이 높아진 대공장 노동자들부터 이러한 경향이 먼저 나타났고 중소기업 노동자들이 뒤를 따랐다. 〈표 6-1〉은 1994년 초 현대중공업 노동자의 내구소비재 보유 현황을 비슷한 시기에 조사된 다른 표본들과 비교한 것이다.

〈표 6-1〉 1994년 현대중공업 노동자의 내구소비재 보유 현황

(단위: %)

| 구분(조사시점) | 컬러TV | 냉장고 | 세탁기 | 전자레인지 | 비디오 | 오디오 | 승용차 |
|---|---|---|---|---|---|---|---|
| 현대중공업 (94.1) | 100.0 | 100.0 | 100.0 | 61.9 | 90.5 | 76.2 | 76.2 |
| 한국노총(92) | 87.2 | 86.7 | 69.8 | 27.0 | 43.8 | 44.3 | - |
| 전노협(93.11) | - | - | 81.8 | 36.8 | 70.5 | 54.7 | 20.9 |
| 마창노련(93) | 92.8 | 93.9 | 76.6 | 33.8 | 35.2 | 45.9 | 12.8 |

* 현대중공업·한국노총·마창노련 자료는 현대그룹노사관계진단연구단(1994: 354)에서 재인용; 전노협 수치는 '전노협 조합원 생계비조사 표본자료' 중 금속업종 생산직만을 대상으로 한 것으로 전노협 조사통계국(1994b: 44)에서 재인용.

_____

항 참조.

17 "특별기고: 노동조합과 기업경쟁력".《현자노동자신문》, 1996년 5월 3일자, 3면.
18 "노조창립 9주년 특집: '삶의 질' 얼마나 나아졌나",《현자노동자신문》, 1996년 7월 24일자, 4-5면. 이 기사에 따르면, 통상급 기준으로 승용차 1대 구입에 소요되는 기간이 1987년에는 16.5개월(프레스토 기준)이 걸렸지만, 1996년에는 7개월(엑센트 기준)로 줄었고 보너스까지 감안하면 약 4개월밖에 걸리지 않게 되었다고 한다.

조사 시점과 방식의 차이로 엄밀한 비교는 어렵지만, 내구소비재 보유를 토대로 현대중공업 노동자들의 생활수준이 다른 노동자 집단에 비해 상대적으로 높은 수준이었음을 짐작할 수 있다. 특히 1994년 1월에 승용차 보유율이 70%를 상회하고 있었는데, 중소기업 노동자가 주요 구성원이었던 전노협이나 마창노련 조합원의 승용차 보유율과 매우 큰 차이를 보였다. 현대중공업 노동자를 표본으로 한 동일 조사에서 승용차를 소유하게 된 시기를 보면, 1988~89년이 7.7%, 1990~91년이 30.8%, 1992~93년이 46.2%로 나타났다(현대그룹노사관계진단연구단, 1994: 354). 현대자동차에 비해 평균 연령과 근속년수가 더 높은 현대중공업 노동자들 사이에서 '마이 카' 바람이 먼저 불었음을 알 수 있다.

승용차 이외의 가전제품 보유 현황도 한국노총 조합원과 마창노련 조합원에 비해 매우 높은 수준이었다. 특히 전자레인지, 비디오, 오디오 등 첨단 가전제품일수록 차이가 크게 벌어졌다. 또한 같은 조사에서 현대중공업 노동자들의 저축은 매월 평균 39만 원 정도였는데, 저축 이유 중 '내 집 마련'이 10.1%에 불과하고 '승용차 및 가전제품 구입'이 20.6%로 조사되었다(현대그룹노사관계진단연구단, 1994: 348).[19] 이러한 조사 결과는 당시 현대중공업 노동자들이 내 집 마련을 통한 생활 안정은 이미 성취했고 노동자의 소비욕구가 주로 내구소비재의 확충으로 나아가고 있었음을 보여준다. 현대중공업 기혼 노동자들은 대부분 1990년대 초반에 '내 집 마련'을 했

---

19 이에 반해 1993년 마창노련 조합원의 저축 이유를 보면, '내 집 마련'이 45.4%, '승용차 및 가전제품 구입'이 19.0%로 조사되었다.

는데, 자기 소유의 새 집으로 이사할 때 주요 내구소비재를 새로 구입했던 것으로 보인다. 1984년에 울산으로 와서 현대중공업에 취직했던 한 노동자는 필자와의 인터뷰에서 아파트에 입주하면서 가구와 가전제품을 새로 다 바꾸었다고 말했다.

> 신혼 때 시집 올 때 가전제품이라던가 뭐 사가 오잖아요. 그게 이사 하고 주택에 옮겨 다닐 때도 그대로 가는 거지. 가다가, 세탁기를 90년대 초쯤 사고, 그러고 동부아파트 들어갈 때 가구 그동안 썼던 걸 십몇 년 썼으니까, 싹 다 버리고 가구도 새로 사고, TV, 전축, 냉장고, 가전제품 싹 다 바꿨어.[20]

내구소비재 이외에도 대기업 노동자의 소비양식의 변화를 나타내주는 주요한 소비항목은 개인서비스 부분이다. 백욱인(1994)에 따르면, 1980년대 후반부터 노동력 재생산 수단을 구성하는 소비항목 중 가장 높은 구성비 상승을 보이는 것은 내구소비재와 개인서비스 부분(외식, 가사서비스, 이미용 및 숙박서비스, 기타 지출 등)이다. 개인서비스 부분은 1990년대에 들어와 주거비 지출 다음의 주요 항목으로 부상했다. 개인서비스 부분 중에서 노동자 가구의 소비생활 변화를 비교적 잘 보여주는 하위 항목은 가족단위 외식인데, 〈표 6-2〉는 1990년대 동안의 변화를 보여준다. 1991년에는 한 달에 한 번도 가족단위 외식을 하지 않는 조합원이 70%에 육박했다. 그에 반해 2000년에 오면 1회 이하가 62.1%, 2회 이상도 37.9%에 이르렀

---

20 김OO 구술, 2008년 1월 17일, 필자 채록.

다(평균은 1.5회). 이러한 변화는 이 시기 동안 가계소득의 상승과 승용차 보급의 증대 등이 맞물린 결과로 보인다.

〈표 6-2〉 현대자동차 조합원의 월평균 가족단위 외식 횟수

(단위: %)

| 구분 | 없음 | 1회(이하) | 2회 | 3회 이상 | 표본수 |
|------|------|-----------|-----|----------|--------|
| 1991 | 69.7 | 25.1 | 3.9 | 0.9 | 17,039명 |
| 2000 | - | 62.1* | 27.2 | 10.7 | 2,169명 |

출처: 현대자동차노조, "생활실태 파악 및 임금협상 의견수렴을 위한 설문조사"(1991); 울산리서치연구소(2000).

이렇듯 임금소득이 상승하면서 가구 소비수준도 향상되었다. 이제 고도화된 소비수준은 다시 노동자 가계의 소득과 지출을 함께 상향시키는 압력으로 작용했다. 특히 노동자 가구의 소비구조는 장시간 초과근무의 일상화에 맞추어 고도화되지만, 회사의 경영사정에 따라 잔업·특근 등의 초과근무가 줄어들면 가계 지출의 조정이 불가피해졌다. 이런 패턴이 몇 차례 반복되면 '있을 때 많이 벌어두자'는 소득 극대화 전략이 노동자 가구에 일반화되는 것이다.

돈이 날개가 달려 있나, 무슨 뭐 저축이 안 되고 있습니다. … 적게 받는 것도 아닌데, 내가 17년차인데 아니 뭐 없어요. … 그냥 생활밖에 안 돼요. … 소비문화가 자기가 한 번 소비하는 패턴이 있거든요. 이 패턴을 … 한 번 올려놓으면, 철야[근무]가 있을 때, 그 소비패턴이 몇 년간 지속되어 가지고, 철야가 없어지는 소비패턴으로 떨어뜨려야 하는 상황이면 주부들이 좀 힘들어하는. 하

청업체 쪽에서 볼 때는 웃기고 있네, 이래 되겠죠.[21]

그전에보다 임금이 많이 올랐어요. 많이 올랐는데 불구하고 잔업을 더 하려고 하고, 특근을 더 하려고 하고. 우리가 어느 정도 수준으로 올라서면 노동자들이 자기개발이나 취미나, 이런 것들을 더 활성화하면서 인간다운 삶을 [살 것이라고] 생각했는데, 오히려 전혀 다른 형태로 간 거죠. … 주택이나 자동차 이런 것이 하나의 영향을 끼쳤고. 또 하나는 뭐 소비구조에서 애들이 성장함에 따라 크니까, 더 많이 들어간다. 그리고 옛날에 학원을 한두 개나 한 개, 이렇게 겨우 나니던 것을 두세 개. 애들이 큼에 따라서 그런 비용이 더 많이씩 들고. 그래서 인제 점점 임금을 올렸음에도 불구하고 잔업, 특근을 더 하려고 하는 모습의 사람들에서 운동의 분위기나 여러 가지 영향을 끼쳤죠.[22]

## 2) 가족생활의 중산층 지향성

1990년대에 들어와 울산 대공장 노동자의 지배적 가족형태는 '남성 생계부양자 가족'으로 정착되었다. 그것은 기혼 남성의 단독 생계부양자화와 기혼 여성의 전업주부화가 맞물린 과정이었다. 남성 생계부양자 가족의 물적 토대는 남성 노동자의 가족임금(family wage)의 성취였고, 그 이데올로기적 기반은 중산층 가족규범이었

---

21 김OO 구술(현대자동차 노동자), 2003년 9월 20일, 울산지역사연구팀 채록.
22 김OO 구술(현대중공업 노동자), 2003년 3월 7일, 울산지역사연구-노동-I-A06-2.

다. 한국 사회에서 가족생활이 친밀성과 주관성이 지배하는 영역으로 재구성되는 중산층 가족규범과 관련하여 장경섭(2009)은 그것을 '서정주의 가족이념'으로 지칭했다. 그것은 "서구에서 산업화의 진척과 함께 여성과 아동이 산업노동으로부터 점차 보호(배제)되어 가정으로 돌려보내지고 노동자 가장의 가족부양 소득이 안정되면서 가족성원에 대한 정서적 보호기능을 중심으로 하는 새로운 가족상으로서 대두된 것"으로 "한국사회 역시 급속한 산업화 과정을 거치며 노동계급 중산층화 경향의 핵심적 현상"으로 정착했다고 말한다(장경섭, 2009: 299-300). 1990년대에 울산 대공장 노동자의 가족생활의 변형도 이러한 노동계급 중산층화 경향 속에서 조명될 수 있다.

먼저 대공장 남성 노동자의 임금수준은 '임금인상의 정치'의 성공을 통해 가족임금에 근접하게 되었다. 그 이전에 울산 대공장 노동자 가족은 한국 사회의 다른 노동계급 가족들과 마찬가지로 가구의 생계 압박과 위기를 만성적으로 경험하고 있었다. 1980년대 한국 노동자 가족의 생계위기에 대한 대응 전략은 주로 부인의 경제활동을 통한 가구소득원 증가, 장시간 노동을 통한 가구주의 소득 극대화, 가계의 절약과 내핍, 임시적인 부채 의존 등으로 나타났다(이효재 · 지은희, 1988: 강인순, 1990). 이러한 대응 전략들은 울산 대공장 노동자의 가족생활에서도 흔하게 이루어졌다.

현대자동차노조가 1990년에 발행한 내 집 마련 수기공모 당선작 7편을 살펴보면(현대자동차노조 편집실, 1990), 이러한 노동자 가족들의 생계 문제 해결을 위한 대응 양태들이 곳곳에 나와 있다. 특히 이 수기들에는 부인의 생계 보조가 도시 비공식부문 취업을 통해 많이 이루어졌음을 알 수 있다. 수기에 소개된 부인들의 경제활동은 가정 내 부업(밤깎기, 면봉, 이쑤시게), 행상(사과장수, 고무줄장수, 번데기장수, 수세미장수, 양말장수, 장난감장수, 악세사리장수), 임시적 취업(식당일, 외판원, 학원강사), 소규모 창업(반찬가게, 생선가게) 등이었다. 울산은 중화학공업 위주의 지역경제 구조로 인해 여성 일자리가 매우 부족한 상황이어서 노동계급 기혼 여성들의 경제활동은 대부분 비공식부문의 주변부 노동시장에 국한되었다.[23] 이러한 부인들의 비공식부문 취업은 수기에서 나타나듯이 남성 배우자의 임금소득이 상승하고, 출산과 양육의 부담이 늘어나며, 자가 보유가 달성되면서 대부분 사라졌다. 1990년대에 들어오면 울산 대공장 노동자의 가족 형태는 전형적인 남성 생계부양자와 여성 전업주부로 구성되었다.

〈표 6-3〉은 현대자동차(조사시점 1991년 말)와 현대중공업(조사시점 1994년 초) 남성 노동자의 배우자 취업 유무 및 취업 형태, 배우자의 월수입 현황을 정리한 것이다. 이를 보면 여성 배우자가 취업해 있는 비율은 현대자동차의 경우 7.3~8.0%, 현대중공업의 경우 14.4%에 불과하여 맞벌이 가구가 매우 드물었다는 사실을 보여준다. 또한 소수의 취업한 배우자의 취업 형태를 보더라도, 결혼 후에도 계속 직장생활을 해온 경우는 현대자동차의 경우 22.2~26.7%, 현대중공업은 22.3%에 불과했다. 나머지 대부분은 집에서 부업을 하거나, 결혼 후 퇴직했다가 다시 일을 하거나, 시간제 근무를 하는

---

23 이러한 울산 지역노동시장의 성별 분절구조는 오늘날에도 크게 변하지 않았다. 허은(2020)의 실증분석에 따르면, 울산의 양질의 제조업 일자리는 여성에게는 별다른 이점이 되지 않으며, 전문직 여성 일자리의 경우에도 다른 지역에서는 뚜렷이 나타나는 전문직의 임금 프리미엄이 거의 없는 게 울산의 특성이다.

등 배우자 취업이 주변부 노동시장, 도시 비공식부문, 임시일용직 등에 편중되어 있었음을 짐작할 수 있다. 배우자의 월평균 수입도 현대자동차의 경우 약 54~56만 원, 현대중공업의 경우 34만 원 등으로 가구 생계의 보조 수단에 그치고 있었다.

〈표 6-3〉 1990년대 초반 현대자동차와 현대중공업 노동자의 배우자 취업 관련 현황

(단위: %)

| 구분 | | 현대자동차(1991) | | 현대중공업 (1994) |
|---|---|---|---|---|
| | | 전직종 | 생산직 | |
| 취업 유무 | 취업 | 8.0 | 7.3 | 14.4 |
| | 미취업 | 92.0 | 92.7 | 85.6 |
| 취업 형태 | 계속 직장생활을 해왔다 | 26.7 | 22.2 | 22.3 |
| | 결혼후 퇴직했다가 다시 일을 한다 | 16.8 | 14.8 | 14.8 |
| | 시간제 근무로 일을 한다 | 6.9 | 8.6 | 9.3 |
| | 집에서 부업을 한다 | 22.8 | 25.9 | 14.3 |
| | 개인사업을 한다 | 13.9 | 14.8 | 12.7 |
| | 기타 | 12.9 | 13.6 | 26.6 |
| 평균 월수입 | | 56.8만원 | 54.2만원 | 34만원 |
| 표본 수(N) | | 1,095 | 921 | 1,944 |

출처: 한국사회과학연구소(1993: 15); 현대그룹노사관계진단연구단(1994: 345)
주) 현대중공업 표본은 기능직(1,277명)과 일반직(667명)이 합산되었음.

　가구경제의 운영에 있어서도 이제 기혼 여성의 취업을 통한 소득원의 추가보다는 남성의 장시간 노동을 통한 소득 극대화가 주로 선택되었다. 이것은 여성의 안정적 일자리가 울산에 거의 없었다는 사정과 함께, 급격한 임금인상으로 남성 노동자의 잔업 및 특근을 통한 추가적 소득 획득의 가능성이 꽤 커졌다는 점도 작용했다. 일례로 현대자동차노조가 조합원을 대상으로 1990년 2~3월에 조사

한 자료를 보면, '가계 부채를 갚기 위해 선택하는 방법'에 대해 잔업·특근이 58.3%로 가장 높았고, 그다음으로 생활비 절약(32.4%)이었으며, 가정 부업으로 충당한다는 응답은 5.4%에 불과했다.[24] 가계소득이 대부분 남성 가장의 임금소득에 의존하는 가구경제의 특징은 남성 단독 부양자의 장시간 노동을 유발하면서 동시에 '임금인상의 정치'를 구조화하는 작용을 했다.

이렇게 울산 대공장 노동자의 소득이 가족임금을 달성하게 된 것과 동시에 가족생활은 이제 휴식·모성·양육·소비 등의 가치들로 채워진 가정중심성(domesticity)이 지배하는 공간이 되어갔다(조주은, 2004). 그것은 도시 중산층 가족규범에 대한 모방과 따라잡기의 노력으로 나타났다. 불과 얼마 전까지만 하더라도 프롤레타리아트의 불안정한 지위 하에서 가계의 생계문제 해결을 위해 극단적인 내핍과 비공식부문 취업을 통해 생존해 나가던 입장에 비추어 볼 때, 이러한 가족형태 및 규범의 변형은 당사자들에게는 무엇보다 사회적 지위 상승의 의미를 지니고 있었다. 1990년대 중반에 쓰인 남성 노동자와 부인들의 수기는 시기적으로 생활수준 상승이 이루어지고 자가 보유가 상당히 확산되고 있던 때에 걸맞게, 도시 중산층 생활양식을 표상하는 각종 '상징물'이 다수 발견된다. 아래에서 보는 부인들의 수기에는 생활의 안정을 이루면서 소유하게 된 새로운 물건·장소·활동—서양화 그림, 현대식 욕실, 베란다의 화초, 강아지, 취미생활— 등이 매우 구체적으로 표상되고 있다.

---

24 현대자동차노동조합, "근로조건 개선과 임금협상 의견 수렴을 위한 설문조사", 『사업보고』, 1990. 같은 조사에서 '잔업·특근을 하지 않으면 생활이 어려워질 것'이라는 문항에 동의한 비율은 96%에 이를 정도였다.

[1] 작년 이맘때 우린 이 아파트로 이사를 했다. 그 이후로 집안 꾸미는 일에 한동안 열중했었는데 오늘은 거실 한쪽 벽면이 허전한 게 무엇으로든 메꾸고 싶어졌다. … 주말 저녁 허전했던 그 벽에 그림을 걸 수 있게 되었다. 크기도 작지 않은 그림이었다. 내가 거금 십만 원을 주고 그림을 사다니…. 사실 그동안 그림이라는 것에 무관심했던 나로서는 큰 마음을 먹은 것이었다. 〈모네의 베떼이의의 정원〉이라나. 누군가가 물어볼새라 열심히 외워 두었다.[25]

[2] 그 푸른 플라스틱 대야가 생각난다. 깨진 것이어서, 이사 올 때 다른 잡동사니들을 담아 버리고 왔지만, 버리기 직전까지는 사용하던 것이었다. … 욕실이 따로 없던 신혼 시절의 셋방을 떠나 아파트로 오게 되면서, 대야는 우리들과 멀어지게 되었다. 남편도 나도, 우리의 두 아이들도 대야에 손발을 씻을 필요가 없어졌다.[26]

[3] 다시 거실문을 닫으며 아래를 보았다. 주홍빛 타일이 질서 있게 붙여진 좁다란 우리집 베란다에 빛바랜 화분이 놓여져 있고 그 안에 키작은 푸성귀들이 정다운 모습으로 앉아 있다. 파아란 몸통만 드러내 놓은 채…. 머지않아 같이 가고픈 양지마당을 꿈꾸며 우리는 매일 아침 인사를 나눈다. 마당에 심어진 이 나무들 밑동을 돌며 장난스레 짖어댈 털이 하얀 강아지도 키워봐야지….[27]

25 노경은, "모네의 정원 앞에서", 현대자동차홍보실(1996: 67).
26 박순태, "푸른 대야의 기억", 현대자동차홍보실(1996: 71-72).
27 권영숙, "당신에겐 솔잎향기가", 현대자동차홍보실(1996: 182).

[4] 생활이 안정되자 그동안 손이 미치지 못한 아이들한테 신경을 쓰며 남편과 나는 취미생활을 했다. 남편은 낚시 바둑을, 나는 글쓰기와 붓글씨를 배우기 시작했다. 아파트 앞 빈 공터를 일구어 텃밭을 만들고, 그곳에 고추 파 상추 쑥갓 배추 무 등등의 많은 채소를 심었다. … 새벽에 선바위까지 달리는 재미 또한 빼놓을 수 없는 것이었다. 차가운 바람이 이마를 때리며 몸 속으로 파고드는 상쾌함. 먹이를 찾아 수면 위를 배회하던 하얀 두루미 떼들. 대나무 숲을 누비던 다람쥐.[28]

[1]의 화자는 현재 서른세 살의 전업주부로 전 해에 갖게 된 '내 집'에서 남편과 아이들이 나가고 집안일을 마친 한가로운 오전에 거실에 앉아 허전한 벽면을 바라보곤 그곳을 채울 모네의 그림을 구입했다. 이후 집안일을 마친 어느 늦은 오전에 화자는 '거실 벽면을 채운 모네의 그림' 앞에 앉아 가난했던 유년의 고향을 회상한다. [2]의 화자는 가난했던 신혼 시절을 내내 함께했지만 현대식 아파트 생활에서는 별 쓸모가 없어져 베란다에 놓아둔 '푸른 대야'를 응시한다. 아파트로 이사한 후 플라스틱 대야는 일상의 살림도구로는 쓸모가 없어지면서 아이들이 잡아온 도롱뇽 올챙이를 담는 도구가 되었다. 여기서 '플라스틱 대야'를 통해 과거 셋방살이의 반(半)공개적인 생활과 현재의 현대식 아파트에서의 사사화된 생활이 대조되

---

28 조숙향, "오늘보다 더 나은 내일을 위해"(제7회 울산 공단문학상 생활수기 부문 최우수작품), 《경상일보》, 1995년 9월 11일자, 8면.

고 있다. [3]의 화자는 어렵게 마련한 집 베란다에 가꾸고 있는 화분과 푸성귀를 바라보며 결혼 후 식당 옆 조그만 사글세방에서 어렵게 살던 시절을 떠올린다. 그곳에선 벌레와 양념 냄새가 진동해 창문을 항상 닫고 살았고 공동화장실을 사용해 공과금 납부 문제로 항상 골머리를 앓았다. 현재 조그만 빌라를 분양받아 살고 있는 화자는 앞으로 '빨간 벽돌담'이 있는 단독주택으로 이사하여 마당에 하얀색 강아지를 키울 꿈을 꾸고 있다. [4]의 화자는 회사 주택조합을 통해 울산 교외에 내 집 마련을 이룬 후 다니던 직장을 그만두었다. 전업주부로서의 생활이 안정되면서 그 이전에는 꿈도 꾸지 못했던 취미 생활을 하며 아침운동에서 느끼는 소소한 행복과 안락함을 자연 풍경에 대한 관조적 태도로 드러내고 있다.

그렇다면 노동계급의 부인들이 중산층 지향적인 가족규범에 동조하고 그것을 모방하게 된 배경은 무엇일까? 첫째, 공적 영역으로부터 분리되어 친밀성이 지배하는 가정의 이상은 노동자 부인들의 과거 경험을 고려할 때 생애사적 열망과 동경의 대상이었다. 울산의 1세대 남성 노동자와 마찬가지로 그들의 부인들도 대개 농촌의 가난한 가정환경에서 성장했고, 대개 남녀 차별적인 봉건적 가족 배경을 지니고 있었다. 또한 그들은 대개 중고교를 졸업한 이후 결혼 직전까지 주변부 노동시장의 저임금 노동자로 살아왔었다. 따라서 그들에게 대기업에 다니는 남성과의 "결혼은 가족생계를 위해 참아야 하는 단순하고 반복적인 노동과 봉건적이고 통제적이며 가난한 가족에서 벗어나기 위한 좋은 기회"이자 "남편의 벌이만으로도 먹고살 수 있는, 중간계급에 가까운 삶으로의 계층상승의 의미"를 갖는 것이었다(조주은, 2004: 100-102). 1990년대 울산 대공장 노동자 가족의 생활세계는 남성 노동자의 가족임금과 기업복지에 기초하여 전업주부로서의 가정생활의 이상을 일정하게 실현시켜 주었던 것이다.

둘째, 가정생활의 중산층화 또는 가정중심성에 대한 강조는 노동자를 기업 내로 포섭하려는 대기업의 기업문화 전략의 중요한 일환이면서, 동시에 가장인 남성 노동자가 바라는 가정상에 부합하는 것이었다. 1990년대에 들어와 울산의 대기업들은 신경영전략의 일환으로 작업장 내에서의 기업문화 전략을 넘어서 인근 지역사회의 노동자 가족에 대한 문화적 개입을 시작했다. 그것은 노동자의 생활영역을 기업 공동체로 포섭하려는 전략적 시도였다.

대표적으로 현대중공업은 노동자 투쟁이 가장 격렬했던 1990년에 직원 부인들을 대상으로 한 '현중주부대학'을 개설했다(이후 명칭을 '현대주부대학'으로 개칭했고, 2017년부터는 사단법인 '현주'로 바꿨다). 처음에 3개월 과정으로 열린 주부대학은 첫 해에 304명의 수료생을 배출한 이래로 수료생이 지금까지 1만 명을 웃돈다. 주부대학의 교훈이 '배우는 아내, 사랑의 엄마, 알뜰한 주부'인 것에서 알 수 있듯이, 도시 중산층 전업주부를 교육 모델로 삼았다. 교육 내용은 정규 강좌에 가정관리, 자기계발, 일반교양, 문화/체육, 지역사회이해 등 5개 분야를 구성했고, 특별강좌에 각종 체험활동 등을 배치했다. 주부대학은 '행복한 가정'을 만드는 '현모양처'가 되기 위해 필요한 사항들이 강의의 주된 내용이었고, 그러한 메시지는 부인들에게 실제로 큰 효과를 미쳤다. 아래의 인용은 1990년 주부대학 1기생의 수료 소감에서 가져온 것이다. 비록 사보(私報)에 실려 있다는 점에서 어느 정도 이데올로기적 편향을 갖지만 주부대학에서 가르치는 내용이 무엇이었고 참여자들에게 미치는 효과가 무엇이었는지 잘 보여준다.

주부대학 개강 안내 책자를 보고 문득 학창시절 미지의 소녀로 돌아가고픈 느낌에 그이를 통해 신청하기로 했다. '배우는 아내, 사랑의 엄마, 알뜰한 주부' 교훈 아래 모두들 자아발견에 열성들이었다. … 여자의 매력은 미소에 있으며 남자의 매력은 체력, 지력, 재력 등 부부의 행복 등을 강조하시던 강OO 학장님. … 부부 간에 스트레스를 주지 말라고 강조하시던 양OO 교수님의 '안다리 걸치기 3단계론.' 훗훗 지금도 눈에 선하다.[29]

결혼 생활 6년을 돌이켜보면 정말 부끄럽지 않을 수 없습니다. 나의 온 정열을 다해 남편을 사랑하지 못했고 또한 남편의 입장에서 서서 모든 일을 생각지 못했습니다. … 저는 정말 부질없이 못난 아내였습니다. 그러나 이젠 본 주부대학을 통해 늦게나마 아내로서 나 자신을 뉘우칠 수 있는 기회를 얻게 된 것과 회사에서 피곤에 지친 모습으로 돌아온 남편에게 환한 웃음으로 맞이할 수 있는 여유를 가지게 된 것도 짧은 기간이나마 주부대학에 다닌 보람이라고 생각합니다. 나 하나의 희생(?)으로 남편이 즐겁고 평안한 마음으로 모든 일에 임해 준다면 얼마나 가치있고 보람있는 일이겠습니까?[30]

---

29 서부인, "주부대학을 수료하고: 짜릿한 이 감동을 모든 주부에게", 『현대중공업』 1990년 7월호, 48-9쪽.

30 전숙희, "주부대학을 수료하고: 아내로서의 부족함 절실히 뉘우친 기회", 『현대중

위 인용문을 보면, 고정화된 성별 역할 모델에 대한 강조와 남성 가장을 위한 전업주부의 의무('내조') 등이 주요한 교육 내용이었음을 알 수 있다. 이러한 교육 내용은 회사에서 장시간 육체노동에 종사하는 남성 노동자가 '피곤에 지친 모습으로' 가정에 돌아가서 '즐겁고 평안한 마음으로' 소진된 노동력을 재충전하기 위해서는 가정주부의 '미소', '환한 웃음', '희생'이 요구된다고 강조하고 있었다. 이러한 교육 내용과 목적은 현대자동차에서 직원 부인들을 상대로 실시하는 '행복한 가정 만들기' 프로그램에서도 똑같이 나타났다. 사흘 일정의 이 프로그램의 교육 목적은 "① 가정을 경영하는 주부의 자기 통찰을 통한 남편과 자녀에 대한 올바른 이해, ② 남편과 자녀 그리고 타인과의 친밀한 어울림으로 인생의 의의를 발견, ③ 가정의 중요성을 인식하며 보람차고 아름다운 가정 만들기의 묘미를 체득"이었다.[31]

이러한 회사의 기업문화 전략에서 강조되는 주부 역할 모델은 남성 노동자가 원망(願望)하는 그것과 거의 일치하는 것이었다. 장시간 육체노동에 종사하는 대공장 남성 노동자들에게 집과 가정은 무엇보다 '안식처', '재충전의 장소'로 의미가 부여되어 있었는데, 기업문화 정책에서 주입하는 가정상은 남성 노동자가 자신의 노동력 재생산을 위하여 바라는 가정상과 호응하는 것으로 볼 수 있다.[32] 1990년대 초반 현대중공업은 기업문화 정책의 일환으로 노동

공업』 1990년 7월호, 50쪽.
31 현대자동차, "행복한 가정만들기 I: 교류분석을 중심으로", 조주은(2004: 296)에서 재인용.
32 현대자동차 조합원을 대상으로 한 설문조사 결과를 보면, '귀하에게 집은 어떤 장

자 부인들을 남편이 일하는 공장에 견학을 시키는 프로그램을 대대적으로 운영했다. 그 견학에 참여했던 한 여성은 당시를 회상하며 조선소에서 거칠고 힘들게 일하는 남성 노동자들의 모습에 '깨달음'을 얻고 그날 이후로 퇴근한 남편에게 육아 부담을 주지 않게 되었다고 말했다.

> 남편들이 일하는 그 현장을 좀 보라고, 배에 올라가서 … 딱 봤는데, 그때가 마침 쉬는 시간이었던가 봐요. 도장 일을 하는 아저씨들이 진짜로 페인트 묻은 옷을 머리끝까지 다 입고, 눈만 이렇게 달린 보안경 같은 거 있잖아요. 눈만 이렇게 내놓고 옷을 다 홀딱 뒤집어쓰고 배에 이렇게 난간 한 켠에 이렇게 기대가지고 이렇게 휴식을 취하는 모습, 담배를 물고 휴식을 취하는데 너무너무 기가 막힌 거예요. 이걸 보니까. 막 옷도 거지 같이 입고, 철판을 만지고 새까만 걸 만지고 페인트 그 붓통을 만지니까 얼마나 옷이 기가 막혔겠어요. 거지가 그런 거지가 없는 거예요. … 내가 얼마나 기가 막혀 눈물이 막 나더라고요, 거기서. … 그날부터 철이 들기 시작해가지고 … 그날부터 집에 오면 애기 봐라 소리를 안 했어요. … 그걸 보고 이제 막 소스라치게 내가 많이 깨달아진 거라. 사람이 된 거죠.[33]

소입니까'라는 질문에 응답자의 43.5%가 '안식처'라고 답했고, 그다음이 '재충전하는 곳'(27.5%), '배우자와 함께하는 곳'(18.4%) 등이었다. 이러한 응답 패턴은 연령대별로 유의미한 차이가 발견되지 않았다(현대자동차문화정책방향연구팀, 2005: 216).

33 최OO 구술, 2015년 4월 8일, 울산프로젝트팀 채록.

자본과 노동 간에는 첨예한 분배 갈등과 계급대립이 벌어졌지만, 노동력 재생산의 영역에서는 계급 간의 규범적 합의가 존재했다. 노동계급의 생활세계가 중산층 지향적인 가정중심성이 지배하게 된 것은 기업문화 전략과 남성 노동자의 가부장성의 호응 속에서 이루어진 것이다.

셋째, 울산 지역 노동자의 주거공동체라는 지역사회의 공간성은 중산층 지향적인 가정중심성이 노동계급 생활세계의 지배적 가치체계가 되는 데 이바지했다. 울산의 동구와 북구 일원은 수만 명의 노동자가 공간적으로 밀집되어 살아가는 독특한 지역사회 구조를 갖고 있었다. 1987년 직후 울산의 노동자 집단 주거지는 '저항의 공동체'로서 노동자투쟁에 동원되곤 하였으나 1990년대에 들어 중간계급적 소비·여가·문화생활의 헤게모니가 확산되는 공간으로 변형되었다(김준, 2006a; 송호근·유형근, 2009). 1990년대 중후반에도 울산 현대 계열사 노동자들의 주거지는 집단적 군락을 형성하고 있었다. 1996년에 결혼하여 생면부지의 울산으로 이주해 현대중공업 사원분양 아파트에서 신혼살림을 꾸린 노동자 부인은 당시 처음 접했던 노동자 집단주거지의 독특한 풍경을 시간이 많이 흘렀음에도 또렷이 기억했다.

> 그때 제일 크게 여기가 이런 동네구나 라고 느낀 게, 아침에 7시쯤 되면 막 아파트가 막 시끄러워요. 그래서 베란다 이렇게 보면 빨간 헬멧을 쓴 아저씨들이 똑같은 잠바를 입고 그 길이 미어지게 오토바이를 타고 출근을 하고 퇴근을 하고. … 그때 느낌이 막 공포스러운 느낌. 정말, 여기 뭐 이런 동네가 다 있나. … 이건 회

사가 아니라 무슨 학교 가는 학생도 아니고. ⋯ 제가 혼자 집에
있고 따로 떨어져 있으면 아파트 복도에 아줌마들이 점심 때쯤
되면 복도에서 뭘 해먹으세요. ⋯ 복도 아파트니까 문만 열면 옆
집이고 다 되니까, 이 아줌마들이 복도에다가 뭘 해서 잡수세요.
엘리베이터 타는 그 공간이 제일 넓은 광장처럼. ⋯ 거기에 자리
를 피고 앉아가지고, 뭐 전을 부쳐 먹고. ⋯ '새댁, 니 뭐하노 나온
나' 하잖아요.[34]

현대 계열사의 집단주거지는 같은 회사에 다니고 비슷한 생활수
준을 누리는 노동자 가족들로 구성되어 있기 때문에 대단히 동질적
인 거주환경을 갖고 있었다. 특히 부인들 간에는 성장 배경도 유사
하고 남편의 직장도 같기 때문에 이웃 간 교류가 활발하여 동질적
문화가 지배했다. 가재도구, 실내 인테리어, 가전제품, 양육패턴 등
가정생활의 거의 모든 측면에서 강한 동질화 압력이 존재했던 것이
다(조주은, 2004: 268-275). 이 동질화 압력은 문화적 모델로서의 가
정중심성이 강화되는 데 기여했다.

종합적으로 보면, 1980년대 울산 대공장 노동자 가족들의 생활
세계는 가정중심성의 이상과는 거리가 멀었다. 기혼 여성들은 가계
의 생계유지를 위해 여러 형태의 임금노동에 종사하거나 비공식부
문에 취업했고, 가정은 부업의 장소일 때가 많았으며, 집은 거친 일
의 세계로부터 공간적으로 매우 가까운 지역에 간이숙소와 같은 형
태로 존재했었다. 이러한 생활세계의 특징들은 모두 노동계급의 불

---

34 이OO 구술, 2015년 4월 9일, 울산프로젝트팀 채록.

안정성과 곤궁을 표현하는 것이었다. 그러나 노조가 결성되고 단체교섭에 의해 임금소득이 급상승하면서 노동자들의 생활세계는 변형을 겪게 되었다. 무엇보다 내 집 마련, 마이카 붐, 내구소비재의 확충, 외식문화의 탄생 등 노동자 가족의 소비생활의 고도화가 진행되었다. 또한 남성 노동자의 임금소득만으로 가족의 생계가 유지될 수 있게 되면서 노동자 부인들의 생활은 전업주부의 모습으로 탈바꿈하게 되었다. 이제 그들의 '가정'은 (공간적·문화적인 의미에서) 남성들의 일의 세계로부터 분리된 곳으로 위치하게 되었다. 가정은 일의 세계로부터 떨어진 휴식과 안전의 영역이고, 친밀성과 주관성이 지배하는 사적인 공간으로서 '남성적인' 공장의 세계와는 뚜렷이 구분되기 시작했다.


## 3. 지역사회의 공간성 변화와 계급형성


### 1) 계급형성과 도시 공간

작업장을 벗어난 노동자 생활이나 지역사회의 특성은 그동안 한국 노동계급 형성에 관한 연구에서 부차적인 관심사였다. 물론 작업 현장이 노동자의 경험과 의식 형성에 중요한 의미를 갖는 영역임에는 분명하지만, 노동계급 형성의 다면성을 규명하기 위해서는 노동자들의 가족생활과 근린관계가 이루어지는 지역사회의 공간구조와 사회적 관계, 그리고 그것이 노동운동과 맺는 상호연관성에 대한 이해는 필수적이다. 더욱이 한국의 산업화가 국가 주도로 조성된 대규모 공업도시들에서 압축적으로 진행되었고, 바로 그 도시가 노동운동의 중심축이었다는 사실에 비추어 볼 때, 도시공간에 대한 관심의 부족은 한국 노동계급 형성을 규명하는 데에 이론적 공백으로 남는다.

이러한 문제의식 하에서 현대자동차가 입지한 울산 북구와 현대중공업이 입지한 울산 동구의 공간성(spatiality)에 주목해볼 필요가 있다. 최대 중화학 공업도시였던 울산은 1990년대 이후 산업의 다변화, 광역시로의 승격, 체계적인 도시발전계획의 수립과 집행, 기존 주거단지의 재개발, 신흥 주거지역 개발, 인구 및 면적의 확대 등으로 인해 거대도시의 면모를 갖추었다. 도시공간의 변형은 종래의 노동자 집단 주거지의 공간성에도 영향을 미쳤고 나아가 두 지역 노동운동의 궤적에도 상당한 영향을 끼쳤다.

공업도시의 노동자들이 하나의 계급이 되기 위해서는, 작업장의 울타리를 넘어 생활세계에서 결속과 연대를 이루고, 노동자 조직이 지역사회의 일상생활을 관장하는 사회조직으로 역할하는 것이 결정적으로 중요하다. 울산의 노동자 집단 주거지에 주목하는 것도 그런 이유이다. 그곳은 때로는 노동자투쟁의 자원이자 계급투표의 기반이 되면서 조직적 계급형성을 위한 공간적 기반으로 작용하기도 했지만, 1990년대 후반 이후 공간성의 변형 속에서 반대로 계급형성을 제약하는 요인이 되었다.

이론적으로 고찰하자면, 계급형성의 관점에 입각한 여러 노동사 및 사회지리학 연구들은 19세기 후반과 20세기 초반 서구의 산업화 과정 속에서 노동계급 형성의 국가별·지역별 변이를 설명하는 다양한 변수들을 발견했다. 여기에는 산업화 패턴, 정치적 시민권의 개방성, 노동시장의 분절 구조, 전통사회의 습속과 규범, 문화와 정치 담론뿐만 아니라, 도시공간이나 노동계급 거주지 같은 지리적 요인도 포함되었다. 여기서 공간은 단지 계급형성이 일어나는 무대나 배경이 아니라, 계급형성 과정에 개입하는 핵심적 요인으로 취급되었다(Cronin, 1980; Thrift and Williams, 1987; Katznelson, 1992; Savage, 1993; Savage and Miles, 1994; 하비, 2005: 321-348). 이 연구들의 통찰에 따르면, 도시공간과 노동자 거주지역의 공간성, 즉 사회적으로 생산된 특정한 공간과 그것이 갖는 인과적 힘은 계급 정체성과 노동자 연대의 강도를 결정하고 나아가 집단행동의 성패를 좌우한다. 이 연구들에서는 계급을 역사적 산물이자 동시에 공간적 산물로 보는 것이다. 기존 연구들은 다음과 같은 세 가지 이론적 시사점을 제공한다.

첫째, 자본주의의 지리적 불균등 발전이 계급형성에 미치는 효과를 들 수 있다. 자본축적은 지리적으로 불균등하게 나타나고 이것은 세계적, 국가적, 지역적 스케일에서 계급형성의 공간적 차이를 낳는다(Massey, 1995). 이런 맥락에서 울산과 같은 거대 공업도시들은 자본축적의 공간적 집중의 산물인데, 이 도시들이 역사적으로 노동운동의 중심지가 되었다. 엥겔스는 1840년대 맨체스터와 같은 영국의 공업도시들을 관찰하며 프롤레타리아트는 산업화의 산물인 만큼이나 도시화의 산물이라고 말했다.

대도시는 노동운동의 발생지다. 대도시에서 노동자들이 처음으로 자신들의 상황을 곰곰이 생각하고 그 상황에 맞서 투쟁하기 시작했고, 대도시에서 프롤레타리아트와 부르주아지의 대립이

처음으로 분명하게 드러났으며, 대도시에서 노조와 차티스트 운동, 사회주의가 등장했다(엥겔스, 2014: 172).

둘째, 도시생태학적 구조는 계급의식이나 계급 정체성의 발달을 촉진하거나 반대로 억제하는 요인으로 작용한다. 구체적으로, 노동력의 지리적 이동, 지역노동시장의 구조, 도시의 규모와 성장 속도, 계급 간 주거분화의 패턴, 일터와 거주지의 분리 양상 등이 중요한 변수로 거론된다(배영수, 1995; Harris, 1984; Hobsbawm, 1987; Eagles, 1990). 예를 들어 도시공간에서 노동계급 거주지의 격리가 강할 경우 노동계급 하위문화가 발달할 가능성이 커진다. 반면에 주거생활의 교외화 등으로 일터와 주거지의 공간적 분리가 커지고, 인종·민족·국적에 따른 주거 분화가 나타나면, 그만큼 계급 내부의 응집력은 줄어들기 마련이다.

셋째, 이와 연관되는 것으로 가장 미시적인 수준에서 도시 내부의 사회적 관계망(social networks)의 중요성이다. 동일한 구조를 지닌 도시라고 할지라도 그 내부에서 상이한 방식으로 구조화된 사회적 관계와 상호연계의 패턴은 집단 정체성과 집단행동의 차이를 낳는다(Gould, 1995). 사회적 관계망의 특성은 그 관계의 응집성이 얼마나 강한지, 그리고 그 관계가 어떤 사회 세력에 의해 통제되는가에 따라 가변적이다. 예를 들어, 신규 노동력이 대규모로 유입되거나 새로운 주거단지 개발이 빈번하여 공간적 이동성이 높을 경우에, 노동계급 거주지의 공동체성이 약화되고 노동계급의 유대는 약해진다(Savage and Miles, 1994: 57-72). 또한 어떤 사회 세력이 노동계급 거주지의 사회적 관계망을 통제하느냐에 따라 계급형성의 유형과 결과가 달라질 수 있다. 역사적으로 보더라도 서구에서 중간계급의 지역정치조직, 자선기구, 교회, 사회사업의 침투에 맞서 독자적인 노동계급 기관들(노조지부, 협동조합, 소비조합, 민중의 집, 노동회의소, 취미클럽 등)의 네트워크가 발달한 도시들이 노동정치의 중심지로 부상했었다(Cronin, 1980; Hobsbawm, 1987; Kirk, 1991; 콘, 2013). 특히 울산이나 포항처럼 하나의 산업이 그 지역의 경제생활을 지배하는 단일 공업도시 또는 한 명의 고용주에 의해 지역의 총체적 생활이 규정되는 기업도시(company town)의 경우 해당 기업은 종업원뿐만 아니라 주민들의 일상생활과 그들의 사회적 관계망에 절대적 영향을 미친다(엄미경, 2001; 박재욱, 1996; 장세훈, 2010; Kalb, 1997; Jonas, 1996). 따라서 공업도시의 경우 사회적 관계망의 통제를 둘러싼 자본과 노동 (또는 지역시민사회) 사이의 갈등과 타협은 그 지역 노동계급 형성의 패턴을 설명하는 중요한 변수가 된다.

## 2) 울산 북구의 공간성 변화

먼저 현대자동차가 입지해 있고 조합원 다수가 거주하던 울산 북구 지역을 살펴보자. 앞서 살펴본 대로, 노동조합 설립 이후 '임금인상의 정치'를 통해 소득이 급속히 증가하면서 현대자동차 노동자들은 자가 보유자로서의 주거 지위를 획득해 나갔다. 이에 따라, 1990년대에 북구 지역 곳곳에는 사원분양 아파트와 민간 아파트 등의 노동자 집단 주거지 군락들이 생겨났다. 〈표 6-4〉는 노조가 1998년 5월 울산 북구의 공동주택 단지에 거주하는 조합원 현황을 조사한 자료를 재구성한 것이다. 북구의 총 55개 공동

주택 단지에 총 20,828세대가 거주했는데 그중 현대차 조합원의
비중이 전체적으로 61%(12,837세대)에 달했음을 알 수 있다. 울산
광역시 통계연보에 따라 1998년 북구의 총세대수가 35,513세대임
을 감안할 경우, 북구는 세 집 건너 한 집 꼴로 현대차 노동자 가
족이 사는 지역이 된 셈이었다. 이 수치는 북구에 거주하는 현대
차 조합원 중 공동주택 이외의 단독주택에 거주하는 조합원이 포
함되지 않았다. 자료의 미비로 정확한 수치는 알 수 없지만, 이들
을 포함할 경우 북구의 인구 구성에서 현대차 조합원의 비중은
더 높아질 것이다.

〈표 6-4〉 울산 북구지역 공동주택 조합원 거주 현황 (1998년 5월 기준)

| 지역명 | 공동주택 단지 | 전체 | | 조합원 가족 | | 조합원 비율 (B/A) |
|---|---|---|---|---|---|---|
| | | 세대수 (A) | 총거주 인원 | 세대수 (B) | 거주 인원 | |
| 중산 | 중산현대 외 10개 단지 | 2,696 | 10,784 | 1,627 | 6,510 | 60.3% |
| 약수 | 약수제일 외 3개 단지 | 752 | 3,008 | 268 | 1,074 | 35.7% |
| 천곡 | 대동한마음 외 3개 단지 | 1,965 | 7,860 | 754 | 3,018 | 38.4% |
| 상안 | 쌍용아진1차 외 3개 단지 | 2,762 | 11,048 | 1,847 | 7,388 | 66.9% |
| 신천 | 문화청솔 외 8개 단지 | 2,171 | 8,684 | 1,488 | 5,951 | 68.5% |
| 매곡 | 매곡현대 외 4개 단지 | 2,243 | 8,972 | 1,023 | 4,094 | 45.6% |
| 화봉 | 화봉청구 외 8개 단지 | 4,223 | 16,892 | 2,382 | 9,526 | 56.4% |
| 양정 | 사택 외 6개 단지 | 3,492 | 8,865 | 3,068 | 12,270 | 87.9% |
| 염포 | 현대1차 외 4개 단지 | 524 | 2,096 | 380 | 1,520 | 72.5% |
| 합계 | 55개 단지 | 20,828 | 78,209 | 12,837 | 51,351 | 61.6% |

자료: 현대자동차노동조합, 『사업보고』, 1998, 581-83쪽의 자료를 활용하여 계산

이처럼 1990년대 후반의 울산 북구는 자동차산업의 단일 업종,
그중에서도 다수가 현대차라는 단일 기업 소속의 노동자들이 밀집

되어 거주하는 독특한 생활환경이 만들어졌다. 인구생태학적 구조로만 본다면, 울산 북구의 지역사회는 단일 업종의 노동자와 그 가족들이 공동주택단지 내에 집단적으로 거주하며 인구의 다수를 차지하는 '노동자 도시'가 된 것이었다. 이로써 북구의 노동자 집단 주거지를 중심으로 현대차 노동자들은 비교적 동질적 생활환경과 문화를 공유하면서 계급 정체성을 강화하고 지역수준의 노동정치를 발전시킬 수 있는 공간적 기반을 갖게 되었다. 그러나 현대차 노동자들의 거주지는 계급형성의 공간적 하부구조로 공고해지기보다는 이후 가족 중심의 배타적 생활양식의 모태로 변하게 된다.

북구의 노동자 집단 주거지들은 일차적으로 지역 수준에서 계급정치가 발달하는 데 우호적인 조건이 되었고, 그것을 처음 현실화한 것은 노동조합과 공동주택지구 주민 간의 일상적 연계 기능을 담당한 입주자대표들이었다. 특히 조합원 가구 비중이 높은 공동주택 단지들에는 노조 활동가 출신들이 입주자대표를 맡아 조합원 가족과 주민들의 일상적인 접촉을 주도했다. 그들은 평소에는 민원업무, 공동주택 관리비 책정에 대한 감시, 주택 단지의 수리나 정비사업 등을 하지만, 선거 시기에는 매우 중요한 정치적 동원의 결절점 역할을 했다. 노조가 입주자대표위원회의 정치적 잠재력을 인식하게 된 계기는 1995년 지방자치제 선거를 통해서였다.[35] 이후 소수의 노조 활동가들은 조합원 밀집 주거지역의 입주자대표위원회에 의식적인 진출을 시도했고, 이들을 통해서 초보적인 수준이지만 노동운동과 지역사회가 연계될 수 있었다.

---

35 송OO 구술, 2008년 10월 9일, 필자 채록.

새로운 공간성이 내포한 정치적 잠재력이 계급투표로 가시화된 것은 1997년 북구가 신설되고 지방정치가 활성화되면서부터였다. 노동자 밀집주거지는 1998년 지방선거에서부터 현대차 조합원 출신의 노동자 후보 당선을 위한 정치적 동원의 핵심 거점으로 조직되었다. 노조는 양정·염포·효문 선거구의 조합원 밀집지역에 노동자 후보를 출마시켜서 기초단체장(북구청장)을 비롯해 광역의원 1명, 기초의원 2명 등 출마자 전원이 당선되는 성과를 거두었다.[36] 울산 북구의 전체 가구 중 3분의 1 이상이 현대차 조합원 가구인 인구생태학적 조건이 선거정치에서 '수(數)의 정치'를 가능케 한 것이었다. 또한 선거운동 기간에 노조는 집단 주거지의 입주자대표들과 지역주민들을 대상으로 노조 위원장의 순회 간담회를 조직하며 노동자 후보를 선전하고 지역사회의 집단 민원을 후보의 공약사항에 반영하는 등 노동자 밀집주거지를 계급투표 블록으로 조직해 나갔다. 이후에도 노조는 지방선거에서 연이어 기초단체장을 배출했고 2004년 총선에서 북구에서 민주노동당 후보가 당선되자 이 지역은 '진보정치 1번지'로 불릴 정도가 되었다.

그런데 이런 성공에도 불구하고, 2000년대에 들어와 북구 지역 노동자들의 계급적 응집력과 계급투표 현상이 약화되었다(김원, 2007; 정영태·윤상진, 2006: 204-223; 정용상, 2006; 권미정, 2002). 실제로 2000년 북구 국회의원 선거에서 노동자 후보의 패배, 2006년 북구 보궐선거에서 현대차 출신 노동자 후보의 낙선, 같은 해 한나라당 출신의 기초단체장 당선 등은 북구 지역에서 계급투표의 효력이

---

36 현대자동차노동조합, 『사업보고』, 1998, 373-380, 532쪽.

약해지고 있음을 보여주었다. 그것은 노동운동 내부의 정파 갈등 문제도 작용한 것이었지만, 계급투표의 사회적 기반 자체가 약화되고 있었던 것의 반영이기도 했다. 1990년대에 형성된 노동자 집단 주거지의 동질적 생활환경이 2000년대 이후 점차 희석되면서 그것이 갖고 있던 선거정치에서의 잠재력이 약화된 것이었다. 그 배경에는 2000년대 이후 북구 지역의 공간성이 다시 새롭게 재편되는 변화 과정이 놓여 있다.

첫째, 생태학적 공간 환경이 변화하면서 북구를 전형적인 '노동자 도시'라고 말하기 힘들어졌다. 신규 주택건설로 인한 유입 인구의 증가와 현대차 조합원의 거주지 이전 등으로 노동자 밀집지역으로서의 특성이 약해졌던 것이다. 북구의 인구는 1997년 10만여 명 규모에서 2007년 15만여 명으로 증가했고, 이후에도 인구 증가가 계속되어 2020년에는 20만 명이 넘게 되었다. 이것은 북구가 울산의 신흥 주거지역으로서 대규모 아파트 개발이 지속되면서 나타난 결과였다. 1980년대까지만 하더라도 울산의 주거 분화는 공업단지를 중심으로 한 기능적 분화 패턴을 보였으나, 1990년대 중반 이후 개별 가구의 소득과 사회경제적 지위에 따른 주거지 분화가 본격적으로 진행되었다. 신흥 주택지 개발, 택지개발 사업, 자동차의 대량 보급, 교외화 현상의 가속화 등이 그러한 사회경제적 지위에 따른 주거지 분화를 촉진했다(하성규·서준익, 1998). IMF 사태 직후 지역 경제의 침체가 극복되고 2000년 이후 울산 주택시장이 다시 활성화되면서 현대자동차 노동자들도 더 나은 주거 환경을 추구하며 보다 큰 평수의 민간아파트로 대거 이동했다.[37] 인구 구성의 다변화, 잦은 주거 이동 등은 생태학적 측면에서의 계급형성의 잠재력을 약화시켰던 것이다.

이러한 인구생태학적 변동은 북구 노동자들의 계급투표의 힘을 결정적으로 약화시켰다. 지역구 국회의원 선거보다 정당명부 비례대표 선거가 계급투표의 실제를 보다 잘 반영한다고 볼 때, 2004년부터 도입된 비례대표 국회의원 선거 결과를 보면, 진보정당들의 득표율이 2004년 35%에서 2020년 19%로 지속적으로 감소했음을 알 수 있다(〈표 6-5〉 참조). 이것은 부분적으로는 진보정당의 분열에 따른 결과이기도 하지만, 북구의 인구 증가와 이에 따른 계급투표의 효력이 감소한 것이 크게 작용한 결과였다. 여러 진보정당들의 득표수는 2004~2020년 사이에 큰 변화가 없이 대체로 1만 5천 명에서 2만 2천 명 사이에서 진동했다. 그런데 득표율의 분모(정당별 득표수 합계)가 크게 증가했던 것이다. 같은 시기 북구의 인구는 57.4% 증가했다. 다시 말하면, 울산 북구는 점점 노동자 밀집 주거지(특히 현대자동차 조합원 밀집 주거지)의 성격을 탈각해간 것이다.

---

37 현대차 노동자들은 이미 1990년대 후반 대부분 자가를 소유하고 있었다. 그런데 2005년 조사에 의하면 현대자동차 조합원 중 최근 5년 동안 1회 이상 이사한 비율은 84%에 달하는 것으로 나타났다(울산리서치, 2005). 또한 2007년 조사에서, 현대자동차 조합원의 부채총액은 평균 4,546만 원이었는데, 부채 이유 중 가장 큰 비중이 주택구입(76.3%)이었다(울산리서치, 2007). 이것은 최초의 내 집 마련 이후의 추가적인 주거 이동이 반영된 결과로 해석할 수 있다.

〈표 6-5〉 울산 북구의 비례대표 국회의원 선거에서 진보정당의 득표율 추이

(단위: %, 명)

| 구분 | 17대 (2004) | 18대 (2008) | 19대 (2012) | 20대 (2016) | 21대 (2020) |
|---|---|---|---|---|---|
| 진보정당 득표율 | 35.6 | 30.1 | 28.3 | 18.4 | 19.4 |
| 진보정당 득표수 | 20,601 | 15,699 | 21,512 | 16,329 | 22,083 |
| 정당별 득표수 합계 | 57,904 | 52,116 | 75,945 | 88,919 | 114,116 |
| 내국인 인구 | 139,165 | 166,469 | 184,088 | 195,285 | 219,014 |

자료: 중앙선거관리위원회 선거통계시스템; 울산통계연보
주) 민주노동당, 사회당, 진보신당, 한국사회당, 통합진보당, 녹색당, 정의당, 민중연합당, 노동당, 민중당의 득표수를 합산하여 계산했음.

둘째, 이러한 생태학적 변화는 노동계급 지역사회의 사회적 관계망의 특성에도 영향을 미쳤다. 기존의 "빈부차가 거의 없는 동질화된 집단거주지"(조주은, 2004: 218)에서 이제 막 형성되기 시작했던 노동자 가족 간의 문화적 동질성이 빠르게 약해진 것이다. 오히려 다양한 직업 계층의 성원들과 근린을 형성하게 되면서 많은 노동자 가족들은 도시 중산층의 생활환경에서 살아가게 되었다. 중산층화의 의도치 않은 결과 중 하나는 장시간의 육체노동 문화가 지배적인 작업장과 중산층 주거지 사이의 문화적 간격이 생기면서 남성 노동자와 그 부인들(또는 자녀들) 사이의 가치와 의식의 차이가 본격적으로 나타났다는 점이다.

셋째, 주택시장의 발달은 소비영역에서 노동자 생활의 중산층화를 촉진했다. 1990년대 초중반의 '내 집 마련'이 공간적 밀집과 동질적인 생활환경의 조성이라는 결과를 가져왔다면, 2000년 이후의 '평수 늘리기'는 노동계급 지위의 중산층화를 촉진했다. 주택시장에서 지위와 자산 가격의 상승은 노동자 정치의식에서 변

화를 가져오는 한 요인이 된다. 일례로 2008년 총선에서 민주노총 울산지역본부와 민주노동당은 공공주택 정책의 일환으로 지자체 차원의 '아파트 반값 공약'을 준비하다가 그들의 핵심 지지 세력인 대공장 조합원들의 암묵적인 반대 여론을 확인한 후 총선 공약에서 제외하기도 했다.[38] 울산의 조직노동자들에게 노동자 정당이 추진하려는 공공주택 정책은 그들의 주택자산의 가치를 떨어뜨리거나 최소한 자산가치의 상승에 별 도움이 되지 않는 정책이었던 것이다.

2000년대 이후 울산 북구의 공간 변화가 시사하는 바는 이 지역이 조직노동자가 인구의 다수를 차지하는 '노동자 도시'라고 말하기가 어려워졌다는 것이다. 오히려 다양한 계층이 동거하는 복합 대도시로서의 인구특성이 점점 더 커지고 있다. 또한 노동계급의 내부 분화는 노동시장에서의 지위 격차뿐만 아니라 새롭게 등장하는 소비부문에서의 균열도 포함하고 있었다. 이러한 변화들은 지역사회 수준에서 노동자들이 단일한 정치적·문화적 집단으로 구성되는 데에 큰 장애물로 작용했다. 1990년대 중반 현대차 노동자 집단 주거지가 계급형성의 사회적 기반이었다면, 2000년대 이후의 지역사회는 지속적인 도시(재)개발, 신흥 주거단지의 조성, 교외 지역으로의 주거 이동, 상이한 직업군의 대규모 유입 등과 같은 생태학적 공간 구조의 변화 속에서 노동자 집단 주거지 특유의 계급적 하위문화가 자라날 가능성이 거의 사라졌다. 오히려 노동계급 거주지의 응집성이 약화되면서 노동자들은 지리적으로 분산된 거주지에

---

38 하OO 구술, 2008년 4월 28일, 필자 채록.

서 핵가족 중심의 사사화된 생활양식을 추구하는 경향이 강화되었고, 이것은 현대자동차 노동자의 중산층화 경향을 촉진하는 사회적 배경이 되었다.

### 3) 울산 동구의 공간성 변화

유럽에서 20세기 초반에 노동자의 계급의식 형성에 강력한 지지대를 제공하고 노동운동의 급진주의가 맹위를 떨치게 된 이유 중 하나는 2차 산업혁명이 심화되며 대도시의 교외지구에 대규모 공장 부지가 조성되고 그 인근에 노동자의 집단 주거지가 만들어진 것과 관련된다. "일과 주거가 불가분하게 연결"되고 노동계급의 거주지가 "고도로 응집된 사회성이 형성되는 장소"가 된 것이다(Perrot, 1986: 102). 한국의 노동계급 형성에서 이러한 유럽의 역사적 선례에 가장 가까운 공간은 현대중공업이 입지한 동구 지역이었다.

현대중공업 노동자의 집단 주거지는 1987년 이전에 이미 작업장과 매우 가까운 지역에 조성되었다. 집단 주거지는 걸어서 통근이 가능한 범위에 위치했고 거기서 공장 내부가 육안으로 보일 만큼 가까웠다. 그만큼 일터와 거주지의 공간적 분리가 거의 없었다. 따라서 작업장에서 쟁의가 발생하면 자연스럽게 지역사회로 그 여파가 확산되곤 했다.

1987년 이후 노동운동이 활성화되면서 이러한 개연성이 현실화되었다. 동구의 노동자투쟁은 당시 전국에서 가장 치열했다. 당시의 투쟁은 공장 담벼락을 넘어 집단 주거지로 쉽게 전파되었다(원영미, 2016: 127-129). 노동자 가족과 지역주민들은 노동자투쟁에 적극적으로 참여했고, 공장 출입문에서 수백 미터 정도만 떨어져 있던 노동자 숙소와 사원아파트가 밀집된 장소는 투쟁의 '제2의 거점'으로 조직되기도 했다. 기업이 조성한 주거 '공간'이 노동자투쟁에 동원되면서 노동자 연대의 '장소'로 탈바꿈한 것이었다. 김준(2006a)이 잘 드러내었듯, 1987년 이후 1990년대 초반까지 현대중공업 노동자의 생활세계는 작업장 안팎에 걸쳐 형성된 직업공동체의 긴밀한 사회적 관계망이 노동자투쟁을 통해 공동체적 연대로 재구성된 사례로 볼 수 있다.

이를 바탕으로 동구 지역의 노동자들은 매우 이른 시기에 지역의 노동정치에 적극 참여하게 되었다. 울산 동구는 1988년 총선에서 전국에서 유일하게 '노동자 후보'가 출마한 지역이었다. "사실상 1987년 이후 나아가 한국전쟁 이후 최초의 '밑으로부터의' 노동정치"(김동춘, 1995: 135)로 평가되는 당시의 선거 참여는 자주적 노조 결성을 둘러싼 작업장 내부의 투쟁이 지역정치로 연장된 것이었다. 당시 개표 결과 노동자 후보는 30.6%를 득표하여 2위로 패배했지만, 당시의 열악한 노동운동 상황과 부정·금권 선거 논란에 비추어 본다면 상당한 선전이었다. 이후 1992년 첫 지방의회 선거에서도 현대중공업 또는 현대엔진 출신의 노동자 3명이 도의원과 시의원에 당선되었다.

이처럼 1987년 이후 공장 안팎을 포괄하는 노동자들의 '반란'으로 동구 지역은 거의 매년 계급투쟁의 무대로 변해갔다. 고립적인 지리적 특성, 밀집된 거주형태, 작업장과 거주지의 근접성과 같은 공간적 조건이 노동의 전투성과 결합되자 급진적인 계급의식과 정치의식의 터전이 된 것이다. 작업장의 남성 노동자들뿐만 아니라, 남편을 따라 외지에서 이주해 와 동질적인 주거공동체에서 생활하던 부인들도 지역사회로 전이된 노동조합 투쟁에 자연스럽게 결합하는 양상이 나타났다. 1988년에 남편을 따라 울산에 와서 이제 50대가 된 한 여성은 당시에 "노동에 대한 그런 생각보다는 같이 먹고 사는 노동자고, 그러니까 가족이니까 당연히 … 전부 같이 해야 산다는 생각을 했"었다고 회고했다.[39]

따라서 현대중공업 자본은 단지 작업장 내에서 노동의 힘을 제어해야 될 뿐만 아니라, 지역사회의 노동자 주거공동체에서 형성되던 저항의 유대도 분쇄해야 했다. 현대중공업의 지역사회 관리는 이러한 맥락에서 신경영전략과 맞물려 있었다. 특히 현대중공업이 창사 이래 본사를 동구 조선소 내에 둘 정도로 기업의 장소 배태성이 매우 높다는 점과 함께, 회사의 소유주가 1988년에 동구 국회의원으로 정계에 진출하면서 지역사회 관리에 대한 정치적 필요성이 매우 커졌다는 점도 중요한 영향을 미쳤다.

1990년대 이후 기업의 새로운 노동통제는 생산 영역과 재생산 영역이 상호 연계되면서 구축되었다. 1990년대 초반 이후 작업장 노사관계에서 회사는 신경영전략으로 알려진 생산합리화와 노무관리를 강도 높게 추진했는데 그 결과 '128일 파업'과 '골리앗 투쟁'으로 상징되던 노조의 동원력이 현저히 약화되었다(강석재, 2002; 조형

---

39 이○○ 구술, 2015년 3월 11일, 울산프로젝트팀 채록. 또 다른 50대 중반의 현대중공업 노동자의 부인은 1989년의 '128일 투쟁' 당시를 회상하면서 "중공업 사택에서 아침이 되면 아줌마들이 [데모하러 나가라고] 아저씨들을 다 밖으로 내쫓"을 정도였다고 증언했다(최○○ 구술, 2015년 4월 8일, 울산프로젝트팀 채록).

제·이성균, 1999). 2000년대 이후 자체 동원력이 취약한 상황에서 노조는 노사 공동이익을 강조하며 경영 주도의 협조적 노사관계에 호응했고, 회사는 협력적 노조 집행부에 대한 지원과 치밀한 현장 노무관리를 통해 노사관계의 안정성을 유지했다. 기업 주도 하에 협조적 노사관계가 뿌리를 내리자 지역사회에 대한 노조의 영향력도 줄어들었다. 노조가 동구 지역에서 기업의 헤게모니에 대항할 수 있는 거의 유일한 공식 조직이었기 때문에 노조의 동원력 쇠퇴는 곧바로 지역정치에도 영향을 미친 것이었다.

여기에는 회사가 주도한 지역사회의 공간 재구조화가 가장 위력적인 요인으로 작용했다. 먼저 회사는 1987년 직후 노동자투쟁에 적극적으로 동원된 장소들의 상징성을 희석시켰다. 대표적으로 조선소 내 종합운동장 철거와 조선소 바깥의 독신자 숙소 폐쇄가 이에 해당한다. 이 장소들은 노동자투쟁을 계기로 노동자 저항의 거점으로 전유되어 노동운동의 공론장으로 새롭게 변형된 곳이었던 만큼 이들 장소의 파괴는 전략적인 의미를 갖고 있었다.

사내종합운동장은 노동자대투쟁 시기 처음으로 노동자들이 집단 농성을 시작한 곳이었다. 그곳은 노동자들이 자유롭게 접근하여 사용할 수 없었던 회사의 공간이었으나, 1987년 7월 투쟁 당시 4일간의 집회와 농성이 그곳에서 벌어지면서 노동자의 장소로 전유된 곳이었다. 그 후부터 조합원 총회, 집행부 취임식, 임단협 보고대회 등 노조의 주요 행사와 집회는 그곳에서 이루어졌다. 회사는 1991년 10월에 들어 이곳에 블록을 적치하여 사실상 사용할 수 없게 한 후 결국에는 운동장 자체를 없애버렸다. 노조는 이에 대해 "우리들의 운동장은 어디로 갔나?"라는 제호의 소식지를 내며 사측의 조치를 규탄했다(87년노동자대투쟁20주년기념사업추진위원회, 2007: 253).
독신 노동자 숙소였던 오좌불도 노동자투쟁 이후 회사에 의해 폐
쇄되었다. 1989년 128일 파업 당시 장외투쟁의 거점으로 역할하며
노조와 지역주민의 연대투쟁의 상징적 장소가 되었던 오좌불숙소
는 1990년경 회사에 의해 일방적으로 폐쇄 조치되었고 지금은 아파
트가 들어서 있다. 오좌불숙소는 폐쇄 이후에도 지역노동운동의 기
념 장소로 노동자들의 기억 속에 한동안 남아 있었다. 일례로 1996
년 5월 15일 민주노총 금속연맹 울산지부 출범식은 오좌불숙소가
있었던 공터에서 개최되기도 했다.

　다음으로, 공간 재구조화는 지역사회 수준에서 노동력 재생산
과 집합적 소비의 영역을 기업이 주도적으로 관리하려는 기획과 연
계되었다. 이러한 노력은 현대중공업 소유주의 정치적 진출 이후
부터 본격화되었는데, 가장 역점을 둔 것은 도시 재개발을 통한 사
원아파트 분양 사업과 지역의 문화·복지시설의 확충이었다. 〈표
6-6〉은 2007년 기준 현대중공업의 지역사회에 대한 각종 시설 투
자를 정리한 것이다. 이외에도 현대중공업은 유치원 2개교, 중학교

〈표 6-6〉 현대중공업의 지역사회 각종 시설 투자 현황

| 구분 | 시설명 | 투입비용<br>(백만원) |
|---|---|---|
| 문화시설 | 현대예술관 외 5개소 | 57,790 |
| 체육시설 | 방어진체육공원 외 5개소 | 25,648 |
| 학교시설 | 울산과학대학, 현대청운고 기숙사 | 54,902 |
| 의료시설 | 울산대학교병원 | 53,000 |
| 기타 공공시설 | 동부도서관, 대왕교, 예술공원, 전하동어린이공원 | 4,880 |
| 도로/시설물 | 방어진공원순환도로 외 4개소 | 9,316 |

자료: 현대중공업(2007)

2개교, 고등학교 3개교를 비롯해 울산대학교와 울산과학대학을 운영하고 있다.[40]

1990년부터 회사는 조선소 인근의 기존 노동자 주거단지를 재개발하여 고층 아파트 단지로 탈바꿈시켰고, 노동자들에게 저렴한 가격으로 분양했다. 이에 더해 지역사회의 문화·복지시설과 도시 인프라를 대대적으로 확충했다. 회사의 최대 소유주가 지역구 국회의원이 되면서 회사의 지역사회 투자는 잠재적으로 정치적 투자의 성격을 갖게 되었다. 이 과정은 사원아파트 재개발 사업과 거의 같은 시기에 시작되었다. 현대중공업은 1991년 한마음회관을 시작으로 1998년 현대예술관까지 6개의 지역 문화·복지시설을 동구 곳곳에 건설하여 운영해왔다. 이외에도 회사는 동구 지역사회에서 체육시설, 학교와 의료시설, 기타 공공시설 그리고 도로 건설 등에도 막대한 비용을 투입했다.[41] 도시를 교육, 주택, 의료 등 집합적 소비의 사회적 단위로 정의한다면(Castells, 1977), 1990년대 이후 울산 동구는 명실상부하게 집합적 소비를 국가나 지방정부가 아닌 대기업에 의존하는 자기 충족적인 기업도시가 되었다고 말할 수 있다. 울산 토박이로 현대중공업에서 근무하는 한 기혼 여성의 다음 진술에서도 이 점을 확인할 수 있다.

---

40 현대중공업 홍보실이 작성한 "현대중공업이 울산 경제에 미치는 효과 및 역할" (2014)에 따른 것이다. 이 자료는 현지조사 과정에서 입수했다.

41 현대중공업의 담당 직원에 따르면, 2015년에도 현대중공업이 설립한 각종 지역 문화·복지시설 운영 예산은 약 240억 원에 달하고, 이 중 회사가 직접 지원하는 예산은 약 100억 원 정도라고 한다(조OO 구술, 2015년 3월 11일, 울산프로젝트팀 채록).

요쪽 동구지역 안에는, 동구지역 안에 모든 게 있어요. … 영화관이 없나요? 예술관, 한마음회관 다 있어요. 다 있고. 뭐 배우고자 한다, 여기 진짜 저렴하고 다양한 거 많아요. 시내 사람도 오히려 여기 와요. (어디서 배우나요?: 면접자) 한마음회관, 예술관, 동부회관, 서부회관, 대송문화센터 이런 데 우리 회사에서 하는 데. 거기는 싸요, 싸고 다 할 수 있어요. … 여기서 안 될 게 아무것도 없거든요. 그러니까 시내 진짜 잘 안 나가요.[42]

　기업 주도의 지역적 노동통제 체제는 지역사회의 비공식 조직과 사회적 관계망에서도 새롭게 구축되었다. 먼저 1990년대 들어와 회사는 지역사회의 비공식 조직들을 주도적으로 만들어 일상적인 지역관리에 활용했다. 대표적으로 1990년에 회사는 현대주부대학을 개교하고 매년 약 300~400명의 주부들을 교육했고, 입학 기수별 동창회를 조직하여 수천 명의 주부들을 별도로 관리하면서 지역봉사활동 등의 일상 활동을 지원해왔다(현대중공업, 2007: 179). 현지조사에서 만났던 회사 관계자에 따르면, 현대주부대학의 수료자는 1만 2천여 명에 달하는데, 이는 울산 동구 기혼여성의 약 4분의 1 정도는 되는 수치라고 했다. 1990년대 중반 경에 현대주부대학을 다녔던 노동자 부인(현재 50대 중반)의 구술에 따르면, 동구의 노동자 집단 주거지에서 기혼 여성들 간의 사교와 사회관계 형성에 있어서 주부대학은 필수적으로 거쳐야 하는 곳이었다.

---

42 곽OO 구술, 2007년 4월 13일, 필자 채록.

주부대학은 아줌마들끼리 어울려 놀다 보면, 몇 기 몇 기 얘기를 해요. … 보통 다 하거든요, 안 가는 사람이 없으니까. 아예 아파트 내에서 다음 기수 되면 너네 졸업할 쯤 되면 다음 기수 바로바로 모집하니까 엮어줘 이래가지고. … 또 주부대학 안 나오면 어디 낄 자리도 없는 거 같고. 워낙 큰 행사, 연합회나 체육대회 이런 걸 하면 갈 수가 없잖아요, 졸업을 안 하면. 그러니까 자꾸 누구든지 다 가게 되는 것 같더라고.[43]

이것은 회사가 노동자 가족 생활세계의 중산층화에 따른 새로운 문화적 욕구를 충족시킴으로써 지역사회에서 기업의 문화적 헤게모니를 구축하려는 시도라고 볼 수 있다. 또한 사원아파트 단지의 운영을 담당하는 입주자대표회는 1990년대 초반까지만 하더라도 노조의 영향력이 강하게 미쳤으나 이후 친(親)회사 성향의 인물들이 차지하면서 노조의 영향력은 거의 사라졌다. 민주노동당 소속 구의원과 현대중공업 해고자에 따르면, 이러한 비공식적인 지역사회 조직들은 선거 시기 정몽준 의원과 친회사 후보를 위하여 동원되는 '선거운동 조직'으로 움직였고, 일상적으로는 회사의 지역사회 관리를 위한 풀뿌리 근린조직으로 기능했다.[44] 회사의 탄압 속에서도 노동조합 활동을 지속해오며 정년퇴직을 앞둔 한 노동자는 울산 동구를 '지구에서 이런 동네는 없다'는 말로 일갈했다.

---

43 최OO 구술, 2015년 4월 8일, 울산프로젝트팀 채록.
44 박OO 구술, 2007년 6월 22일, 필자 채록; 설OO 구술, 2007년 7월 3일, 필자 채록.

동구는요, 지구에서 이런 동네는 없어요. 지구 땅에 이런 데가 없다고요. 정몽준 씨가 정치를 하면서 기업에서 지역정치까지 다 장악하는 거예요. 자기들 맘대로 하는 거죠. … 90년대 초 같은 경우에 아파트 단지에 성향 분석까지 다 합니다. 성향 분석. 아파트 대문에다가 이 집은 세모, 이 집은 곱표, 이 집은 동그라미 표시까지 다 해놓습니다. … 구의원, 시의원, 구청장까지 회사가 공천해요. … 심지어 아파트 동대표 선거까지 개입했어요.[45]

동구 지역의 상당수 자영업자들도 주요 고객층과 납품처가 현대중공업과 직간접적으로 관련되어 있기 때문에 기업의 지역사회 관리로부터 자유롭지 않을 정도였다. 동구에서 진보정당 소속으로 시의원을 하고 국회의원 선거에 출마를 했었던 한 인사는 이러한 기업의 지역사회 관리를 가리켜 "기업정치가 노동자들의 정치적 영혼을 통제하고 있는 것"이라고 표현했다.[46]

결론적으로, 울산 동구는 어느 곳보다 계급형성의 생태학적 조건이 발달해 있었고 실제로 1980년대 후반의 노동자투쟁은 그것이 현실화된 것이었다. 1990년대에 들어와 노동계급의 도전과 저항은 지역경제를 지배하는 대기업 주도의 공간 재구조화 과정을 거치면서 점차 순치되었다. 회사는 막대한 지불능력을 바탕으로 1990년대에 들어와 노동자 주택문제를 기업 주도적으로 해결했고 지역의 집합적 소비재를 대규모로 공급했다. 이것은 기업도시의

45 김OO 구술, 2015년 3월 4일, 울산프로젝트팀 채록.
46 이OO 구술, 2015년 3월 4일, 울산프로젝트팀 채록.

조건 하에서 밑으로부터의 도전에 직면한 대기업이 지역관리 체제를 새로운 형태로 만들어가는 과정의 일환이었다. 중요한 것은 건조환경의 변형뿐만 아니라 그 공간에 배태되어 있던 사회적 관계망도 기업의 통제 하에 들어갔다는 점이다. 이 과정에서 계급적으로 특수한 공론장의 형식들이 형성될 수 있는 공간이 대단히 협소해졌고 결국 이것은 지역노동운동의 힘을 약화시키는 한 요인이 되었다. 울산 동구의 사례는, 밑으로부터의 도전을 경험한 지배적 대기업이 주도적으로 도시 공간과 그 속의 사회적 관계망을 변형시켜 노동운동의 탈급진화를 유도하고 기업 헤게모니로의 노동자 포섭에 일정하게 성공함으로써 조직적 계급형성의 결과가 희석된 사례라고 할 수 있다.

이상에서 울산 북구와 동구의 도시 공간의 변화와 그것이 계급형성에 미친 영향을 살펴보았다. 1990년대 이후 변화된 노동자의 생활환경과 도시공간이, 초보적인 계급형성 단계에 있던 울산 지역 산업노동자들의 계급문화를 희석시키고 정치적 연대의 실현을 제약했다. 일터에서 분출된 전투성과 집단주의적 문화와는 별개로, 노동자들의 삶터는 기업의 사회적 통제에 종속되거나 주택시장과 소비주의의 논리에 쉽게 동화되어갔다. 이러한 맥락에서 보면, 1987년 이후 울산의 산업노동자들은 '작업장과 지역사회의 문화적 분리'의 조건 속에서 계급형성의 과정을 밟았다고 볼 수 있다. 만약에 이러한 조건이 울산을 넘어 한국 노동계급의 형성 과정에서 일반화될 수 있는 것이라면, 그것은 1970~80년대 브라질과 남아프리카공화국의 '사회운동적 노조주의'의 사회적 기반과 대조를 이루는 것이라고 할 수 있다(Seidman, 1994). 두 국가의 노동운동이 작업장과 지역사회를 연결하는 공통의 계급적 정체성과 운동조직을 토대로 성장했다는 점과 비교해 보면, 한국의 노동운동에서는 사회운동적 노조주의가 발달할 사회적 기반이 대단히 취약했음을 알 수 있다. 반대로 한국의 경우 작업장과 지역사회의 문화적 분리는 점차 기업별 노조주의의 제도화에 비옥한 토양이 될 가능성이 컸던 것이라고 말할 수 있다. 한국의 진보정당운동이 2000년대에 들어서 울산과 같은 '노동자 도시'를 거점으로 본격적인 지역정치에 나섰을 때 부딪혀야 했던 악조건도 바로 이러한 작업장과 지역사회의 문화적 분리와 관련된 것이었다.

# 7장

## 풍요로운 노동자의 생활세계와 공장의 세계

7장은 2000년대 이후 최근까지 울산 대공장 노동자의 작업장 안팎의 계급상황의 특징적 변화를 살펴보고, 그것이 오늘날 대공장 노동자 특유의 행위 성향에 미치는 영향을 검토한다. 이 장은 현대자동차 노동자를 주요 연구대상으로 삼는다.[1]

먼저 2000년대 이후 현대자동차의 초국적 기업화와 경영 상황을 살펴보고 그것이 노동자의 계급상황에 미친 영향을 고찰한다. 다음으로 대규모 구조조정 이후의 임금교섭과 노조의 임금정책을 분석한다. 4장에서 고찰한 기존의 임금 극대화와 내부적 임금 평준화 정책이 2000년대 이후 변화된 환경 아래에서 어떻게 변모하였는지가 핵심적인 탐구 대상이다. 그 이후 대공장 남성 노동자들의 공장생활과 공장 밖 생활을 비교하고 그 '두 세계' 사이의 문화적 간극이 그들의 행위 성향을 이해하는 데 있어 의미하는 바를 토론한다. 마지막에는 8장에서 본격적으로 사내하청 비정규직 문제를 다루기에 앞서 울산 지역의 생활세계에서 정규직 노동자 가족과 비정규직 노동자 가족 간의 지위 분화와 계층화 양상을 파헤침으로써 오늘

---

1 현대중공업 노동자의 경우는 충분히 검토되지 않는데, 그것은 자료에의 접근이 수월하지 않았기 때문이다. 노동자의 생활방식과 계급상황에 대한 경험적 연구를 위해서는 회사와 노조의 공식 자료에의 접근 및 현지조사가 필요하지만, 2000년대 이후 상당한 시기 동안 현대중공업노조는 외부 연구자에 거의 문호를 열지 않았다. 특히 2004년 민주노총에서 제명된 이후 노조는 회사의 지배개입으로부터 자유롭지 않은 상태였고 이 연구 주제와 관련된 공식 자료를 거의 생산하지 않았다. 이에 따라 현지조사는 주로 현대자동차 노동자들에게 집중되었다. 이것은 이 책이 갖는 한계이다.

날 공업도시 울산의 노동계급 생활세계 내에서의 심대한 균열을 드러내 보일 것이다.

본격적인 논의에 들어가기에 앞서, 2000년대 이후 현대자동차 노동자를 '풍요로운 노동자(affluent workers)'로 지칭하고자 하는 맥락을 설명하고자 한다. 이 용어는 원래 1960년대 영국의 사회학자들이 런던 근교의 신흥 공업도시 루턴(Luton)의 자동차, 기계, 화학 공장 노동자들의 일, 생활, 사회의식, 정치적 태도를 조사했던 다년간의 대규모 연구 프로젝트의 결과물에서 사용했던 것이다 (Goldthorpe, Lockwood, Bechhofer and Platt, 1967, 1969). 이 책에서 사용하는 '풍요로운 노동자'라는 용어는 여기서 가져온 것이다. 이 연구팀은 제2차 세계대전 이후 경제 번영의 시기에 생활수준이 상승하고 상대적 고임금을 받는 육체노동자들이 과연 전쟁 이전의 전통적인 노동계급으로부터 얼마나 달라졌는지를 현지조사를 통해 알아보고자 했다. 1950년대 이후 노동당이 연달아 선거에서 패배하자 당시 영국의 산업노동자들의 계급의식이 약화되며 점차 중간계급의 생활방식과 사회·정치의식으로 동화되어 기존의 사회 질서를 수용하는 중간계급화(embourgeoisiement)가 진행되었다는 진단이 성행했었다.

당시 골드소프와 그의 동료들은 중간계급화 명제를 비판하며 그것이 경험적 근거가 약하다는 점을 밝혔다. 그들의 연구 결과에 따르면, 신흥 공업도시의 육체노동자들은 전통적 노동자들에 비해 자신의 일에 대해 금전적 보상을 우선시하는 도구주의적 태도를 지니며 작업장 밖의 생활에 있어서는 사사화된 가정중심적 태도를 보였다. 하지만 중간계급(주로 화이트칼라층)의 라이프스타일에 동화되어 그들과의 사회적 교류가 강화되거나, 중간계급 특유의 사회상과 정치적 태도로 수렴되고 있다는 증거는 거의 발견되지 않았다. 오히려 '풍요로운 노동자'들은 노동조합에 대한 애착을 잃지 않고 있었으며 정치적 태도에 있어서도 노동당에 대한 강한 일체감을 유지하는 등 계급 정체성을 유지하고 있었던 것이다. 물론 영국의 전후 풍요로운 노동자들은 전쟁 이전의 노동계급 공동체로부터 절연되었고 그들의 사회관계도 더 이상 과거와의 유사성을 찾기 힘들어졌지만, 중간계급화 명제가 주장하듯이 경제적 풍요 그 자체가 그들의 계급 정체성을 무너뜨렸다는 가설은 경험적으로 지지되지 않았던 것이다.

이 책은 당시 영국의 맥락에서 제기되었던 풍요로운 노동자라는 용어를 오늘날 울산의 대공장 노동자들의 계급상황과 행위 성향을 분석하는 데에도 충분히 사용할 수 있다고 판단한다. 아래에서 본격적으로 보겠지만, 그들은 고임금과 향상된 생활수준을 누리며 소비수준이 고도화된 경제적 풍요 속에서 살지만, 다른 한편으로 장시간 노동과 단순 반복적 육체노동의 굴레에서 벗어나지 못한 채 노조를 중심으로 한 집단주의적 행위 성향을 강하게 견지하고 있다. 이처럼 어떻게 보면 비일관적으로 보이는 대공장 산업노동자들의 세계를 이해하는 데 있어 '풍요로운 노동자'라는 용어는 하나의 길잡이가 되어줄 수 있을 것이다.

# 1. 2000년대 이후 기업의 고도성장과 풍요로운 노동자

## 1) 현대자동차의 고도성장과 초국적 기업화

1990년대 말은 현대자동차 경영에서 큰 전환점이었다. 현대자동차는 한국 자동차산업의 구조조정과 인수합병 과정에서 기아자동차를 1999년에 인수하며 내수시장을 사실상 독점할 수 있게 되었고, 지배구조도 현대그룹에서 분리되어 정몽구 회장 체제로 개편되었다. 자동차산업의 대규모 구조조정 이후 2000년대 한국 자동차산업은 이제 현대자동차그룹이 전체 완성차 시장의 3분의 2 이상을 점유하는 독점적 시장구조로 재편되었다.[2] 이처럼 국내에서 독점적 시장 지위를 강화한 것과 동시에 현대차의 최고경영진은 경영 목표를 그동안 세계 10대 메이커로의 도약을 넘어서 '글로벌 Top 5'로 수정하고 품질경영과 해외공장 건설에 박차를 가하며 본격적으로 글로벌 경쟁에 뛰어들었다. 조성재(2014)에 따르면, 현대차 경영의 목표는 창사 이래 1998년까지는 추격의 1기로, '글로벌 Top 5' 목표를 설정한 1999년부터 그 목표를 실제 달성한 2009년까지를 추격의 2기로 구분할 수 있다. 2009년에 현대자동차그룹은 판매 대수 기준 세계 5위로 올라서며 '추격의 완성'을 달성했다.

해외생산은 1990년대 말부터 본격화되었다. 1990년대 후반 터키

---

2  한국자동차산업협회의 통계에 따르면, 현대자동차그룹(현대차, 기아차)의 내수시장 점유율은 꾸준히 상승하여 2012년에 80%를 넘어섰다가 이후 조금 하락하였으나, 2018년부터 다시 80%를 넘어섰다.

와 인도를 시작으로, 미국, 중국, 체코, 러시아, 브라질 등 총 7개국에 현지생산법인을 설립하여 초국적 기업으로 발돋움했다. 현대자동차의 해외 진출은 비용절감을 목적으로 저임금 국가로 생산을 이전하는 경우가 아니었다. 그것의 주된 목적은 해외 시장을 확보하여 국내 수출 시 발생하는 무역비용과 환위험을 줄이는 것이었다(홍장표, 2016). 〈그림 7-1〉에서 보듯이, 해외공장의 생산능력은 단시간 내에 크게 증가했다. 해외생산은 2004년에 약 42만여 대에서 2016년에 318만여 대로 최고조에 달했다. 이 13년 동안 해외생산 대수는 7.5배 증가했다. 이에 비해 국내 생산은 큰 변화 없이 정체되어 있었다. 이에 따라 현대차의 해외생산 비중은 2004년 20%에서 2016년 65%까지 상승했다. 특히 2008년 글로벌 금융위기 이후 2010년대 중반까지 현대차의 해외생산 확장은 급격히 이루어졌다. 특히 금융위기의 여파로 전 세계 자동차산업이 전반적으로 부진에 빠진 가운데에서도 현대자동차는 성장을 지속했다.

〈그림 7-1〉 현대자동차의 국내 및 해외공장 생산 대수

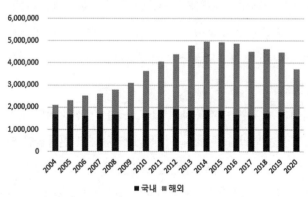

자료: 현대자동차 영업보고서

〈그림 7-2〉 현대자동차의 매출액 및 영업이익 추이, 1999~2020

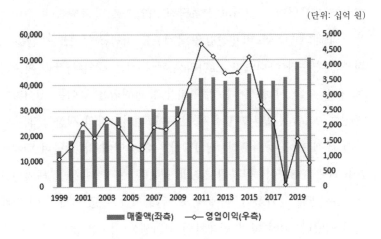

(단위: 십억 원)

자료: 위와 같음.

해외생산의 본격화와 글로벌 경쟁의 성공에 따라 매출액과 영업이익은 2000년대 동안 급속히 상승하여 2011년에는 매출액 40조 원, 영업이익 4조 6천억 원을 돌파했다. 〈그림 7-2〉에서 보듯이, 2010년대 중반까지 현대차의 고도성장은 매출액과 영업이익의 동반 상승을 수반했다. 하지만 2010년대 후반에 현대자동차의 영업이익은 급격히 감소하며 수익성의 하락이 나타난다. 이것은 사드배치에 따른 중국의 무역보복과 중국시장에서의 판매 급감, 미래차로의 산업 전환, 코로나 충격 등으로 인한 것이다.

외환위기 이후 현대자동차의 고도성장은 생산방식의 진화에 의해서도 뒷받침되었다. 현대자동차는 1980년대에 전형적인 테일러-포드주의적 생산방식에서 출발해 도요타의 린(lean) 생산방식을 적용하려고 했으나 대립적 노사관계와 같은 토착적 환경에 부딪히며

256  분절된 노동, 변형된 계급

좌절되었다. 이후 현대자동차는 이른바 '기민한(agile) 생산방식'(조형제, 2016)으로 진화했다. 생산방식의 '기민함'은 수요 변화에 빠르게 대응하며 다양한 제품 개발을 신속히 실현하는 능력을 구현하기 위한 것으로, 2000년대 초반부터 본격화된 플랫폼 통합, 계열 부품사 육성을 통한 폐쇄적 모듈화, 조립공정의 단순화와 숙련절약적 작업 조직, 프로젝트형 문제해결 능력을 극대화한 엔지니어 주도의 제품 개발, 자동화·정보화를 통한 시스템 합리화 등의 요소들이 결합되며 구현되었다(정명기, 2007; 김철식·조형제·정준호, 2011; 조형제, 2016). 종합적으로 보면, 기민한 생산방식은 외환위기 이후 자동차산업 구조조정으로 얻어진 독점적 시장 지위 하에서 재벌 오너의 '총수경영'과 이로 인해 가능해진 막대한 규모의 과감한 설비 투자, 그리고 엔지니어 집단의 프로젝트형 문제해결 능력이 결합된 결과였다. 21세기 초반 현대자동차에서 구현된 기민한 생산방식은 해외의 다른 자동차기업과의 제품 경쟁에서 뒤처지지 않고 현대자동차가 세계 유수의 초국적 자동차 메이커로 발돋움할 수 있었던 중요한 요인으로 작용했다.

되돌아보자면, 1980년대 중후반에 현대자동차에 갓 입사한 20대 노동자들은 북미 시장으로 연간 20~30만 대를 수출하여 '엑셀 신화'를 달성하고 개발도상국 메이커로서는 유일하게 기술자립의 기반을 겨우 갖추어가던 회사에 다니고 있었다. 2010년대 중반에 이제 40~50대의 중년이 된 당시의 노동자들은 전 세계에 걸쳐 연간 500만 대에 육박하는 자동차를 만들고 연간 매출액이 40조 원이 넘는 글로벌 자동차 메이커에서 일하게 된 것이었다.

이처럼 외환위기 이후에도 회사의 고도성장이 지속되면서 현대자동차 노동자의 임금소득은 꾸준히 상승했고, 한국의 '풍요로운 노동자'의 대표적 사례가 되었다. 다양한 직업의 임금소득과 비교해 볼 때, 현대자동차 조합원의 그것은 월등히 높아졌다. 〈그림 7-3〉은 2011년 기준 현대자동차 조합원의 평균 연령과 성별을 고려하여, 고용노동부가 조사한 직업별 임금수준(40~44세 남성)과 현대자동차 조합원의 그것을 비교한 것이다. 현대자동차 조합원의 월임금총액은 조립종사자와 기능원은 말할 것도 없고, 전문가와 관리자 직종의 임금총액보다도 훨씬 높은 수준이 되었다. 산업, 기업 규모, 숙련, 근속 등의 변수를 고려하지 않은 관계로 이러한 비교는 엄밀하지는 않지만, 현대자동차 조합원의 임금수준이 한국 경제에서 어떤 위치에 있는지 확인하기에는 충분하다.

〈그림 7-3〉 현대차 조합원과 한국의 40~44세 남성 노동자의 임금 비교
(2011년, 월임금총액 기준)

(단위: 천 원)

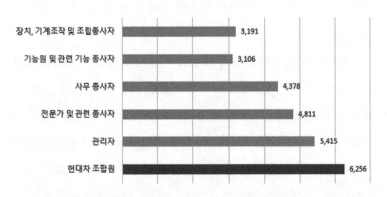

자료: 고용노동부, 고용형태별근로실태조사(2011); 전국금속노동조합, 금속노조 조합원 실태조사 (2011) 주) 고용노동부 자료는 종사자 5명 이상 규모의 40~44세 남성 노동자 집단의 수치임; 월임금총액=정액급여+초과급여+연간특별급여월할.

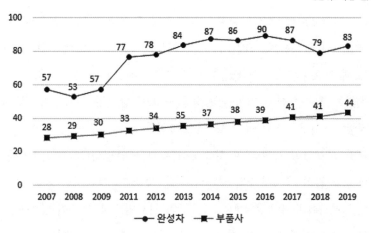

〈그림 7-4〉 자동차산업의 1인당 연간급여액 비교

(단위: 백만 원)

자료: 통계청, 광업제조업조사.
주) 10인 이상 사업체. 완성차는 C3012(자동차제조업), 부품사는 C303(자동차신품부품제조업).

그런데 이러한 현대자동차 조합원의 고임금은 노동계급 내부의 임금격차와 함께 나타났다는 점이 중요하다. 특히 자동차산업 가치사슬의 원하청 거래관계에 따라 임금격차는 체계적으로 발생했다. 〈그림 7-4〉에서 보듯이, 현대자동차가 포함된 완성차업체의 1인당 연간급여액은 2000년대 말 5천만 원 수준에서 2010년대 중반에 오면 9천만 원 가까이 상승했다. 위에서 보았듯이, 한국 완성차업체의 매출액 및 영업이익 급증 그리고 노동조합의 높은 협상력에 따라 노동자의 급여수준도 상승한 것이다. 하지만 자동차부품산업의 1인당 연간급여액은 완성차업체의 그것과 비교해 상승폭이 매우 완만하다. 특히 완성차업체의 1인당 연간급여액이 최고에 달했던 2010년대 초중반에는 격차가 더욱 커졌다. 2011년 기준자동차산업의 4만여 기업들의 거래 데이터를 분석한 연구에 따르면(정재헌, 2017: 1631), 현대자동차와 기아자동차는 (두 기업이 지배하는 기업군을 제외한) 자동차산업의 전체 평균과 비교해 보았을 때, 영업이익률(9.4%)은 2배 더 높고, 1인당 노동보수(86백만 원)는 약 2.2배 높은 것으로 나타났다. 반면에 두 기업에 소재와 부품을 납품하는 자동차산업 기업들의 경우 규모에 상관없이 평균으로부터 영업이익률은 20~30% 정도 낮고, 1인당 노동보수도 평균 이하로 괴리되어 있었다. 이러한 실증분석 결과는 안정화(2021)가 보여준 한국 산업의 가치사슬의 위계적 속성, 즉 전체 가치사슬에서 (기술, 숙련, 자본이 통제된 상태에서도) 하청의 지위일수록 이윤이 낮아지고 이는 하청기업 노동자 임금을 하락시키는 동시에, 원청업체의 이윤율 하락의 경향은 하청업체로부터의 가치 이전으로 보전되고 있다는 분석 결과가 자동차산업에서 드러난 것으로 봐도 무리가 없어 보인다.

현대자동차 노동자의 경제적 풍요는 2000년대 이후 약 20년 동안 기업의 고도성장, 글로벌 메이커로서의 도약, 노동조합의 높은 교섭력, 위계적이고 불평등한 산업의 가치사슬 구조 등이 결합된 결과로 출현했던 것이다.

## 2) 풍요로운 노동자의 가계지출 압박

그런데 2000년대 이후 지속적인 임금인상에 대한 현대자동차 조합원들의 요구는 줄어들지 않았고 오히려 그 필요성은 더욱 커져만 갔다. 이것은 무엇보다 조합원들의 생애과정과 노동력 재생산 부문에 강한 영향을 받는다. 가족생활의 중산층화, 소비구조의 고도화, 조합원의 고령화 등으로 인한 가계지출의 증가 경향은 2000년대에 들어와서도 임금 극대화 목표를 강화하는 기저 요인이었다.

현대자동차 생산직 노동자는 2000년대 후반에 생애과정상 평균적으로 40대 중반의 단독 생계부양자였다.[3] 노동자의 생애과정에서 40대는 가계지출의 압박이 가장 높아지는 연령대에 속한다. 〈표 7-1〉은 2007년 현대자동차 조합원의 평균적인 가계지출과 임금소득 현황을 비교해 본 것이다. 가계지출 중 노동자 가족의 생애과정의 특징을 반영하는 부채 상환액, 승용차 유지비, 자녀 사교육비, 저축액 등의 4개 항목의 합계액이 232만 원이다. 이 액수는 월평균 임금총액 542만 원의 42.8%를 차지한다. 임금을 고정급과 변동급으로 구분하면, 가계지출 4개 항목의 합계액은 고정급(통상임금+고정상여금)의 75%에 달한다. 다시 말하면, 현대자동차 노동자들의 가계지출 구조는 변동임금 부분이 없으면 가계 유지가 힘들어지는 것이다. 그만큼 노동자들의 소비규준의 고도화가 진행되었음을 알 수 있다. 변동급에 의존한 소비규준의 고도화는 노동자 생활세계의 항상적 불안 요인이 된다.

---

3  2009년 현재 노조의 『사업보고』의 조합원 현황 자료를 보면, 조합원 평균연령은 41.6세이다. 울산공장 생산직 조합원의 경우 이보다 약간 더 높다.

<표 7-1> 현대자동차 조합원의 주요 가계지출과 임금소득 현황, 2007년

(단위: 만 원)

| 구분 | 주요 가계지출 항목 | | | | | 임금소득(시급제 생산직) | | | | |
| | | | | | | 고정급 | | 변동급 | | |
| | 부채 상환액 | 승용차 유지비 | 자녀 사교육비 | 저축액 | 합계 | 통상 임금 | 고정 상여 | 초과 근로 | 변동 상여 | 임금 총액 |
| 월 평균 | 53.1 | 50.8 | 61.5 | 66.8 | 232.2 | 181.8 | 127.9 | 123.0 | 109.7 | 542.5 |

출처: 울산리서치연구소(2007), 박태주(2009)

주) 승용차유지비=월할부금+연료비+자동차세+보험료. 사교육비는 첫째 및 둘째 자녀만 계산; 초과근로=평일잔업+주말특근+심야할증, 변동상여=성과급+일시금+귀성비+기타.

그렇다면 2007년 조사된 자료를 바탕으로 현대노동자들의 가계 부채, 사교육비, 저축 등에 대해 보다 세밀히 살펴보자. 먼저 가계 부채 현황을 보면, 평균 부채총액이 4,546만 원으로 조사되었다. 구간별로 보면, 5천만~1억 원 미만이 23.9%로 가장 높고, 2천만~3천만 원 미만이 17.6%, 3천만~4천만 원 미만이 16.9% 순으로 나타난다. 부채를 지게 된 가장 큰 이유로는 주택구입이 76.3%로 월등히 높다. 현대자동차 조합원들 대다수는 1990년대 중후반에 생애 첫 내 집 마련을 한 이후 2000년대 이후 자녀의 성장과 소득상승 등으로 보다 넓은 평수의 주택을 구입했다. 이에 따라 월평균 부채상환액의 평균은 53.1만 원인데, 매달 100만 원 이상 상환하는 가구도 16.6%에 이른다.

현대자동차 울산공장 내에서 조합원들의 재무 상담을 오랜 기간 해온 금융컨설턴트는 2008년에 노동자의 평균적인 주거구입 패턴을 30세 전후에 5천만 원짜리 24평 전세에서 출발해, 34세 무렵에 대출 2천만 원을 끼고 1억 원짜리 24평 자가를 구입한 후, 40세 무렵에 3~4천만 원 대출을 끼고 1억 8천만 원짜리 30평대 아파트로 평수를 늘리고 대출금을 4년 정도 걸려 갚는 패턴이라고 증언했다. 결국 40대 중반에 30평대 아파트를 완전히 소유하게 되는데, 이 연령대는 자녀 교육비가 가장 많이 들 때이고, 또 노후대책을 마련해야 하는 필요가 겹치는 시기라고 한다.[4]

다음으로 자녀 사교육비를 보면, 첫째 자녀와 둘째 자녀 사교육비 평균의 합산액이 61.5만 원을 나타낸다. 사교육비 수준을 다른 집단과 비교하기 위해 비슷한 시기에 이루어진 민주노총 및 통계청 실태조사 결과와 비교해 보았다(〈표 7-2〉). 현대자동차 조합원 가구의 사교육비 지출수준은 민주노총 조합원보다 약 10만 원가량 많고, 전국 초중고 학부모들의 평균보다 약간 더 높은 수준임을 알 수 있다. 이 자료를 통해 단정적으로 말할 수는 없지만, 대체적으로 도시 중산층의 평균적 수준과 비슷하거나 조금 높은 수준임을 알 수 있다.

〈표 7-2〉 현대자동차 노동자 가계의 월평균 사교육비 지출 비교

| 구분 | 현대자동차 | 민주노총 | 전국 학부모 |
|---|---|---|---|
| 사교육비 지출액(원) | 615,000 | 520,072 | 576,000 |
| 가구구성 | 4인 | 평균 3.7인 | 4인 |
| 응답자 평균연령(세) | 41.0 | 40.1 | – |
| 조사일시 | 2006년 12월 | 2007년 11~12월 | 2007년 7월, 10월 |
| 사례수(명) | 396 | 1,008 | 34,000 |

출처: 울산리서치(2007); 전국민주노동조합총연맹(2008); 통계청, 사교육비 실태조사.

---

4　이 증언은 2008년 4월 28일에 울산시민연대에서 열린 시민포럼에 필자가 참석하여 접한 내용이다.

비슷한 시기의 다른 조합원 설문조사 결과를 보면(안양노동정책교육실, 2009), 2009년 기준 현대자동차 기혼 조합원들의 자녀 사교육비 지출액은 월평균 747,800원으로 조사되었다. 사교육 지출액을 조합원의 연령대별 평균값으로 살펴보면, 조합원 비중이 가장 많은 41~45세 구간이 가장 높아 80만 원을 상회했다. 그만큼 현대자동차 노동자의 가계지출에서 사교육비 부담이 커져 있는 상황이었다.

마지막으로 저축액을 보면, 2007년 기준 평균은 매월 66.8만 원 정도이다. 100만 원 이상 저축한다는 비중도 25.4%에 달한다. 저축을 하는 가장 큰 이유는 노후대비(32.2%), 주택관련(30.1%), 자녀교육비(21.2%), 부채상환(12.4%) 등으로 나타난다. 저축 성향에서도 생애과정에 따른 조합원의 고령화 추세가 반영되고 있음을 볼 수 있다.

종합적으로 볼 때, 2000년대 후반의 현대자동차 노동자들은 평균적으로 40대 초중반의 생애과정에서 직면하여 자녀 사교육비의 증가, 주택구입에 따른 대출상환금, 노후대비를 위한 저축 등의 가계지출의 압박 속에서 살아가고 있었다. 이러한 지출구조는 노조가 만들어진 20대 중후반 이후 노동자의 생애과정에 걸쳐 노사관계가 제도화되고 기업의 고도성장이 유지되는 조건 속에서 지속적인 임금소득 상승을 통해 오랜 시간 동안 소비규준으로 구조화된 것이었다. 가계지출의 압박과 미래에 대한 불안은 현대자동차 노동자들의 임금소득 극대화를 향한 욕구를 기저에서 규정하고 있는 것이었다. 2000년대 이후의 '임금인상의 정치'의 추동력은 이러한 노동자 가족의 생활세계로부터 소비 압박에서 비롯되었다고 할 수 있다.

## 2. 외환위기 이후 노동조합 임금정책

1990년대 말은 현대자동차 노사관계의 새로운 분기점이었다. 그 시기에 한국 자동차산업은 격심한 구조조정을 겪었고, 현대자동차에서도 1만 명 이상의 고용조정이 이루어졌으며 정리해고제 시행을 둘러싼 노사 간의 격렬한 충돌을 경험했다. 그러나 노사관계의 커다란 격변에도 불구하고, 현대자동차의 임금제도는 큰 변화가 없었다. 구조조정기에 사측은 기존 임금결정 제도나 임금체계의 개편을 추진하지 않았다. 노조도 교섭력을 차츰 회복하면서 실질임금의 저하를 만회할 되찾기 교섭을 추진했을 뿐 이전 임금정책의 관행에서 벗어나지 않았다. 노사 모두 커다란 격변과 불확실성에 직면하여 이를 창조적인 실험의 기회로 여기기보다는, 오히려 익숙한 제도 형태와 관행을 고수했던 것이다. 그러나 제도적 외형의 변화가 없었다 하더라도 임금정책의 실제 내용과 그 효과 면에서는 그 이전 시기와 비교해 상당한 변화가 나타났다.

### 1) 성과배분 위주의 임금 극대화

외환위기 이후에도 임금 극대화 목표는 노조 임금정책의 핵심을 차지했다. 단, 임금 극대화의 실현을 위한 정책 수단과 방법의 변화가 주목된다. 생계비 원리에 기반한 기본급 인상이라는 기존의 정책과 병렬적으로 2000년대 들어와 성과배분제가 새로 도입되었는데, 이후의 사태는 성과배분제에 의한 임금인상이 전체 임금 극대화 정책을 지배하게 되었다. 생계비 산정에 기초한 기본급 인상이라는 임금 극대화의 정책 원리는 존치하고 있지만, 그와 나란히 기업의 경영성과에 연동된 임금 극대화의 또 다른 방식이 어느 순간부터 덧붙여지고 시간이 지나면서 그 효과가 기존 정책 원리의 그것을 능가하게 된 것이다.

외형적으로 기존의 생계비 원리는 그대로 유지되었다. 노조는 매년 기본급 인상의 기준으로 '조합원 표준생계비'를 제시했고 부가적으로 'GDP증가율＋소비자물가상승률'의 기준을 활용해왔다. 그러나 이러한 기준들의 효력과 유용성은 점차 감소했다. 〈그림 7-5〉는 현대자동차의 매년 임금교섭으로 정해진 기본급 인상액 추이를 소비자물가지수를 반영해 현재가치로 환산한 것이다. 1987년부터 2021년까지 기본급 인상액은 추세적으로 하락하고, 그 하락의 폭도 최근으로 올수록 가팔라지고 있음을 알 수 있다.

〈그림 7-5〉 현대자동차 연도별 기본급 인상액 추이(현재가치 기준), 1987~2021

(단위: 원)

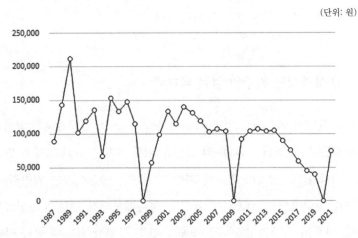

자료: 조성재·곽상신(2021: 356)의 부표 6-22를 그림으로 재구성
주) 기본급 인상액은 소비자물가지수를 반영해 현재가치로 환산한 수치임.

그렇다면 기본급 인상률의 저하 현상을 어떻게 이해할 것인가? 생계비 산정에 기초한 임금인상 요구의 제도적 관행은 원래 저임금을 받는 노동자들의 생활보장을 위한 것이었지만, 기업의 지불능력이 커지고 고율의 임금인상이 지속되면서 일종의 '스스로 약화되는 제도(self-undermining institution)'가 된 것이다(Streeck, 2009: 126-131). 생계비에 기초한 임금인상의 제도적 관행은 일정 시점까지는 임금 극대화 정책의 추구와 정합적인 것이었지만, 바로 그 제도적 관행의 지속으로 인해 더 이상 그 목적에 부합하지 않고 오히려 임금 극대화의 추구를 가로막을 수 있게 된 것이었다. 노조 설립 이후 임금인상이 성공적으로 지속되면서 현대자동차와 같이 고임금 사업장 노동자들의 소득은 민주노총이 산정하는 표준생계비를 크게 상회하게 되었다(이런 이유로 2010년대 말부터 민주노총은 표준생계비 산출을 하지 않게 되었다). 생계비 임금이론에 근거한 임금인상 요구안 산출이라는 기존의 제도적 관행에서 벗어나지 않는 한 이 문제는 해결할 수 없는 것이었지만, 노조는 기본급 산정의 새로운 기준을 도모하기보다는 단기적인 임금 극대화의 새로운 수단을 찾게 된다.

그 새로운 수단은 우연하게 발견되었다. 그것은 바로 외환위기 직후부터 현대자동차 노사 모두가 주목한 성과배분제(변동성과급 제도)였다. 원래 성과배분제가 현대자동차에 처음 도입된 것은 1992년이었는데, 외환위기 이전의 그것은 성격이 달랐다. 외환위기 이전의 성과급은 단순히 임금협상의 타결일시금이거나 파업 시 무노동 무임금에 대한 보전금 성격이 강했고 그 액수도 크지 않았다.

성과급의 성격이 변화한 것은 외환위기 직후였다. 그 변화의 계기는 회사의 경영진이 발표한 종업원 성과배분제 시행 계획으로부터 우연하게 나왔다. 1999년 연말 현대자동차의 최고경영자는 일정 이익금을 넘어서는 초과이익금에 대해 '종업원 성과배분제'를 시행할 것이고 그 배분 원칙을 주주 30%, 종업원 30%, 사내유보 30%, 기타 10%로 나눌 것을 밝혔다. 노조도 이러한 사측의 방침에 호응하여 양자는 2000년 2월 노사공동위원회를 만들어 구체적인 성과배분 방안을 협의하였지만 곧 중단되었다. 이후 성과배분 규모는 노사 간에 명문화된 산정 규칙 없이 매년 임금교섭 테이블에서 결정되었다. 교섭에서 노조는 새로운 성과배분제를 기존의 기본급 인상에 더해 단기적인 임금 극대화를 위한 대안적 수단으로 적극 활용하려고 했고, 사측은 연간 생산목표 달성을 위한 금전적 유인책으로 이용했다. 이렇듯 노사 간에 성과배분제 시행의 목적은 상이했지만, 경영실적 개선과 해외생산의 확대로 인한 글로벌 메이커로의 부상을 배경으로 양자는 큰 어려움 없이 타협 지점을 찾을 수 있었다.

　2001년부터 노조는 기본급 인상 요구 이외에 성과급 요구사항으로 당기순이익의 30%를 조합원에게 정액 지급할 것을 매년 임금인상 요구안으로 공식적으로 제기해왔고, 사측은 생산량 목표 달성을 성과배분의 기준으로 제시하는 양상이 반복되었다. 〈표 7-3〉에서 나타나듯이 성과배분제는 점차적으로 임금 극대화의 주변적 제도에서 중심적 제도로 성장했다. 이에 따라 그것은 임금협상 결과에 대해 조합원들이 내리는 평가의 주요 기준이 되었다. 기본급 인상률은 최근에 올수록 점차 추세적으로 하락한 것과 달리 성과배분액의 규모는 빠른 속도로 증가하여 2013년의 경우 임금협상 결과로 발생하는 전체 임금 인상액의 80%를 넘어설 정도로 성장하게 되었다.[5] 2010년대 초반은 현대자동차의 영업이익이 4조 원을 넘어서며 사상 최대의 실적을 거두었던 때였다(앞의 〈그림 7-2〉를 보라). 이에 따라 경영실적에 연동되는 성과배분액도 역대 최대 수준에 이른 것이다. 그러나 2017년부터 영업이익이 곤두박질치면서 성과배분의 규모도 상대적으로 줄어들었다. 이처럼 2000년대 이후 현대자동차 노동자들의 임금 상승은 회사의 경영실적과 연동되는 정도가 심해져갔다.

〈표 7-3〉 현대자동차 성과배분액 현황, 2001~2013

| 연도 | 성과배분액 | 연도 | 성과배분액 |
|---|---|---|---|
| 2001 | 300% + 160만원 | 2011 | 300% + 700만원 + 무상주 35주 |
| 2002 | 350% + 150만원 | 2012 | 500% + 950만원 |
| 2003 | 300% + 100만원 | 2013 | 500% + 920만원 |
| 2004 | 400% + 100만원 | 2014 | 450% + 890만원 |
| 2005 | 300% + 200만원 | 2015 | 400% + 420만원 + 무상주 20주 |
| 2006 | 300% + 200만원 | 2016 | 350% + 380만원 + 무상주 10주 |
| 2007 | 300% + 200만원 + 무상주 30주 | 2017 | 300% + 320만원 |
| 2008 | 300% + 400만원 | 2018 | 250% + 300만원 |
| 2009 | 300% + 500만원 + 무상주 40주 | 2019 | 150% + 320만원 + 무상주 15주 |
| 2010 | 300% + 500만원 + 무상주 30주 | 2020 | 150% + 140만원 + 무상주 10주 |

자료: 현대자동차노조(지부). 『사업보고』; 언론기사 종합.
주) 기본급(호봉승급분 포함) 인상 이외의 성과금, 격려금, 상품권 등 현금성 일시금을 모두 포함했음; 성과배분액의 %는 통상임금에 대한 비율임.

이상에서 보았듯이, 외환위기 이후 임금 극대화의 제도적 관행은 변화를 보였다. 그 변화는 극적이거나 단절적인 성격이 아니라

---

5  2013년 임단협 타결 이후 노조 홈페이지에 공개된 홍보물을 보면, 새로운 임금협약으로 현대자동차 조합원 한 명이 받는 각종 성과급은 평균적으로 2,362만 원 수준으로 기본급 및 수당 인상을 포함한 전체 임금인상액 2,879만 원의 82%에 달했다.

기존의 제도적 원리가 그대로 보존된 상태에서 우연한 계기에 주변적으로 부가된 새로운 제도가 점차 행위자들의 지원 속에서 빠르게 성장한 결과 나타난 것이었다. 노동조합으로서는 생계비 원리에 기반한 임금 극대화의 전통적인 제도적 수단의 효력이 한계에 달한 상황에서 대안적인 수단을 보유하게 된 것이고, 사용자 측으로서는 임금과 경영성과의 연계를 보다 긴밀히 하고 목표 생산량 달성을 위한 유인책으로 활용할 수 있었다는 점에서 성과배분제는 두 집단 간의 타협의 산물이었다.

## 2) 내부적 임금 평준화 정책의 전환: 임금 형평성의 딜레마

외환위기 이전에 노조의 임금 평준화 정책은 기업내부노동시장 구성원들 간의 임금격차의 축소를 지향했었다. 그런데 외환위기 이후 임금 평준화 정책에 새로운 환경 변화가 나타났다. 그것은 기업의 고용 시스템의 유연화라는 환경 변화로 인한 기존의 임금 평준화 정책에 가해지는 적응 압력의 증대라고 말할 수 있다. 그런데 이러한 환경 변화에 대해 노동조합은 적극적인 대응과 정책 수정의 노력보다는 소극적 현상유지로 일관하면서 노조운동의 임금 형평성 원리의 정당성은 약화되었다.

1987년 직후 내부노동시장이 제도화되면서 만들어진 기존의 임금 평준화 정책은 외환위기 이후 급증한 사내하청 노동자들의 '동일노동 동일임금' 요구에 직면하여 그 딜레마를 드러내었다. 현대자동차는 1990년대 초반부터 본격적으로 사내하청 제도를 도입하기 시작했고 외환위기를 전후하여 그 규모가 6, 7천 명에 이를 정도

로 크게 증가했다. 초반의 보완적 기능에서 벗어나 사내하청 제도
는 유연적 생산방식의 작동을 위해 불가결한 요소로 성장했다(보
다 자세한 내용은 8장을 보라). 하지만 문제는 사내하청 노동자들이 생
산 공정에서 정규직들과 동일·유사 업무를 수행하지만 임금수준
에서는 현격한 차이가 존재한다는 점이었다. 사내하청 제도는 정규
직 노동자의 입장에서는 자신들의 고용안정과 노동강도 완화를 위
한 제도이고, 회사의 입장에서는 노동의 유연성 확보와 비용 절감
을 위한 수단이었다. 따라서 그것은 현대자동차 노사 간에 맺어진
고용안정과 생산 유연화가 교환된 담합적 거래의 산물로 볼 수 있
다(박태주, 2013).

2003년 독자노조를 결성한 사내하청 노동자들은 '불법파견' 중
단 및 정규직화 요구와 함께 '동일노동 동일임금 원칙'의 과제를 정
규직 노조운동에 제기했다. 이 과제는 노조 임금정책 형성기에 수
립된 기존의 임금 평준화 정책의 수정을 요구하는 것이었다. 연공
을 기준으로 한 기존의 임금 형평성 원리는 기본적으로 기업내부노
동시장을 전제로 하는 것이었는데, 내부노동시장의 경계에 걸쳐서
동일·유사 업무를 수행하는 저임금의 비정규 노동자의 대규모 등
장은 기존의 형평성 원리에 대한 반성과 그 수정을 요구하는 것이
었다.

다시 말하면, 연공에 기초한 평등주의적 임금정책은 내부노동시
장의 경계를 벗어난 사회적 맥락 속에서는 '편협한 평등주의(parochial
egalitarianism)'로 귀착될 가능성이 큰 것이었다. 기업의 울타리를 벗어
나 동일 산업 내 노동자들 간의 임금 평준화에 대해 연공급은 별다
른 해결책을 제시하지 못하거니와, 기업의 고용 유연화 전략에 따라

증가하는 비정규직 집단과의 임금 형평성 문제에 대해서도 연공급 제도는 오히려 차별을 유지·확대하는 규칙이 될 수 있는 것이었다. 현대자동차에서 생산직 내부노동시장이 제도화되는 단계에서 연공급은 내부적 임금 평준화의 훌륭한 수단으로 기능했지만, 외환위기 이후 비정규직의 규모가 증가하는 상황에서 연공임금 고수 전략은 임금 평준화 목표로부터의 이탈로 이어지게 되었다.

임금 형평성에 관한 이러한 딜레마 상황에서 노조의 대응은 소극적 절충의 방식으로 나타났다. 정규직 노조는 2000년부터 사내하청 노동자들의 차별적 처우를 개선하기 위해 회사와의 대리교섭을 통해 임금인상 및 상여금 지급을 이루어 주었다. 그런데 이러한 정규직 노조의 행동은 사내하청 노동자에 대한 '조직적 배제'를 전제로 한 '제한적 수준'의 임금 평준화 정책에 불과했다. 사내하청 노동자에 대한 조합원 가입 문호는 폐쇄한 상태에서 정규직 노조의 대리교섭 형태로 사내하청 노동자들의 임금수준을 높이는 시도가 그것이다. 그 결과 사내하청 노동자들의 임금수준은 이전에 비해 올라갔고 정규직과의 임금격차는 조금 줄었다. 그러나 임금 평준화 정책과 관련해 보면, 이것은 1980년대 말 이후 노조 임금정책을 통해 형성된 기업내부노동시장 안에서의 '편협한 평등주의'가 별다른 수정 없이 유지됨을 의미했다. 이러한 소극적 절충과 현상 유지의 태도는 대공장 정규직 노조운동의 정당성 위기를 심화시켰다.

이상에서 살펴본 외환위기 이후 노조의 임금 평준화 정책이 갖게 된 딜레마는 임금체계의 측면에서 볼 때 1987년 이후 노조운동 내부에서 당연시되어 온 연공임금의 사회적 기능, 즉 그것이 갖는 평등주의의 효력에 의문을 제기하는 것이었다. 기업내부노동시장의 울타리를 벗어나 보면, 연공임금은 기업 규모에 따른 임금 불평등을 심화시키고 중소기업 종사자의 고용안정에도 별다른 도움을 주지 못하고 있다는 점이 지적된다(정이환, 2013: 174-180). 또한 기업 내부노동시장의 울타리 안에서, 동일·유사 업무에 종사하는 사내 하청 비정규직과의 임금 형평성 문제에 연공임금은 별다른 해답을 제시하지 못했던 것이다.

결론적으로 임금 평준화의 하위 제도와 규칙에서는 기존 규칙의 약화도, 새로운 제도의 도입도 일어나지 않았으나, 기존의 임금 형평을 도모하던 규칙이 변화한 작업장 환경 속에서 이제는 임금 불평등을 초래하는 기능으로 전환되었다. 임금정책의 제도화 초기에 기업내부노동시장 구성원들 간의 임금격차 축소를 지향하려 형성된 제도가 증가하는 비정규직을 포괄하지 못하면서 오히려 정규직만을 위한 임금 형평의 기능을 하게 되어서, 결과적으로 불평등을 유발하는 제도적 기제로 '전환'된 것이다. 그 이유는 고용 시스템의 유연화에 따른 비정규직의 증가와 같이 기존 노조 임금정책을 둘러싼 맥락과 환경이 변화했음에도 불구하고, 노조운동은 1987년 직후 권위주의적 작업장 체제를 무너뜨리며 형성된 편협한 평등주의의 소우주에서 벗어나지 못한 채 현상유지의 방어적 태도만 보일 뿐 변화된 환경에 대한 개혁적 적응의 노력을 보여주지 못했기 때문이다.

## 3) 초기업적 임금 평준화 정책의 표류

앞 절에서는 기업 내부 노동자 간의 임금 평준화 정책이 어떻게 기능 전환을 겪었는지를 살펴보았다면, 여기서는 2000년대 중반 이후 기업 간 임금 평준화 정책의 표류를 다룬다.

일찍이 1990년대 중반 경부터 기업 규모별 임금격차 문제는 총연맹 차원의 임금정책에서 우선순위의 조정을 불러왔다. 민주노총은 출범과 동시에 기존 정책에 대한 반성과 더불어 임금 평준화 전략에 대한 새로운 모색을 시도했고, 초기업적 임금 평준화를 임금정책의 우선적 목표로 제기했다. 법정 최저임금의 현실화, 산업별 최저임금 협약, 원하청 불공정거래 개선 등을 통한 임금격차 해소, 정규직 노동자와 중소영세 및 비정규직 노동자의 차등적 임금인상과 동일가치노동 동일임금 원리의 적용을 통한 연대임금 쟁취 등이 민주노총의 임금 평준화와 관련된 구체적인 요구사항으로 등장했다(전국민주노동조합총연맹, 1996c; 김유선, 2005; 김태현, 2008). 또한 자동차산업이 주축인 금속부문의 경우 산별연맹으로의 교섭권 위임, 시기 집중 및 요구안 통일 등 조율된 임금교섭을 시도하기도 했다. 더 나아가 기존 임금정책의 질적 전환을 위해서는 종래의 연공급 체계를 벗어나 동일노동 동일임금 원리를 실현할 수 있는 대안적 기준을 만들 필요성이 노동운동 내외부에서 제기되기도 했다.

이러한 초기업적 임금 평준화 또는 임금조율을 진전시키기 위한 초보적 시도들은 산업별 노조의 잇따른 설립과 산업별 교섭이 진전되면서 보다 구체적인 정책이 도입되어 일부 실행되었다. 예를 들면, 2000년대 초반 주로 자동차 부품업체 노동자들이 가입한 금속노조는 산별 중앙교섭 테이블에서 기업 규모별 또는 원하청 간 임금수준의 현격한 차이를 좁히려는 노력을 기울여 금속산업 최저임금 제도의 신설, 동일업무 수행 비정규직의 기본급 인상 차별금지

등의 노사합의를 이루어내기도 했다. 또한 비록 결실을 맺지는 못했지만, 완성차 대기업의 고임금 사업장의 이윤 일부를 산업 수준의 연대기금으로 조성하여 기업 규모 간 임금격차 확대의 부작용을 완화하려는 연대임금정책의 초보적 시도도 나타났다(조건준, 2004; 전국금속산업노동조합연맹, 2004: 427-28). 이처럼 1990년대 후반부터 2000년대 중반까지 동종 산업 내 기업 간 임금격차를 완화하고 임금 평준화를 도모하려는 정책적 노력은 계속되었다.

그러나 이러한 노력은 2006년 완성차업체의 산업별 노조로의 전환 이후에는 오히려 줄어들거나 약화되었고 기업 규모별 임금격차는 지속적으로 확대되었다. 금속노조의 경우 임금교섭은 여전히 사업장 수준으로 분권화되어 있고 내부 조율도 거의 이루어지지 않고 있는 실정이다. 그 결과 자동차산업이 대부분을 차지하는 금속노조에는 법정 최저임금을 갓 넘는 저임금 노동자에서부터 현대자동차와 같이 고임금 노동자까지 하나의 노조 울타리에 공존하고 있으며 조합원 내부의 임금 불평등은 고착되었다. 중장기적으로 현재의 기업 규모 간 임금격차를 방치한 채 산업별 노조를 통한 노동자 연대를 도모하는 것은 불가능한 일이기 때문에 노조운동 리더십은 평등주의적인 교섭체제, 특히 전체 금속노조 조합원 간의 임금 평준화(또는 임금연대)를 위한 장기적 비전과 정책을 제시해야 할 규범적 압력에 처해 있었다.

그러나 고임금 부문의 노동자들은 평등주의적인 초기업적 임금정책의 과감한 추진보다는 기득권을 유지할 수 있는 분권적 임금교섭 또는 제한적 범위의 임금 평준화를 선호하기 마련이다(Swenson, 1989; Iversen, 1996). 이 경우 현대자동차의 노조 리더십은, 적극적으로 계급내 연대(intra-class solidarity)를 추구하기보다는, 노동시장에 대한 분절주의적 관리와 기업 내부적 노사안정을 선호하는 사용자와의 계급간 동맹(cross-class coalition)에 치중할 가능성이 높아진다.

2006년 산업별 노조로 조직 형태를 변경한 현대자동차지부의 경우 금속노조가 참여하는 대각선교섭이 이루어지지만, 임금협상 요구안의 작성부터 교섭과 타결에 이르기까지 다른 사업장 조합원들과의 임금수준 격차 문제는 의제화되거나 고려사항으로 거의 등장하지 않는다. 오히려 기업 내에서 임금 극대화 전략을 중심으로 과거의 임금교섭에 따라 형성된 관행과 경로의존성이 임금결정 과정을 강하게 규정해왔다(이병훈·유형근, 2009). 결국 노조운동 내부에서 새로운 임금 평준화 정책을 둘러싸고 전국 노조와 기업 노조 사이에는 정책의 우선순위와 목표에 있어 불일치가 나타나고 있는 것이다. 이러한 내부적 불일치 속에서 임금교섭을 실제로 관장하는 기업 수준의 노조 지도부는 현상유지를 선택함으로써 환경 변화에 따른 제도의 갱신을 억제하고 있는 반면, 보다 적극적인 임금 평준화 정책으로의 변화를 선호하는 전국 수준의 노조는 그것을 실행할 유효한 정책 수단의 제약 하에서 기업 수준 노조의 현상 유지를 묵인해왔다.

노조 임금정책의 수립과 집행에 있어 사내하청 비정규직들과의 임금 차별, 그리고 동일 자동차산업의 부품업체 노동자들과의 임금 격차 문제에 대한 진지한 고민과 해결 방안 모색은 최근 들어 거의 찾아볼 수 없다. 오히려 이들 외부자에 대한 비용전가 기제를 통해 대기업의 노사는 독점적 시장구조가 제공하는 혜택과 이해를 공유하는 담합적 관계로 나아가고 있다. 독점의 지위를 누리는 재벌 대기업은 노조의 임금 극대화 전략을 수용하면서 동시에 그것이 야기하는 이윤 압박 문제를 다른 방식으로 해소할 수 있는 수단을 갖고 있는데, 문제는 그 해소 수단 중 하나가 산업의 원하청 관계에서 발생하는 체계적인 기업 간 임금격차라는 점이다.[6] 이것은 임금 극대화와 임금 평준화라는 노조 임금정책의 두 가지 규범적 목표 사이에 긴장과 갈등이 발생하고 있음을 함의한다. 임금 조율의 제도적 장치가 부재한 가운데 매년 반복되는 기업별 교섭은 이러한 두 가지 규범적 목표 간의 딜레마를 해결할 아무런 제도적 장치도 마련하지 못한다.

이렇게 사태가 진행된 노조운동 내부의 원인은 노조의 조직 및 교섭 구조가 대단히 분권적이었다는 데에서 찾을 수 있다. 노동자 내부의 임금격차를 축소시키기 위해서는 저임금 계층의 임금을 더 끌어올리고 고임금 계층의 임금상승을 억제하지 않을 수 없지만, 이것은 대기업 노조의 임금 극대화 정책과 충돌할 수 있었고 이러한 긴장을 해소할 수 있기 위해서는 노조운동의 중앙집권화 또는 내부 조율능력의 강화를 필요로 하는 일이었다. 그러나 한국의 경우 총연맹이나 산업별 노조가 대기업 노조의 임금교섭을 통제할 제도적 수단이 사실상 없다. 대기업 노조 지도부는 일차적으로 단위사업장 조합원의 경제적 요구에 반응하여 충성을 획득함으로써만 존속 가능했다. 그들이 설령 기업 간 임금 평준화의 필요성을 인식할지라도 2년마다 치러지는 노조 집행부 선거 경쟁의 압력은 리더

---

6  현대자동차의 회계보고서를 분석한 한 연구 결과에 의하면, 제조원가에서 인건비가 차지하는 비중이 2000년대 중반 이후 상승하지만 그 비용 부담은 부품업체가 납품하는 재료비 인하를 통해 상쇄되어왔다(조형제·김철식, 2013: 91-92).

십으로 하여금 단기적인 임금 극대화 전략에서의 과감한 이탈을 선택지에서 배제하도록 했다. 지금까지 고임금 사업장의 단위노조 지도부는 기존 임금정책의 관성을 벗어나지 못했고, 산업별 노조 지도부는 새로운 경로의 형성을 도모하지 못했다.

결국 한국의 금속산업 노조운동 내부에서 임금정책의 통일성은 해체되었고, 초기업적 임금 평준화와 관련된 기존의 노조 임금정책은 더 이상 발전하지 못한 상태에서 그 효력을 잃어갔다. 구래의 임금 조율의 기제들과 정책적 시도들은 약화되거나 결실을 맺지 못하는데도 불구하고 새로운 임금 조율의 노력과 정책 대안은 만들어지지 못한 채 표류하고 있는 것이다. 기업 규모별 임금격차라고 하는 한국 노동시장의 핵심적 분절에 대해서 노조운동의 침묵은 계속되고 있다.

## 4) 임금정책의 한계와 노동운동의 주체적 위기

이상으로 외환위기 이후 현대자동차 노동조합을 중심으로 임금정책의 전개 과정을 살펴보았다. 이를 통해 다음 세 가지의 주요한 발견과 시사점을 구체화할 수 있었다.

첫째, 어떤 제도나 정책은 그것의 정상적인 작동이 지속되면 효력을 다하여 자연사로 이어지는 경우가 있다. 다시 말해, 어떤 제도나 규칙은 자기파괴적 기제를 내장하고 있는 것이다. '생계비 원리'라는 임금 극대화의 수단이 여기에 해당한다. 1980년대 한국의 민주노조운동에서 하나의 공리처럼 인식된 생계비 원리에 기초한 임금 극대화 전략은 기업별 임금교섭 시스템 속에서 성공적으로 작동했지만, 바로 그 성공으로 인하여 현대자동차와 같은 대기업 고임금 사업장을 중심으로 그 제도의 수명이 다해갔다. 그 전략은 임금수준이 이론적으로 산출된 생계비에 한참 미달하는 저임금 체제에서는 빛을 발하지만, 점차 노동자의 임금수준이 상승하면서 양자 간의 차이가 좁혀지고 결국에는 실제 임금수준이 이론생계비보다 높아지는 단계에까지 이르게 되면서 임금 극대화 목표를 위한 정책수단으로서의 제도적 효력은 사라지게 되었다.

둘째, 현존하는 노조 임금정책의 변화를 바라는 사용자의 지속된 노력, 특히 노동조합의 거부점(veto point)을 우회하여 현존 제도의 효력을 감소시키려는 사용자의 노력에 주목해야 한다. 이것은 특히 고임금과 기업 내부적 임금 평준화가 발생시키는 임금 경직성 문제에 직면한 사용자들의 행위에서 잘 나타난다. 우리가 다룬 사례에서 1990년대 초반 임금의 연공성을 완화하려는 시도가 실패로 돌아간 이후에 현대자동차 사측은, 한편으로는 성과배분제라는 변동임금의 도입 및 적용 확대를 통해, 다른 한편으로는 비정규 고용의 확대를 통해 노조 정책의 영향력을 제한하거나 변경하는 노력을 지속했다. 이러한 사용자의 시도들은 노동조합과의 타협과 절충을 통해 제도 변화에 영향을 미쳤다. 이와 더불어, 노조 임금정책의 형성 초기에는 없었던 새로운 행위자의 등장으로 그것의 변화 압력이 증대했다는 점을 놓치지 말아야 한다. 기업내부노동시장이 만들어질 당시에는 존재하지 않았던 사내하청 노동자들은 2000년대 초반부터 집합적 행위자로 작업장 정치에 등장했고 이로 인해 기존 노조 임금정책이 표방한 임금 형평성 규범의 한계와 문제점이 드러나면서 정책의 재설계 또는 변경의 압력을 증대시켰다.

셋째, 현대자동차노조의 임금정책 변화에서 가장 중요한 요인은 제도를 둘러싼 환경의 변화와 이에 대한 행위자의 적응 노력(혹은 비적응)이라고 할 수 있다. 노조 임금정책처럼 제도 변화의 과정이 장기적으로 느리게 움직이는 경우라면, 시간이 흐름에 따라 제도 설계 당시의 외부 환경이 현재 시점에서는 완전히 달라질 수 있다. 그럼에도 불구하고 기존 제도의 골격이 그대로 유지될 경우 제도와 환경 사이의 불일치 문제는 제도 변화의 큰 압력으로 작용한다. 여기서 문제는 그 변화 압력에 대한 행위자들의 해석과 적응 노력이 된다. 현대자동차의 사례에서 노조 임금정책에 인접하거나 그 외부에서 영향을 미치는 제반 환경들, 즉 노동시장의 분절구조 심화, 사내하청 제도의 확대와 같은 기업의 고용시스템 변동, 산업별 노조 체제로의 이행이라는 노조 조직의 변화 등과 같은 제반 환경 변화에 따른 정책 변화의 압력이 가중되는 상황에서도 노동조합은 기존 임금정책의 정비를 수행하지 않거나 적응의 노력을 별로 하지 않았다.

노조 임금정책의 저변을 관통하고 있는 일관된 요소들, 즉 생계비 원리, 연공에 기초한 평등주의, 임금 조율에 대한 무관심 등은 1980년대 권위적인 작업장 노사관계가 해체되는 과정에서 노조 리더십과 평조합원 사이에 공유된 규범적 가치로 현재까지 그 영향을 미치고 있다. 그런데 이러한 논리와 지향들은 환경과 맥락의 변화에 따라 새롭게 갱신되거나 변화되지 못했고 그 사회적 통용성의 한계에 직면했다. 그 결과 노조 임금정책의 전략적 목표는 흐려지거나 하위 목표들 간의 긴장이 높아졌다.

이상의 내용이 갖는 사회적 함의와 관련하여 주목되는 점은 임금 극대화(고임금)와 임금 평준화(동일노동 동일임금)라는 두 가지 전략적 목표 사이의 긴장과 갈등이 노조운동 내부에서 해결하기 힘든 수준까지 커져버렸다는 점이다. 소속 기업의 시장 지위에 따라 노동자의 임금수준이 차등적으로 결정되고 있는 현재의 상황은 사실상 시장임금의 불평등에 대한 노사관계의 규율이 거의 발휘되지 못하고 있음을 의미하는 것이다. 자동차산업의 주요 기업들을 포괄하는 금속노조의 임금교섭이 현재까지 기업 단위로 파편화되어 있고 기업 간 임금 조율의 시도조차 하지 못하고 있는 것은, 바로 이러한 두 가지 목표 사이의 긴장과 갈등을 제어할 정책적 수단을 노조운동 스스로 갖고 있지 못하다는 점을 시사한다. 이것은 현재 한국의 노동조합운동이 직면한 주체적 위기의 일부이다. 향후 한국의 조직노동이 노동 양극화의 해결을 위한 '정의의 칼'로 얼마나 행동할 수 있을지는 임금정책의 현대화라는 정책 쇄신의 과제를 얼마나 잘 풀어가는지에 따라 크게 좌우될 것이다.

## 3. 풍요로운 노동자가 일하는 공장의 세계

1990년대 이후 울산 대공장 노동자의 작업장 바깥의 생활세계는 도시 중산층의 생활양식에 근접하게 변형되었다. 앞서 보았듯이, 주택문제의 해결, 가족임금의 성취, 소비구조의 고도화, 남성 단독생계부양자 가족형태의 확산, 중산층 지향적 가정중심성, 거주지의 공간 재구조화 등이 그 주요한 내용이라고 할 수 있다. 이 절에서는 이러한 노동자 생활세계의 문화적 변형이 가져온 중요한 결과, 즉 남성 노동자가 일하는 '공장의 세계'와 공장 바깥의 '생활세계' 간의 문화적 간극을 탐구해보려 한다.

지난 30여 년 동안 울산 대공장의 생산직 노동자들이 공장 생활에서 나날이 경험하는 일의 특성 자체는 크게 달라지지 않았다. 장시간 노동체제, 신체 일부분의 반복적 사용에 기초한 작업의 단순성, 직장 내 승진 기회의 부재, 직업적 경력 상승을 통한 자아성취와는 거리가 먼 공장 생활 등이 생산직 남성 노동자 대다수가 작업장에서 겪는 일상적 현실이었다.

먼저 무엇보다 울산 대공장의 생산직 노동자들은 공장에서 오래 일했다. 일상화된 잔업·특근으로 인한 장시간 노동은 이들에게 매우 자연스러운 생활의 한 부분이었다. 1987년과 현재를 비교할 때 법정 노동시간은 주당 48시간에서 40시간으로 단축되었지만 실제 노동시간은 그에 비례하여 감소하지 않았다. 대부분의 노동자들은 법정 노동시간 외의 (평일 2시간가량의) 잔업과 (주말 및 공휴일의) 특근을 오랫동안 일상적으로 수행해왔다.

1989년 현대자동차노조의 조합원 설문조사에 따르면, 당시 노동자들은 평균적으로 하루에 12.3시간을 회사에서 보내고 있었다.[7] 이러한 장시간 노동 패턴은 이후에도 크게 달라지지 않았다. 1995년에 현대자동차 조합원들이 '하루에 회사에서 근무하는 시간'은 10~12시간이 55%로 가장 많고, 그다음이 9~10시간(23.8%), 12시간

---

7  24시간 중 절반 이상을 회사에서 보내기 때문에 이들에게 여가는 거의 없었다. 같은 조사에서 '퇴근 후 여가시간'을 묻는 질문에 '없다'고 응답한 비율이 가장 높았고(34.7%), 1시간 미만이 27.4%였다. 2시간 이상의 여가시간을 갖는다는 사람은 11.1%에 불과했다.

이상(17.9%)의 순이었고, '퇴근 후 하루의 여가시간'은 1~2시간이 42.7%, 1시간 이내가 35.0%, 2~3시간이 15.6%였다.[8] 2000년대에도 장시간 노동 관행은 계속되었다(〈표 7-4〉 참조).

〈표 7-4〉 현대자동차 노동자의 연간 평균노동시간 추이, 2001-2010

(단위: 시간)

| 구분 | 2001 | 2002 | 2003 | 2004 | 2005 | 2006 | 2007 | 2008 | 2009 | 2010 |
|---|---|---|---|---|---|---|---|---|---|---|
| 평일정규 | 1,776 | 1,803 | 1,735 | 1,725 | 1,670 | 1,621 | 1,672 | 1700.4 | 1662.0 | 1658.4 |
| 평일연장 | 353 | 383 | 358 | 371 | 362 | 330 | 349 | 326.4 | 291.6 | 376.8 |
| 휴일특근 | 333 | 479 | 482 | 495 | 494 | 445 | 507 | 374.4 | 285.2 | 452.4 |
| 합계 | 2,462 | 2,665 | 2,575 | 2,592 | 2,526 | 2,396 | 2,528 | 2401.2 | 2239.8 | 2487.6 |
| 정규시간 비중(%) | 72.1 | 67.7 | 67.4 | 66.6 | 64.4 | 67.7 | 66.1 | 70.8 | 74.2 | 66.6 |

출처: 박태주(2011)

현대자동차 노동자 대다수는 이에 더해 격주로 밤샘노동을 해야 하는 주야간 맞교대의 근무체제에서 일했다. 이런 근무형태는 통상 '10/10' 방식이라고 불렸다. 주간조는 오전 8시부터 오후 6시 50분까지, 그리고 야간조는 오후 9시부터 그다음 날 오전 8시까지 각각 10시간씩 근무해서 붙여진 명칭이었다. 주간조와 야간조는 1주 간격으로 교대되었다. 평일 정규 노동시간 8시간에 2시간씩의 '제도화된' 연장근무가 더해져 실노동시간이 하루 10시간인 것이다. 여기에 월평균 2회 정도 주말 특근이 더해졌다. 특근은 토요일 오후 5

---

8  현대자동차노조, "'95 임단협을 위한 조합원 설문조사". 본 조사는 노조 조사통계 부가 1995년 2월에 시행된 것으로 표본은 조합원 19,700명이었다.

시에 시작해서 일요일 오전 8시에 끝나는데, 철야노동을 포함해 14시간의 작업이었다. 주간 실노동시간을 계산해보면, 평일 10시간씩 5일간의 노동만으로 주당 50시간이었고, 여기에다 주말특근 0.5회 (월평균 2회로 계산)를 합하면 주당 57시간이었다. 주당 40시간의 법정 노동시간과 비교해서 42.5% 더 많은 시간 동안의 추가 노동을 하는 셈이었다.[9]

2009년 생활시간조사 자료로 울산 지역 노동자의 노동리듬을 분석한 안정옥(2010)에 따르면, 울산에서는 토요일 주간에 임금노동자 10명 중 약 6명이, 일요일 주간에는 10명 중 약 3명꼴로 일했다. 다른 대도시와 비교해서 볼 때 울산의 특징은 일요일도 휴일로서는 매우 불안정하다는 점이었다. 노동시간 단축의 역사는 "울산 지역 노동자에게는 낯선 세계의 것으로 남아" 있으며, 시간의 축에서 볼 때 "과거가 시한을 넘기고 현재로 살아" 있었다(같은 곳, 2010: 357, 359).

앞의 〈표 7-4〉를 보면, 2000년대 동안 현대자동차 노동자들은 평균적으로 연간 약 2,400~2,500시간을 일했는데, 이 중 평일 정규 노동시간이 차지하는 비중은 64~74%에 머무르고 있었다. 연간 평균노동시간이 2,400시간 이하인 연도는 2006년과 2009년밖에 없었는데, 2006년은 잦은 파업의 여파였고 2009년은 글로벌 금융위기

9  고용노동부의 완성차업체 노동시간 실태조사 결과를 보면(고용노동부, 2011), 완성차업체 노동자들은 주당 평균 55시간 이상 일하고 있었다. 이것은 전체 상용노동자의 주당 평균 노동시간인 41.7시간에 비해 15시간 이상 긴 수준이고, 외국 완성차업체 노동자들의 연간 노동시간과 비교해 보면, 연간 800시간(약 33일에 해당) 이상 더 일하는 것으로 나타났다. 현대자동차를 포함하여 모든 완성차업체는 근로기준법에 따른 연장근로 한도(주12시간)를 위반하고 있었다.

로 인한 가동시간 단축 때문이었다. 자동차 판매가 호조일 때에는 자연스럽게 연장 및 특근이 증가하면서 노동시간이 길어지는 패턴을 보였다. 2005년 현대자동차 울산공장 시급제 생산직 조합원의 연간 노동시간 분포를 보면, 그 해 연간 평균 노동시간은 2,526시간이었지만 매우 폭넓은 분산을 보여준다. 2,600시간을 초과하여 작업을 한 조합원이 전체의 35.1%이고, 2,800시간 초과자도 16.4%에 이르며, 1년에 3,000시간을 초과하여 일을 한 조합원도 7.1%나 되었다.[10]

이러한 장시간 노동과 주야 맞교대 근무 체제는 2010년대에 들어와 크게 바뀌었다. 현대자동차 노사는 교대제 개편과 관련된 오랜 협상 끝에 2013년부터 기존의 주야 맞교대를 '주간연속 2교대제'로 변경했다. 노동시간을 단축하고 심야노동을 없애자는 의견이 현대자동차 노동자들로부터 나온 것은 꽤 오래 전 일이었지만, 2003년 노사협의기구인 '근무형태변경 추진팀'이 구성되면서 교대제 개편 논의가 본격적으로 시작되었다. 약 10년 후인 2012년 9월 현대자동차 노사는 주간연속 2교대제 도입에 관한 단체협약에 서명했고, 새로운 근무형태가 2013년 3월부터 시행됐다. 논의의 시작에서 마무리까지 10년의 세월이 걸린 것이다.[11]

---

10 현대자동차노동조합, 『사업보고』(2006)의 "정책기획실 사업보고"의 해당 자료를 참조함.

11 약 10년의 시간 동안 교대제 개편에 관한 협의와 조정 과정에는 특이할 만한 게 있다. 논의 과정에서 외부 자동차산업 전문가들이 노동조합과 회사의 동의하에 전문가위원회('노사전문위원회')를 구성하여 논의 의제의 도출, 개편 모델의 개발, 사전 조정안 제출 등의 활동으로 결합해왔다는 점이다. 또한 이 기구는 단체교섭의 공식적 토론에 더해 비공식적 토론을 병행하며 장기간 활동을 벌였다. '토의 민주주의'를 통한 합의 형성 방식을 적극적으로 활용했다는 점은 현대자동차 노사관계의

이에 따라 현대자동차 공장에서는 철야노동이 폐지되었다. 대신에 1조는 오전 6시 40분부터 오후 3시 20분까지 8시간을, 2조는 오후 3시 20분부터 이튿날 새벽 1시 20분까지 9시간을 일하게 되었다. 비록 2조의 근무가 새벽 1시가 넘어 끝나기 때문에 심야노동이 완전히 폐지된 것은 아니었지만, 밤샘노동은 사라졌고 노동시간은 하루 2~3시간이 줄었다. 노동시간이 준 만큼 설비 가동시간도 줄고 이것은 생산성이 향상되지 않으면 생산물량이 준다는 것을 의미했다. 회사는 생산량 유지를 위해 노동강도를 조금 높이고 추가 작업시간을 확보하여 생산량을 보존하길 원했다. 이에 대해 노조는 노동시간 단축에 따른 임금 삭감 없이 종래의 임금을 보전받길 원했다. 최종 협상에서 이 둘이 교환되었다. 나아가 2016년 1월부터는 평일 잔업이 완전 폐지되어 1·2조 모두 각각 8시간씩 근무하는 형태가 도입되었다. 잔업이 없어진 대신에 기존 생산량이 유지될 수 있도록 시간당 생산속도(UPH)를 조금 높이고 휴식시간과 휴무일을 줄였다.[12] 이로써 현대자동차 생산직 노동자의 연간 노동시간이 약 1,900시간 정도로 낮아진 것으로 알려졌다.

다음으로, 장시간 노동체제와 더불어 생산직 노동자들이 경험하는 공장 생활의 특징은 노동과정이 대단히 단순반복적인 일로 구성되고 거칠고 힘든 작업으로 이루어져 있다는 점과 회사 내에서의

___

기존 관행에 비추어 볼 때 획기적인 일로 평가될 수 있다(박태주·이문호, 2013).

12 새로운 근무형태에서는 1조가 오전 6시 45분부터 오후 3시 30분까지, 2조는 오후 3시 30분부터 다음 날 오전 0시 30분까지 근무한다. 잔업 폐지에 따라 2조 휴게시간을 조정해 작업시간 20분을 추가로 확보하고, 유급휴일인 식목일과 제헌절에도 일하기로 노사가 합의했다.

승진 가능성이 거의 없다는 점을 들 수 있다.

현대자동차 노동자들의 지배적인 작업형태는 컨베이어벨트를 중심으로 구성되어 있고 직무가 세분화·파편화되어 숙련이 거의 필요치 않는 단순반복성을 그 특징으로 한다. 1990년대 초반에 현대자동차의 노동과정은 기계의 속도와 흐름에 의해 작업내용이 결정되는 전형적인 테일러주의적 작업원리에 의해 조직되어 있었다 (박준식, 1992; 이영희, 1994). 현대자동차는 이른 시기부터 일본식 생산방식을 도입하려고 했지만, 노조 결성 이후 대립적 노사관계의 영향으로 일본식 생산방식이 요구하는 현장 작업자의 자발적 참여와 협조를 얻어낼 수 있는 조건이 결여되어 있었다. 그 대신 현대자동차는 생산성과 품질의 향상을 위하여 현장 작업자의 능동적 참여와 협조 대신에 '노동배제적 자동화'의 방향으로 나아갔다(조형제, 2005).

노동배제적 자동화의 경로는 이후 더욱 공고해져 엔지니어 중심의 유연 자동화의 생산기술, 탈숙련 노동에 의존하는 작업조직, 중간관리자 중심의 중층적 관리시스템이 조합된 생산방식이 형성되었다(조형제·이병훈, 2008; 조형제, 2016). 이러한 생산방식은 기본적으로 품질의 향상이 인간의 숙련에 의해서가 아니라 기계에 의해 이루어진다는 발상이 구현된 것이다. 현재 일반 생산직 노동자가 대면하는 작업조직은 여전히 기술체계에 종속된 상황 하에서 대단히 파편화되고 탈숙련화된 직무를 반복적으로 수행하는 전형적인 테일러-포드주의적인 것이다(김철식, 2009: 80-93). 자동차 공장의 테일러주의적 노동과정의 특성은 노동자들이 일 자체에 대한 흥미와 의욕을 얻지 못하도록 한다. 이들은 나날이 기계에 종속된 단

조로운 일을 하면서 '공장 탈출'의 열망을 가슴 한곳에 두고 살아간
다.[13]

> 기술습득도 할 수 없고, 일의 내용도 매우 단조롭기 때문에 일할
> 의욕을 느끼지 못하고 있다. … 지금하고 있는 일은 장래성이 보
> 이지 않는다. 하지만, 20년 정도 근무해 온 지금의 직장을 그만
> 둘 수도 없다. 방향성은 지금 생각하고 있지 않지만, 일본어회화
> 를 틈틈이 배우고 있다. 정비와 차량검사의 자격증도 가지고 있
> 다. … 가능하다면 다른 일을 하고 싶다(최종조립라인의 40대의 반
> 장, 근속 20년).

> 일에 대한 의욕은 거의 느끼지 못한다. 입사초기에는 자신감과
> 자부심을 강하게 가졌지만, 일이 단순, 단조롭기 때문에 입사 1년
> 후부터는 그 자신감과 자부심은 없어지고 지금은 일할 의욕을
> 전혀 느끼지 못한다. … 단지 시계와 같이, 매일 기계적으로 차체
> 에 부품을 조립하는 일을 계속 반복할 뿐이다. … 만약에 이루어
> 질 수 있다면 미대에 가서 디자인분야의 일을 하고 싶다(최종조립
> 라인의 20대의 일반노동자, 근속 3년).

이에 비해, 현대중공업 노동자들의 일은 상대적으로 현장 작업
자의 숙련도와 집단적 협력을 요구하는 것들이 많다. 조선소의 작
업들은 대부분이 육체적 에너지의 소모가 크고 위험한 작업들이 많

---

13 아래의 인터뷰 인용문은 이진동(2002), 128쪽에서 재인용한 것이다.

다. "겨울에도 땀을 삐쭉삐쭉 흘려가면서"[14] 일하는 게 조선소의 노동자들의 모습이다. 산업재해가 발생하더라도 큰 사고로 이어지는 경우가 비일비재하다. 아래 인용문은 현대자동차 울산공장에서 사내하청 비정규직으로 일하다 정사원 모집에 응시하여 면접까지 합격했지만, 그곳의 주야간 교대근무가 싫어 현대중공업에 응시하여 입사하게 된 20대 후반의 젊은 노동자의 이야기이다. 두 곳의 일의 특성을 묻는 질문에 그는 자동차의 일을 '억수로 단순한' 것으로, 조선소의 일을 '머리 쓰는 게 많은' 것으로 요약하며, 그런 점에서 위험하고 힘들지만 지금 조선소의 일이 더 낫다고 평가한다.

> 한 마디로 따지면, 자동차에서 계속 일하다 보면 사람이 억수로 단순해져요. 계속 이렇게 볼트만 박고 있으니까 사람이 억수로 단순해지는데, 중공업 같은 경우에는 이제 돌아가면서 일을 하니까, 여기는 아무래도 머리 쓰는 게 많잖아요, 위험하고 또 이러니까. 그런 쪽으로 보면, 일은 물론 중공업이 힘든데. 근데 사람이 인자 살아가는 데는 중공업이 나은 거 같아요, 제 생각에는. 단순해지는 것보다는 사람이 그래도 조금 머리를 사용하니까.[15]

일의 특성에 더해 생산직 노동자들에게 회사 내에서의 승진 기회는 사실상 제한되어 있다. 이것은 사무직 노동자들이 대개 승진을 통한 경력 상승의 열망을 갖고 있는 것과 크게 대조되는 현실이다.

---

14 서OO 구술, 2007년 6월 26일, 필자 채록.
15 위와 같음.

이 차이는 한국 대기업의 인사관리제도가 전통적으로 생산직과 사무직의 분리에 기초하고 있기 때문이다. 현대자동차는 1990년대 중반 직능자격제도의 도입이 노조의 반대에 부딪혀 좌절된 이후 1999년부터 단체협약에 의해 근속년수 19년 이상의 경력자에게는 기사 승진 시험을 개방하여 그중 70%를 승진시키는 '숙련승진제도'를 시행했다. 그러나 이것은 생산직 사원의 인사 적체를 완화하는 데 일부 기여하지만, 생산직과 사무직이 동일한 직급에 입각하여 승진하는 제도는 도입되지 않았다. 생산직이 사무직의 과장에 해당하는 직급인 기장 이상으로 승진하는 것은 매우 제한되어 있다(조형제, 2005: 54-56).

승진 기회의 제한은 직장생활 만족도에도 영향을 크게 미친다. 1995년 노조의 조사에서 '회사에 대한 불만의 가장 큰 이유'를 묻는 질문에 대해 응답자의 18.9%가 '승진, 장래성이 없다'는 점을 들었는데, 이것은 '임금이 적다'(22.2%) 다음으로 높은 순위였다.[16] 또한 1997년 초 현대자동차 노동자의 직장생활 만족도를 조사한 내용을 보면, 각 항목별로 '만족한다'는 응답자의 비율을 보면, 임금수준 68.8%, 노동시간 60.8%, 고용안정 83.0%이지만, 승진기회에 대한 만족 비율은 29.1%에 불과했다(전국자동차산업노동조합연맹, 1997). 생산직 노동자들에게는 기업 내에서 경력을 쌓아가며 승진을 통해 직장생활의 보람을 성취하는 길이 사실상 봉쇄되어 있었던 것이다.

---

16 현대자동차노조, "'95 임단협을 위한 조합원 설문조사". 이 조사는 노조 조사통계부가 1995년 2월에 시행된 것으로 표본은 조합원 19,700명이었다.

오히려 1998년의 대규모 고용조정 이후에는 생산직 노동자들 사이에서는 기회가 주어진다고 하더라도 관리직으로의 승진을 기피하는 현상까지 벌어졌다. 관리직(과장 이상)으로의 승진 시에는 조합원 가입자격이 없어져 노조라는 보호막이 사라져버리는 게 가장 큰 이유였다. 아래는 의장부서 반장의 진술이다.

> 18년 만에 의장라인에 있으면서 반장으로서 주임 승진했다. 내년에 과장 승진 대상인데 해야 되는지 아닌지 고민이 된다. 과장이 되면 현재로써는 조합원 자격이 상실된다. … 승진을 과연 해야 하는지 안 해야 되는지 이거 고민이다. 이건 아닌데…. 아직 [정년이] 10년 더 남았는데 너무 빨리 왔다. 승진하면 할수록 고민되는 회사가 어디 있나? (왜 그렇죠?) 조합원 자격이 없어지니 고용이 불안하다. … 이게 무슨 승진이냐?[17]

이처럼 울산 대공장의 산업노동자들의 노동조건은 장시간 노동, 주야간 교대근무, 단순반복적인 노동과정, 거칠고 힘든 육체노동, 승진기회의 제한과 같은 특징을 갖는다. 이러한 '공장의 세계'에서 생산직 노동자들이 자신의 일에 대해서 금전적 보상을 최우선시하는 도구적 지향 또는 경제주의적 태도를 갖는 것은 매우 자연스러운 현상이다. '공장의 세계'에서의 사회화와 더불어 농촌 출신으로 경제적 동기에 의해 이주해 온 산업 노동자들의 사전적 지향은 일에 대한 도구적 태도를 더욱 강화하는 요인이 되었다. 종합적으로

---

17 황OO 구술, 2007년 7월 5일, 필자 채록.

이들에게 직장생활은 자신이 수행하는 일 자체의 불쾌에 대한 경제적 보상에 의해 유지되는 것이었다. 즉 이들에게는 경제적 보상과 직업에 대한 만족 사이의 교환관계가 성립하는 것이다.

## 4. 풍요로운 노동자의 생활세계

### 1) 남성 노동자의 여가생활과 가족관계

울산 대공장 노동자들의 일에 대한 도구직 지향은 외견상으로 전후 서구의 '풍요로운 노동자'의 그것과 유사해 보인다(Dubin, 1956; Goldthorpe et. al., 1969; Halle, 1984). 그들 또한 직업 생활의 내재적 만족을 추구하기보다는, 그것으로부터 높은 수준의 경제적 보상을 얻어내는 것을 우선시한다는 점에서는 크게 다르지 않다. 그러나 서구의 '풍요로운 노동자'들이 작업장에서 동료와의 유대와 같은 비경제적 만족을 추구하기보다는 작업장 바깥에서 가족 중심의 사사화된(privatized) 여가생활을 통해 삶의 만족을 좇았다는 점을 고려하면, 한국의 '풍요로운 노동자'들과는 상이하다고 할 수 있다. 즉, 서구의 '풍요로운 노동자'에게 일터에서의 '노고'는 가정에서의 '안락' 추구를 위한 수단인 데 비해, 울산 대공장 생산직 노동자들의 경우 그 '노고'가 '고임금'과 교환되지만 그것이 생활세계에서 자신의 '안락'으로 연결되지는 않았다. 그것은 다음과 같은 이유들 때문이다.

첫째, 앞서 보았듯이 울산 대공장 생산직 노동자들은 장시간 노동체제 하에서 일했기 때문에 적극적인 의미의 여가생활을 향유하기 위한 시간이 절대적으로 부족했다. 장시간 노동은 여가의 양을 감소시킬 뿐만 아니라, 여가 형태를 단순한 휴식과 소모된 육체의 재충전을 위한 소극적 활동으로 국한시켰다. 〈표 7-5〉는 2000년대 중반에 현대자동차 노동자들이 평일과 주말에 하는 주된 여가활동의 목록을 조사한 것이다. 평일에 주로 하는 여가활동은 TV시청, 운동, 인터넷 · 컴퓨터게임, 수면 등으로 대부분 단순한 휴식과 재충전, 체력 단련을 위한 개인적 활동임을 알 수 있다. 주말의 경우에는 가족과 외출, TV시청, 취미활동, 수면, 운동 등으로 가족과의 외출을 제외하면 평일의 여가 행태와 큰 차이가 없다.

〈표 7-5〉 현대자동차 노동자의 주된 여가활동

(단위: %)

| 평 일 | | 주 말 | |
|---|---|---|---|
| 구분 | 비율 | 구분 | 비율 |
| TV시청 | 19.9 | 가족과 외출 | 17.7 |
| 운동 | 18.3 | TV시청 | 12.7 |
| 인터넷/컴퓨터게임 | 12.1 | 취미활동 | 12.5 |
| 수면 | 11.3 | 수면 | 10.6 |
| 취미활동 | 9.6 | 운동 | 10.0 |
| 가족과 외출 | 8.8 | 부모친척방문 | 8.6 |
| 합계(명) | 968 | 합계(명) | 974 |

출처: 현대자동차노조 문화정책방향 연구팀(2005)
주) 복수응답의 합계로 상위 6개 항목만 제시함.

이러한 설문조사 결과는 필자가 수행한 현대자동차 노동자들과의 집단 인터뷰에서도 확인되었다. 아래 인용문은 2007년에 생산직 노동자들의 여가생활 실태를 살펴보기 위하여 2개 집단(각각 5명과 2명)을 면접한 내용이다.[18] 평일 여가시간에 주로 무엇을 하는지에 대한 답변 요지이다.

> 야간근무 때는 집 안에서 주로 보낸다. TV시청을 주로 한다. 잠을 자도 리듬이 흐트러져 점심 먹고는 산책이랄지 운동을 조금 하다 야간 출근 전까지 잠이 오지 않더라도 누워있으며 준비한다. (소형버스부, 1978년 입사자)

> 집에서 한 시간 반 정도 걸어서 출퇴근한다. 걸어 다니니까 집에 가서는 별로 시간도 없고 주로 인터넷을 한다. (의장1부, 1983년 입사자)

> 주간 할 때는 퇴근하고 저녁 먹고 나서 휘트니스 센터를 다닌다. 8시 반 정도 운동 가서 10시쯤 마친다. 취미는 인터넷 바둑이다. (프레스1부, 1985년 입사자)

> 여가생활은 토, 일요일밖에 없다. 평일에는 내 시간 쪼개서 한 시간 일찍 출근해 운동하는 것 정도다. 평일에는 잠을 보충해야 되니까 여가시간이 별로 없다. 운동은 사내 헬스장에서 한다. (소형버스2부, 1988년 입사자)

---

18 면접조사는 2007년 12월 21일 현대자동차 울산공장에서 진행되었다. 이 면접조사는 필자가 연구조교로 참여한 '현대자동차 주간연속 2교대제 실현을 위한 노사전문위원회' 활동의 일환으로 진행된 것이었다.

주간 할 때는 집에 가서 인터넷 들어가 맞고 같은 거나 바둑을 둔다. 아니면 아내랑 통닭 시켜놓고 술 한 잔 하는 정도. 야간 할 땐 퇴근하고 집사람하고 뒷산에 한 번씩 올라간다거나 마트나 시장 보러 가고, 아니면 바닷가에 바람 쐬러 가고. 그 외에는 평일에는 할 수 있는 게 별로 없다. (의장3부, 1988년 입사자)

거의 계속 특근에 파묻혀 있다 보니 여가라는 개념 자체가 없다. 여가를 준다고 해도 어떻게 놀아야 될지 고민거리로 남는다. 주말에 쉴 때는 차 타고 여러 곳에 여행을 간다. 주말 노는 날은 시간이 무척 아깝다. 무조건 어딘가로 떠난다. (의장2부, 1986년 입사자)

주간 근무 할 때는 주위 사람들하고 술 한 잔 먹고 집에 늦게 들어가고 아침에 출근하기 바쁘고 하니 가족들과 마주 앉을 시간도 거의 없다. 주말에도 특근한다고 출근해야 하고. (의장2부, 1987년 입사자)

이 면접 조사에서 확인할 수 있었던 것은 다음과 같다. 먼저 일반화된 장시간 노동관행으로 인해 여가시간 자체가 절대적으로 부족했다. 특히 평일 주간 근무에서 여가시간의 부족이 눈에 띄었다. 다음으로 여가 활동의 내용 면에서 노동과정에서 소모되어버린 육체적 능력을 재충전하기 위한 활동, 즉 휴식(수면, 누워 있음, TV시청)과 체력단련을 위한 운동을 중심으로 짜여 있음을 알 수 있었다. 노동자의 고령화가 진행되면서 면접에 응했던 40대의 노동자들은 대개 자신의 육체적 능력의 쇠퇴를 느끼기 때문에, 이를 운동과 체력 단련으로 보완하는 노력을 하고 있었다. 여가를 '활동'(activity)의 측면에서 바라볼 때, 이러한 모습은 현대자동차 노동자들의 여가가 공장 생활의 필요에 의해 강하게 규정된다는 점을 말해주었다. 마지막으로 주목되는 것은 현대자동차 노동자들의 여가 활동의 형태가 매우 개별화되어 있었다는 점이다. 즉, 여가 활동에 수반되는 사회적 관계의 측면에서 (가족 구성원을 포함한) 타인과의 사회적 교제가 불가능하거나 매우 어려운 주야간 맞교대의 교대근무 체제에서 개별화된 여가 형태가 중심을 이루고 있었다. 노동자의 삶의 형태를 규정하는 공장의 시간체제가 여가 활동의 형태에 짙은 그림자를 드리우고 있었다.

둘째, 생산직 노동자의 시간체제와 근무형태는 그들의 '사회적 주변화'를 야기하는데, 이것은 공장 밖 생활의 대부분을 함께하는 가족들과의 관계에서도 나타났다. 현대자동차의 남성 노동자들의 생활의 중심축은 공장이 될 수밖에 없다. 아래 인용문은 1986년에 입사하여 21년간 의장부에서 일한 어느 반장(당시 48세)의 구술을 인용한 것이다. 그는 입사 이후 계속 평일 10시간의 근무와 주말특근을 지속하다 보니 '사실상 주7일제였다'며 '여가를 준다고 해도 그걸 어떻게 써야 할지 막막하다'고 말하면서, 이로 인한 가족과의 대화 단절을 체험하며 '나의 존재에 대해 허탈'해진 감정을 필자에게 토로했다.

올해 애들이 중3이고 고3인데, 남들이 흔히 얘기하는 자녀와의 대화는 저는 솔직히 없었어요. 학교 가는 애들은 야간 근무하고 퇴근하면 없어요. 야간 출근할 때쯤 되면 애들이 돌아오질 않아요. 그런 상태에서 고3 애가 서울에 수시모집 응시한다고 같이 가면서 얘기를 하게 돼보니…. 결국은 나의 존재에 대해 좀 허탈한 거죠. 서울서 한번 공부해보겠다고 같이 하룻밤 여관에서 자보면서 얘기를 하려고 하니, 참…, 얘기를 안 해보니 무슨 얘기를 어떻게 해야 하는지 아는 게 있어야죠! 최소한에 그렇게 되기까지 애가 공부를 어떻게 하고 있는지, 정서적으로 공부하는 게 얼마나 힘든지 위로하는 겨를도 놓치고 살았던 거죠. 제가 한 거라고는 주말에 한 번 놀러가는 게 내 역할 다하는 거라 생각하며 산 거죠. 참으로 갑갑한 얘깁니다.[19]

이 인용문에서 화자가 느끼는 '허탈함' 또는 허무함의 감정은, 공장의 시간리듬이 생산직 노동자의 삶에 가하는 시간 제약 하에서 가족이라는 친밀성의 영역에서 자신이 낄 자리가 거의 없게 된 현실을 뒤늦게 알아차리는 가운데 표현되었다.

아버지와 자녀의 관계에서 보면, 현대자동차 남성 노동자의 가족생활의 현실은 중산층의 가정중심성이 지향하는 '서정주의적 가족이념'(장경섭, 2009: 299)과는 한참 거리가 있어 보인다. 그것이 가능하기 위한 가족 구성원 간의 최소한의 대면접촉과 정서적 교류가 장시간 노동체제와 주야간 맞교대의 근무체계에서는 거의 불가능했기 때문이다. 교대근무, 특히 밤샘근로가 포함된 주기적인 교대

---

19 이OO 구술, 2007년 12월 21일, 필자 채록.

근무 체제는 노동자 개인의 (신체적·정신적) 건강과 노동능력의 훼손뿐만 아니라, 가족생활을 포함한 사회생활에 매우 큰 어려움을 초래했다. 국내외 연구들에서 많이 알려져 있듯이, 가족 및 사회 활동과 사회 제도는 대부분 낮 동안의 시간리듬에 맞춰서 배치되어 있기 때문에, 심야근로를 포함한 교대근무 시스템은 교대근무 노동자의 '사회적 주변화'를 초래할 가능성이 큰 것이다(한국노동안전보건연구소, 2015; Walker, 1985; Colligan and Rosa, 1990; Loudon and Bohle, 1997).

자녀와의 관계에서 나타나는 소원함에 더해 현대자동차 남성 노동자들은 부인과의 관계에서도 많은 경우 정서적 교류를 위한 시간적 여유가 부족한 조건에 처해 있었다. 특히 중년 노동자들에게서 심한 것으로 보였는데, 바로 앞에서 인용한 화자는 공장 내에 남성 노동자들 사이에 널리 회자되는 이야기를 통해 '가장으로서의 소외감'을 드러내었다.

항간에 제가 어디 140명 조장들 부부동반 모임 자리에서 인사말로 한 얘기입니다. '현대자동차 20년 된 사원들, 남편들은 가정에서 4순위랍니다. 돈 잘 벌어주니 여자들이 자기들 치장하는 게 1순위고, 2순위는 자식들 챙기는 것이고, 3순위는 하루 세 끼 밥 챙겨주는 개, 애완견이랍니다. 남편은 4순위고. 하루에 한 끼만 먹여주면 돈 잘 벌어다 주니까요.' 이 얼마나 놀라운 얘기입니까. 그래서 제가 그 자리의 부부들한테 아무리 부족하고 아무리 뭐 해도 회사 생활 힘드니까 4순위에서 최소한 1, 2순위는 못 되더라도 개보다는 더 취급해 주십쇼, 하고 한바탕 웃고 말았습

니다. 현대자동차 주야간 하는 사람은 4순위에다 현금지급기라
고 하데요.[20]

이러한 레퍼토리는 필자가 울산 현지조사 과정에서 만난 여러
사람들로부터 숱하게 들었던 것이었다. 남성 노동자들 사이에 널리
퍼진 이러한 자조적 네러티브는 공장 밖 생활세계에서 바라본 남성
노동자의 가장으로서의 위치의 불안정성 또는 남성성(masculinities)
의 위기를 잘 드러내준다. 남성 가장의 주체 위치를 최종적으로 보
증해주는 것은 바로 위 인용문에서 언급되는 '현금지급기'라는 비
유였다. '돈 버는 역할'로만 남은 아버지/남편의 역할 기대가 그 비
유 속에 함축되어 있다. 현대자동차 남성 노동자는 장시간 노동의
대가로 얻는 고임금을 통해 가족들의 중산층화된 생활양식을 경제
적으로 지탱하지만, 정작 자신은 그러한 생활세계의 '안락'을 맛볼
시간적·신체적 여유조차 부족한 상황에 처해 있는 것이었다.

## 2) 작업장과 생활세계의 문화적 분리

일과 생활의 접합(work-life articulation)의 틀에서 볼 때, (남성들의)
'공장의 세계'와 (여성들과 자녀들의) '생활세계'는 분단되어 있고, '공
장의 세계'의 위상은 물질적으로 풍요로워진 '생활세계'의 유지를
위한 경제적 수단으로 격하되어 있다고 볼 수 있다. 이러한 조건 하

---

20 이OO 구술, 2007년 12월 21일, 필자 채록.

에서 아버지/남편의 실존은 물화(物化)된 존재가 되기 쉽다.[21] 가족 관계에서 그의 실존은 정서적 공감의 주체로서는 자주 망각되고, 단지 가족의 소비생활을 유지하기 위해 필요한 화폐라는 추상적 교환수단을 확보하는 데 전념하는, 경제적 기능의 구현체로 인식되곤 하는 것이다.

그렇다면 작업장과 생활세계의 문화적 간극 한가운데에 놓여 있는 남성 노동자들은 이런 상황과 관련하여 어떠한 자의식을 갖고 있을까? 작업장에서 매일매일의 육체노동을 통해 가족의 생활을 감당하는 남성 노동자의 자의식은 종종 스스로를 '경제적 동물'로 바라보는 처지에 놓이곤 한다. 어느 현대중공업 노동자가 지은 아래의 시(詩)에서 육체노동을 수행하는 자신의 손발을 '돈버는 갈퀴'로 형상화함으로써 그러한 자의식을 드러내고 있다. 그 아래의 인용문은 5명의 현대자동차 노동자들과의 집단 면접에서 따온 것이다. 피면접자는 가족생활에서 '돈 버는 역할'밖에 할 수 없는 자신의 '역할 정체성'에 대해 괴로워했다.

철갑보다 두터운 작업복 / 투구보다 무거운 자켓 / 우리의 일터인 / 배안은 비닐하우스 / 공장안은 안개 자욱한 굴속 / 절단기 용접열은 용광로 / 하루, 이틀, 10년 이 길 / 얼굴은 너나없이 뜬 메주요 / 손, 발은 돈버는 갈퀴 아닌가?[22]

---

21 호네트(2006)는 루카치의 '물화' 개념을 현대화하여 그것을 인정(認定), 즉 타자에 대한 정서적 공감과 마음씀을 실현하지 못하는 상태로 새롭게 개념화했다.
22 박채석, "노동자의 길", 현대중공업노조, 『민주항해』 1995, 7/8월호(31호).

아이들에게 아버지가 희망적인 대상이 되어주고 이야기의 대상이 되어주고 그런 아버지 상을 심어주어야 하는데 우선 아버지가 돈 버는 역할밖에 못 한다. 이런 아버지 밑에서 나중에 자녀들이 어떤 행복을 찾아갈까 걱정이다.[23]

또한 남성 노동자들은 고된 노동을 통해 가족들이 누리는 상대적 풍요와 안락의 시공간으로부터 스스로는 소외되어 있다는 자의식을 갖고 있었다. 아래의 첫 번째 인용문에서 이러한 자의식은 자신이 수행한 노동의 대가로 삶의 여유를 즐기는 아내들의 모습을 통해 투영되고 있다. 그다음의 인용문에서 구술자는 현대자동차 남성 노동자들이 '돈 벌어 오는 기계'가 되어 부인들의 '과시적 소비'와 자녀들이 부모에게 기대하는 경제적 지원을 충족시키며 살아가는 모습을 비판적으로 되짚는다.

90년 초중반을 지나면서 이제 한마음회관이다, 동부회관이다, 아파트단지마다 무슨 문화회관이다, 이런 걸 만들었는데, 거기서 건강강좌도 하고, 에어로빅강좌도 하고, 뭐 주부대학도 하고, 여러 가지를 이렇게 한다 말이죠. … 그 세계와 남편이 힘들게 일하는 인제 공장의 세계와는 좀 차이가 있거든요. 차이가 있는데, 다 그렇진 않겠지만 남편이 세워놓은 승용차 몰고, 바람도 새러 다니고, 어느 정도 월급도 받으니까 야외로 음식 먹으로 다니기도 하고. … 그런 것이 좀 나쁘게 말하면 남편이 노동하는 가치를 좀

---

23 서OO 외 4명 구술, 2007년 12월 21일, 필자 채록.

이렇게 귀하게 생각하지 않고, 가볍게 대하고, 남편을 나쁘게 말하면 뭐 돈 벌어다주는 사람처럼 생각하는 경향도 없지 않다, 이런 우려들을 많이 해요.[24]

부모 역할도 돈 벌어 오는 기계 역할 말고는 이제 역할을 하지 못하는 문제 ··· 그것이 사실은 아주 돈으로 모든 것을 해결하는 방식으로 갑니다. 아파트 평수를 더 키우는 문제, 차를 사는 문제, ··· 부인들의 문화나 이런 것들도 ··· 과시욕이고 이것이 가지는 영향들은 커요. 자식들 같은 경우에도 서울에 올라가면, 현대자동차 같은 경우에는 학자금이 나오잖아요. ··· 그러니까 요즘에 대학생들 대다수가 하는 알바들을 현대자동차 자녀들 같은 경우는 알바하지 않고, 그러면서 그들의 사고 패턴들도 달라요. ··· 나는 하여튼 그만큼 비난하고 싶진 않지만, 아, 자식들이 가지는 기대치가, 부모한테 가지는 기대치가 아예 다른 거죠.[25]

임금소득이 증가하고 생활수준이 상승하면서 노동자 가족의 생활세계와 남성 노동자들이 공장생활 속에서 경험하는 문화 사이의 간극이 커져갔다. 대부분의 생산직 남성 노동자들에게 공장의 일상은 장래성이 없는 끝없는 노고로 다가왔고 거기서 육체적으로 버텨내며 일해야 하는 곳이었다. 이러한 현장 노동자들의 정서는 어떨 때에는 비애(悲哀)에 가까워지기도 한다. 경제적 처지가 많이 개선

---

24 방OO 구술, 울산지역사연구-노동-I-B03-2, 2002년 10월 30일 채록.
25 김OO 구술, 2014년 12월 22일, 울산프로젝트팀 채록.

되고 가족들의 생활수준도 나아졌지만 그럴수록 끝도 없는 노동의
일상은 이들을 짓누르게 된다. 직접 들어보자.

[1] 땜쟁이 입문한지 10년 넘고 / 늘어난 불똥상처들 / 마누라 볼
까봐 / 웃통도 못벗고 / 울 엄니 볼까봐 / 반팔옷도 못입겠네 /
… 데이고 타면서 하루는 가고 / 내몸에 남는 건 / 아픈 계급장 /
… 너와 난 가엾은 이 땅에 / 땜쟁이 / 한 서린 / 계급장들[26]

[2] 휴일은, 자주, 휴일이 아니다 / 시급제 생산직 일이 곧 시간이
고 / 시간이 또 돈이 되는 / 특근은 철야는 늘 달콤한 사탕발림 /
쓰라림 같은 것 / … 지금 괴로움 앞에 맞불로 버티지만 / 쓰러지
지 않으려고 안간힘 쓰지만 / 쓰러져도 누구하나 알아줄까/ 하루
안보이면 그 자리는 퍼뜩 / 대타가 메꾸는 이 철저한 시스템은,
/ 이미 우리의 삶이 아니다. / 휴일은 자주 휴일이 아니듯 / 삶도
자주 삶이 아니지, 그래도 / 익숙하게 날마다 / 몸이 견디는 그
끝까지/ 마음이 떠받치는 그 극한까지 / 아, 봄 여름 가을 겨울 /
쓰러지지 않는 어디까지 꿈이고 / 견디고 견디는 어디까지 삶일
까.[27]

[3] 시도 때도 없이 일한다 / 일만 있으면 일한다. 근속 20년이

26 박채석, "땜쟁이 계급장", 현대중공업노조, 『민주항해』 1994. 9/10월호(26호), 76
쪽.
27 박명학, "야근, 2008년", 금속노조 현대자동차지부, 『한라에서 백두까지』 통권 49
호, 2008, 100쪽.

넘었는데도 / 밤낮이 따로 없다 / … 당신의 표현을 빌리자면 우리는 귀족노동자, 연봉 오천 / 육천이 넘는 배부른 귀족노동자 // … 자식노릇 제대로 못하고 / 아버지 노릇 제대로 못하고 / 남편 노릇 화끈하게 못하는 속사정 / 일의 무게에 지친 / 그 안팎의 스트레스에 억눌린 / 온갖 편견의 감투에 울화통이 터지는 / 우리는 대기업 빈껍데기 귀족노동자.[28]

위 인용문은 현대중공업과 현대자동차 조합원들의 자작시들 중 일부분이다. 이들 시에서 화자(話者)는 조선소의 용접공[1]이거나 자동차 공장의 시급제 생산직[2, 3]인데, 육체노동자로서의 고달프고 외로운 처지를 드러내고 있다. [1]에서는 용접일로 팔뚝에 생긴 상처들을 가족들에게 보여주지 못하는/않으려는 애처로운 모습이 나타난다. [2]에서는 휴일 철야근무의 고단함을 견뎌야 하는 자신의 삶은 '삶이 아니다'는 것을 깨닫고 있지만 그러한 노동을 견디며 이어나가야 하는 무게감이 화자를 짓누른다. [3]에서는 대기업에 다니는 자신들을 '귀족 노동자'라고 부르는 사회적 편견과 밤낮 없이 일의 무게에 짓눌려서 자식/아버지/남편 노릇 못 하는 자신들의 처지를 대조하며 스스로를 '빈껍데기'로 호명한다. 이 시들에 공통적인 정조는 자신들의 육체노동의 고통을 그 누구로부터도 (심지어 가족들로부터도) 이해받지 못하고 있다는 고립과 비애의 감정이다.

---

28 박명학, "귀족 노동자", 금속노조 현대자동차지부, 『한라에서 백두까지』 통권 47호, 2007, 77쪽.

하지만 이러한 비애의 감정에도 불구하고, 경제적 생계부양자로서의 역할은 남성 노동자들이 자신의 개인적 정체성을 유지하고 삶의 자부심을 느끼게 해주는 최종 근거라는 점은 분명하다. 따라서 실업과 임금소득의 감소와 같은 경제적 생계부양자의 역할 정체성이 결정적으로 손상되는 사태에 대해 필사적으로 저항하는 남성 노동자들의 집합행동은, 사회적 인정의 최종 근거를 지키려는 실존적 고투라고도 볼 수 있다. 이러한 맥락에서 1998년 현대자동차의 대규모 고용조정으로 잘려나갔던 정리해고자와 무급휴직자들이 공통적으로 '삶의 허무'와 사회적 고립감에 고통받은 경험을 토로했던 것을 이해해볼 필요가 있다.[29] 실업을 당한 남성 노동자들의 대부분이 그 기간에 가장 힘들었던 순간을 경제적 생계부양자로서의 '아버지/남편'의 정체성이 훼손당하고 지지받지 못할 때로 묘사되어 있는 것은 우연이 아니다. 직접 들어보자.

> 나는 부모에게 불효자식으로, 나는 처에게 버림받은 남편의 모습으로, 난 자식에게 무능한 아빠로, 이렇게 점철된 나의 참담한 모습은, 자본가들의 무심코 던진 돌팔매질에 추락할 수밖에 없었던 인고의 세월, 그것은 너무도 먼 것처럼 느껴질 뿐, 아니 살아가는 동안 영원히 잊을 수 있을까?[30]

---

29 1998년 현대자동차의 고용조정으로 양산된 무급휴직자와 정리해고자들의 경험은 현대자동차노조 교육선전실(2001)을 통해 상세히 알 수 있다. 이 수기집에는 총 31편의 수기가 편집되어 있다.

30 백영호, "준비되지 않은 삶", 현대자동차노조 교육선전실(2001: 51).

돌이켜 생각해보면 나는 지난 1년 무급의 고통에서 가장 마음 아팠던 기억이 있다. 우리 아이를 학원에 보낼 수 없었던 일이다. 아니, 아이들은 스스로 학원에 나가지 않겠다고 말할 때, 나는 돌아앉아 한숨만 지었다.[31]

허무하게 쓰러져, 길거리에 쪼구려 앉아 출근하는 동료들의 바쁜 걸음 사이에 우리는 버려진 날들이 있었다. 살려고 발버둥쳐도 살 수 없는 날들이 있었고, 마누라 몰래 눈물 훔치며 술병을 부수던 날들이 있었다. 아들에게 옷 하나 제대로 사주지 못하는 날들…. 쫄아들고 줄이든 아들의 옷 사이로 그 조그만 아들의 배꼽을 동그란 눈으로 훔치던 부끄러운 날이 있었다. 학교 가는 아들에게 용돈도 없이 교육비도 내지 못하는 비참한 날들을 우리는 어찌 잊어버릴 수 있겠는가![32]

동료들에게 터놓고 싶은 애타는 심정은 입가에만 머물고 자식과 아내에게 너무도 작아진 나 자신을 발견했다. … 그러나 나는 무엇으로 반성을 한단 말인가. 짤려서 반성해야 하고, 가족들 못 챙기는 나약한 아빠라서 반성하고, 애들 장난감 하나 못 사주는 것 반성하면 되는가.[33]

---

31 유형렬, "가슴 아픈 기억은 마음속에 묻고, 다시 현장에서 작은 밀알이 되어", 현대자동차노조 교육선전실(2001: 152).
32 엄길정, "우리는 착취와 공출의 대상이 아니다", 현대자동차노조 교육선전실(2001: 42).
33 김도랑, "태화강에는 칼가는 소리가 들리지 않는다?",《현자노조신문》, 1998년 12월 30일, 8면.

이 인용문들은 생계부양자로서의 역할 정체성이 현대자동차 노동자에게 매우 각별한 것이었음을 알려준다. 그것은 기혼 남성 노동자들의 개인적 자부심의 원천이었기 때문에 '가장으로서의 경제적 책임'을 다하지 못하는 상황은 정체성의 혼란과 파괴의 경험이었고 그 순간을 가장 힘들었던 기억으로 묘사하고 있는 것이다.[34]

이상의 논의는 울산 대공장 노동자들의 집단 정체성을 규정하는 조건이 육체노동자로서의 현실이 지배하는 '공장의 세계'와 '생활세계' 사이의 문화적 간극임을 보여준다. 작업장과 생활세계의 문화는 뚜렷이 분리되어 있는 것이다. 그것은 노동자 남편과 전업주부 아내가 서로 '다른 세계'에 살고 있다는 감각으로 드러난다.

> 주제가 안 맞아요. 저도 하려고 해 보니까 주제가 안 맞아서 못하겠더라고. 일단은 내가 노는 물은 현장과 노조와 시사 쪽으로 하는데, 부인은 주위의 아줌마들하고 낮에 무슨무슨 얘기했다, 그 다음에 아침 프로에서 누가 나왔는데 이런 얘기 했다. 그건 나하고는 관계가, 다른 세계의, 서로 얘기하고 있는 거죠.[35]

이러한 분리 또는 간극이 바로 작업장 내에서의 계급 정체성과 작업장 바깥에서의 중산층 지향성이 공존하는 '노동계급 의식의 이중성'을 낳는다. 생활세계의 중산층 지향성은 작업장에서의 노동자

---

34 2005년에 실시된 현대자동차 조합원을 대상의 한 설문조사 결과를 보면, 노동자로서 자부심을 느끼는 1순위는 '가장의 책임을 느낄 때'로 조사되었다(현대자동차 노조 문화정책방향 연구팀, 2005: 201).
35 김OO 구술, 울산지역사연구-노동-I-A06-2, 2003년 3월 7일 채록.

들의 행위 성향에 강한 영향을 발휘하여 일에 대한 태도, 노동조합 정책의 우선순위, 단체교섭의 구체적인 요구사항과 내용 등을 강하게 규정한다. 노동조합 활동에 적극 참여하며 살아온 50대에 접어든 현대자동차 조합원의 다음 발언은 이러한 맥락에서 해석될 수 있을 것이다.

> 실제로 결정타를 먹이는 것은 여전히 가정에서의 남편, 아버지의 역할로 실제는 좀 더 경제적으로 계속 돈 벌어 오는 역할로서의 기능들이 점점 더 커지는 것 아니냐, … 40대 후반, 50대로 접어드는, 노동조합을 민들어왔고 같이 싸워왔던 … 그 세대들이 이제 사회적으로 지불해야 되는 비용들이 커지는 문제, 그 압박이 큰 문제들이 합쳐져서 사실은 노동조합의 형태나, 노사협상에서 결정되는 형태들이 계속 비용이나 임금에 대한 문제들의 비중들이 엄청나게 커져 버렸습니다.[36]

### 3) 노동자 생활세계와 정규직/비정규직의 단층선

노동계급의 집단주의적 행위 성향의 목표가 개별 가족의 사회적 지위 상승을 배타적으로 추구하는 경우를 우리는 '도구적 집단주의'(instrumental collectivism)라고 부를 수 있다. 그에 비해 집단주의적 행위 성향이 노동계급 내부의 연대와 상호부조의 목표를 달성하기 위한 것이라면 그것에 '연대적 집단주의'라는 이름을 붙일 수 있을

---

36 김OO 구술, 2014년 12월 22일, 울산프로젝트팀 채록.

것이다(Goldthorpe and Lockwood, 1963). 2000년대 이후에 울산 대공장 노동자들의 행위 성향은 도구적 집단주의로 확연히 기울어졌다. 특히 경제적 풍요가 정점에 도달한 2010년대에 노동자 생활세계에서 도구적 집단주의 성향이 일반화된 것을 현지조사를 통해 확인할 수 있었다.

그러한 행위 성향이 가장 잘 드러나는 지점은 같은 작업장에서 함께 일하는 사내하청 비정규직과의 문화적 경계긋기에서이다. 노동자 생활세계에서 정규직과 비정규직의 단층선이 선명해지고 양자간의 생활수준 격차가 마치 신분적 차이와도 같은 것으로 수용되는 현상이 커진 것이다. 반면에 연대적 집단주의를 강화할 수 있는 생활세계에서의 문화적 자원은 현지조사에서는 거의 발견할 수 없었다. 이것은 다음 장에서 본격적으로 다룰 정규직과 사내하청 비정규직의 계급 연대의 시도들이 좌절된 중요한 배후 요인으로 작용했다.

2010년대 초중반은 현대자동차와 현대중공업에 다니는 정규직 노동자들의 경제적 풍요가 절정에 달한 시대였다. 21세기 들어와 지속된 기업의 고도성장과 막대한 수익의 축적, 노동조합의 교섭력이 뒷받침된 정례적인 임금교섭, 산업 가치사슬의 최정점이라는 구조적 위치 등이 그것을 가능하게 했다. 1세대 대공장 정규직들의 생애에서 울산은 "삼십 년 동안 월급이 한 번도 안 밀리고 나온 동네"[37]였고, 한국 사회에서 울산은 노동계급의 삶의 불안정성이 최소화된 매우 예외적인 곳이었다. 하지만 그들이 사는 세상을 떠나서 시야를 한국 사회 전반으로 확대해 보면, 2010년대는 고도성장의 종언, 양

---

37 최OO 구술, 2015년 4월 8일, 울산프로젝트팀 채록.

질의 일자리 감소, 가계부채의 급증, 청년층의 취업난, 비정규직과 불안정 노동의 증가가 한국 자본주의의 상수(常數)가 된 시대였다.

정규직과 사내하청 비정규직 간의 분절과 차별의 구조는 작업장 내에서만 머무는 게 아니다. 양자 간의 단층선은 울산 지역사회의 노동자 생활세계에서도 연장된다. 노동자 가계의 소비수준, 여가생활, 자녀교육, 사회적 교류 등에서 그러한 단층선은 반복적으로 확인된다. 현대자동차 비정규직 노동자 부인은 여가를 거의 즐기지 못하는 자신의 상황을 남편이 정규직인 '언니'들의 안락과 비교하며 생활수준의 격차를 체감했다.

> 언니들은 그냥 보면, 아저씨들은 회사를 다니는데, 언니들은 원체 개성도 많고 막 이러니까 동유럽도 가야 되고 필드도 가야 되고 모여서 맛있는 것도 먹어야 되고 이러니까. … 제가 생활 패턴을 봤을 땐 … 지금 수준에서 보면 자동차 회사 다니는 언니들은 필드 다 나가요. 여기 동네 언니들은. … 신랑하고 같이 나가는 사람 많아요. … 그러니까 이제 애들도 다 크고 내가 조금 안정적이고 이렇게 되면 여가활동을 많이 즐기는 것 같아요, 제가 봤을 때는. 비정규직 협력업체 다니는 사람들은 여가활동 즐기는 거 잘 못 봤는데 … '야, 요즘 골프는 그냥 대중이야, 다 하는 거야.' '네 언니?' 그랬더니, 요즘에 다 한다면서.[38]

---

38 황OO 구술(현대자동차 비정규직 노동자 부인), 2015년 4월 9일, 울산프로젝트팀 채록.

비정규직 노동자 부인들은 '엄마들의 세계'에서 정규직과 비정규직의 임금소득 격차를 반복적으로 확인하게 된다고 이야기했다. 부인들의 모임에서 남편의 연봉을 서로 확인하거나, 성과급의 일환으로 정규직에게만 지급되는 보너스나 포인트 사용을 둘러싸고 소비영역에서의 사회적 지위의 차이를 절감하는 것이다. 40대 초반의 현대자동차 사내하청 노동자 부인이 전해준 다음의 에피소드는 이와 관련된다. 평소 언니, 동생하며 이웃에서 친근하게 지내다가도, 또는 동창들 간에도 불쑥 정규직/비정규직의 구분과 사회적 지위의 격차를 재확인해야 하는 순간들이 출현한다.

> 뭔가를 사고 싶은데 여기는 자동차가 [정규직에게만] 포인트가 나와요. 포인트로만 결제할 수 있는 게 있는 거예요. … [남편이 정규직인 언니와 쇼핑을 하러] 같이 갔는데 '난 포인트로 결제할게, 니는?' 이런 식으로 본의 아니게 생활에서 툭툭 나오는 이런 것들이. 가진 사람들은 못 느끼는데 좀 그렇잖아요, 사람이. 내가 안 가지고 있으면 거기서 느끼는 그런 것들도. … 계모임을 하면 2명은 비정규직이고, 2명은 자동차고, 2명은 석유화학단지고 이렇게 있어요. 그러면 이렇게 연말 되거나 이러면 한참 연말정산이 뜨거울 때 '니가 연봉이 얼마냐' 해서부터 이러면, 그 친구랑 나랑 가만히 있죠. 연봉이 얼마 안 되니까. … 다들 억, 억 이러는데 우리는 뭐, … 다 같은 동기들의 계모임이에요. 근데 나눠져 있으니까.[39]

39 황OO 구술(현대자동차 비정규직 노동자 부인), 2015년 4월 9일, 울산프로젝트팀

주민의 다수가 소수의 독점 대기업에 다니는 생산직 노동자와 가족들로 구성되어 있고, 주로 남편의 임금소득에 의존해 살아가는 울산의 지역사회는 연봉, 성과급, 보너스 등과 같은 회사별 임금 차이에 대한 관심이 많고 그것을 서로 확인하는 일이 별로 이상하지 않은 일상 관행처럼 통용된다. 특히 회사별로 임단협이 끝나거나 명절이 다가오면 그 시기에 나오는 특별상여금의 액수가 울산 시민들의 초미의 관심사가 되곤 한다.

> 정규직은 가끔가다 [성과급 같은] 목돈을 막 이렇게 주고 이럴 때가 있으면 … [남편이 하청인 이웃의 동생이] '아이구, 형님은 좋겠네, 우리는 십 원짜리 하나 못 받았는데, 형님은 천만 원 가까운 돈을 받았다'며. … 그렇게 정규직, 비정규직은 울산 동구에서는 좀 무서운 이름 같아요, 그게 무서운 이름.[40]

> 사실 울산에 와가지고 충격적이었던 게 사람들이 너무 돈돈 한다는 것. … 슈퍼 같은 데 가면 돈, 전부 다 돈 이야기, 유독 좀 다른 것 같더라고요. … 아줌마들이 뭐 주식 얘기, 남편 월급 얘기 … 그러니까 진짜 모든 얘기가 돈, 그리고 자동차, 중공업도 마찬가지로 한 달에 한 번씩 보너스가 계속 나오잖아요. 근데 이제 우리는, 저는 하청을 다니니까 그런 게 전혀 없으니까, 이게 그때 내가 느끼기로는 우리 신랑만 하청 다니고 다 직영인 것 같았어요, 느

---

채록.
40 최OO 구술(현대중공업 정규직 노동자 부인), 2015년 4월 8일, 울산프로젝트팀 채록.

낌에. … 그냥 자기들끼리 사는 세상에 우리가 이렇게 꼽사리 끼어 있는 듯한, 예, 그런 느낌.[41]

보너스 철이 되면 '우리 신랑만 하청 다니고 다 직영인 것 같았'다는 위 인용문의 화자는 울산은 대기업 정규직들이 '자기들끼리 사는 세상'이라는 판단으로 이어진다. 또한 이러한 생활세계에서의 감각은 사내하청 노동자 가족들이 느끼는 상대적 박탈감과 위축감으로 나타나곤 한다. 육체노동에 종사하는 같은 생산직 노동자에 속하지만 소속 기업과 고용형태에 따른 생활수준의 격차는 사회적 지위의 계층화로, 더 나아가 노동계급 내의 하층신분이라는 자의식으로까지 이어지는 것이다. 또 다른 현대자동차 사내하청 노동자 부인은 아래의 구술에서 그러한 자의식을 남들의 시선에서 자신은 '비정규직의 아내'로 재현된다고 말하고, 자기 스스로를 '거기에 미치지 못하는 우리'로 표현한다. 또한 그 속에서 '상대적인 박탈감', 나아가 '억울함'의 감정에 휩싸인다고 말했다.

내가 누구처럼 죄 짓고 살진 않으니까 떳떳할 수 있는데, 나도 모르게 위축될 때가 없지 않아 있어요, 생활을 하면서. … 제가 북구만 봤을 때는 자동차도 그냥 생산직 아저씨들이잖아요. … 근데 언니들도 그렇고 자동차가 되게 억수로 좀 그런 거 있잖아요. 아, 내가 자동찬데 이런 것들. … 되게 나름의 자부심이 있는 것

41 이OO 구술(현대중공업 비정규직 노동자 부인), 2015년 4월 8일, 울산프로젝트팀 채록.

같아요. 그래서 거기에 미치지 못하는 우리는 상대적으로 좀 박
탈감이랄까. … 아까처럼 나도 모르게 내가 비정규직의 아내가
되어있는 거예요. … 만약에 우리 신랑이 다른 데 갔으면 그냥 회
사 다니는 사람의 아내가 됐을 텐데, 여기[현대자동차] 들어가다
보니까 남들이 보기에도 내 스스로도, 나는 비정규직의 아내고
우리 신랑도 사내협력업체 직원인 거예요. 그게 되게 좀 억울하
다고 해야 되나?[42]

비정규직 노동자 부인의 이러한 자의식은 울산의 지역사회에서
'직영'과 '하청'의 사회집단을 구분하는 강력한 구별짓기의 실천에
의해 형성된 것이다. 이러한 구별짓기는 단지 하청에 속하는 이들의
열등의식 같은 것으로만 규정하기 힘들다. 왜냐하면 그것은 지역사
회의 주류 집단인 직영 노동자 가족들의 일상 의식 속에서 작동하
며 두 집단 사이의 상호작용 속에서 범주화되기 때문이다. 다음은
현대중공업 정규직 노동자의 부인(50대 중반)의 구술이다. '엄마들의
세계'에서도 (남편이) '직영 다니는 엄마들'과 '직영 안 다니는 엄마
들'의 범주 구분이 명확하고 그에 따른 신분적 구별과 동정의 시선
이 뿌리내리고 있다는 점을 알 수 있다.

아파트 내에 목욕탕이 있어요. … 목욕탕 가면 회사 일이 다 알아
져요. 정규직, 비정규직 선을 그으면 안 되는 데도, 선을 긋고 살

---

42 황OO 구술(현대자동차 비정규직 노동자 부인), 2015년 4월 9일, 울산프로젝트팀
채록.

게 되요. 그리고 이 사람 직영 다닌다, 하청 다닌다, 하청 다닌다 하면, 왜 이렇게 좀 한 번 눌러 보는 게 있잖아요. 나 자신도 그런 것 같아요, 사실은. 왜 없어 보이고, 가난해 보여서 슬쩍 발로 눌러봐도 되는 사람 있잖아요. 그런 취급이 되더라고요. … 그게 참 나쁜데, 지금도 그 선입견을 못 버려요. 왠지 뭐 어디 기업[하청업체] 다닌다 이러면, 중공업에 안 다니고 '기업' 다닌다 이러면 왠지 초라해 보이고 가난하게 느껴지고 동정심이 생기고. 그 사람 밥 잘 먹고 잘 사는데, 왜 그런 마음이 자꾸 드는지 모르겠어요. 30년 동안 내가 몸에 배서 그러는지, 그 사람들이 이렇게 아직까지도 가난한 사람 있죠? 그런 사람으로 느껴지는 게 마음이 좀 아파요, 사실은.[43]

노동자 가족의 생활세계에서 정규직은 경제적 풍요와 삶의 안정성으로 인하여 그 자체로 하나의 특권적인 사회적 지위로 자리잡게 되었고, 그에 미치지 못하는 삶을 바로 옆에서 살아야 하는 비정규직 가족은 상대적 박탈감을 일상에서 체감하며 사는 것이다. 두 노동자 집단의 삶의 장소가 공간적으로 구분되어 있거나, 두 집단 간의 사회적 교류가 거의 없다면, 또는 다른 대도시처럼 다양한 직업의 사람들이 익명성을 확보하며 섞여 살아간다면, 이러한 생활세계의 단층선은 그리 선명하게 체감되지 않을 수도 있다. 하지만 공업도시 울산의 공간은 그러한 유보 조건들을 허용하지 않는다. 심지어는 노동자 자녀들의 세계에서도 그러한 단층선이 계속 확인된다.

---

43 최OO 구술, 2015년 4월 8일, 울산프로젝트팀 채록.

현대자동차 사내하청공의 자녀가 초등학교에 입학하고 학생의 다수가 현대자동차 직원인 학교 환경에서 아이들이 부딪히며 일어난 일이다.

> 처음에는 우리 아이들이 먼저 물었어요. 아빠가 자동차 일을 나가니까 물어봤어요. '아빠, 어디서 일을 하세요?' 그때는 저희가 정말 아무 생각 없이 … 그냥 '자동차 들어가서 일하고 있지' 했던 얘기가, 우리 애들은 정규직으로 일하고 있다고 생각했던 거예요. … 그렇지 않다고 얘기했을 때 애들이 많이 놀라는. '어, 그런 것도 있어요? 왜 그렇게 돼요?' 이렇게 도로 질문하는. … 애들이 학교 들어가면서 … 거기서 이제 '우리 아빠도 자동차 다니는데' 이렇게 된 거예요. … 애들이 아빠 자동차 다닌다고 해서 엄마들이 '몇 공장?' 이렇게 물어봤나 봐요. … 본의 아니게 속이게 된 것처럼, … 부끄러운 일은 아닌데 비정규직이라서 부끄럽게 비쳐진 것에 대해서. … 되게 애들한테 미안한 감정이 들더라구요.[44]

이처럼 노동계급 내부의 단층선이 작업장뿐만 아니라 생활세계에서도 뚜렷하게 의식되고 일상생활의 '대면적 상호작용의 의례'(고프먼, 2013)에서 반복적으로 확인되는 게 울산의 특징이다. 대공장 정규직 노동자 가족의 경제적 풍요는 그 안에 노동계급 내부의 불평등을 안고 있는 것일 뿐만 아니라, 그 불평등이 생활세계의 문화적 차원에서도 경계긋기로 연장된다.

---

44 황OO 구술, 2015년 4월 9일, 울산프로젝트팀 채록.

공장에서 정규직과 동일·유사업무를 수행하며 혼재 작업을 하는 비정규 노동자들과, 생활세계에서 정규직 가족들과 섞여 살며 동일한 사회적 장소들(쇼핑센터, 백화점, 학교, 학원, 아파트단지, 계모임, 취미모임, 식당 등)에서 격차를 느끼는 삶을 살아가는 비정규직 가족들은 공통적으로 대기업 정규직을 준거집단(reference group)으로 삼고 살아간다. 그런데 준거집단이 외(外)집단에 속하는 경우 상대적 박탈감은 더욱 강화되기 마련이다. 이러한 상대적 박탈감은 한편으로는 사내하청 노동자의 불만을 고조시키고 투쟁을 촉발하는 동력으로 작동하기도 했다. 하지만 우리가 살펴본 대로, 정규직 노동자들의 경제적 풍요와 도구적 집단주의의 지배적 행위 성향 그리고 문화적 구별과 상대적 박탈감 속에서도, 과연 작업장 내에서 정규직과 비정규직 간의 계급 연대가 가능할 것인가 하는 근본적인 질문을 던져볼 수 있다. 이제 다음 장에서 본격적으로 사내하청 비정규직의 등장과 그것이 대공장 정규직 노동자의 집단 정체성과 계급 연대의 실천에 미친 영향을 살펴보기로 한다.

# 8장

## 내부의 타자, 사내하청 노동자

이 장에서는 사내하청 노동자 문제를 다룬다. 대공장 사내하청 문제는 경제위기 이후 대공장 정규직 노동자의 집단 정체성과 행위 성향이 형성되는 데 있어 매우 중요하게 작용했다. 사내하청 노동자의 규모 확대는 대공장 정규직 노동자들의 '우리' 성원됨의 상징적 경계 문제를 촉발했다. 그들을 또 다른 '우리'로 포섭할 것인가, 아니면 공동체 외부의 '타자(他者)'로 배제할 것인가 하는 선택의 기로에 서게 한 것이다.

아래에서는 1987년 이후 정규직 노동자들이 사내하청 노동자를 인식하는 프레임의 변화를 역사적으로 추적하고, 2000년대 이후 사내하청 노동자의 조직화와 투쟁의 역사를 자세히 분석할 것이다. 이를 통해 정규직과 비정규직 간의 계급 연대가 좌초되는 과정을 되짚어보고, 연대 실패를 낳은 구조적 요인이 결국 1987년 이후 대공장 노동운동이 작업장에서 쟁취한 역사적 성과들과 체계적으로 연관되어 있음을 보여줄 것이다. 작업장 내 계급 연대의 좌초는 계급상황과 집단 정체성 차원의 계급형성이 2000년대 이후 노동시장 분절에 의해 가로막혔다는 점을 명징하게 드러내 준다.

# 1. 연대에서 사회적 폐쇄로

## 1) 구조조정과 경계긋기

1990년대 말 경제위기 이후 대규모 기업 구조조정과 실업의 경험은 대공장 노동자들에게 '우리'의 문제, 즉 집단 정체성을 새롭게 되짚어보는 계기가 되었다. 적대적 경제 질서로부터 자기 보호를 위해서 힘을 합쳐야 할 '우리'는 누구인가, 즉 '우리' 성원됨의 경계긋기 문제가 표면화된 것이다. 외환위기 이후 대공장 노동자의 집단 정체성 형성의 계기가 된 것이 바로 사내하청 비정규직 노동자들이었다. 이들은 '우리'와 완전히 같지도 않았고 그렇다고 '우리'와 완전히 다르지도 않은 존재들이었다. 그들을 '내부의 타자'로 구성하는 과정이 진행되었고 그 과정 속에서 대공장 노동자의 집단 정체성이 뚜렷해졌다.

1998년 현대자동차의 고용조정은 한국 자동차산업 전반의 구조조정의 일부였다(박준식, 2004). 그 사건이 사회적 이슈가 된 것은 그해 2월에 시행된 정리해고제가 적용된 첫 번째 대규모 사업장이었기 때문이었다. 격렬한 대립을 수반한 고용조정의 결과, 전체 인력의 약 22%에 달하는 10,166명의 인원이 감축되었다. 여기에는 희망퇴직 6,451명, 무급휴직 2,018명, 정리해고 277명, 자연감소 1,420명이 포함된다. 울산공장만 한정할 경우 전체 6,494명(무급휴직 1,636명)의 인원 감축이 있었다.[1] 정리해고 시행을 둘러싼 노사 간의 격렬

---

1   인원조정 수치는 조형제(2005: 147)와 《경상일보》(1998년 8월 26일자, 18면)를

한 충돌은 저신뢰의 노사관계가 구조화되는 계기로 작용했다. 정리해고 사태는 노동자들이 갖는 회사와의 심리적 계약을 크게 훼손시켰고, 그 역사적 상흔이 그들의 뇌리에 깊이 각인되어 이후 현대자동차 노사관계의 지형을 좌우하는 결정적 사건이 된 것이다. 정리해고 사태 이후 현대자동차의 노사관계는 조합원들의 단기 실리주의의 만연, 고용조정의 가능성을 사전에 차단하기 위한 단체협약 개정 등으로 점철되었다(허민영, 2006).

이러한 배경 하에서 2000년대에 들어와 정규직 노동자들은 노조 활동의 최우선 목표로 자연스럽게 고용안정을 내세웠다. 대다수의 무급휴직자들이 복귀한 이후 노조 활동이 정상화되면서 현대자동차노조는 이제 회사 측에 고용보장 방안을 적극적으로 요구했다. 회사는 내수와 수출의 회복에 따른 추가 인력 투입이 필요했고 이에 따라 고용의 수량적 유연성을 확보하려는 노력을 기울였다.

노조의 고용보장 요구와 회사의 고용 유연화 전략 사이에서 타협책으로 단체협약과 동일한 효력을 갖는 고용보장 협정이 체결되었다. 그것이 바로 2000년 6월에 체결된 '완전고용보장합의'이다. 이 합의는 조합원의 고용안정을 위하여 정규직의 고용을 보장하고, 회사가 일방적으로 정리해고 및 희망퇴직을 실시하지 않을 것을 주요 내용으로 담았다. 합의서에 따르면, 정규직의 고용을 위협하는 상황(신기술 도입, 외주화, 자동화, 플랫폼 통합, 모듈화, 공장간 차종이동 등)이 발생하였을 경우 사내외 하청과 신규 작업을 정규직에게 돌려 고용을 보장하기로 했다. 이 합의의 핵심은 결원이 발생하거나

참조했다.

추가 인력이 필요할 경우에는 1997년 8월 이전의 비율 범위(16.9%) 내에서 사내하청 인원을 늘려나갈 수 있도록 한 것이었다.[2]

이러한 내용의 완전고용보장합의는 정규직 노동자의 수량적 경직성을 유지하기 위해 노조가 비정규직 사내하청 노동자의 수량적 유연성을 허용하기로 양보한 협약이었고, 이를 통해 그동안 암묵적으로 용인돼온 기업내 이중노동시장이 제도화되었다는 의미를 갖는다(주무현, 2002: 90). 결국 이 합의는 정규직 노조가 사내하청 노동자를 정규직 조합원의 고용안정을 위한 완충장치로 인식하고 있음을 공개적으로 드러낸 것이었다. 정규직에게 사내하청은 장래에 발생할지도 모르는 고용위기가 자신들에게 직접 영향을 미칠 충격을 완충해주는 역할로는 필요하지만, 그렇다고 자신들의 일자리를 대체할 정도로 규모가 너무 커서도 안 되는 존재로 공식화된 것이다.

그런데 이러한 공식화는 같은 공장 울타리 안에서 일하는 노동자 내부의 경계를 그어 범주 구획(categorization)을 제도화했다는 점에서, 다시 말해 사내하청 노동자 집단과 정규직 노동자 집단의 구별을 확정하고 고용위기의 순간에 두 집단 간에 '희생'의 선후관계를 공식적으로 규약화했다는 점에서 대공장 정규직 노동자의 집단적 정체성의 형성에 있어 매우 중요한 사건이었다.

---

2  이 비율은 현대자동차 전체에 해당했다. 1997년 8월 시점의 사내하청 비율은 공장별로 편차가 심했다. 울산공장은 13.7%였지만, 신설 공장이었던 아산공장과 전주공장은 각각 30.2%, 34.2%였다(전국금속노동조합 현대자동차지부, 2009: 354).

## 2) 경계긋기의 오랜 계보: 1990년대의 작업장 관행 돌아보기

울산에서 처음부터 두 노동자 집단 간의 관계가 이런 형태의 경계긋기로 존재한 것은 아니었다는 점을 주의해야 한다. 1987년을 전후한 시기에 두 노동자 집단은 동료의식이 더 강했다. 사내하청의 활용이 광범위했던 1987년 이전의 현대중공업 사례가 대표적이다. 직영 기능직과 사내하청공 집단의 경계는 유동적이었고 둘 사이의 임금 및 노동조건의 차이는 별로 크지 않았었다. 따라서 1987년 투쟁 당시에 직영과 하청은 별 구분 없이 함께 투쟁에 참여했고, 하도급 직영화 요구도 자연스럽게 제기되어 두 집단 모두 하나의 노동조합에 가입하여 이후 단체교섭을 통해 사내하청의 직영화가 이루어졌다(신원철, 2001: 356).[3] 현대미포조선의 경우도 1987년 투쟁을 계기로 정규직화는 아니지만 정규직 노조의 단체협약이 사내하청 노동자에게도 100% 적용되었다(손정순, 2009: 106). 또한 현대종합목재 역시 1987년 투쟁 당시 하청 노동자들이 직영 노동자들과 함께 하나의 노동조합에 가입했고, 더 나아가 초대 노조위원장이 하청업체에 고용된 노동자가 선출되기도 했다(정이환, 1992: 113-4). 이것들은 새롭게 등장한 노조운동에 의하여 회사가 마련한 노동자 분할지배 제도가 폐지된 사례들이었다.

이처럼 당시 울산의 현대 계열사에서는 직영과 하청 간의 계급상황에서의 동질성이 상대적으로 높았기 때문에 고용형태 상의 차이

---

3   1988년 6월 기준 현대중공업노동조합의 가입인원 분류를 보면, 전체 18,985명의 조합원 중 직영 기능직은 14,590명이고, 하도급 노동자는 1,040명, 일반직 2,727명, 고용원 628명으로 집계되어 있다(한국사회연구소, 1989: 234).

는 경계긋기로 이어지지 않았고, 오히려 두 집단 간에는 '동료의식'
이 더 컸었다. 그들의 사회적·집단적 정체성 구성의 원천은 내부의
구별이 아니라 자본과 국가라는 적대적 타자와의 선명한 경계긋기
가 일차적이었다.

이러한 동료의식은 노조 설립 이후 내부노동시장 형성을 계기로
조금씩 변화했다. 1987년 이후 대기업 생산직 내부노동시장의 제도
화는 그것을 보완하는 사내하청 고용의 제도화 과정과 함께했다. 이
것은 우선적으로 사내하청 인원의 추이를 통해서 확인할 수 있다.

〈그림 8-1〉은 현대중공업의 정규직과 사내하청 인원의 연도별 추
이를 비교한 것이다. 1970년대에 현대중공업은 생산직 노동자의 다
수를 위임관리제 하에서 사내하청공으로 충당했다가, 대략 1979년
부터 생산관리 능력을 확보하며 직접 고용 중심으로 이동하기 시작
하였고, 1987년을 직후로 하여 사내하청공 제도가 일시적으로 사라
졌다(신원철, 2003). 그런데 1990년대 초반부터 다시 사내하청공이 조
금씩 증가하기 시작했고, 그 증가 폭은 외환위기 이후 2000년대에
들어서면서 가속도가 붙었다. 사내하청이 2000년대 초반 1만 명을
돌파했고, 2000년대 후반에는 2만 명을 능가하여 2013년에는 3만 5
천 명을 넘어섰다. 이에 반해 직영 기능직 사원의 숫자는 지난 20년
동안 큰 변화 없이 유지되거나 (정년퇴직 등의 자연 감소분을 반영하여)
약간의 감소를 보였다. 생산직 노동자 중 사내하청은 2007년부터 정
규직을 절대 수에서 추월했고 2013년 기준 정규직 대비 약 2.4배에
이를 정도로 성장했다. 오늘날 현대중공업의 생산과정은 사내하청
노동자들이 없으면 불가능할 정도이다. 이들은 생산 시스템의 중추
를 담당하는 노동력으로 사용된다. "하청에 기반을 둔 생산시스템"

〈그림 8-1〉 현대중공업 정규직과 사내하청 인원 추이, 1974~2013

(단위: 명)

**── 정규직  --- 사내하청**

자료: 1974~86년은 현대중공업주식회사(1992: 397, 475); 1990년 이후는 한국조선협회.
주) 1980, 1982, 1987~89년은 자료 미비로 표시 않음.

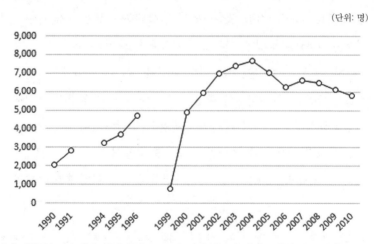

〈그림 8-2〉 현대자동차 울산공장 1차 사내하청 인원 추이, 1990~2010

(단위: 명)

출처: 채창균(1993), 현자노동자신문(1995.3.15), 박명준(1997), 홍장표 외(1997), 주무현(2002),
조성재(2006), 한국노동연구원(2007), 김형우(2010)를 종합.
주) 1990년~2007년은 회사 자료이고, 2008년~2010년은 노조 자료임. 공백인 해는 자료 미비.

(박종식, 2014)이라는 말이 현실을 보다 정확히 담게 된 것이다.

1987년 이후 사내하청 제도의 성장 추세는 현대자동차의 경우에도 확인된다. 〈그림 8-2〉는 현대자동차 울산공장의 1차 사내하청 인원 추이를 자료가 가용한 연도를 중심으로 보여준 것이다.[4] 여기서 확인할 수 있는 것은 1990년 이후 사내하청 제도가 고용 유연화의 유력한 수단으로 활용되어 왔다는 점이다. 1990년대 초반 이후 사내하청 인원이 지속적으로 증가하다가 1997~98년의 구조조정 과정에서 거의 대부분의 사내하청 노동자가 방출되었으며, 다시 2000년 이후부터 생산량의 대폭적인 성장에 발맞춰 급격히 증가했음을 알 수 있다.

현대자동차의 사내하청 제도는 원래 간접지원부서(설비점검, 청소, 포장, 운송 등)를 중심으로 소규모로 존재했으나, 노조 결성 이후 기업의 고용 유연화 전략이 본격화되면서 규모가 늘어나고 그 역할도 확대되었다. 직접 생산라인까지 사내하청 노동자가 들어오게 된 것은 1990년 무렵부터로 보인다(박준식, 1992: 204-5; 채창균, 1993: 134-5). 이 당시 회사는 정규직의 반발을 고려해 처음에는 기피 공정을 중심으로 사내하청을 활용하다가 점차 특정 생산라인 전체를 하청화하거나 직접 생산라인까지 활용을 늘려나갔다.

그렇다면, 1990년대 초중반 사내하청 고용이 조금씩 도입되고 있었을 때 정규직 노동자들은 사내하청의 확대를 어떻게 바라보았을

---

4 〈그림 5-2〉에서 표시된 수치는 현대자동차와 정식 도급계약을 맺은 1차 사내하청 인원(T/O)만 계산된 것으로, 3개월 이내의 한시적 사내하청, 아르바이트, 그리고 1차 사내하청 업체의 재하청 인원(이른바 2차 사내하청) 등은 제외되어 있기 때문에, 전체 사내하청 인원은 실제로는 이보다 많았다.

까? 그들의 태도는 양면적이었다. 한편으로 위험·기피 공정에 투입된 사내하청의 경우 묵인하는 태도를 취했지만, 그 이상으로 역할이 확대되는 것에 대해서는 일자리와 임금수준을 위협하는 것으로 간주하며 하청 투입을 반대하는 조직적 행동을 취하기도 했다. 1990년대 초반 사내하청 제도에 대한 정규직 노동자의 양면적 태도는 다음의 노동자신문 기사에 잘 나타나 있다. 이 기사에서 사내하청의 증가는 조합원의 일자리를 위협할 뿐만 아니라 노동자 간의 계층성을 확대하고 나아가 노조 조직력을 약화시킬 것이라 우려하고 있다.

> [사내하청 확대에 대해: 인용자] 노조는 '조합원들이 기피하는 작업'이라는 이유 하나로 적절한 대응책을 찾지 못하고 회사에 일임하다시피 해오고 있어 고용불안은 물론 직영작업장의 메인라인화를 빠른 속도로 가져오고 있다. 이같은 하청화가 회사에 의해 일방적으로 진행될 경우 콤베어라인 등 메인라인에만 우리 조합원이 근무하게 되는 것은 물론 급기야는 모든 생산현장을 하청이나 용역업체에 넘겨주게 되는 상황이 올 수도 있다(지금도 같은 라인에서 직영노동자와 하청노동자가 함께 일하고 있는 곳도 있다). 이처럼 공장내 용역노동자들이 급증하게 되면 노동자간의 위화감은 물론 고용불안이 심각하게 나타날 수 있으며, 직영노동자는 같은 노동자이면서도 엘리트의식에 빠질 수 있는 등 의식의 변화도 뒤따르게 되는데, 이같은 의식변화는 노동자의 조직력을 현저히 떨어뜨릴 수 있는 요소로 작용할 것이다.[5]

---

5 "하청, 고용안정 위협수준: 직접생산도 잠식, 하도급전환 노사합의틀", 《현자노동

이러한 양면적 태도는 현대중공업에서도 발견된다. 1990년대 초부터 증가하기 시작한 현대중공업의 사내하청들이 활용되는 직무는 도장과 같이 이른바 3D 업무인 경우가 많았다. 또한 직종 구분이 없이 정규직과 혼재 작업을 하는 경우에도 난이도가 높거나 작업여건이 열악하여 정규직들이 회피하는 직무에 주로 배치되곤 했다(강석재, 2002: 205-207). 이러한 업무 할당의 차이를 통해 정규직 노동자의 묵인적 태도가 유지되었지만, 점차 사내하청이 여러 분야에 걸쳐 전반적으로 확산되자 노조는 그것을 정규직 조합원의 고용을 위협하는 것으로 인식하기 시작했다.

일례로 1993년에 현대중공업노조는 고용특위를 구성하여 사내하청 현황을 조사하는 한편 그 문제점을 제기한 적이 있었다. 고용특위는 전반적으로 사내하청공의 확대를 조합원의 일자리를 잠재적으로 위협하는 요인으로 파악했다. 고용특위는 사내하청 노동자들의 열악한 처우를 알리면서도 현장조사에서 지적된 문제점들로 직영 물량의 외주처리로 인한 조합원들의 연장근무 축소와 임금 감소, 직영 노동자들과의 대립 양상 발생 소지, 미숙련공 작업자 투입으로 인한 불량 발생, 쟁의기간 노동자의 단결권 무력화, 조합원의 작업도구 및 피복의 잦은 분실 등을 꼽았다.[6] 또한 현대중공업 노사는 1996년 단체협약 별도합의서에서 "회사는 조합원의 고용안정을 위해 직영에 우선으로 작업물량을 배정한다"는 조항에 합의하기도 했다.[7]

---

자신문》, 1995년 3월 15일, 1면.

6   "고용특위 현장활동자료(외주업체현황)", 현대중공업노조, 『사업보고서』, 1994, 408-410쪽.

7   현대중공업노조, 『사업보고서』, 1996, 195쪽.

이처럼 자본의 이중적 고용관리 전략이 본격화되면서 1987년 투쟁 직후 형성된 사내하청 노동자와 정규직 노동자의 '동료 정체성'이 빠르게 사라졌다. 이제 정규직들에게 사내하청 노동자는 '우리가 기피하는 일을 싼 값에 대신 해주는 존재'거나 '잠재적으로 우리의 일자리를 차지할지도 모르는 집단'으로 인식되어 갔다. 이러한 대공장 정규직들의 인식의 프레임은, 역사적으로 보면 직종별 노조(craft union)가 노동운동을 지배하던 초창기 서구 노동운동사에 자주 등장하는 파업 파괴자나 저임금 이민 노동자에 대한 숙련공 조합원들의 우월감과 두려움의 양면적 태도와 닮아 있다.

이러한 태도로부터 2000년 현대자동차의 완전고용보장합의에 담긴 프레임, 즉 정규직의 고용보장을 위한 완충장치로서 사내하청을 바라보는 프레임까지는 그리 멀지 않은 것이다. '완충장치'의 프레임이 사실 울산에서 처음 나타난 것은 1990년대 초반부터였다. 따라서 1998년 고용위기 이후의 사태는 이전부터 존재했었던 노사관계 관행의 연장으로 바라볼 필요가 있다.

1993년 울산에서는 산업구조조정으로 몇몇 사업장을 중심으로 고용조정이 발생했다. 대표적으로 컨테이너 생산이 사양 산업이 되면서 현대정공과 효성금속에서 추진한 사업부 축소에 따른 인원조정이 있었다. 두 기업의 노조가 감원 해소책으로 사측에 요구한 것이 바로 사내하청 노동자의 우선 감원과 정규직 노동자로의 대체였다. 현대정공 노사는 "인원조정 시 타 부문의 신규 투자 확대와 타 부문 하청을 직영화하여 전직 및 전환 배치토록 한다"는 단체협약을 맺어 정규직 노동자의 전출과 전환배치를 최소화했다(현대자동차노동조합 정공본부, 2001: 147). 이 과정에서 현대정공 사내하청 인원은 1992년 1,921명(전체 생산직 대비 31.2%)에서 1994년에 오면 727명(전체 생산직 대비 18.5%)으로 대폭 감소했다(박준식, 1996: 337). 당시 울산 지역신문의 기사를 보면, 2000년대의 정규직과 사내하청 간의 관계를 다루는 언론의 프레임과 그리 다르지 않은 모습이 이미 당시에도 나타났다는 것을 확인할 수 있다.

> 울산지역 상당수의 대기업노조가 경영불안에 따른 감원해소책으로 하청업체 노동자들을 우선 감원해줄 것을 요구, 하청업체 노동자들과의 마찰이 우려되고 있다. … 이에 대해 하청회사와 노동자들은 "자신들의 감원요인을 임금과 작업환경이 열악한 곳에서 일하는 하청업체 노동자들에게 떠넘기려는 것은 노동귀족의 횡포"라고 반발하고 있다. 이들은 또 대기업노조가 조합원들이 기피하는 이른바 3D작업을 중심으로 하청화할 때는 아무런 반응이 없다가 고용문제가 생기자 이를 하청업체에 떠넘기고 있다고 비난하고 다소 여건이 좋은 대기업 자체에서 돌파구를 찾아줄 것을 요청하고 있다.[8]

고용조정이 이루어질 때 사내하청이 담당하던 직무를 정규직이 대체하도록 하여 정규직 조합원의 감원을 방지하는 관행은 현대자동차 구조조정 과정에서도 그대로 반복되었다. 현대자동차가 1997년 11월경 수립한 인원조정 계획을 보면, 2000년까지 총 조정인원은 4,697명으로 이 중에서 하청이 2,710명, 직영이 1,987명으로 나

---

8 "대기업-하청사 노동자 일자리싸고 마찰", 《경상일보》, 1993년 2월 25일자, 15면.

온다. 여기서 하청에 대한 조정은 거의 대부분이 계약해지 후 해당 직무를 직영으로 대체하는 것이었고, 직영에 대한 조정은 전출 · 전환 · 직무순환 등의 방식이었다.[9] 실제로 회사는 정규직에 대한 인원 조정 이전에 1,722명의 사내하청 인원을 내보냈고 그 자리를 정규직으로 대체했다.

### 3) 외환위기 이후 '사회적 폐쇄'의 전면화: 현대중공업의 사례

1990년대에 울산의 현대그룹 계열사에서 활용했던 사내하청 노동자들에 대한 정규직 노동자들의 태도는 다층적이었다. 당시의 노사관계 관행 속에서 4개의 범주를 추출할 수 있다. 첫째, 사내하청 노동자를 동료 노동자로 인식하는 '연대적 정체성'이다. 둘째, 정규직 노동자가 기피하는 일을 전담하거나 보조적 직무를 수행하는 '하위 보조자'로 인식하는 경우이다. 셋째, 더 낮은 임금을 받으며 정규직의 고용을 위협하는 '잠재적 경쟁자'로서의 인식이다. 넷째, 정규직 노동자에 대한 고용조정의 필요가 발생하였을 경우 그 충격으로부터 정규직의 고용을 보호할 수 있는 '완충장치'로 인식하는 경우이다. 이 네 가지 태도는 1987년 이후 약 10년 동안 울산의 여러 대공장에서 공존해왔지만, 1998년 대규모 고용조정 이후에는 '완충장치' 프레임과 '하위 보조자' 프레임이 정규직 조합원들의 지배적 태도로 자리를 잡았다. 이 점을 현대중공업의 사례를 통해 살펴보도록 하겠다. 현대자동차의 사례는 다음 절에서 보다 자세하게

---

9 "회사, 감원계획 실행에 착수", 《현자노동자신문》, 1997년 12월 10일자, 1면.

볼 것이다.

조선산업의 사내하청 제도는 연원이 훨씬 더 오래되었지만, 자동차산업과 마찬가지로 1990년대 초반에 직영 노동자들이 담당하는 직무에 다시 투입되기 시작했고 외환위기를 전후로 하여 급격하게 팽창했다. 2000년대 한국의 조선산업이 세계 1위를 구가하며 엄청난 성장을 누리고 이윤을 축적할 때 이에 발맞추어 사내하청의 규모도 엄청나게 증가했다.[10]

2000년대에 들어와 조선산업의 사내하청이 폭발적으로 그 규모가 증가하면서 내부에서 분화 현상도 나타났다. 사내하청 내부에는 원청업체와 직접 도급계약을 맺는 업체 소속의 1차 사내하청을 비롯해, 그 밑으로 다시 하청관계가 가지를 치는 2, 3차 사내하청(일명 '물량팀')으로 분화되었고, 사내하청의 고용형태도 상용직, 기간제, 단기계약직, 아르바이트 등으로 다변화되었다(박종식, 2014: 123-127). 현대중공업과 같은 대형 조선소의 경우에는 1차 사내하청이 약 70~80% 정도 차지하지만, 중소형 조선소의 경우에는 대부분 물량팀 위주로 이동성이 높은 사내하청 노동자들이 주를 이루었다. 1차 사내하청 노동자들은 거의 상용직에 가깝게 고용되어 근속도 꽤 높은 편이지만, 물량팀은 남해안 조선산업 벨트를 따라 지역을 옮겨가며 일하는 것으로 알려졌다. 따라서 조선산업 노동시장은 원청 정규직을 핵심으로 하여, 그 주변에 1차 사내하청이 분포하고,

---

10 한국의 9대 조선소의 직영 대비 하청 기능직의 비율이 50%를 넘은 때는 1996년, 100%를 넘은 때는 2002년, 200%를 넘은 때는 2009년, 300%를 넘은 때는 2014년이었다. 이 수치는 한국조선해양플랜트협회의 공식자료에 근거한 것으로 박종식(2017: 30)에서 가져왔다.

다시 그 주변에 2, 3차 사내하청이 분포하는 다층적 고용시스템이 제도화되었고, 사내하청 내부에서는 일감과 임금수준에 따라 지역을 넘나들며 이동하는 경향이 높다.

오늘날 현대중공업의 사내하청 노동자들이 정규직이 될 수 있는 경로는 현대중공업 직업훈련원에서 기능훈련을 받은 후 사내 협력업체에 입사해서 최소 1년 이상 근무해야 하는 게 거의 유일하다.[11] 사내 협력업체에서 2~3년 이상 근무를 하다가 불규칙적으로 진행되는 정규직 공채 절차를 통해 선발되는 관행이 우세한 것으로 알려져 있다. 이러한 이중의 문턱은 정규직 채용을 목표로 하는 사내하청 노동자들 간의 경쟁 압력을 강화함으로써 그들 간의 단결을 방지하고, 원청 기업의 입장에서는 우수하고 충성도 높은 생산 인력을 공급받을 수 있도록 해준다. 노조 활동을 공개적으로 하는 50대 초반의 현대중공업 사내하청 노동자는 이러한 인력 충원 방식이 젊은 사내하청 노동자들이 불만을 제기하지 못하게 하는 족쇄로 작용한다고 지적했다.

> [사내하청업체에] 2, 3년 근속 이게 오히려 하청 노동자들을 족쇄로 해가지고 얽어매는 형태거든요. 결코 젊은 사람들이 이 형태에서 자유로울 수 없는 게, 저희들 때는, 제가 들어올 때는 그렇습니다, 정규직에 대한 열망이 지금보다 크지는 않았거든요. 지금 협력업체 노동자들은, 들어온 사람들은 백 프로, 꿈이 뭐냐고 그러면 정규직이 꿈이라고 그래요. … 지금은 6년, 7년 기다려도 정규직

---

11 현대중공업 홍보담당 직원 면접, 2014년 7월 7일, 울산프로젝트팀 채록.

안 됩니다. … 그런데 자기가 정규직화라는 꿈을 갖고 있는데, 회사에 불만을 얘기합니까? 절대 안 합니다. 그러니까 오히려 발목을 잡는 족쇄가 돼 버렸다니까요. 지금은 10%도 못 들어가요.[12]

현지조사에서 만난 사내하청 노동자들은 체감상 정규직 선발 경쟁률은 약 10 대 1 정도라고 말했다. 선발 비율이 낮은 것도 문제지만 노동자들의 연령이 보통 30대 초중반에 이르러 생계부양의 부담이 커지는 상황에서 기존의 사내협력업체 근무 경력이 근속으로 인정되지 못하기 때문에, 정규직 전환 이후의 임금이 협력업체 근무 때보다 더 낮아진다는 점도 문제로 지적되었다. 2010년대 중반 이후 현대중공업에서 다시 파업이 발생하고 노사관계가 불안정해진 것은 이렇게 사내하청에서 직영으로 선발된 30대의 비교적 젊은 노동자들의 임금 불만이 배후에서 크게 작용했다.[13]

이처럼 생산에 있어 사내하청에 대한 의존도가 매우 높은 가운데, 이들의 이동성이 높기 때문에 원청업체로서는 사내하청에 대해 제한적인 수준에서 내부노동시장 기제를 발달시킬 필요성이 커지기도 했다. 특히 한국 조선산업의 일감이 많을 때면 이들의 정착을 유도하기 위해 장기근속 사내하청에게 사내복지 혜택을 주거나 이들의 일부를 선별적으로 정규직으로 채용하는 등의 노력을 하곤 했다.

문제는 이들이 유사한 일을 하는 정규 생산직에 비해 저임금을 받고 있고 고용 안정성이 떨어지는 것뿐만 아니라, 조선업종의 특

---

12 정OO 구술, 2015년 3월 4일, 울산프로젝트팀 채록.
13 강OO 구술, 2015년 3월 4일, 울산프로젝트팀 채록.

수성으로 인해 주로 위험하거나 힘든 공정을 담당하는 경우가 많다 보니 산업재해에 노출될 확률이 더 높으며 산업재해가 발생하더라도 법률이 보장하는 권리를 제대로 누리지 못하고 있다는 점이다. 산업 현장에서 위험의 외주화가 가장 심각한 산업이 바로 조선산업인 것이다.

2000년부터 2020년까지 최근 21년 동안 현대중공업에서 중대재해는 총 128건이 발생했다. 그중에서 중대재해 피해자가 직영 노동자인 경우는 56건(43.8%)이었고, 피해자가 하청 노동자인 경우는 72건(56.3%)이었다(〈그림 8-3〉 참조). 중대재해가 하청공에 보다 집중되기 시작한 것은 2000년대 후반부터였다. 2007년부터 2020년 동안 중대재해 피해자 중 하청의 비율은 71.0%로 높아졌다.

〈그림 8-3〉 현대중공업 연도별 중대재해 발생 현황

(단위: 명)

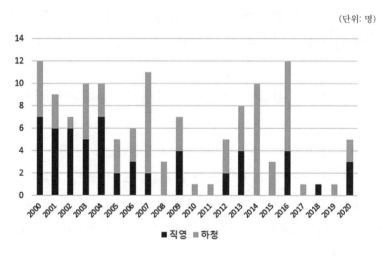

출처: 전주희 외(2021), 부록 1을 토대로 재구성.
주) 원자료는 노동조합 소식지 『민주항해』에 따른 것임.

이렇게 산업안전과 관련된 위험이 사내하청 노동자에게 전가되고 있는 현실은 조선산업 사내하청 제도의 구조적 속성이 강한 영향을 미치고 있는 것으로 지적된다(박종식, 2016). 첫째, 무엇보다 사내하청 노동자들은 정규직이 꺼리는 위험 작업을 전담하는 경우가 많다. 중대재해가 상대적으로 많이 발생하는 소·중조립 공정의 용접작업, 도장, 족장설치, 운반과 진수 등의 공정은 대부분 사내하청 업체가 거의 전담하다시피 한다. 또한 나머지 주요 공정별로도 사내하청은 정규직과 섞여 일하는데 그중에서도 위험한 일은 사내하청이 맡는 경우가 대다수이다.

둘째, 산업안전에 관한 제반 제도에서 사내하청은 배제되기나 실질적인 적용을 받지 못한다. 예를 들면, 법률적으로 의무화되어 있는 안전보건교육은 사내하청의 경우 형식화되어 있다. 이는 하청업체의 경영상 독립성이 매우 낮아 자체적인 교육 시스템을 마련하지 못하는 경우가 대다수이기 때문이다. 원청에서 안전보건교육의 책임을 맡는 것은 '불법파견'의 소지가 있다는 이유로 꺼려지는 상황이다.

셋째, 원하청 관계에 따른 위험의 전가 메커니즘이 체계적으로 작동하는데, 원청이 비용 절감을 위해 공기 단축을 유도할 경우 무리한 작업량이 할당되거나 노동시간이 연장되는데 이것은 산업재해로 이어질 확률을 높인다. 또한 사내하청 노동자들이 산업재해의 피해를 입은 경우에도 정식으로 산재 처리가 이루어지는 경우는 거의 없고 하청업체에서 그 치료비를 비공식적으로 책임져주는 이른바 '공상 처리' 관행이 보편화되어 있다. 공상 처리가 보편화된 이유는 하청업체 입장에서 산업재해 발생 건수가 도급 계약의 지속 여부에 강하게 영향을 미치기 때문이다. 허환주(2016)에 따르면, 조선소에는 사망사고가 나야지 산재처리가 된다는 말이 속설로 굳어져 있을 만큼 산재 은폐는 일반적이다.[14]

그렇다면 2000년대 이후 현대중공업의 정규직과 하청 노동자 간의 관계는 어떠했을까? 현대중공업의 경우 외환위기 이후 정규직과 사내하청 간의 관계는 거의 완전한 조직적 배제에 가까워졌다. 1980년대에는 두 집단 간의 연대적 정체성이 널리 확산되었으나, 1990년대 초반부터 다시 증가한 사내하청 노동자들에 대해서 현대중공업 노동자들은 묵인하는 태도가 지배했다. 사내하청 노동자들도 매우 간헐적인 집단적 발언의 사례를 제외하면 2003년 사내하청 노조가 결성될 때까지는 침묵하고 있었다.

현대중공업 정규직 노조가 사내하청 문제에 목소리를 내기 시작한 때는 2002년이었다. 이때 노조 집행부는 비정규직 문제의 해결을 전면에 내건 선전활동을 했고, 이에 대한 사내하청 노동자들의 반응은 폭발적이었다. 그러나 친회사 성향의 대의원들을 중심으로 이에 대한 비판이 격렬히 표출되면서 이후에는 선전활동이 줄어들었다. 또한 당시 노조 집행부는 비정규직 노동자들을 노조에 포괄하기 위한 규약 변경에 대한 의지를 가지고 있었지만 그것이 실제로 추진되지는 못했다. 이후 노사협조 성향의 집행부가 노조 권력

---

14 2011년 울산 동구 제조업 비정규직 노동자 475명에 대한 한 설문조사 결과는 이러한 설명을 확인해 준다. 산재 발생시 산재처리를 어떻게 하고 있는가라는 질문에 하청업체 비용으로 공상 처리했다는 응답이 202명(42.5%)으로 가장 많고, 개인 비용으로 처리했다는 응답이 85명(17.9%)으로 나타났다. 이에 반해 산재보험으로 처리했다는 응답은 27명(5.7%)에 불과했다(울산광역시 동구, 2012: 88).

을 장악하면서 연대 활동은 사실상 중단되었다.

이후 소수의 사내하청 노동자들이 2003년 8월에 비정규직 독자 노조를 결성했지만, 해당 협력업체의 폐업과 활동가들에 대한 보복성 해고로 대중적 지지기반과 현장 조직력이 거의 없는 상태가 되었다(진숙경, 2007: 113-121). 또한 노사협조 노선을 노골화한 정규직 노조는 사내하청 노조에 대해 거의 무관심한 태도를 유지했다. 더 나아가 사내하청 노동자의 분신 사태와 이후의 후속 조치와 관련해서 현대중공업노조는 민주노총으로부터 제명되기에 이르렀다. 미가맹 노조가 된 이후 노조는 상급단체로부터의 규범적 압력조차도 받지 않게 되면서 비정규직 노동자들에 대한 거의 완전한 조직적 배제의 태도를 유지했다. 2000년대 후반 이후 정규 기능직보다 그 수가 많아진 사내하청 노동자들은 조선산업의 호불황에 따른 고용조정의 일차적 대상으로 거리낌 없이 활용되었다. 2014년부터 시작된 조선산업 구조조정 과정에서 사내하청 인력은 우선적인 고용조정 대상이 되었다. 한국조선해양플랜트협회에 따르면, 2015년 말 133,346명에 달했던 조선산업 전체의 하청 인력은 2022년 2월 기준 51,854명으로 절반 이하로 줄었다.[15]

현대중공업의 경우 2003년 사내하청 노조(지회)가 결성되고 투쟁에 돌입했으나, 당시 업체폐업, 폭력행사, 활동가 연행 및 해고, 블랙리스트 작성 등의 원청 자본의 전방위적 탄압으로 현장 활동이

---

15 최근 긴 불황 끝에 다시 호황기가 찾아왔지만, 감원된 하청 인력들이 다시 조선산업으로 돌아올 지는 미지수이다. 이에 대해서는 《한겨레》, "조선업 호황인데 7년 전 떠난 하청 숙련공들은 돌아오지 않는다"(2022. 4. 20), https://www.hani.co.kr/arti/economy/marketing/1039526.html?_fr=mt2를 참조하라.

사실상 어려워진 상태로 지금까지 어렵게 활동을 이어왔다. 2013년 민주노총 울산본부의 '조선소 하청노동자 조직화 연석회의' 구성 이후, 지회는 조합원의 범위를 기존의 현대중공업에서 현대미포조선까지 확대하는 규칙 개정을 하여 지역노조로 탈바꿈했고, 이후 정규직 노조 민주파 집행부의 재등장으로 조금씩 현장 활동이 시작되고 조합원도 조금은 확대되었다(Kang, 2021). 현대중공업 사내하청 조직화에 새로운 계기는 금속노조에서 사실상 사문화되어 있었던 '1사(社) 1조직' 원칙[16]이 현대중공업지부와 하청지회의 조율 속에서 실현된 것이었다. 2017년부터 지부와 지회는 이를 위한 준비에 들어갔고 2018년 7월 지부 대의원대회에서 가결되었다. 1사 1조직 원칙이 현대중공업에서 실현될 수 있었던 데에는 사내하청 노동자들과 함께 투쟁하지 않으면 원청 자본의 힘에 대항할 수 있는 조직 역량을 확보할 수 없다는 정규직 노조 지도부의 판단과 조합원들의 인식 변화가 큰 몫을 했다.

그러나 아직까지 이러한 협력과 연대가 성공할지는 미지수이다. 사내하청 노동자들이 노동조합으로 단결하는 일은 정규직 노동자들의 이해관계와 직접 충돌하지 않는 사안이다. 하지만 정규직과의 차별을 없애고, 사내하청을 정규직화하는 문제가 수면 위로 떠오르

---

16 통상 '1사(社) 1조직' 원칙은 민주노총 금속노조의 조직 편제의 원칙 중 하나를 가리키는 용어로, 노조 규약 제44조에 규정된 "비정규직, 사무직에 대한 조직편제는 1사 1조직을 원칙으로 한다. 단 해당단위의 결정에 따른다."라는 조항을 가리킨다. 이 조항은 2006년 12월에 신설된 것으로 대공장 노조들의 산별전환과 통합금속노조 출범과 동시에 금속노조의 대원칙으로 명문화된 것이다. 그 배경으로는 통합금속노조 추진을 계기로 자본의 분할통제를 극복하고 사업장 내에서부터 정규직과 비정규직의 계급 연대를 실천하기 위한 조직 방안으로 제기된 것이었다.

게 되면 많은 정규직 조합원들이 자신의 이해와 충돌한다고 느끼고 반대의 의견을 적극적으로 개진할 가능성도 높다. 사내하청이 정규 직보다 훨씬 더 많고 기업의 이중적 고용전략 하에서 사내하청의 존재로 인해 혜택을 받아온 정규직들이 자신의 기득권을 쉽게 내려 놓기는 쉽지 않을 것이다. 특히 사내하청의 단결을 억제하는 기업 의 노사관계 전략이 여전히 강하게 작동하는 가운데 정규직과 비 정규직의 연대가 새롭게 만들어질 수 있을지는 미지수이다. 연대의 당위성에도 불구하고 그것은 매우 어려운 과제가 될 것으로 예측할 수 있다.

## 2. 계급 연대의 좌초
## : 현대자동차 사내하청 노동자 투쟁의 역사

다음으로 현대자동차의 사례를 자세히 살펴보도록 한다. 현대중 공업와 비교해서 현대자동차의 사내하청 노동자 투쟁은 훨씬 더 강 력했고 오랫동안 지속되었으며, 그 과정에서 정규직과 비정규직 노 동자의 계급 연대와 관련된 여러 쟁점들이 출현했다.

현대차 사내하청 운동의 역사는 세 개의 시기로 구분할 수 있다. 첫 번째 시기는 2003년 비정규직 노조 결성부터 2009년까지이다. 이 시기에 불법파견 정규직화 요구가 전면에 부각되고 저항의 사이 클이 고조되었지만 투쟁이 실패했다. 〈그림 8-4〉에서 보듯이, 투쟁 의 성쇠에 따라 조합원 규모도 요동쳤다. 두 번째 시기는 2010년 법 원 판결을 계기로 불법파견 정규직화 투쟁이 다시 활성화되면서 저항의 사이클이 재차 나타났으나 하락한 시기다. 이 시기에 조합원 규모가 다시 한 번 정점을 이루었지만 불법파견 문제가 해결되지 못하면서 조합원 규모는 다시 감소했다. 세 번째 시기는 새로운 저항의 사이클이 만들어지지 못하는 상황에서 현대차 사내하청 문제의 최종 협상이 마무리된 국면으로 2014년부터 2016년까지이다.

〈그림 8-4〉 현대자동차 울산공장 비정규직 노조 조합원수 추이

(단위: 명)

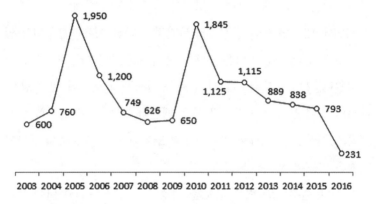

자료: 현대자동차비정규직노조 내부자료
주) 매년 7월 조합비 납부자 기준.

## 1) 사내하청 독자노조 결성과 투쟁의 성쇠: 2003~2009년

2003년 현대자동차비정규직 노조가 설립된 이후 2009년까지의 시기는 불법파견 이슈가 부각되면서 비정규직 문제를 둘러싼 현대차 노사 당사자들 간의 갈등이 본격화된 시기였다. 2003년에 현대차 사내하청 노동자들은 현대자동차비정규직노동조합을 설립하여

민주노총 금속연맹에 가입했다. 비정규직 노조는 학생운동 출신 활동가들이 주축이 되어 사내하청 노동자들을 조직하면서 만들어진 것이었다. 2003년 7월 127명의 사내하청 노동자들을 발기인으로 하여 출범한 비정규직 노조는 사내하청 노동자들의 뜨거운 호응을 받으면서 출범 직후 500명을 넘어섰다.

당시에 정규직 노조는 고용보장의 안전판으로 비정규직 사용을 사측과 합의했다는 '원죄 의식'을 갖고 비정규직 문제 해결을 위해 노력했다. 특히 2000년대 초중반에는 정규직 활동가들을 중심으로 비정규직 문제를 해결하려는 노력이 적극적으로 전개되기도 했다. 2004년에 대다수 생산 공정에서 불법적인 파견근로가 활용되고 있다는 노동부의 판정이 나온 후에는 불법파견 의제가 본격적으로 부각되었다. 2005년부터 정규직 노조는 비정규직 노조와 '원하청 연대회의'를 결성하여 비정규직 처우 개선과 함께 정규직 전환을 요구하기 시작했다. 이때까지 비정규직 노조와 정규직 노조의 동맹과 협력은 비교적 잘 유지되었다.

그러나 현장 동원력을 확보한 비정규직 노조는 2006년에 들어서 독자적인 현장 투쟁과 현대자동차 사측과의 직접 교섭을 강하게 요구했고, 이는 동맹 내의 갈등이 본격화된 계기로 작용했다. 현대자동차 사측은 정규직 노조가 함께 교섭에 참여한다는 조건으로 특별 교섭 요구를 수용했다. 현대차가 처음으로 비정규직 노조를 협상의 공식 당사자로 인정한 것이었다. 교섭 결과, 같은 해 9월에 46개 사내하청 업체들과 기본협약을 체결했다. 이 기본협약은 비정규직 노조 위원장이 직권조인 논란에 휩싸이며 사퇴하는 심각한 내부 진통을 겪은 끝에 가까스로 가결됐다.

그러나 2005년 이래 비정규직 노조의 잇따른 파업과 현장투쟁 과정에서 노조의 핵심 활동가와 열성 조합원들 다수가 해고를 당하고, 2006년 독자교섭 마무리 단계에서 노조 리더십의 균열이 불거지면서 불법파견 정규직화 투쟁은 위기를 맞게 되었다. 특히 노동부의 불법파견 판정이 검찰로 송치된 이후 무혐의 판정이 나와 무효화되면서 제도적 채널을 통한 문제 해결의 길이 봉쇄되었고, 그 와중에 자체 동원력이 쇠퇴하자 비정규직 노조운동은 치명적 타격을 입었다. 그 과정에서 비정규직 노동운동의 전망을 상실한 많은 활동가들이 울산을 떠나게 되었고 조합원 규모도 줄어들었다. 정규직 노조와의 관계도 갈등으로 치달았고, '원하청 연대회의' 활동도 유명무실해졌다. 이후 비정규직 노조의 투쟁은 소강 국면으로 접어들었다.

## 2) 투쟁의 재활성화와 동맹의 해체: 2010~2013년

2005년 2월 사내하청 해고 노동자 1인이 제기한 부당해고 구제 신청 건에 대해서, 대법원은 2010년 7월에 원고가 현대차 정규 직원임을 인정하는 판결을 내렸다. 이 대법원 판결은 침체 상태에 있던 불법파견 투쟁을 재활성화하는 결정적 요인으로 작용했다. 고조되던 투쟁은 같은 해 11월 울산 1공장 CTS 공정을 비정규직 조합원 1,300여 명이 점거하여 25일간 농성하는 가운데 정점에 도달하게 되었다(박점규, 2011).

그러나 점거 농성 해제 후 진행된 특별 교섭이 순조롭게 진전되지 못했다. 비정규직 노조는 '모든 사내하청 노동자의 정규직 전환'

요구와 함께, 조합원들에 대한 모든 민형사상의 소송 취하와 현대차의 공식 사과를 요구했다. 그러나 곧이어 비정규직 노조 집행부의 조합비 유용이 폭로되면서, 2012년 2월 집행부가 사퇴하고 이후 14개월간 노조는 비상대책위원회로 유지되는 공백기를 맞이하게 되었다. 대법원 판결과 여론의 관심 고조 등으로 매우 우호적인 외부 여건이 조성되었지만, 정작 비정규직 노조는 리더십 공백 상태에 처하게 되었던 것이다.

이처럼 노조 리더십의 위기로 인해 투쟁은 동력을 상실했고 여론의 피로도도 커져가는 상태에 직면했다. 이런 상황에서 2012년 말 2명의 비정규직 활동가가 공장 인근 송전탑에 올라가 296일 동안 농성을 한 것은 현대차 비정규직 문제가 사회적으로 잊힐지도 모른다는 위기감에서 비롯된 절박한 행동이었다. 이 시기에도 정규직 노조가 비정규직 문제 해결을 위해 일부 노력하기도 했다. 1공장 점거 농성도 정규직 대의원들과 활동가들의 지원이 없이는 불가능한 것이었다. 그러나 비정규직 노조에 대한 정규직 노조의 입장은 한계를 지닐 수밖에 없었다. 정규직 노조 집행부로서는 비정규직을 자신들의 고용 안정을 위한 완충장치로 여기는 정규직 노동자들의 이해로부터 자유로울 수 없었기 때문이다.

2012년 8월 재개된 특별 교섭에서 현대자동차 사측은 3천 명 규모의 사내하청 신규 채용안을 제출했다. 불법파견 특별교섭이 시작된 2005년 이후 회사가 처음으로 정규직 전환 방식에 대한 자신의 안을 제출한 것이었다. 법원 판결의 추세가 지속적으로 불법파견을 폭넓게 인정하는 쪽으로 기울어지자, 회사의 입장이 조금씩 달라졌던 것이다. 단, 회사는 불법파견을 인정하지 않는다는 입장에는 변함이 없었기 때문에, 정규직으로의 전환이 아니라 신규 채용의 형식으로 고용하겠다는 게 기본 입장이었다. 이에 따라 비정규직 노조와의 대결 국면은 협상 국면으로 변화하기 시작했다.

그런데 회사는 협상안의 제시와 더불어, 8년 만에 정규직 생산직 공채를 추진하면서 신규 채용 방안으로 비정규직 노조를 압박했고, 정규직-비정규직 노조 간의 협력도 흔들리기 시작했다. 회사의 신규 채용안을 수용할지 여부를 두고 정규직 노조와 비정규직 노조는 물론이고, 울산·아산·전주공장에 별도로 존재하는 비정규직 노조들 사이에서도 이견이 조율되지 못한 채 운동의 동맹 세력 내에서 갈등이 표출했다.

당시 정규직 노조 집행부는 비정규직을 신규 채용하는 선에서 특별 협상을 마무리하려는 입장이었고, 울산공장의 비정규직 노조는 그 안을 거부하고 조합원을 우선적으로 정규직으로 전환하는 방안을 추진하겠다는 입장을 피력했다(곽상신·조성재, 2013). 비정규직 노조의 강경한 입장은 회사의 신규 채용안으로 인해 조합원의 개별적 이탈을 막아보려는 몸부림이었고, 약 10년간 진행돼온 비정규직 노조운동의 대의를 포기하지 않겠다는 선언이었다. 이러한 입장 차이가 더 이상 조율되지 못한 채 정규직 노조는 비정규직 노조와의 협력을 사실상 중단했고, 이후부터 비정규직 노조와 회사 사이에서 일종의 '중재자'로 역할을 수행하기에 이르렀다. 이후 2013년 6월에 특별 교섭이 재개됐다. 그러나 합의서 초안에서 신규 채용의 규모가 3,500명 수준이고, 사내하청으로 일했던 근속도 전체 기간이 인정되지 않는다는 것이 알려지면서 비정규직 노조는 현대차 사측과의 합의를 거부했다.

### 3) 정규직 전환 합의와 사내하청 노조운동의 쇠퇴: 2014~2016년

마지막 시기는 비정규직 문제를 둘러싼 현대차 특별 교섭의 최종 국면으로 비정규직 노조와 회사 간의 협상 관계가 지배했다. 이 시기는 회사가 사내하청의 신규 채용, 진성 도급화, 촉탁직 채용 등의 방안으로 협상 국면을 주도하는 가운데, 정규직-비정규직 노조의 협력이 결정적으로 약화되면서 비정규직 노조가 회사의 제안을 결국 수용했다. 이 시기의 특별 교섭에서 정규직 노조는 협상의 중재자로서 역할을 한정했다. 이 과정을 보다 자세히 살펴보자.

2012년 무렵 현대자동차 사측은 사내하청 비정규직 문제를 해결하기 위한 종합 계획을 마련했다. 이 계획은 대규모 신규 채용을 통해 사내하청 인원 규모를 대폭 줄이는 것을 골자로 했다. 그 후 생산 현장의 나머지 사내하청 노동자들은 블록화를 통해 합법적인 하도급, 이른바 '진성 도급'으로 전환하여 불법파견 소지를 최소화하고, 나머지 한시적 근무가 불가피하다고 평가되는 직무에 대해서는 촉탁 계약직 사원을 채용해 사용하겠다는 것이었다.

본격적인 협상 국면은 정규직 노조와 비정규직 노조가 집행부를 다시 구성한 후 2013년 9월에 열리게 되었다. 당시 협상 과정에서 만들어진 안들이 이후 최종 합의안의 기초가 되었다. 2014년 초부터 본격적인 특별 교섭에 들어갔다. 현대차는 사내하청 노동자 중에서 4천 명의 신규 채용을 제안했고, 이어 2015년에 재개된 울산공장 비정규직 노조와의 추가 교섭에서도 2017년까지 2년간 2천 명의 추가 신규 채용안을 제시했다. 대규모 신규 채용 제안은 2010년대 중반 들어 본격화된 베이비부머 세대 정규직들의 대량 퇴직으로 인해 가능했던 것으로 판단된다. 현대차는 대량 퇴직으로 생긴 빈자리에 사내하청 노동자들을 충원함으로써 불법파견 문제를 해결할 수 있는 기회로 활용하기로 한 것이었다. 또한 회사는 신규 채용을 받아들이는 경우에는 조합원 개인에게 제기했던 과거의 민형사상 소송을 취하하겠다는 정책을 채택함으로써 사내하청 노동자들의 추가적인 집단 소송을 저지하고자 했다.

2014년 8월 아산·전주공장의 비정규직 노조들이 사내하청 4천 명을 특별 채용하는 사측의 안을 수용하였으나, 울산공장의 비정규직 노조는 이 합의를 거부했다. 하지만 2015년 8월에 회사와 다시 특별 교섭을 재개할 수밖에 없었다. 노조로서는 조합원의 개별적 이탈과 조합원/비조합원 간의 균열과 같은 내홍에 시달리면서 협상에 참여할 수밖에 없었던 것이다. 노조 조직력이 와해되는 가운데 울산의 비정규직 노조가 가장 중요하게 요구한 것은 '조합원 우선 채용'의 원칙이었다. 당시 비정규직 노조 지도부는 비조합원뿐만 아니라 조합원 다수가 회사의 신규 채용에 개별적으로 응하면서 조직력이 급속히 떨어지는 것을 목도할 수밖에 없었다. 그런 상황에서 조합원 우선 채용의 원칙을 관철하는 길만이 조합원의 단결을 유지하면서 합의에 도달할 수 있는 방법이라고 판단했던 것이다. 당시의 국면은 조돈문(2011)이 지적한 대로, 장기 투쟁과 희생에 상응하는 성과를 추구하는 강경투쟁 전략과, 조직 역량이 소진되기 전에 타결을 추구하려는 양보교섭 전략 사이의 딜레마가 비정규직 노조운동 내부에서 전면화된 시기였다.

그러나 강경투쟁 전략은 현장 동원력의 저하로 실현 가능성이 크지 않았다. 비정규직 노조는 내부 논쟁 끝에 결국 교섭을 재개하기로 결정했다. 비정규직 노조는 회사와 교섭을 계속하여 2015년 9월 다시 잠정 합의에 도달했지만 합의 내용이 조합원 총회에서 부결되었다. 이후 다시 협상을 계속한 비정규직 노조는 2016년 초 합의안이 조합원 총회에서 한 번 더 부결되는 진통을 겪고 난 이후, 2016년 3월에 가서야 사내하청 2천 명의 추가 신규 채용을 주요 내용으로 하는 최종 합의에 이르게 됐다.[17]

결국 현대자동차는 사내하청 노동자들의 강력한 반발과 저항에 부딪혀 약 30년 정도 유지해온 사내하청 고용 시스템을 통한 생산 유연화 전략을 수정했다. 앞서 지적한 바와 같이, 회사가 비정규직 문제 해결을 위한 종합 계획을 마련한 2012년부터 최종 합의에 이른 2016년까지 생산직 인원 구성은 커다란 변화를 겪었다. 같은 기간 동안 사내하청 노동자의 규모가 5,500명 수준에서 1,950명 수준으로까지 크게 축소된 것이다. 그동안 생산 현장에서 정규직과 혼재된 상태에서 근무하던 사내하청 노동자들 상당수가 정규직으로 채용됐기 때문이다. 남은 사내하청 노동자들은 블록화를 통해 불법 파견의 소지가 상대적으로 적은 진성도급으로 재편되었다.

또한 특별 교섭의 결과에 따라 지금까지 현대차에는 존재하지 않던 새로운 형태의 고용인 임시직 형태의 촉탁직 노동자가 2016년 하반기 기준으로 약 1,800명까지 증가하게 되었다. 사내하청 노동자가 담당하던 공정의 상당 부분을 이제 촉탁직이 담당하게 된 것이었다.

---

17 보다 자세한 합의사항은 이정희(2016)를 참조할 수 있다.

이것 역시 불법파견의 여지를 없애기 위한 사측의 시도였다.

### 4) 사내하청 정규직화 투쟁이 남긴 것

2003년 127명의 발기인으로 출발한 현대차 비정규직 노조는 간접고용의 관행이 만연한 한국 사회에서 원청업체의 사용자성을 주장하고, 불법파견 문제를 공론화하며, 재벌 대기업의 불의를 고발하면서 20년에 가까운 세월 동안 투쟁을 계속했다. '단 한 명의 불법파견도 없다'던 현대차의 초기 입장으로부터, 6천여 명의 사내하청 노동자들이 정규 사원으로 '특별 채용'의 형식으로 전환된 성과를 얻은 것은 비정규직 노조 활동가들과 조합원들의 노력과 희생 없이는 불가능한 일이었다. 그러나 현대차 비정규직 노동운동은 여러 가지 점에서 한계를 드러낸 것도 사실이다.

첫째, 최종합의 국면에서 현대차 비정규직 노조운동은 결국 '정규직 되기'로 수렴되었다. 이것은 비정규직 노조운동을 이끌어온 불법파견 정규직화 요구의 한계와 긴밀한 관련을 갖는다. 원래 제조업 불법파견 의제는 원청 기업의 사용자성 인정, 나아가 비정규직 노동자의 정규직화를 이끌어내기 위한 사내하청 조직화의 유력한 수단으로, 2000년대 초반 여러 투쟁 과정에서 활동가들이 발견한 운동 전술이었다(김주환·오민규·송보석·윤철희, 2005). 그런데 현대차와 같은 대기업에서 불법파견 투쟁은 정규직화가 가져올 경제적 혜택이 워낙 크기 때문에 그것이 대중화되면서 다른 모든 비정규직 노조의 활동들, 즉 정규직과의 차별 철폐, 노조의 조직 확대, 노조 일상 활동과 교육, 원하청 연대의 심화 등을 압도해버렸다(이상우, 2015). 금속노조 내부의 활동가들 사이에서도 2010년대에 들어와 완성차 대공장의 불법파견 정규직화 투쟁이 갖는 내재적 한계를 비판적으로 바라보는 시각이 커져갔다.

일차적으로 노조가 정규직화를 위한 도구, 그것을 위한 티켓이 된다는 거죠. 그 다음에 노조의 대응은 별로 관심을 안 갖고 정규직화만 보고 가는 겁니다. 다른 모든 것들이 그것에 덮어져 버려요. 관심도 안 가져요. … 오로지 정규직이에요. … 정규직 TO가 나면, 노조도 버릴 수 있는 겁니다.[18]

현대차 사내하청 비정규직을 보면서 불법파견 소송이 당연히 의미가 있고 비정규직 문제를 제기하는 유의미한 투쟁이라고 현재도 생각합니다. … 반면에 노조 활동과 관련해서는 문제가 있습니다. 첫 번째로 정규직화라는 목표를 처음부터 세우는 순간, 그건 계급투쟁이 아니라 계층 상승 욕망을 자극하는 약점이 있어요. 두 번째로 운동이 사법화됩니다. … 실제로 지역에서 보면 … [정규직화 목표를 우선하면] 주변을 보는 게 아니라 위를 보게 됩니다. 그러면 지역연대나 이런 부분에서 실천적으로 취약점이 있게 되죠.[19]

불법파견 투쟁은 비정규직 노조운동의 성패를 사법부 판결에 종

---

18 금속노조 광주전남지부 간부 구술, 2018년 3월 21일, 필자 채록.
19 금속노조 경기지부 간부 구술, 2018년 5월 21일, 필자 채록.

속시키는 효과를 불러왔을 뿐 아니라, 더 중요하게는 '1차 사내하청 노동자의 정규직화' 그 자체를 최종 목표로 하는 운동으로 수렴되는 효과를 불러왔다. 정규직화 투쟁에 집중할수록 같은 공장에서 일하는 2, 3차 사내하청이나 사외 협력업체 노동자들과의 협력과 연대는 비정규직 노조운동의 시야에서 사라져갔다.

둘째, 현대차 비정규직 노조운동은 일차적으로 비정규직 노조가 주도한 운동이었지만, 정규직 노조와 정규직 활동가들도 분명히 운동의 동맹자로서 함께했던 활동이었다. 하지만 몇몇 짧은 시기를 제외하고는 양자 간의 협력과 연대는 쉽게 흔들렸다. 비정규직 투쟁의 승패를 좌우하는 핵심 요인 중 하나가 정규직 노조와의 연대인 점을 감안하면(조돈문, 2011), 적극적인 원하청 노동자 간의 계급 연대가 튼튼하게 만들어지지 못했기 때문에, 많은 비정규직 활동가들의 희생에도 불구하고 사내하청 문제 해결이 지연되었고, 최종 협상의 국면에서 현대차 사측이 주도권을 쥔 채 사태가 해결되기에 이르렀다. 정규직 노조는 비정규직 노조가 성장하고 발언권이 높아지는 것을 노조운동 내부의 헤게모니 쟁투로 인식하는 경향이 강했고, 투쟁의 결정적 국면에서 비정규직 투쟁에 적극적으로 연대하지 못하고 지원을 철회하는 모습을 연달아 보였다. 비정규직 노조 또한 초기에 정규직 노조의 지원을 통해 성장했음에도 불구하고, 독자적인 교섭과 투쟁을 일방적으로 추진함으로써 정규직과의 동맹 관계를 약화시키고 자신들의 영향력을 스스로 축소하는 실천적 한계를 드러냈다.

셋째, 비정규직 노조의 조직력 쇠퇴에 영향을 미친 또 하나의 중요한 요인은 비정규직 노조가 일으킨 각종 쟁의행위에 대한 현대자동차의 손해배상 청구 소송이었다. 2010년 1공장 점거농성 이후 회사가 비정규직 노조, 금속노조, 조합간부, 일반 조합원 개인들을 상대로 제기한 손해배상 청구 금액은 무려 284억여 원(총 16건)에 달했다(손잡고, 2016). 손해배상 소송은 조합원의 집합행동 참가에 따르는 비용을 증가시키고 노조 조직력을 위축시키는 현대차 자본의 대항 동원 전략으로 활용된 것이었다. 더욱이 현대차는 조합에서 탈퇴하거나, 근로자지위확인 소송을 취하하거나, 회사의 신규 채용에 응모하는 비정규직 조합원들에 대해서는 선별적으로 소송을 취하해주었다. 이러한 과정을 겪으며 비정규직 노조의 조직력은 계속 와해됐던 것이다.

이렇게 사태가 귀결된 데에는 비정규직 노조 리더십의 취약성과 불안정성도 크게 작용했다. 2006년 독자 교섭의 마무리 단계에서 벌어진 직권조인 논란과 집행부 사퇴, 2011년 점거농성 해제 직후 노조 집행부의 비리 사건으로 인한 장기간의 집행부 공백 사태 등은 저항의 사이클이 최고조에 이른 국면에서 노조 리더십의 취약성과 내부 갈등으로 인해 이전 투쟁의 성과가 반복적으로 유실되는 결과를 낳았다(조돈문, 2014).

현대차 비정규직 노조운동이 '정규직 되기'로 수렴되면서 원청기업과의 최종 합의 이후 비정규직 노조는 이제 '정규직 되기'에서 제외된 이들의 조직으로 축소되었다. 이들은 주로 현대차가 특별채용의 대상으로 인정하지 않은, 직접 생산 공정 이외의 1차 사내하청 노동자들과 2, 3차 사내하청 노동자들로 구성되어 있다. 정규직 전환이라는 노조운동의 최대 목표가 달성되자 노조 조직 자체가 쇠퇴하는 결과가 나타나고 있는 것이다.

# 3. 계급 연대는 왜 실패했는가?

## 1) 계급 연대의 구조적 난관

이상으로 현대중공업과 현대자동차에서 정규직-비정규직 노동자 집단 사이의 계급 연대의 좌초 과정을 살펴보았다. 계급 연대의 실패는 결국 사내하청 노동자에 대한 정규직 노동자들의 다양한 태도 중에서 완충장치의 프레임이 지배하게 된 결과로 볼 수 있다. 이로 인하여 울산 대공장 노동자의 집단 정체성의 경계는 기존 내부노동시장의 경계와 일치하게 되었고, 같은 공장 안에서 동일·유사 업무를 수행하는 다른 종류의 노동자들을 '내부의 타자'로 인식하고 배제하게 되었다. 결과적으로 이것은 대공장 정규직 노동자 집단이 자신들의 물질적 이익을 유지하기 위하여, 일찍이 베버가 말했던 사회적 폐쇄(social closure)의 전략을 우선시한 것으로 평가할 수 있다(베버, 2009: 152-153; Parkin, 1979). 그렇다면 정규직-비정규직 노동자들 간의 계급 연대는 왜 실패했는가?

비단 울산 지역뿐만이 아니라, 2000년대 이후 전국적으로 금속 산업의 수많은 사업장에서 사내하청 노동자들은 투쟁을 벌였다. 그렇기 때문에 이에 대한 학문적 관심과 연구도 많은 편이다. 이에 관한 연구들은 주로 사업장 내 정규직 노조의 연대와 지원이 사내하청 노동운동의 성패를 좌우하는 결정적 요인이라는 연구 결과를 제출했다(정이환, 2003; 조효래, 2008; 진숙경, 2012; 홍석범, 2016). 또한 원하청 노동자 연대의 실패 원인과 그 메커니즘을 파악하려고 한 연구도 존재한다(조돈문, 2009; 이병훈·홍석범·권현지, 2014). 그런데 이러한 작업들은 원하청 노동자 간의 계급 연대의 중요성을 반복적으로 확인하고 그 실패 메커니즘을 규명하려고 했지만, 대부분은 그 실패의 요인으로 주로 원하청 노조나 활동가들의 전략적 상호작용의 수준에서 형성되는 연대 행동과 규범의 측면에 주목해왔다. 예외적으로 조돈문(2009)은 연대 철회를 선택한 정규직 노조의 행동을 물질적 이익에 따른 집단 정체성의 변화로 분석하며 구조적 설명을 시도했지만, 정규직 노조의 물질적 이익이 상황에 따라 변하게 되는 인과기제가 구체적으로 무엇인지에 대한 분석으로까지는 나아가지 못했다.

그런데 더 중요한 문제는 원하청 노동자의 계급 연대의 중요성을 강조한 기존 연구들의 공통된 입장이 무색하게도, 현실의 노동운동에서 연대가 실현된 사례가 극히 적었고, 더구나 그 연대가 튼튼하게 지속되어 조직화와 투쟁의 성공을 이끌었던 사례는 거의 없었다는 점이다. 오히려 반대로, 사내하청 노조의 투쟁에서 초기의 원하청 연대가 해체되거나 심지어 원하청 노조 간에 갈등과 대립의 관계가 지배하게 된 사례들이 시간이 가면서 더 일반적인 모습으로 나타났다. 오늘날의 시점에서 귀납의 논리로만 따지자면, 원하청 연대를 통한 사내하청 노조운동의 성공 사례는 최소한 금속산업의 제조공장에서는 사실상 부재하다고 말할 수 있다(유형근, 2018).

일견 당혹스러운 이러한 현실은 사내하청 노동운동에 대한 연구의 방향을 수정해야 할 필요성을 제기한다. 원하청 연대의 관건적 역할을 강조하는 연구 경향은 "부재의 인식론"(Somers, 1989: 325)에 가까워졌다고 말할 수 있겠다. 즉 원하청 연대라는, 노동운동의 실천적·규범적 측면에서는 존재해야 마땅하지만 현실에서는 부재한 요소에 비추어 그 현실을 파악하려는 관점을 대신해서, 원하청 연대의 실패 자체의 원인을 더 따져 묻는 작업이 필요한 것이다.

오늘날 계급 연대의 실패 사례가 압도적 다수를 차지하는 사내하청 노동운동의 전체 상황은 그 원인에 대한 구조적 설명을 요구한다고 볼 수 있다. 이러한 문제의식 하에서, 아래에서는 금속산업 사내하청 투쟁이 직면할 수밖에 없었던 작업장 내외부의 구조적 제약이 무엇이었는지, 그리고 원하청 연대의 실패라는 압도적 현실은 그 구조적 난관과 어떠한 연관성을 갖는지 규명하고자 한다.

## 2) 금속산업의 공장체제와 사내하청 노조운동

외환위기 이후 금속산업 사내하청 노동자 투쟁들이 직면하게 된 구조적 난관은 1987년 노동자대투쟁을 계기로 형성되어 진화한 '공장체제'(부라보이, 1999)의 특성들에서 비롯된 것이었다. 금속산업의 공장체제, 특히 완성차 사업장의 공장체제는 ① 노동운동의 힘에 의해 형성되어 노사 간 세력균형에 의존하는 기업내부노동시장과 그것의 분절 구조, ② 기업별 단체교섭과 비공식적인 작업장 협상의 관행, 그리고 ③ 공장체제 내의 산업적 시민권을 뒷받침하는 조합민주주의 등과 같은 생산 장치들의 교직(交織) 속에서 작동해왔다. 이러한 공장체제는 자본의 노동 유연화 전략에 따라 사내하청 노동을 그 내부의 요소로 포함한 채 유지되었다. 2000년대 이후 사내하청 노동자 투쟁과 주요 요구는 공장체제의 기존 질서를 변화시키고자 했고 바로 그 지점에서 그것과 충돌이 발생했다. 우선 사내하청 투쟁이 직면했던 공장체제의 기본적 구성요소들을 살펴보도록 하자.

### (1) 분절화된 기업내부노동시장

한국의 제조업 생산직 기업내부노동시장은 기업특수적 숙련 형성의 필요성이나 자본의 분할지배 전략 추구와는 별다른 관련 없이, 노동자대투쟁 이후 노동운동의 요구로부터 만들어졌다. 이에 따라 한국의 기업내부노동시장은 "노사 간 각축장의 성격"(정이환, 2013: 134)을 띠게 되었다. 내부노동시장의 비효율성과 경직성을 무너뜨리기 위해 한국의 제조업 사용자들은 1990년대부터 신경영전략을 통해 작업장 권력관계의 변화를 도모하거나, 내부노동시장을 우회하여 수량적 유연성을 확보하기 위해 비정규 고용과 외주화를 확대하는 전략을 펼쳤다(요코타, 2020). 이로 인해 자본의 유연화 전략이 전면적으로 추진되면서 본격적으로 금속산업 대공장은 '분절화된' 기업내부노동시장으로 변형되었다. 사내하청의 규모가 급증하기 시작했고, 사내하청 고용관계도 다층화되었으며, 심지어 생산 공정 자체를 외부화하는 양상이 본격화되었다(손정순, 2009: 192-197).

또한 외환위기 이후 구조조정 상황에서 사내하청이 분절화된 기업내부노동시장의 유지·재생산에서 수행하는 핵심적 기능이 드러났다. 즉, 규모가 크게 확대된 사내하청 노동자들은 핵심부의 정규직 인원 감축을 완충해주고, 자본의 구조조정 시도에 따른 갈등 비용을 줄이며, 경기 회복 국면에서 빠르게 필요 인력을 공급하는 기능을 수행했다. 구조조정 과정에서 분절화된 기업내부노동시장의 본질적 속성이 드러나면서, 그리고 조직 노동이 그 분절 구조를 용인하며 사내하청의 대량 해고를 방관하는 태도를 보여주면서, 그 이후 출현한 사내하청 노동자들의 조직화 시도는 대부분 정규직 노조로부터 독립적인 '독자 노조' 조직화의 형태로 나타나 분절화된 기업내부노동시장 질서의 정당성을 정면으로 문제시하게 되었다.

### (2) 기업별 단체교섭과 작업장 노사관계

1987년 이후 발전된 기업별 교섭은 내부노동시장의 보호와 유지를 위한 핵심적인 장치로서 공장체제의 재생산에서 중추적인 기능을 수행했다. 그것은 노사 간의 세력균형을 연례적으로 재확인하고 상호 승인하는 장치라고 할 수 있다. 교섭이라는 정치적 과정의 산출물인 단체협약은 기본적으로 '산업 시민'으로서의 노동자의 권리와 의무를 규정하는 것이다(Burawoy, 1979: 113). 그런데 한국의 기업별 교섭에서 이 산업적 시민권의 경계는 정규직 조합원 및 사원으로 한정되며, 사업장의 물리적 영토 내에서 일하는 사내하청 노동자들은 그 경계에서 제외되는 게 일반적이다.

작업장 노사관계(workplace industrial relations)는 기업 수준 노사관계와는 상대적으로 구별되는 영역이다. 주로 작업 현장의 중간관리자, 현장관리자, 노조 대의원 및 노동자들에게 일상적인 영향을 미치는 작업 현장 수준의 노사관계 영역을 가리킨다. 이 영역에서는 작업규칙, 노동강도, 노동력 배치와 이동, 노동규율, 산업안전 등 관리적 권위를 둘러싼 작업장 교섭이 전개된다. 1987년 이후 노동의 공세가 전제적 또는 가산관료제적 공장체제를 무너뜨리면서 작업장 노사관계도 크게 변화했다(송호근, 1991; 박준식, 1997; 이재성, 2008). 자본 전제에 기초한 작업장 통제와 규율은 무너졌고, 노조 대의원은 작업장의 권력관계에서 현장 감독자보다 우위에 서는 경우가 많아지기도 했다.

특히 작업장 노사관계의 자율성이 매우 컸던 자동차산업 대공장의 생산 현장은 힘의 관계가 좌우하는 장소로 변모했고, 그곳의 작업장 노사관계는 비공식적이고 제도화의 수준이 낮으며 분권적인 특징을 갖게 되었다(박명준, 1997; 정승국, 2000). 이러한 대립적 공장체제 하에서 기업의 생산 합리화와 유연화, 신기술의 도입, 작업조직 개편 시도들은 노사 간 각축을 동반하는 고도의 정치적 과정을 통과해야 했다(김영두·인수범, 2004; 조형제, 2005). 작업장 정치를 통해 국지적 타협이 이루어지는 게 일반적이었다. 신기술 및 신차종 도입, 플랫폼 통합과 모듈화 등에 수반되는 노동강도 및 작업속도 조정, 노동력 배치 및 이동 등과 같은 작업장 수준의 난제들은 결국 작업 현장의 맨아워(M/H) 협상을 통한 인원 문제로 귀결되어 타협되는 게 자동차공장에서 관행이 되었다.

바로 여기서 사내하청 노동자의 쓰임새가 중요해졌다. 사내하청 노동자는 현장관리자와 노조 대의원 간에 "추가인원을 둘러싼 갈등이 벌어질 경우 … 갈등해결의 '만능키'"(박태주, 2013: 109)로 사용되었다. 즉 숙련 절약적 생산방식 하에서 정규 생산직을 쉽게 대체할 수 있는 대량의 사내하청 노동자들의 존재는, 정규직 조합원의 노동강도를 줄여주고, 기피공정을 채워주며, 그들 간의 직무를 둘러싼 잠재적 경쟁을 완화하고, 필요 인원의 감소에 따른 인력 구조조정의 리스크를 떠안는 기능을 해왔다(이홍일, 2008; 조성재, 2009; 백두주·조형제, 2009). 결국 작업장 노사관계의 측면에서 볼 때, 사내하청 제도의 활용은 내부노동시장이라는 보호막의 미세 균열을 봉합하는 기능을 일상적으로 수행했다고 볼 수 있다.

### (3) 노조의 대표권과 조합민주주의

금속산업 공장체제의 마지막 구성요소는 자주적 노동조합의 대표 기능과 조합민주주의이다. 이 요소는 공장체제 하에서 정규직 노동자들의 산업적 시민권을 뒷받침하는 것으로, 노조 내부정치의 규칙으로서의 조합민주주의와 이를 통한 노동조합 대표권의 민주적 구성으로 짜여 있다. 1987년 이후 금속산업의 공장체제가 그 이전의 자본 전제적 성격으로부터 벗어나 기업내부노동시장의 관리적 규칙이 협상되고 작업장 교섭의 비공식적 관행이 출현할 수 있었던 것도 바로 이 요소 때문에 가능했다.

그런데 1987년 직후 산업적 시민권에 대한 자본의 해체 시도가 노조의 저항에 부딪히며 서서히 가라앉고, 단체교섭 및 노조 내부 정치의 규칙이 안정화되면서, 조합민주주의는 노조 집행부 선거를 둘러싼 정파 간 경쟁이 격화되는 방향으로 나아갔다. 기업 단위에서 2년 주기의 노조 집행부 선거는 조합원들의 요구에 대단히 민감하게 반응하는 조합 활동을 유도했을 뿐만 아니라, 조합민주주의를 활성화하는 것에서부터 점차 집행권력을 둘러싼 "조합 내부의 갈등을 증폭시키는 기제"(조효래, 2010: 155)로 작동했다. 이에 따라 조합원들의 직접적 관심이나 요구에 부응하지 않는 이슈들은 노조 내부정치에서 우선시되기 어려웠고, 작업장 수준에서 굳어진 관행의 쇄신이 매우 힘들어졌다. 사업장 내에서 비정규직 문제의 해결을 위한 노력은 번번이 이런 조합민주주의의 속성에 의해 좌절되곤 했다.

그런데 이보다 더 중요한 지점은 2000년대 이후 사내하청 노동자들의 독자적 노조 결성과 투쟁이 시작되면서 기존 정규직 노조의 대표권과 마찰을 빚었다는 점이다. 1987년 이후 기업별 노조는 자본 전제에 대항하는 세력으로서 기업에서 노동자 이익을 민주적으로 대표하는 역할을 했지만, 그 대표의 '민주성'이 분절화된 기업내부노동시장의 조건과 마주칠 때 대표권의 '독점'으로 쉽게 변형되곤 했다. 그렇게 된 이유는 두 가지로 나누어 볼 수 있다. 첫째, 기업별 노조가 갖는 내재적 한계로 인한 것이다. 즉 정규 사원만을 조직 대상으로 하는 기업별 노조의 이익대표의 공식 경계로 인해 (동일한 사업장에서 함께 일하지만) 소속 기업을 달리하는 사내하청 노동자들의 시민권 배제가 구조화되어 있는 것이다.

둘째, 2000년대 이후 한국의 사내하청 노동운동의 특이성과 관련된 측면이다. 한국의 금속산업 사내하청 노동운동의 대다수는 기존 정규직 노조가 주도하지 않고, 사내하청 노동자들의 독자적인 투쟁과 조직화에서 비롯되었다. 더욱이 이런 활동을 주도한 초창기 핵심 활동가들은 기존의 정규직 중심의 노동운동의 흐름과 별개로 외부에서 공장에 들어온 사람들로서 대부분은 젊은 '학출(學出)' 노동자들이었다(은수미, 2007: 174-176). 현지조사 과정에서 만난 다수의 사내하청 노동운동가들에 따르면, 그들은 대부분 1990년대 초중반에 대학에 입학한 이후 학생운동을 하며 노동자 투쟁에 적극적으로 연대했었고, 2000년을 전후해 조직적으로 '현장 이전'을 감행했다. 또한 중요한 것은 당시 그들이 기존의 대공장 노동운동이 관료화·개량화되고 있다고 보았으며, 그들은 이러한 경향과 구분되어 새로운 변혁적 노동운동을 목표로 한 '대공장 운동'의 일환으로 사내하청 투쟁에 나섰다는 점이다.

이런 맥락에서 보면, 초창기 사내하청 투쟁의 핵심 활동가들은 기존 정규직 중심의 노조 내부정치에 '새로운 도전자'로 등장했다고 말할 수 있겠다. 이러한 배경 하에서 그들은 분절화된 기업내부 노동시장의 정당성을 근본적으로 비판했고('비정규직 철폐' 및 '정규직화' 요구), 사내하청의 희생을 전제로 유지되는 작업장 노사관계의 관행을 인정하지 않았으며('총고용보장' 및 '정리해고 반대'), 특히 독자노조 결성을 통한 사내하청 노동자들의 이해대변 활동을 벌이며 정규직 노조의 대표권 독점 상황과 충돌할 가능성을 높였다.

### 3) 권력자원의 제약과 투쟁의 난관

#### (1) 사내하청 노동자의 권력자원

비정규 노동자들이 노동권을 실현하기는 어렵지만, 그중에서도 사내하청 노동자들이 노동권을 보장받기는 더욱 힘들다. 무엇보다 원하청 관계 하에서 실질적인(de facto) 고용관계와 법률적인(de jure) 고용관계의 불일치 문제로 인해 노동권 실현을 위한 가장 근본적인 문제, 즉 누가 사용자인가 하는 문제가 처음부터 명확하지 않은 게 가장 큰 이유일 것이다. 특히 한국의 노동법이나 법원의 판례들은 (일부 예외를 제외하고는) 집단적 노사관계에서 원청 사용자성을 거의 인정하지 않고 있다. 따라서 원청 사용자성의 불인정이 사내하청 노조운동을 제약하는 일차적 장애물로 작용해왔다.

이러한 법률적·제도적 제약 하에서 사내하청 노동자들이 투쟁에 동원할 수 있는 권력자원은 크게 세 가지로 나누어 볼 수 있다. 첫 번째로 동일 사업장 내 정규직 노조가 보유하는 작업장 권력의 수준, 두 번째로 사내하청 노조의 독자적 동원력, 세 번째로 동일 사업장 내 원청 노조와 하청 노조 간의 연대와 협력에서 나오는 힘(이하 '원하청 연대의 힘'으로 지칭) 등이 그것이다. 그런데 문제는 이 세 가지 권력자원을 사내하청 노동운동이 모두 갖추는 것은 기존의 공장체제에서는 매우 어렵다는 점이다. 특히 사내하청 노조의 독자적 동원력과 원하청 연대의 힘이라는 두 가지 핵심 자원은 실제 투쟁 과정에서 길항하거나 상쇄 관계를 맺기 쉽다는 점이 구조적 난관의 핵심이라고 할 수 있다. 왜 그러한지 아래에서 자세히 규명해 보자.

먼저 사내하청 노동자들이 노조를 결성해 투쟁에 나서면, 해당 사업장에 원청 정규직 노조가 존재하는지 여부에 따라, 그리고 정규직 노조의 작업장 권력이 어느 정도나 되는지에 따라 초기 투쟁의 성패가 일차적으로 좌우된다. 만약 해당 사업장이 무노조 사업장이거나 원청 노조의 작업장 권력이 매우 취약할 경우, 하청 노동자들의 조직력은 매우 약해지고 노조 설립에 성공하더라도 고립되거나 파괴되곤 했다.[20] 따라서 사내하청 노조의 투쟁 초기 단계에

---

20 1990년대 말과 2000년대 초중반 사내하청 노동자 투쟁의 실패 사례들의 다수가 이에 해당한다. 대표적으로 아시아자동차 사내하청 투쟁(손정순, 2009: 163), INP 중공업 사내하청 투쟁(김형기, 2001), 동희오토 사내하청 투쟁(최병승, 2017: 192-198), 하이닉스·매그나칩사내하청지회 투쟁(최병승, 2017: 169-176) 등이 잘 알려진 예들이다.

서 원청 노조가 제공하는 '최소한의 보호막'은 조직화 시도의 성공에 필수적인 일차적 요인이라고 할 수 있다. 2000년대 초반 이후 금속산업에서 사내하청 운동들이 성장한 사업장들은 대부분 이런 "울타리 역할"을 해줄 수 있는 정규직 노조들이 존재하는 곳들이었다. 이것은 원하청 연대와 관련해 "무형적인 측면에서 민주노조가 갖고 있는 힘"[21]이었다.

그다음으로 사내하청 노동운동에 영향을 미치는 보다 중요한 요인은 사내하청 노조의 독자적 동원력이다. 그것은 두 가지 요소에 의해 좌우된다. 하나는 "위치적 힘"(Perrone, 1983) 또는 "작업장 교섭력"(실버, 2005: 35-36)이라고 불리는, 경제 시스템 상의 구조적 위치 자체로부터 발생하는 노동의 힘이다. 2003년 이후 완성차업체의 하청 노조들이 (비교적 낮은 조직률에도 불구하고) 전국의 사내하청 투쟁을 주도할 수 있었던 이유 중 하나도 자동차공장의 일관조립라인이 내포하고 있는 '기술적 통제의 취약성'(Edwards, 1979: 128)을 이용한 위치적 힘이 컸다는 점이 주되게 작용했다. 다음의 면접조사 인용문에서 나타나듯이, 하청 노조 활동가들도 숱한 작업장 투쟁의 경험을 통해 이러한 위치적 힘에 기초한 독자 동원력의 중요성을 충분히 인식하고 있었다.

현대차의 생산을 우리의 힘으로 저지시키지 못하면 현대차가 교섭에 나올 이유가 없다라고 하는 게 너무 명확했던 겁니다. 그러니까 그 고민을 정말 열심히 하는 겁니다. 어떻게 하면 세울 수

---

21 현대차 울산공장 사내하청노조 활동가 구술, 2016년 7월 21일, 필자 채록.

있을까? 어디를 가면 세울 수 있을까? 어떤 방식으로 하면 라인을 세울 수 있을까? 이게 조합원 총회의 교육 프로그램, 토론 주제였습니다. … 현대차 생산에 지장을 줘야 현대자동차가 어떤 반응이라도 한다, 이러한 학습과정이 생긴 것입니다.[22]

사내하청 노조의 동원력을 좌우하는 또 다른 요인은 "연합적 힘" (associational power)이다(Wright, 2000). 그것은 노동자들이 노동조합·정당 등의 계급조직으로 단결함으로써 생겨나는데, 이 글의 맥락에서 연합적 힘은 동일 원청업체 내에서 수많은 하청업체들에 분산되어 고용된 노동자들이 통일된 노동조합으로 단결함으로써 획득하는 힘으로 정의할 수 있다.

따라서 위치적 힘과 연합적 힘이 모두 강한 사내하청 노조는 매우 강력한 동원력을 보유하게 되며, 이를 무기로 원청 자본을 상대로 강력한 투쟁을 벌일 수 있을 것이다. 그런데 이러한 일이 현실화되는 것은 매우 어렵다. 가장 중요한 이유는 한국의 노동법은 집단적 노사관계에서 원청의 사용자성을 인정하지 않기 때문이다. 이러한 제도적 제약으로 인하여 사내하청 노조의 교섭 요구는 대부분 무시되거나 쟁의행위는 법적 제재의 대상이 되곤 한다. 비정규직 하청 노조들은 이러한 실정법상의 제약을 돌파하기 위하여 보다 높은 수위의 집합행동 레퍼토리를 과감히 동원하기도 했는데, 그 과정에서 노조의 동원력이 감퇴하는 악순환에 빠지기도 했다(이병훈, 2018: 122).

---

22 현대차 울산공장 사내하청노조 활동가 구술, 2016년 8월 18일, 필자 채록.

구체적으로 보면, 원청 사업장 내에서 상대적으로 소수의 사내하청 노동자들이 쟁의행위에 성공해 공장 가동이 중단되더라도 자본은 대체근로의 투입을 자유롭게 활용하여 위치적 힘에 기초한 동원의 파급효과를 최소화하곤 한다.[23] 또한 자본은 연합적 힘이 증가하지 못하도록 하청 노동자들에 대한 엄격한 감시 시스템을 구축해왔고, 선도적으로 노조로 조직된 업체들을 표적 삼아 폐업을 강제하거나 노조에 가입한 노동자들을 해고함으로써 연합적 힘의 구축을 무력화시키기도 한다. 결국 사내하청 고용관계에서 하청 노동자들의 잠재적 동원력이 존재한다고 해도 그것이 실제 권력자원으로 전화되기에는 큰 제약이 따르는 것이다. 따라서 다수의 사내하청 투쟁은 동원력의 결핍에 시달리고, 이러한 결핍을 원하청 연대의 힘으로 보강하는 경로를 따르곤 한다(조돈문, 2011).

그런데 문제는 예외적으로 사내하청의 독자 동원력이 비교적 강하고 원하청 연대의 힘이 상당한 수준에 오를 경우조차 그것이 지속되기가 매우 어렵다는 점이다. 그 이유가 이 글에서 주장하는 사내하청 노조운동의 구조적 난관의 핵심이라고 볼 수 있다. 아래에서 이 점을 상세히 살펴보겠다.

---

23 노동조합의 쟁의행위 기간 중 대체근로 제한을 규정한 노동조합법 제43조 규정은 사내하청 노동조합의 쟁의행위의 경우에는 일반적으로 적용되지 않는다. 즉 "노조법상 사용자의 지위에 있지 않은 원·하청, 도급관계 등에서 원청업체 등이 하청업체 노동조합의 쟁의행위로 중단된 업무를 직접 수행하는 경우" 또는 "타 업체와 도급계약을 체결하여 업무를 수행하게 하는 것"은 "동 조항 위반에 해당하지 않는다 할 것이며, 이를 부당노동행위로 보기도 어렵다"는 게 노동부의 집단적 노사관계 업무매뉴얼 상의 공식 입장이다(고용노동부, 2016: 338).

## (2) 공장체제의 질서와 사내하청 노동자 투쟁의 구조적 난관

사내하청 노조의 독자 동원력이 강할수록 공장체제의 기존 질서와 충돌할 가능성이 높아지고, 기존 공장체제에서 일정한 기득권을 보유한 원청 노조나 정규직 노동자들과의 연대('원하청 연대의 힘')는 더 약화되기 쉽다. 그 구체적 기제는 앞에서 설명한 1987년 이후 형성된 공장체제의 구성요소들과의 충돌로 설명할 수 있다. 그 충돌은 세 가지 측면으로 구분된다.

첫 번째 측면은 정규직을 보호하는 분절화된 기업내부노동시장과의 충돌이다. 하청노조의 동원력이 일정한 수준에 도달하여 정규직화 요구 중심의 독자 활동이 전면화될 경우, 기존의 분절화된 기업내부노동시장의 질서와 충돌하게 된다. 그 질서는 "외환위기를 거치면서 노사 간에 맺어진 '고용-유연화 동맹'의 산물"이었다(박태주, 2013: 110). 사내하청의 전면 정규직화 요구를 중심으로 한 투쟁의 활성화는 사실상 고용-유연화 동맹의 해체 또는 전면적 재구성을 원청 노사 모두에게 요구하는 것이었다. 하지만 고용 분절화를 통한 유연화가 금속산업 대공장의 이윤축적 메커니즘의 중요한 한 축으로 자리 잡은 현실에서 이러한 요구는 자본의 핵심 이익을 포기하라는 최고 수준의 요구에 해당했다(이상호 외, 2011: 24-25). 또한 외환위기를 전후로 대규모 구조조정을 겪은 정규직 조합원들은 사내하청 제도가 고용위기 시에 일자리 보호를 위한 완충 기능을 한다는 점을 몸소 경험했다. 따라서 독자 동원력을 발휘해서 '정규직화' 요구를 본격적으로 제기하는 사내하청 투쟁이 활성화될 경우에, 정규직 노동자들의 "개인적 합리성이 강화되며 정규직 이기주의가 압도하게" 되고 정규직 노조도 이에 따라 "이익집단 정체성"을 선택하는 경향이 지배하게 된다(조돈문, 2009: 179). 그것은 결국 원하청 연대의 약화와 파기로 이어져 '연대의 힘' 약화로 귀결되고, 그동안 어렵게 형성했던 노조 동원력의 쇠퇴로 이어지기도 한다.

두 번째 측면은 작업장 노사관계에서 원하청 노동자들 간의 이해충돌이다. 기존의 공장체제 하에서 작업장 노사관계는 신기술 도입, 생산방식 변화, 공정 재배치와 기능적 유연화 조치 등을 둘러싼 노자 간 갈등과 타협으로 점철되어 있었고, 그 속에서 하청 노동자들은 작업장 협상이 정규직 노사 간 타협으로 귀결될 수 있는 여러 기능들, 즉 정규직의 노동강도 감축, 직무경쟁 완화, 기피공정 대체, 노동력 이동의 최소화 등과 관련된 다목적 기능을 수행해왔다. 이러한 작업장의 관행 속에서 하청 노동자들이 조직화되어 작업장 협상에서 (공정 재배치에 따른 '총고용보장'과 같은) 자신들의 권익 보장을 요구하며 단체행동에 돌입하게 되면, 기존의 작업장 노사관계에서 인정받던 정규직 조합원들의 기득권과 마찰을 빚고 이에 따라 원하청 연대의 힘도 약해지게 된다.

> [원하청 노동자들 간에: 인용자] 이해상충이라고 하는 게 일상적으로 일어날 수밖에 없습니다. … 그런 측면에서 비정규직 노조가 너무 조직력이 크고 안정적이고 자기네들 멋대로 하고 이 통제 범위에서 벗어나 버리면 정규직 노조도 답답한 상황이 될 수밖에 없다는 것입니다. 현장에 분란이 생기거든요. 저희가 2005년에 조직화를 하고 난 다음에 1공장 의장부 업체의 거의 70%를 조직했을 때 신차 맨아워 협의를 했습니다. … 그런데 저희 비정규직 노조 대의원 중 한 명이 맨아워를 평등하게 분배하자, 이렇

게 얘기를 했어요. 그러니까 정규직이 발칵 뒤집힌 거예요. 정규
직 대의원들이 찾아와 가지고 죽이네, 살리네, 막 이랬었거든요.[24]

세 번째 측면은 위의 두 가지 측면과 밀접히 연관된 사항으로,
정규직 노조가 보유해온 노동자 대표권과의 충돌이다. 사내하청 노
동자들의 단결권 보장의 측면에서는 충돌의 소지가 적지만, 단체교
섭권과 단체행동권의 실효적 행사와 관련해서 정규직 노조와 마찰
을 일으킬 가능성이 높았다. 그동안 원하청 노조 사이의 대표권 충
돌의 대표적인 사례들은 주로 동일 사업장 내에서 하청 노조의 자
율성과 독자 동원력을 얼마나 인정할 것인가의 문제로 집약되었다.
현대자동차에서 벌어졌던 사례를 통해 이 문제를 살펴보자.

현대자동차 울산공장에서 2003년 사내하청 노조의 결성 이후
원하청 연대의 힘을 키워주었던 '원하청 연대회의' 기구의 활동은
2005년에 하청 노조가 이제부터 독자적으로 임단협을 추진하겠다
는 선언과 함께 사실상 종료되었다. 이에 따라 원하청 연대의 힘은
약해졌다(이병훈·홍석범·권현지, 2014). 독자적인 활동 노선으로 전
환한 것은 정규직 노조에 의한 '대리교섭' 관행이 지속되는 조건에
서는 하청 노조의 조직력 성장이 근본적인 한계에 봉착할 수밖에
없다는 내부 판단 때문이었다. 하청 노조는 자체 동원력으로 파업
에 돌입하여 원청의 관리자들을 압박했고, 실제로 특별 교섭의 형
식을 통해 원청 관리자들을 교섭 테이블로 끌어내는 데 성공했다.
하지만 이러한 독자 동원력의 발휘는 결국 원하청 연대의 힘 약화

24 현대차 울산공장 사내하청노조 활동가 구술, 2016년 8월 18일, 필자 채록.

를 대가로 치르게 되었다. 결국 2006년의 잇따른 독자 파업과 현장 투쟁의 후과로 핵심 활동가 및 열성 조합원에 대한 보복적 해고 사태가 초래되면서 노조 동원력은 파괴되었고 이후 수년간 복원되지 못했다. 당시 사내하청 노동자들이 벌인 독자 투쟁의 실패는, 초기에 현장 이전을 했던 학출 활동가들 상당수가 이탈하는 결정적 계기로 작용했을 뿐 아니라, 2000년대 이후 등장했던 사내하청 노동운동의 초기 사이클이 종료되는 계기가 되었다. 당시의 핵심 사내하청 활동가의 다음과 같은 소회는 이러한 점을 잘 드러내준다.

> 많이 힘들어했어요. 그 시기가 굉장히 다 힘들었던 시기였던 것 같아요. 그래서 서로한테 상처 주기도 하고. … 그 상처가 나중에 눈덩이가 되는 시점이 2006년 투쟁을 하고 난 다음인데, 그때 초기 활동가들 일부가 이제 거의 떠나거든요, 정리를 하고. … 그 투쟁을 끝으로 해서 이제 한 단락을 접는 동지들이 사실상 생기죠. … 2006년을 기점으로 사내하청 운동은 몰락했다, 이렇게 사내하청 운동의 초기 주체들은 평가를 했습니다.[25]

사내하청 노동자의 이해는 사내하청 노조가 자율적으로 대표하겠다는 의지의 표현이, 현실에서는 원청 노조의 독점적 대표권과 마찰을 일으키거나, 심지어 그것과 정면으로 충돌하여 원하청 연대의 파기와 하청노조의 동원력 약화라는 상황을 초래한 것이다.

---

25 현대차 울산공장 사내하청노조 활동가 구술, 2016년 7월 21일, 필자 채록.

비정규직 노조가 2005년에 독자교섭·독자투쟁을 선언했거든요. 현장에서 독자 파업을 한다는 얘기였습니다. 정규직은 구경꾼이 되었고, 실제로 독자 파업이 진행되자 비난을 계속 받게 되었죠. 정규직 노조나 활동가들은 비정규직 노조에게 왜 우리에게 얘기도 안 해주고 파업하느냐고 따지고, 비정규직 노조에서는 보안이 지켜져야 하니까 사전에 얘기 안 해준 것이라고 하고. 이처럼 사소한 것들부터 해서 당시 현장에 정규직과 비정규직 노조 간의 갈등이 증폭되었습니다.[26]

이상의 사례는 결국 사내하청 노조의 독자 동원력이 어떤 문턱을 넘게 되면 기존의 공장체제를 구성하는 요소들과 충돌이 일어나고, 원하청 연대의 힘이 오히려 약화된다는 점을 보여준다. 하청 노조가 결성되는 초기 국면에서는 보통 원하청 연대의 힘 강화를 통해 하청 노조의 동원력이 증가하는 짧은 시기가 존재한다. 그러나 자체 동원력의 크기가 어떤 문턱을 넘어서면, 다시 말해 하청 노조의 독자 동원력이 현실화되면서 원하청 연대의 힘과 맺었던 상호강화 작용은 반전되어, 오히려 양자 간의 길항 또는 상쇄관계가 지배하게 되는 것이다.

결국 사내하청 노동자 투쟁 과정에서 나타나는 두 가지 권력자원 간의 상쇄관계로 인하여 사내하청 노동자 투쟁은 그것이 직면하게 되는 구조적 난관을 돌파하지 못한다. 다른 식으로 말하면, 이런 상쇄관계는 금속산업 공장체제의 질서 속에서 원하청 연대의 힘이

---

26 현대차 울산공장 정규직 노조 간부 구술, 2016년 11월 5일, 필자 채록.

강해지려면 하청 노조의 독자 동원력이 어떤 문턱을 넘지 않게 제어되거나, 하청 노조가 기존 공장체제의 질서를 상당 부분 수용해야 한다는 것을 뜻한다. 그런데 이 경우에 사내하청 투쟁의 핵심 요구사항인 '비정규직 철폐'와 '정규직화', 다시 말해 분절화된 기업내부노동시장의 재편성 요구의 실현은 미루어지거나 포기할 수밖에 없다. 바로 이것이 2000년대 금속산업 사내하청 노조운동이 기존 공장체제 속에서 직면했던 딜레마였다.

### (3) 금속산업 사내하청 투쟁의 결과

2000년대 초중반에 본격화된 금속산업, 특히 완성차업체의 사내하청 노동운동은 대부분 사내하청 노동자들만의 독자 노조로 결성되었고 '정규직화' 요구를 전면화한 투쟁을 벌였다. 이러한 성격의 사내하청 운동은 기존의 공장체제를 구성하는 장치들과 직접적으로 충돌할 수밖에 없었고, 조직화 초기 단계에서 흔하게 나타났던 원하청 연대의 시도들은 사내하청 운동의 독자성과 자율성 요구가 부상하거나 처우개선 요구를 넘어 '정규직화' 요구가 전면화되면서 거의 예외 없이 흔들리거나 해체되었다. 그 양상은 두 가지로 나뉘었다.

먼저, 구조조정이 진행되거나 그것이 예상되는 경우(한국지엠) 또는 생산의 지리적 이동이 계획된다며 정규직 일자리가 위협받을 경우(대우캐리어)와 같이, 정규직들이 누리던 산업적 시민권 자체가 훼손될 우려가 커지는 상황에서 노동운동의 연대 규범에 따라 초기에 형성되었던 원하청 연대는 지속되지 못하고 곧바로 배제 행동이 나타났다(한국비정규노동센터 현장리포트팀, 2001; 정이환, 2003; 강현아, 2004; 조돈문, 2009).

다음으로, 기업내부노동시장의 보호막이 크게 흔들리지 않을 경우에서도, 하청 노조의 작업장 투쟁으로 작업장 노사관계에서 정규직이 관행적으로 보유한 기득권이 위협받거나, 정규직 노조의 대표성 독점의 상태가 하청 노동자들에 의해 도전 받으면, 현대차 울산공장의 사례와 같이 원하청 연대가 약화되거나, 기아차 화성공장 사례와 같이 양자 간의 위계관계를 공식화하며 하청 노조의 자율성을 노조 내부정치로 제어하는 사태가 발생했다. 다시 말해, 기존 공장체제에서 사내하청 노동자들이 독자 노조를 결성하여 자체 동원력을 갖춘 채 정규직화 투쟁을 벌일 경우에는 예외 없이 원하청 연대는 결국 실패했다. 이로 인해 2016년 통합금속노조의 출범과 동시에 계급적 단결을 상징하는 규약으로 제정했던 '1사 1조직' 원칙은 사실상 실패했거나 사문화된 규정처럼 되었다(유형근, 2018).

2010년에 들어와 대법원의 불법파견 판정을 계기로 수년간 죽어 있던 완성차업체의 사내하청 운동이 다시 활성화되었지만, 자체 동원력을 회복하지도 못했고 계급 연대의 파탄을 복구하지도 못했다. 이후 현대자동차의 정규직 전환 협의 과정에서 나타난 수년간의 난맥상에서 잘 드러났듯이, 사내하청 노동운동은 원청 자본의 완강한 입장과 함께 정규직 노조의 지원 부족 속에서 결국 기업내부노동시장으로의 개별적 진입을 목표로 한 '정규직 되기'로 귀결되었다. 그 과정에서 분절화된 기업내부노동시장의 규칙들은 형태를 달리하여 여전히 온존하고 있으며, '전환' 과정에 올라탄 이들과, 올라타지 못한 채 장기간의 법률 소송에 의존할 수밖에 없게 된 이들 사이의 처지는 더욱 벌어졌다. 2016년 현대차 울산공장의 정규직 전환 관련

협의가 마무리되면서, 완성차 사내하청 운동의 "1막은 끝났다."[27]

대략 2010년대 초반까지 금속산업 사내하청 운동을 주도했던 완성차업종의 경우 2010년대 중반 이후 '사법적 해결 중심의 정규직화 모델'로 변형되었다. 금속노조 조합원 통계자료에 의하면, 2019년 9월 기준 기아차 화성공장 791명, 현대차 울산공장 450명, 현대차 아산공장 285명, 기아차 광주공장 205명, 한국지엠 창원공장 145명 등 완성차업종에서 총 2,200여 명의 조합원이 유지되고 있다. 하지만 상당한 규모에도 불구하고, 완성차업종의 사내하청 노조들은 현재 교섭력을 갖지 못한 채 불법파견 소송을 중심으로 한 사법적 해결을 도모하는 조직으로 활동하고 있다.

이렇게 된 이유는 두 가지로 나누어 볼 수 있다. 한편으로, 앞에서 보았듯이, 완성차업체의 공장체제에서 원하청 연대가 좌절되고, 특히 정규직 전환 협의가 마무리되면서, 현재에는 하청 노조가 원청 노조로부터 거의 아무런 지원도 받지 못한 채 자체 동원력이 거의 완전히 쇠퇴한 상태에 있다. 오래전부터 공장 안에서 노조 활동이 사실상 중단된 것이다. 다른 한편으로, 이처럼 작업장 교섭력이 거의 없는 상태에서 이들 노조들은 사내하청 노동운동이 직면하는 구조적 난관을 아예 우회함으로써 생존을 도모하고 있다. 즉, 작업장 투쟁을 통해 공장체제의 변화를 꾀하는 활동보다는, 작업장 바깥에서 불법파견 시정을 위한 민사소송에 의존하는 양상으로 노조 활동이 진화했다. 현대차 울산공장 사내하청 지회장의 최근의 언급은 이 상황을 잘 요약하고 있다.

---

27 현대차 울산공장 사내하청 노조활동가 구술, 2016년 7월 21일, 필자 채록.

2016년 이후 현대자동차 비정규직지회의 현장투쟁은 … 거의 없었고 그 자리에는 대정부 투쟁, 여론전 등 현장 밖에서 싸우는 장외투쟁만이 배치되며 2016년 이후 현대자동차 생산라인은 단 한 번도 세우지 못했다. … 행위 없이 소송에만 의지한 불법파견 투쟁은 노동조합이 적극적인 투쟁을 조직하지 않고 오히려 소극적으로 만드는 결과를 만들어내고 있다. 소송 대리인단 변호사들이 법정에서 대신 투쟁해주니 현장에서 투쟁을 조직할 필요가 없는 것이다. … 따라서 투쟁을 통한 자신감보다는 소송에 의한 기대감만 증폭되고 이는 현장투쟁에 대한 기피로 작용하고 있다(김현제, 2020: 115-116).

즉, 이들 노조들은 2010년 이래 불법파견 문제에 대한 사법부의 전향적 판결이 잇따르면서, 그에 의존한 일종의 '법률서비스 노조주의' 형태로 진화해간 것이다. 구체적으로 보면, 정규직 전환 절차에서 제외된 노동자들은 노조의 불법파견 소송인단 모집 캠페인에 참여하여 조합원으로 가입한 후 사법부의 최종 판결을 하염없이 기다리고 있다. 결국 완성차업종의 사내하청노조는 법률 소송의 대리기구로 그 역할이 변경되었다. 2019년 기준 완성차업종에 속한 사내하청 노조들(총 11개)은 모두 단체협약을 체결하지 못한 상태로 대다수(10개)가 불법파견 소송을 진행 중이다.[28]

---

28 이에 비해 금속노조의 다른 업종의 사내하청 노조들의 대다수는 단체협약을 체결했다. 철강업종의 경우 4개 지회 중 3개가, 자동차부품업종의 경우 19개 지회 중 15개가 2019년을 기준으로 단체협약을 체결한 상태로 조사되었다(유형근, 2020: 200).

## 4) 연대의 실패는 무엇을 드러내었는가?

지금까지의 내용을 요약하면 다음과 같다. 2000년대의 금속산업 사내하청 노동자 투쟁은 1987년 이후 노사 간 각축을 통해 형성된 공장체제의 변화와 재구성을 요구하는 운동으로 출현했다. 원청의 사용자 책임을 부정하는 제도적 제약 속에서 비정규직 철폐와 정규직화 요구를 전면화한 사내하청 노동자 투쟁은 기존 공장체제의 질서와 정면으로 충돌했다. 이러한 충돌 속에서 사내하청 노동자들의 권력자원, 특히 독자 동원력과 원하청 연대의 힘 간에는 상쇄 관계가 일반적으로 나타났다. 이것이 바로 사내하청 노동자 투쟁의 발전을 가로막는 구조적 난관이었고, 현대자동차를 비롯한 자동차산업 사내하청 운동의 좌절은 그것의 산물로 이해할 수 있다. 2010년대 중반 이후 사내하청 노조운동의 상황이 크게 변했다. 이전 시기 작업장 안에서 직면했던 구조적 난관에 꺾이며 작업장 바깥의 사법적 해결의 통로로 노조 활동을 돌릴 수밖에 없게 된 것이다.

이러한 설명은 사내하청 노동자 투쟁에 있어 계급 연대의 실패 문제를 다른 각도에서 보게 해준다. 기존의 대다수 연구들은 대체로 원하청 노동자들 간의 계급 연대가 사내하청 조직화에서 결정적 요인이라는 데 동의하며, 그것의 실패 원인을 주로 원하청 노조들 사이의 상호작용과 연대 규범 형성의 실패라는 미시적 과정 속에서 찾으려 했다. 그러나 계급 연대의 좌절은 그것보다는 구조적 · 역사적 원인에 의해 발생하는 것으로 보는 게 더 타당하다. 연대 형성의 미시적 과정은 그 구조적 · 역사적 제약 하에서 벌어졌고, 그 제약을 결국 뛰어넘지 못했다.

앞에서 보았듯이, 2000년대의 완성차 공장의 사내하청 노동운동은 분절화된 기업내부노동시장, 사내하청의 희생을 동반한 작업장 교섭, 정규직 노조의 대표권 독점의 요소로 구성된 공장체제에서 내부 도전자로 등장했었다. 내부 도전자로서 사내하청 노동운동은 당시의 대공장 정규직 노조의 활동을 비판하며 비정규직을 희생시키는 공장체제의 근본적 변화를 바라는 투쟁을 전개했다. 따라서 공장체제의 기존 질서가 바뀌지 않는 한, 사내하청 노조의 권력자원이 확대될 '가능성의 공간'은 매우 제한적이었다. 이에 따라 원하청 노동자들의 계급 연대가 실현되는 시기는 매우 짧거나 예외적일 수밖에 없었다. 다른 연구들에서 주목한 연대 형성의 미시적 과정은 바로 그 짧은 예외적 국면에 주목했던 것이다. 하지만 그 예외적 국면을 지나면 구조적 제약의 규정력이 강하게 작용하면서 기존 공장체제에서 형성된 원하청 연대는 약화되고 이에 따라 하청 노조의 자체 동원력도 다른 변수가 없다면 쇠퇴해갔다.

이러한 연구 결과가 다분히 구조결정론으로 보일 수도 있다. 과연 사내하청 운동의 궤적이 달라졌을 가능성이 적었다고 보는 게 타당한가? 아쉽게도 현실에서 그 가능성은 매우 적었다. 사내하청 운동이 기존 공장체제 안에서의 구조적 제약을 극복하기 위해서는 다음 두 가지 중 하나 또는 두 가지 모두 필요했다. 첫째로, 원청의 사용자 책임이 인정되어 하청 노조가 원청 사용자와 합법적으로 교섭할 수 있는 제도적 조건이 필요했다. 둘째로, 정규직 노조의 주도로 공장체제의 불평등성이 개혁되어 하청 노동자의 급진적 요구를 수용할 수 있도록 공장체제의 변화가 나타났어야 했다. 모두가 아는 것처럼, 이런 일들은 지난 20년간 일어나지 않았다. 전자는 한국의 노동법의 골간을 바꾸는 문제로 노동운동 진영이 그동안 줄기차게 요구하고 주장한 것이지만, 이것을 이루기에는 한국의 노동운동이 보유한 권력자원은 턱없이 부족했다. 후자는 1987년 이후 금속산업 대공장 정규직 노조의 '현장권력'이 배태되어 있는 작업장 질서를 대공장 노조 스스로 무장해제하여 대안적 공장체제를 새로 만들어내는 과제라는 점에서 소망 사고(wishful thinking)일 뿐 실현 가능성은 낮았다. 이러한 두 가지 조건은 향후에도 (최소한 가까운 시일 안에는) 바뀔 공산이 거의 없는 구조적 제약으로 계속 작용할 것이다. 그만큼 현재의 금속산업 공장체제에서 정규직-비정규직 간의 계급 연대는 매우 어려운 운동 과제인 것이다.

사내하청 노동자들의 지난한 투쟁에도 불구하고 작업장 내 계급 연대가 좌초되었다는 것은, 2000년대 이후 고용 불안전성이 일상화되면서 사회적 경계에서의 계급 내부적 분절이 상징적 경계로까지 삼투되었음을 말해준다. 자본의 고용 유연화 전략에 따라 사내하청 비정규직의 활용이 본격화된 1990년대 이후에 계급상황의 이질화가 어느새 작업장에서의 상징적 경계로까지 확장되었던 것이다. 사내하청 비정규 노동자들에 대한 정규직 노동자들의 태도는, 몇몇 예외가 있지만, 대체로 계급 연대보다는 사회적 폐쇄 전략을 취했다. 이것은 울산 대공장 노동자들의 연대적 집단주의의 잠재력이 매우 약화되었음을 의미한다. 과연 연대적 집단주의의 쇠퇴가 집합행동의 층위에서 어떻게 나타났는지 살펴보는 것이 다음의 과제이다.

# 9장

# 노동자 집합행동과 저항 레퍼토리:
# 30년의 궤적

9장에서는 1987년 노동자대투쟁부터 2016년까지 30년에 걸친 울산 지역의 노동자 집합행동(collective action)의 궤적을 살펴봄으로써 '조직'과 '집합행동' 층위에서 계급의 형성과 변형 과정을 파악하고자 한다. 정치적 민주화, 경제의 세계화, 고용의 불안정화가 동시 다발적으로 진행된 지난 30년 동안, 울산에서는 수천 건의 노동자 집합행동—서명운동, 성명서, 기자회견, 법률소송, 집회, 시위, 잔업거부, 파업, 태업, 농성, 점거, 폭력행사, 분신 등—이 발생했다. 그 속에서 우리는 집합행동 참여 집단, 행동의 규모, 연대 활동, 저항의 장소, 집합행동의 목표와 요구, 행동의 수단과 방식, 지속 기간 등에서 상당한 변화를 관찰할 수 있다. 이 장에서는 이러한 노동자 집합행동에 관한 세부 정보를 기초로 그 궤적에 내포되어 있는 의미를 발굴하고자 한다. 이 장은 다음 세 가지 질문에 초점을 둔다.

첫째, 지난 30년간 울산 지역에서 노동자 집합행동의 궤적은 어떻게 나타나는가? 그 궤적은 민주화 이후 한국 노동체제의 변동과 어떠한 상관성을 갖는가? 둘째, 1997년 외환위기 이후에 노동자 집합행동의 업종별·부문별 분포에서는 어떠한 변화가 나타났는가? 집합행동의 새로운 주체로 떠오른 집단은 누구이고 그들을 노동계급 재형성의 주체적 동력으로 평가할 수 있는가? 셋째, 울산의 노동운동을 주도했던 대공장 노동자들과 구분되는 새로운 집합행동의 참여자들은 과연 새로운 저항 레퍼토리(repertoires)[1]를 만들어내었는가?

## 1. 자료와 방법

이 장에서 사용한 방법은 저항사건분석(protest event analysis)이다. 그것은 1970년대부터 사회운동 및 집합행동 연구 분야에서 널리 활용되어온 연구방법으로, 저항사건의 세부적인 질적 특성들을 양화된 데이터로 전환하여 그 추이와 패턴을 통시적으로 관찰할 수 있도록 해주는 내용분석(content analysis)의 일종이다(Olzak, 1989; Rucht and Ohlemacher, 1992; Koopmans and Rucht, 2002; Hutter, 2014). 저항사건분석은 대개 신문기사를 분석 대상으로 하는데, 여기서도 신문기사를 원자료로 삼아 「울산지역 노동자 저항사건 데이터세트」를 만들었다. 이 자료는 노동자 저항사건을 직접 다룬 기사 내용을 사전

---

1 사회운동론에서 널리 쓰이는 '집합행동의 레퍼토리' 또는 '저항 레퍼토리' (repertoires of protest) 개념은 사회운동 세력이 자신들의 요구를 제기하고 전달하기 위해 선택하는 행동의 수단이나 방식을 지칭한다(Tilly, 1978, 1995; Tarrow, 1995; McAdam, Tarrow and Tilly, 2001; Alimi, 2015). 노동운동 연구에서도 레퍼토리 개념은 국내외에서 널리 사용되고 있다. 특히 노동운동의 대표적 레퍼토리인 파업에 대한 관심을 넘어서 최근에는 저항의 다양한 수단들이 신자유주의 시대의 노동운동의 재활성화에서 어떻게 사용되는가 하는 문제에 관심이 많아졌다(Piven and Cloward, 2000; Gentile and Tarrow, 2009; Gall, 2014; Kelly, 2015; Shibata, 2016; Vandaele, 2016). 국내 연구 중에서 신진욱(2004)은 민주화 이전 노동운동의 집합행동 레퍼토리의 변화를 사회운동론의 시각에서 분석했고, 이병훈(Lee, 2016)은 외환위기 이후 한국의 비정규직 노동운동에 나타나는 투쟁 레퍼토리의 변이를 포착한 바 있으며, 최재훈(2017)은 희망버스 사례를 노동운동 레퍼토리의 새로운 혁신 시도로 조명했다.

설계된 코딩 도식에 따라 양적 자료로 전환한 것이다. 코딩 도식에는 사건 발생일, 사건 개요, 참가자 수, 노조 형태, 고용형태, 소속 기업, 노조 설립연도, 조직의 규모, 업종, 저항의 표적, 저항 레퍼토리, 지속기간, 주된 요구, 사건 발생 장소, 정부 당국과 사용자의 억압 유무 등이 수집되도록 했다.[2]

이 책에서 노동자 저항사건(labor protest event)은 노동조합, 노동자(들), 또는 비공식적인 노동자 조직이나 집단 등이 사용자, 정부 당국 및 여타의 관련된 집단을 대상으로 그들의 집단적 이해와 요구를 전달하거나 실현하려고 수행하는 일체의 행동들로 정의했다.

다음으로 저항사건분석에서 나타날 수 있는 방법론적 문제들을 점검하고 분석에서 적용한 방법론적 원칙들을 확인하고자 한다. 신문기사는 접근성, 신뢰성, 정규성, 시간에 따른 연속성, 그리고 코딩의 용이함 등의 측면에서 다른 종류의 자료원—경찰 보고서나 노동운동 아카이브 등—이 갖지 못한 장점을 갖는다. 하지만 그것은 선택 편의(selection bias)의 문제로부터 자유로울 수 없다(McCarthy, McPhail and Smith, 1996; Oliver and Maney, 2000). 즉, 우리가 보는 신문기사에는 주어진 시공간에서 벌어진 모든 저항사건이 담기지 않는다. 또한 기사로 선택되는 사건들이 엄밀한 의미에서 통계학적 대표성을 갖는 표본도 아니다. 이런 선택 편의가 초래되는 요인은 다음 네 가지가 대표적이다(Earl et al., 2004: 69-70).

첫째, 사건 자체의 특성이다. 대규모 군중이 참여했거나 폭력에 의해 충격을 준 사건은 그렇지 않은 사건에 비해 보도될 확률이 높

---

2  전체 코딩 도식의 설계는 이 책의 부록에 자세히 소개되어 있다.

다. 둘째, 신문사의 특성이 작용한다. 신문사의 이데올로기적 성향 등은 기사 선별에 영향을 미친다. 셋째, 사안의 특성이 영향을 미치는데, 보통 해당 시기에 공중의 관심을 많이 받는 사안에 관련된 저항사건은 뉴스 가치가 커질 수 있다. 마지막으로, 편의가 시간에 따라 일관적인가 하는 점도 중요한 문제이다. 특히 한 주나 한 달처럼 비교적 단기에서는 비일관적 패턴이 흔히 발견된다고 알려져 있다 (Oliver and Maney, 2000). 신문기사를 자료원으로 하는 저항사건분석에서 이런 선택 편의로 인한 자료의 신뢰도 문제를 완벽히 해결할 방법은 없다(Hutter, 2014; Earl et al., 2004). 따라서 중요한 것은 자료 수집에서 발생할 수 있는 이러한 편의를 의식하고, 가용한 자료원을 고려하여 이를 최대한 줄이려고 하는 것이다.

이 책은 이를 위해 울산에서 발행되는 지역일간지인 《경상일보》를 자료의 주요 출처로 삼았다.[3] 서울에서 발행되는 전국지에 비해 지역지는 사건의 특성에서 발생할 수 있는 보도기사의 선택 편의를 더 줄일 수 있다. 왜냐하면 지역지는 (전국적으로 영향을 미치는) 대규모 사건뿐만 아니라, 지역 이슈로만 머무는 소규모의 온건한 사건들이 훨씬 상세하게 기사화되기 때문이다. 언론사의 이념 성향에서 비롯하는 선택 편의를 최소화하기 위하여 기사 중에서 기자의 인상과 추론 그리고 언론사의 주장이 가미된 해설·사설·분석 기사는 원자료에서 제외하고, 육하원칙에 입각한 사실보도(hard news)만을 자료 수집의 최종 출처로 삼았다. 그리고 시간에 따른 선택 편의

_____

3 《경상일보》를 자료원으로 선택한 이유는 그것이 울산광역시에서 발행되는 지역신문 중 가장 오래되었다는 단순한 이유 때문이다. 이 신문은 1989년 5월 15일에 창간했다.

의 잠재적 비일관성 문제는, 이 책에서 다루는 시간적 범위가 30년이고 그중에서 초기 2년을 제외한 나머지 전 기간을 하나의 신문에 자료를 의존한다는 점에서 크게 문제가 되지 않는다고 판단했다.

또 다른 방법론적 문제는 분석 단위와 관련된다. 이 연구에서 분석 단위는 개별적인 노동자 저항사건이다. 특정한 단일 이슈(예를 들면, 구조조정 반대)를 둘러싼 노동자들의 집합행동은 한 개에서 수십 개의 상호 연결된 개별적 저항사건들, 예를 들어 기자회견, 성명, 법적 소송, 집회·시위, 행진, 파업, 농성 등의 연쇄나 묶음으로 구성되기에, 분석 단위도 그러한 사건의 연쇄나 묶음으로 정하는 게 타당할 수 있다. 그러나 이 책에서는 그렇게 하지 않았다. 30년간의 노동자 집합행동 전체를 포괄하려는 본 연구의 목적상 그러한 저항사건들의 연쇄나 묶음을 모두 정확히 분절하여 구별하기는 현실적으로 불가능하기 때문이었다. 차선책으로 '개별' 저항사건을 분석 단위로 삼았다. 이런 방식을 채택할 때의 장점은 집단적 저항행동의 통시적인 패턴에 관해 매우 세밀한 지도를 만들어낼 수 있다는 점이다.

이것의 반대급부로 개별 사건을 분석 단위로 삼을 경우 사건들 간의 등가성을 가정해야 한다는 문제가 발생한다. 예를 들어, 전국에 걸쳐 수십만 명의 노동자가 참여한 며칠간의 총파업과 10여 명의 단위 사업장 노조원이 참여한 일회성 집회는 그 규모, 성격, 파급력 등에서 비교할 수 없는 차이를 갖지만, 이 책의 분석에서는 모두 동등하게 1건의 개별 사건으로 수집되어 코딩되었다. 이런 등가성 가정에서 발생하는 명백한 문제점은 저항 레퍼토리나 참여자 규모, 사건의 지속일수 등을 고려하거나, 당시 사건에 대한 맥락적 해석을 통해 보완할 수밖에 없었다.

자료 수집은 시기에 따라 다음과 같이 진행했다. 먼저 주 자료원인 《경상일보》가 발행되기 전인 1987년 7월 1일부터 1989년 5월 14일까지는 울산을 포함한 경남 전역을 포괄하는 《부산일보》 지면을 보며 울산 지역의 노동사건 기사를 찾았다. 보충적으로 《한겨레신문》(1988년 5월 15일 창간)을 사용했다. 따라서 초기의 약 2년은 실제보다 저항사건이 덜 수집될 가능성이 크다. 1989년 5월 15일부터는 《경상일보》에 의존했다. 《경상일보》 홈페이지에서 기사 검색이 불가능한 1989년 5월 15일부터 2000년 12월 14일까지는 필자가 《경상일보》 지면 전체를 직접 보면서 노동사건 기사를 찾아 코딩했다. 2000년 12월 15일부터 2016년 12월 31일까지의 기사는 신문사 홈페이지의 검색 기능을 활용했다. 검색어로 '노동조합', '노조', '노동자(또는 근로자)', '민주노총', '한국노총', '전교조'를 입력하여 탈락하는 사건을 최소화하고자 했다. 이런 방식으로 최종적으로 수집된 노동자 저항사건은 총 3,762건이었다.

## 2. 민주화 이후 울산 노동자 집합행동의 궤적

### 1) 집합행동의 궤적과 저항의 사이클

먼저 민주화 이후 30년간 울산 노동자 집합행동의 궤적과 저항의 사이클(cycle of protest)을 조망하고 거기서 드러나는 특징적 양상들을 규명하고자 한다. 저항의 사이클은 집합행동과 사회운동 연구에서 지배집단과 도전세력 사이의 갈등과 투쟁의 상호작용이 특별하게 고조되고 저항이 지리적·부문적으로 확산되며 새로운 투쟁 레퍼토리가 확장되는 국면으로 정의한다(Tarrow, 1994: 154).

먼저 연도별 저항사건의 빈도와 저항사건 참여자 규모의 통시적 변화를 함께 〈그림 9-1〉로 나타냈다. 지난 30년간 울산 노동자 집합행동의 궤적은 노동체제론(임영일, 2003; 노중기, 2008)의 시기 구분과 거의 유사하다는 점을 알 수 있다. 이런 유사성은 노동체제의 변동과 집합행동의 궤적 사이에 높은 상관성이 있다는 점을 시사한다.

〈그림 9-1〉에서 나타난 집합행동의 궤적을 보다 자세히 분석해보자. 사건의 빈도와 규모(참여자의 수)를 모두 고려할 때 우리는 지난 30년의 시간에서 두 개의 높은 집합행동의 정점(peak)을 관찰할 수 있다. 첫 번째 정점은 1989년이다. 이것은 1987년 7월부터 시작된 노동자 투쟁이 최고조에 오른 시기로, 현대중공업의 '128일 투쟁'으로 대표된다. 두 번째 정점은 1997~98년으로, 노동법 개정 반대 총파업과 현대자동차 정리해고 반대투쟁이 연달아 일어난 시기였다. 2000년대부터는 더 이상 투쟁의 정점이 없이 집합행동의 빈도가 등락을 반복하는 패턴을 보인다.[4]

---

4 2016년은 참여연인원이 사상 최대를 기록했지만, 저항 사이클로 평가하기는 어렵다. 2016년의 저항의 규모가 이렇게 높아진 것은 조합원 규모가 압도적으로 많은 현대자동차노조와 현대중공업노조의 수십 건의 파업 때문이었다. 이로 인해 2016년 울산의 근로손실일수는 총 53만 일을 넘어서, 관련 통계를 내기 시작한 2006년 이래 최대치를 기록했다(《경상일보》, 2016. 12. 27). 두 사업장을 제외하면, 저항사건의 참여연인원은 매우 적었다.

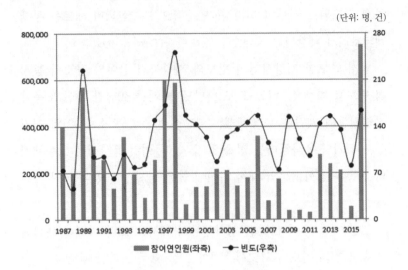

〈그림 9-1〉 울산 노동자 저항사건의 빈도와 규모

(단위: 명, 건)

주) 참여연인원은 기자회견, 서명, 성명서, 법률적 항의 등 참여자 수를 측정하기 어려운 사건들을 표본에서 제외하고, 기사에서 참여자 수를 확인할 수 있는 2,376건을 대상으로 집계함.

따라서 우리는 지난 30년간의 궤적에 두 개의 저항 사이클이 있었다고 말할 수 있다. 저항의 1차 사이클(1987~89년)은 민주화 이행의 정치적 기회구조와 더불어 발생한 민주노조운동의 폭발적 성장 그리고 이를 억압하고자 한 국가·자본과의 전면적 대결 국면에서 나타났다. 이 저항 사이클은 울산의 공업단지에 1970~80년대의 수출부문 중화학공업의 자본투자로 형성된 산업 프롤레타리아트의 공세적 투쟁이었고, 이런 점에서 전형적인 "맑스식 노동소요"(실버, 2005)였다. 이 시기 노동자 투쟁은 주로 민주노조 인정을 둘러싼 사업장 단위에서의 격렬한 노사대립으로 나타났고, 국가기구는 공권력을 동원해 민주노조에 대한 물리적 억압을 시도했다. 이것은 노동자 저항의 요구와 표적을 분석한 〈표 9-1〉과 〈표 9-2〉에 반영되어 나타난다.

<표 9-1> 울산 노동자 저항사건의 주요 요구

(단위: 건, %)

| 구분 | 임금 및 노동조건 관련 | 노조활동/단체교섭 관련 | 고용조정/해고 관련 | 정부·공권력 규탄 | 노동법·공공정책 개입 | 비정규직 문제해결 | 기타 | 전체 |
|---|---|---|---|---|---|---|---|---|
| 1987~89 | 56(17.4) | 114(35.4) | 15(4.7) | 78(24.2) | 2(0.6) | - | 57(17.7) | 322(100) |
| 1990~92 | 84(33.7) | 72(28.9) | 4(1.6) | 62(24.9) | 6(2.4) | - | 21(8.4) | 249(100) |
| 1993~95 | 48(18.8) | 109(42.6) | 8(3.1) | 25(9.8) | 22(8.6) | - | 44(17.2) | 256(100) |
| 1996~98 | 75(13.3) | 95(16.8) | 153(27.1) | 30(5.3) | 142(25.1) | - | 70(12.4) | 565(100) |
| 1999~01 | 52(12.4) | 122(29.2) | 87(20.8) | 64(15.3) | 41(9.8) | 1(0.2) | 51(12.2) | 418(100) |
| 2002~04 | 57(16.7) | 113(33.1) | 6(1.8) | 15(4.4) | 63(18.5) | 21(6.2) | 66(19.4) | 341(100) |
| 2005~07 | 53(12.6) | 144(34.4) | 40(9.5) | 16(3.8) | 46(11.0) | 68(16.2) | 52(12.4) | 419(100) |
| 2008~10 | 72(20.5) | 117(33.2) | 27(7.7) | 24(6.8) | 43(12.2) | 35(9.9) | 34(9.7) | 352(100) |
| 2011~13 | 73(18.4) | 124(31.2) | 11(2.8) | 14(3.5) | 17(4.3) | 102(25.7) | 56(14.1) | 397(100) |
| 2014~16 | 153(40.3) | 70(18.4) | 65(17.1) | 25(6.6) | 25(6.6) | 14(3.7) | 28(7.4) | 380(100) |
| 계 | 723(19.5) | 1,080(29.2) | 416(11.2) | 353(9.5) | 407(11.0) | 241(6.5) | 479(12.9) | 3,699(100) |

<표 9-2> 울산 노동자 저항사건의 표적

(단위: 건, %)

| 구분 | 사용자 | 중앙정부 | 지방정부 | 공안기구 | 노동조합 | 기타 | 전체 |
|---|---|---|---|---|---|---|---|
| 1987~89 | 248(71.3) | 34(9.8) | 18(5.2) | 32(9.2) | 15(4.3) | 1(0.3) | 348(100) |
| 1990~92 | 182(71.9) | 37(14.6) | 7(2.8) | 17(6.7) | 9(3.6) | 1(0.4) | 253(100) |
| 1993~95 | 187(71.1) | 42(16.0) | 10(3.8) | 12(4.6) | 12(4.6) | 0(0.0) | 263(100) |
| 1996~98 | 295(51.3) | 209(36.3) | 39(6.8) | 14(2.4) | 13(2.3) | 5(0.9) | 575(100) |
| 1999~01 | 218(51.2) | 122(28.6) | 50(11.7) | 24(5.6) | 5(1.2) | 7(1.6) | 426(100) |
| 2002~04 | 137(39.4) | 112(32.2) | 77(22.1) | 7(2.0) | 10(2.9) | 5(1.4) | 348(100) |
| 2005~07 | 202(48.2) | 106(25.3) | 78(18.6) | 17(4.1) | 8(1.9) | 8(1.9) | 419(100) |
| 2008~10 | 213(60.5) | 64(18.2) | 66(18.8) | 2(0.6) | 5(1.4) | 2(0.6) | 352(100) |
| 2011~13 | 231(58.2) | 56(14.1) | 62(15.6) | 11(2.8) | 27(6.8) | 10(2.5) | 397(100) |
| 2014~16 | 229(60.4) | 67(17.7) | 51(13.5) | 16(4.2) | 13(3.4) | 3(0.8) | 379(100) |
| 계 | 2,142(57.0) | 849(22.6) | 458(12.2) | 152(4.0) | 117(3.1) | 42(1.1) | 3,760(100) |

1987~89년에 노동자들이 제기한 주요 요구 중 '노조 활동 및 단체교섭 관련' 사안이 114건(35.4%), '정부 및 공권력 규탄'이 78건(24.2%)으로 제일 높은 비중을 차지한다. 저항행동의 표적(target)도 대부분 회사의 사용자(248건, 77.0%)로 향했다. 이러한 양상은 이른바 1987년 노동체제의 가장 중요한 특징, 즉 작업장에서의 높은 갈등과 대립을 수반하는 불안정한 기업별 노사관계의 특징적 모습이라고 볼 수 있다(임영일, 2003: 35-36).

이에 비해 10년 뒤의 저항의 2차 사이클(1997~98년)은 1987년 노동체제의 특징적 저항행동 양상으로부터의 전환을 보여준다. 이 시기의 폭발적 대중 동원은 민주노조 설립을 통해 집단적 행위자로 등장한 울산의 중화학공업 노동자들이 국가와 자본의 신자유주의적 공세에 직면하여 일으킨 방어적 투쟁이었다. 저항의 2차 사이클에서 주로 나타난 노동자 저항은 전 지구적인 자기조절적 시장의 확산과 노동의 (재)상품화 시도에 대한 저항이라는 면에서 "폴라니식 노동소요"(실버, 2005)에 가까웠다.

이러한 집합행동의 성격은 요구와 표적에도 반영되어 나타났다. 1996~98년의 3년 동안 노동자 저항의 요구는 주로 '고용조정 및 해고 관련' 사안(153건, 27.1%), '노동법 및 정부정책 관련' 사안(142건, 25.1%) 등에 집중됐고, 저항의 표적도 회사의 사용자(295건, 51.3%)와 더불어 중앙정부(209건, 36.3%)가 두 번째로 등장했다. 저항의 1차 사이클에서 중앙정부를 표적으로 한 사건이 34건에 불과한 것을 감안하면, 2차 사이클에 비로소 울산의 노동자들이 정부를 직접적인 표적으로 한 대규모 동원을 본격화했다는 것을 알 수 있다.

2000년대부터는 또 다른 저항의 사이클이 만들어지지 않은 채, 집합행동의 상승과 하강이 반복되는 양상을 보였다. 이 시기는 1987년 노동체제의 본격적인 해체 국면으로서, 과거와의 단절적 측면과 연속적 측면이 혼재되어 나타났다. 2000년대 이후 노동자 저항의 궤적에서 드러나는 몇 가지 특징을 살펴보면 다음과 같다.

첫째, 노동자 저항행동의 대중 동원능력의 전반적 감소가 분명해졌다. 2000년대 이전과 비교해 저항사건의 전체 빈도는 별로 줄지는 않았으나, 〈그림 9-1〉에서 보듯이 저항의 규모, 즉 참여연인원은 그 이전 시기와 비교해 크게 줄었다. 이러한 대중적 참여와 동원력의 약화는 1987년 노동체제의 해체가 가속화되고 있다는 유력한 징후였다(임영일, 2003: 48). 울산에서 대중 동원 능력의 쇠퇴는 두 가지 요인이 함께 작용했다. 한편으로, 저항의 1차 사이클에서 동원능력이 최고조에 달했던 현대중공업노조의 교섭력 쇠퇴가 결정적이었다. 다른 한편으로, 저항의 2차 사이클 이후에 설립된 신생 노조들 대부분이 이전 세대의 노조들에 비해 규모가 작고 대중적 동원력이 취약한 저임금 서비스업종이나 비정규직처럼 주변부 노동시장에 속한 조직들이었다.

둘째, 기업별 노사관계 차원에서 1987년 노동체제가 갖는 가장 중요한 특징, 즉 작업장 수준의 높은 갈등과 대립을 수반하는 불안정한 노동체제의 특성은 지속되었다. 이를 보여주는 핵심 지표는 2000년대 이후에도 저항의 요구와 관련해 '노조 활동 및 단체교섭 관련' 요구가 큰 등락 없이 지속되었다는 점이다(〈표 9-1〉 참조). 이 요구는 노조 인정 및 노조 활동 보장 요구, 부당노동행위 중단 촉구, 노조탄압 중단 및 단체협상 촉구 등을 세부 내용으로 담고 있다. 2000년대 이후 노조 조직화의 시도들 대부분은 사용자의 강한 반노조주의와 노조 회피 전략에 직면해 생존을 위한 전투적 저항을 벌여야 했다. 이러한 1987년 노동체제와의 연속성은 한국 사회에서 노동조합의 시민권이 대단히 취약하다는 점을 일깨워준다.

셋째, 이와 관련해 2000년대 이후 노동자 저항행동에서 1987년 노동체제의 그것과 가장 크게 차이가 나는 지점은 비정규직 노동자의 집합행동과 투쟁이 출현하여 노동운동의 주요 저항 집단 중 하나로 등장했다는 점이다. 〈표 9-1〉에서 보듯이, 2000년대 이후에 노동자 저항의 요구에서 새로운 점은 '비정규직 문제해결' 요구가 새롭게 등장했고, 2000년대 중반부터 빠르게 그 비중이 증가해, 세 번째로 빈발하는 저항의 요구사항으로 나타났다는 것이다.

## 2) 집합행동의 스케일과 연대의 패턴

울산 지역 노동운동의 통시적 변화를 보다 깊이 이해하기 위해서는 저항사건의 빈도와 규모, 요구와 표적에 대한 분석만으로는 충분하지 않다. 예를 들면, 지난 30년 동안 노동자 집합행동이 개별 사업장 내에서의 협소한 경제적 이익을 우선한 것이었는지, 아니면 전국 수준의 보다 포괄적인 투쟁의 일환으로 벌어진 것인지 판단하기 위해서는 이와는 다른 기준이 필요하다. 이를 위하여 집합행동의 공간적 스케일(scale)과 공동 행위(joint action)의 통시적 변이를 추적했다.

집합행동의 스케일[5]은 사업장, 지역(울산과 영남), 국가(전국)의 3개로 구분했는데, 이를 통해 집합행동 차원에서 노동운동의 포괄성 또는 협애성을 측정해 볼 수 있다. 그리고 집합행동에서 다른 (노동자 또는 시민사회의) 조직·단체·부문과의 공동 행위(joint action)의 빈도를 추적해 봄으로써 노동운동 내부의 연대 활동이 어떻게 변했는지, 또는 보다 넓게는 "노조의 배태성"(이철승, 2019)이 집합행동의 차원에서 어떠한 등락을 보여주었는지 가늠해 볼 수 있겠다.

일차적으로 주목되는 점은, 1996~98년의 저항의 2차 사이클부터 집합행동의 스케일이 사업장과 지역만이 아니라 본격적으로 국가로 상승했다는 것이다. 〈그림 9-2〉의 위쪽 그래프에서 이 점이 분명히 드러나는데, 그 이전까지 주로 사업장 스케일에서, 혹은 드물게는 지역 스케일에서 집합행동을 해왔던 울산 노동자들은 1996~98년부터 '전국적(국가)' 스케일의 집합행동에 적극적으로 참여하기 시작했다. 1995년 민주노총 출범과 1996/97 노동법 개정 반대 총파업 등을 계기로 2000년대에 울산의 노동자들은 단위 사업장과 울산을 뛰어넘어 국가 스케일로 상승된 집합행동을 벌여나갔던 것이다. 그러나 더욱 주목되는 점은, 2000년대 후반(대략 노무현 정부)까지 국가 스케일의 비중이 높이 유지되다가 2000년대 말 이

---

5　스케일(scale)은 사회과정의 공간적 층위를 가리키는 인문지리학적 용어이다. 동(면)-구(읍)-시(도)-국가의 행정구역상의 구분이나, 글로벌-로컬, 근린-도시-지역-국가-세계 등의 구분이 전형적인 지리적 스케일에 관한 사고이다. 인문지리학자들은 그것을 실제 존재하는 물질적인 실체로 볼 것인가, 아니면 정치적 투쟁이나 사회 과정의 구성물로 볼 것인가를 두고 여러 논의를 전개했다(Taylor, 1982; Cox, 1998; Marston, 2000). 한국의 민주노조운동은 기업(작업장)-지역(또는 도시)-국가 스케일에서 주요한 활동을 전개했고 각각의 스케일에 해당하는 조직구조를 갖고 있다.

후부터 특히 2010년대에는 지역과 국가 스케일 모두 그 비중이 급속히 낮아졌다는 점이다. 다시 말하면, 2010년대에 울산의 노동자들은 스케일의 하강을 경험하며 사업장 내의 이슈를 중심으로 한 집합행동에 다시 몰두하게 된 것이다.

〈그림 9-2〉 울산 지역 노동자(위)와 현대자동차 노동자(아래)
집합행동의 공간적 스케일

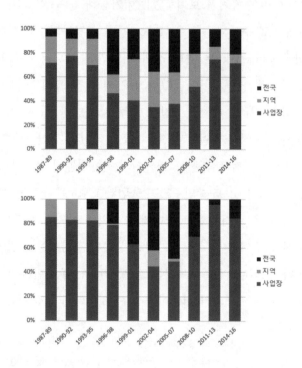

특히 지난 30년간 울산에서 집합행동을 지속적으로 벌인 거의 유일한 집단인 현대자동차 노동자들의 경우에, 2010년대 이후 사업장 스케일로의 하강 현상은 더 극적으로 나타났다(〈그림 9-2〉의 아

래쪽). 노무현 정부 후반기(2005~2007년)를 정점으로 현대자동차노 조의 집합행동은 그 이후부터 사업장 내 사안에 점차 집중되었고 2010년대에 들어와서는 그 비중이 압도적이 되었다. 현대자동차 노 동자들의 집합행동 스케일의 비중 추이에서 또 하나 주목되는 점은 지역 스케일의 행동이 (1990년대 후반 이후부터) 거의 없다는 점이다. 이것은 현대자동차노조의 지역적 배태성이 매우 약했다는 점을 의 미한다. 2006년 금속노조의 기업지부로 조직 형태를 전환하여 산업 별 노조운동에 동참한 이후부터 오히려 지역과 국가 스케일의 집합 행동이 대폭 감소한 것이 주목된다.

다음으로, 노동자 저항사건에서 '공동 행위'의 궤적을 검토한다. 여기서 공동 행위는 하나의 저항사건에 복수의 행위자들이 함께 참 여한 경우를 지칭한다. 그것을 3개의 범주로 구분했다. 동일 업종 (또는 동일 그룹)에 속한 다른 사업장의 노동자(단체)와의 공동 행위, 업종을 달리하는 노동자(단체) 또는 총연맹과의 공동 행위, 그리고 노동자(단체) 이외의 가족·지역주민·시민사회단체·민중운동단 체·학생·정당 등과의 사회적 연대가 이루어진 공동 행위가 그것 이다. 〈그림 9-3〉은 이 3개의 범주별로 공동 행위의 궤적을 나타낸 것이다.

먼저 확인할 수 있는 것은, 두 차례의 저항의 사이클(1987~89년, 1996~98년)에서 모두 사회적 연대가 수반된 공동 행위가 매우 활성 화되었다는 점이다. 특히 1996~98년은 3가지 범주의 공동 행위 모 두가 비교적 균등한 빈도로 나타날 정도로 노동운동의 단결과 시 민사회 연대가 모두 최정점에 달한 시기였다. 하지만 그 이후부터 공동 행위는 추세적으로 감소했다. 2000년대 이후에 공동 행위를

포함한 저항사건 추이에서 관찰되는 주요한 특징은 다음과 같다. ·
첫째, 동일 업종 노동자들과의 공동 행위는 약간씩 줄어들었지만
2000년대 말까지 상당한 수준으로 유지했다. 이것은 산업별 노조
운동이 2000년대 이후 활성화된 것과 관련되는 것으로 보인다. 그
러나 가장 최근인 2014년 이후부터는 상당히 줄어들었다.

둘째, 2000년대 이후 타업종 노동자와의 공동 행위나 총연맹 수
준의 공동 행위도 (노무현 정부 후반기의 이례적 증가를 제외하면) 추세
적 감소가 나타났다. 특히 2010년대 이후(또는 이명박·박근혜 정부 시
기)에 타업종/총연맹과의 공동 행위는 매우 낮은 수준으로 떨어졌
는데, 이는 민주노총 출범 이후 가장 저조한 수준이었다. 최소한 울
산 지역에서 민주노총의 내적 통일성이 크게 약화되었고 가맹 조직
들 간의 단결과 연대의 문화가 희석되었음을 시사한다.

〈그림 9-3〉'공동 행위'를 포함한 저항사건의 추이

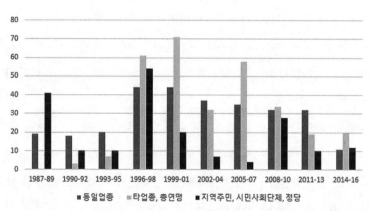

주) 담화적 저항사건(기자회견, 성명서, 소송 등)을 제외한 저항사건 중 '공동 행위'가 확인된 것만
집계.

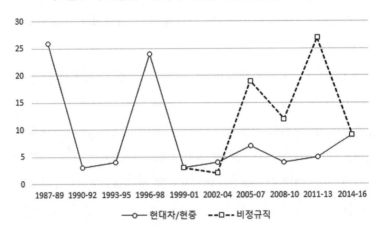

〈그림 9-4〉 대공장 노동자와 비정규직의 '공동 행위' 추이 비교

주) 위와 같음.

셋째, 무엇보다 2000년대 이후 가장 큰 변화는 지역사회, 시민사회단체, 정당 등과의 사회적 연대가 포함된 공동 행위의 확연한 감소이다. 이 감소는 세 가지 공동행위 중에서 가장 빠르게 진행되었는데, 이미 2000년대 초반부터 확연하게 나타났다. 이 책의 자료는 울산에 한정된 것이지만, 이러한 현상은 전국 수준의 2원 네트워크 자료를 분석한 이철승(2019)의 발견과 궤를 같이하는 것이다. 이 책에서 말하는 사회적 연대의 '공동 행위' 사건은 이철승이 개념화한 시민사회에 대한 노조의 동원 배태성과 유사한 것이다(물론 자료의 성격이 판이하게 다르다는 점을 감안해야 한다). 그의 분석에 따르면, 노조의 동원 배태성이 최고조에 달한 것은 1990년대 말과 2000년대 초였고, 2000년대 중반 이후에 동원 배태성이 서서히 하락했는데, 그러한 전국적 추세는 이 책이 다루는 울산의 자료에서도 거의 비슷하게 확인된다. 이 책에서 사용한 자료는 이철승의 그것에 비해

보다 최근까지 연장되어 있는데, 특히 2010년대에 노동운동과 시민사회의 공동 행위가 드물어지는 추세가 보다 심화되고 있음을 확인할 수 있다.

마지막으로 언급할 가치가 있는 것은, 〈그림 9-4〉에서 잘 나타나듯이, 울산 대공장 노조(현대자동차와 현대중공업)의 경우에 집합행동에서 공동 행위의 빈도가 2000년대 초반부터 훨씬 가파르게 감소했고, 더 이상 뚜렷한 상승을 보이지 않는다는 점이다. 대공장 노조와의 공동 행위 감소를 그나마 상쇄한 것은 2000년대 중반 이후 비정규직 노동자들의 집합행동이었다. 비정규직 투쟁에 대한 연대 행동이 없었다면, 2000년대 울산의 노동운동은 훨씬 더 분산적이고 고립적 모습을 보였을 것이다.

이상의 분석을 종합하면, 울산의 대공장 노조의 집합행동은 2000년대 이후 노동운동 내부의 연대와 시민사회와의 연합 모두 약해진 것을 확인할 수 있다. 앞서 분석한 대공장 노조의 집합행동 스케일의 변화와 함께 보면, 대공장 노조운동은 점점 자신들만의 독자적인 집합행동이 관례화되어왔다고 볼 수 있다. 그런데 지금까지 살펴본 전반적인 집합행동의 궤적은 그림의 반쪽에 불과하다. 방금 언급했듯이, 대공장 노조의 궤적과 비정규직 노조의 궤적은 상이한 모양새를 취한다. 이 점을 보다 명확히 파악해야 지난 30년의 전체 궤적을 제대로 이해할 수 있다. 다음 절에서는 이것과 관련된 문제를 본격적으로 다룬다.

## 3. 노동운동의 분기와 새로운 집합행동 주체의 출현

울산은 중화학공업의 남성 노동자 중심 노동운동이 민주화 이후 지역노동운동을 이끌어왔다고 여겨진다. 하지만 21세기에 들어와 노동자 저항의 궤적은 상당히 다른 모양새를 보여준다. 여기서는 이 문제를 자세히 분석한다. 이를 위해 노동자 집합행동의 부문별 분포의 통시적 변화의 조감도를 그렸다. 아래 분석에서는 전반 15년(1987~2001년)과 후반 15년(2002~2016년)을 구분하여 후반 15년에 새로운 노동운동 주체들이 출현했음을 보여줄 것이다.

「울산 노동자 저항사건 데이터세트」에는 저항사건을 벌인 노동조합의 설립연도도 수집했다.[6] 이를 근거로 노조의 설립연도별로 일정하게 코호트(cohort)를 분류하고 코호트별 저항사건의 발생 빈도와 비중을 〈표 9-3〉으로 집계했다. 노조의 '나이'가 비교적 어린 신생 노조들이 벌인 저항사건의 상대적 비중은 낮게 집계될 수밖에 없기 때문에, 이를 고려하여 사건 발생 시기를 구분하여, 전체 30년(1987~2016년)과 후반 15년(2002~16년)으로 나누어 보여주었다. 노동자 저항사건의 빈도와 그 상대적 비중을 보면, 그것의 대다수가 1987~89년에 설립된 노조들과 1998~2004년에 설립된 노조들이 일

---

6 개별 노조의 설립연도는 노동부가 매년 발간하는 『전국노동조합조직현황』을 주로 참고했다. 초기업별 노조의 지부·지회·분회의 경우 이 자료에 표기되어 있지 않기 때문에, 이 경우에는 신문기사, 각종 2차 문헌, 인터넷 검색을 통해 최대한 설립연도를 확인했음을 밝힌다. 노조 설립연도 집계에서 제외된 저항사건은 노조 상급단체, 노조 외 조직과 연합단체, 개별 노동자 집단 등이 일으킨 저항사건, 그리고 노조 설립연도를 확인할 수 없었던 일부 노조들이 포함된다. 설립연도가 확인된 노조의 저항사건은 총 2,690건이었다.

으킨 사건들로 크게 양분됨을 알 수 있다. 지금부터는 편의상 앞의 노조 집단을 '1987년 세대'로, 뒤의 노조 집단을 '1998년 세대'로 부르고자 한다.

〈표 9-3〉 노동조합 설립연도별 저항사건의 발생 빈도와 비중

(단위: 건, %)

| 사건 발생 기간 | 노조 설립의 코호트 | | | | | 계 |
|---|---|---|---|---|---|---|
| | 1947~86 | 1987~89 | 1990~97 | 1998~04 | 2005~16 | |
| 전체 30년 (1987~2016) | 231 (8.6) | 1,651 (61.4) | 43 (1.6) | 597 (22.2) | 168 (6.2) | 2,690 (100.0) |
| 후반 15년 (2002~2016) | 148 (8.2) | 857 (47.5) | 33 (1.8) | 597 (33.1) | 168 (9.3) | 1,803 (100.0) |

전체 30년을 기준으로 보면, '1987년 세대'의 저항사건 비중이 61.4%를 차지한다. 그러나 후반 15년을 기준으로 보면, '1998년 세대'의 신생 노조들(1998~2004년에 설립된 노조들)이 벌인 저항사건의 비중이 약 33%로 비교적 큰 비중을 차지한다. 더욱이 노조 설립연도를 외환위기 이후 전체(1998~2016년)로 연장하면, 그 비중은 42.4%에 달한다. 다시 말하면, 저항의 2차 사이클이 끝난 이후부터 울산 노동자 저항의 전체 궤적은 노동자대투쟁의 여파 속에 설립된 노조들('1987년 세대')의 집합행동과 더불어, 외환위기 이후 설립된 신생 노조들('1998년 세대')의 집합행동이 더해져 나타났음을 알 수 있다. 그렇다면 '1998년 세대'의 노조들은 누구이며, 어느 곳에서 조직된 것일까?

먼저 '1987년 세대'와 '1998년 세대'의 노조들은 업종 분포의 측

면에서 확연히 다르다. 아래 〈표 9-4〉는 두 개의 노조 설립 코호트
에 따라 저항사건의 빈도와 비중을 업종별로 분해한 것이다.

〈표 9-4〉 노조 설립 코호트에 따른 업종별 저항사건의 빈도와 비중

| 1987~89년 설립된 노조의 저항사건 | | | 1998~2004년 설립된 노조의 저항사건 | | |
|---|---|---|---|---|---|
| 업종 | 빈도(건) | 비중(%) | 업종 | 빈도(건) | 비중(%) |
| 금속 | 1,251 | 76.4 | 건설 | 212 | 35.5 |
| 교육 | 239 | 14.6 | 금속 | 167 | 28.0 |
| 비금속제조 | 90 | 5.5 | 공공행정 | 89 | 14.9 |
| 보건·사회복지 | 19 | 1.2 | 운수 | 27 | 4.5 |
| 운수 | 18 | 1.1 | 보건·사회복지 | 16 | 2.7 |
| 금융 | 5 | 0.3 | 교육 | 15 | 2.5 |
| 전기·가스·수도 | 1 | 0.1 | 비금속제조 | 13 | 2.2 |
| 기타 | 13 | 0.7 | 기타 | 58 | 9.7 |
| 합계 | 1,638 | 100.0 | 합계 | 597 | 100.0 |

우리는 두 개의 코호트 간에 집합행동 행위자들의 업종별 분포
가 매우 큰 차이를 보인다는 점을 확인할 수 있다. 1987~89년 설립
코호트의 저항사건(총 1,638건) 중에서 금속산업의 저항 비중은 무
려 76.4%에 달한다. 비금속 제조업까지 합하면 제조업 비중은 80%
를 넘는다. 그에 비해, 1998~2004년 코호트의 저항사건들(총 597건)
은 이와는 다른 양상이다. 우선 하나의 업종이 압도적 다수를 차지
하지 않는다. 1987~89년 코호트에 나타나지 않았던 건설업, 공공행
정 등이 1위(35.5%)와 3위(14.9%)의 비중으로 등장한다. 물론 금속
산업도 두 번째 비중(28.0%)을 차지하지만, 이 경우 거의 대부분 제
조업 사내하청 노조들이다. 그 외에도 운수, 보건·사회복지, 금융,
기타서비스업 등 3차 산업에 속하는 여러 업종들에서 집합행동 행

위자들이 새롭게 발생했다는 것을 알 수 있다.

이를 통해 우리는 '1998년 세대'의 노조들은 그 이전 세대의 노조들과는 다른 곳에서 출현했음을 알 수 있다. 건설업, 금속산업(사내하청), 공공행정 등의 주요 업종과 함께 3차 산업에 속하는 다양한 종류의 노조들, 그리고 다양한 업종의 비정규직 노조들이 저항 사건에 참여했다. 이들은 외환위기 이후 새롭게 조직된 집단으로서, 1987년 이후 지역노동운동의 중심 세력으로 표상된 자동차·조선 등의 금속산업 대공장 정규직 노동자들과는 업종, 부문, 고용형태 등에서 상당히 다른 특성을 지닌 행위자들이었다.

그렇다면 이러한 노동운동의 새로운 세력들이 수놓은 집합행동의 궤적은 이전의 '1987년 세대'의 그것과 합쳐져 지역노동운동에 어떠한 무늬를 만들었을까? 이를 알기 위해 지난 30년간 울산 노동자 집합행동의 부문별·업종별 '조감도'를 그려보았다. 〈표 9-5〉로 나타난 전체 조감도는 매년 저항사건 보도 중 해당 조직·부문·업종에 관한 사건 발생 빈도가 해당 연도의 전체 저항사건 보도에서 차지하는 비중이 10% 이상, 또는 25% 이상을 차지한 경우를 각각 표시한 것이다. 이 조감도는 시기별로 울산 노동운동의 중심 무대가 어디로 이동했는지 잘 보여준다.

조감도에서 가장 주목되는 것은 전체 30년을 전반 15년(1987~2001년)과 후반 15년(2002~2016년)으로 양분하면, 두 시기의 부문별·업종별 저항의 분포가 확연히 다르다는 점이다. 전반 15년은 금속산업을 중심으로 한 제조업 노조들의 집합행동으로 꽉 차 있다. 저항의 1차 사이클(1987~89년)에는 현대중공업노조의 저항이 정점을 나타냈고, 1991~93년은 기타 금속산업 노조들이 그 바통을 이어

404  분절된 노동, 변형된 계급

<표 9-5> 울산 지역 노동자 집합행동의 부문별·시기별 분포

| 구분 | 금속산업 | | | 비금속 제조업 | 운송 업 | 교육 서비 스업 | 공공 행정 | 건설 업 | 비정규직 | |
| --- | --- | --- | --- | --- | --- | --- | --- | --- | --- | --- |
| | 현대 자동차 | 현대 중공업 | 기타 | | | | | | 직접 고용 | 간접 고용 |
| 1987 | X | XX | X | X | | | | | | |
| 1988 | X | X | XX | | | | | | | |
| 1989 | | XX | X | X | | | | | | |
| 1990 | X | XX | X | | | | | | | |
| 1991 | X | X | XX | X | | | | | | |
| 1992 | X | | XX | | | | | | | |
| 1993 | X | X | XX | X | | | | | | |
| 1994 | | XX | | | X | | | | | |
| 1995 | X | | X | X | | | | | | |
| 1996 | | X | X | X | | | | | | |
| 1997 | X | | X | | | | | | | |
| 1998 | XX | | | X | | | | | | |
| 1999 | X | | XX | X | | | | | | |
| 2000 | X | | X | | | | X | | | |
| 2001 | | | | XX | | | | | | |
| 2002 | X | | | | | | X | X | | |
| 2003 | X | | | X | X | | X | | | |
| 2004 | X | | | | | | X | X | | |
| 2005 | X | | | | | | X | XX | | X |
| 2006 | X | | | | | | X | X | | |
| 2007 | X | | | | | | X | | X | |
| 2008 | XX | | | | X | | | | | |
| 2009 | | | | | XX | | | X | | |
| 2010 | | | | | | | | X | | X |
| 2011 | | | | | | | X | X | | X |
| 2012 | X | | | | X | | X | | | XX |
| 2013 | X | | | | | | X | | | |
| 2014 | X | X | | | | | X | | X | X |
| 2015 | | X | | | | | | | | X |
| 2016 | X | XX | | | | | | | | |

주) 해당 연도에 발생한 전체 저항사건 빈도에서 차지하는 비중이 10% 이상이면 X, 25% 이상이면 XX로 표시했음. 금속산업 중 '기타'에는 비정규직 노동자의 저항사건은 제외했음. '건설직종'은 건설플랜트업종, 건설기계(레미콘, 덤프, 타워크레인), 건설기능공을 모두 포함한 것임.

받았으며,[7] 저항의 2차 사이클(1996~98년)에 와서 현대자동차노조가 저항의 중심으로 부상했다. 이후 2001년에는 비금속제조업(주로 화학섬유업)의 저항사건이 돌출적으로 큰 비중을 보였다.[8] 주목되는 것은 후반 15년에 들어서 현대자동차노조를 제외하고는 모든 제조업 노조들의 저항의 물결이 잦아들었다는 점이다. 예외적으로 2014~16년에 현대중공업노조의 저항행동이 부활했다. 노조 집행부의 교체와 조선산업 구조조정이 이러한 저항행동 부활에 기여했다.

조감도의 후반 15년(2002~16년)에는 새로운 업종과 부문에서 노동자 저항의 주체들이 출현했다. 새로운 저항 물결을 선도한 집단은 교육서비스업(교원노조)과 공공행정(공무원노조) 부문이었다. 이들은 김대중 · 노무현 정부 시기 특별법 형태의 노조 합법화가 이루어지면서 조직화와 동원을 위한 정치적 기회구조가 열렸다. 그다음으로 2005년부터 건설업 노동자들이 저항의 물결을 만들었다. 건설플랜트 일용직, 레미콘 · 덤프 · 타워크레인 기사, 건설기능공 들은 2000년대 초중반부터 신규 조직화가 이루어졌고 투쟁에 나섰다(주종섭, 2010; 조형제, 2007). 물류 · 운송 분야의 경우 기존에는 택시 노동자들이 주로 이 업종을 구성하고 있었으나, 화물연대(2002년 결성)와 울산항 예인선노조(2009년 결성) 등이 추가되면서 이 부문에

---

7  이 시기에 현대정공 울산공장과 효성금속의 구조조정이 진행되었고, 현대그룹의 중견 계열사들(현대강관, 현대중전기, 현대중장비, 현대로보트산업 등)의 인수 · 합병이 있었는데, 이와 관련된 노동자 저항사건이 빈발했었다. 이외에도 현대자동차 1차 부품사 노조들의 투쟁도 이 시기에 나타났다.
8  2001년에 울산 남구 지역의 화섬 3사(효성, 태광, 대한화섬) 구조조정과 정리해고 반대투쟁이 진행되었다. 당시 울산에는 이에 따른 파업, 고공농성, 공장탈환 투쟁, 장외농성, 연대집회, 가두시위 등이 매우 격렬한 형태로 벌어졌다.

서도 저항사건이 빈발했다.

무엇보다 후반 15년의 조감도에서 가장 주목되는 것은 비정규직 노동자들의 투쟁 물결이다. 그중에서도 제조업 사내하청, 민간업체와 지자체의 사업서비스업(경비원, 청소용역)의 간접고용 노동자들이 지속적으로 저항행동에 나섰다. 그 밖에도 대형마트 유통업 계약직(2007년)과 학교 비정규직 노동자(2014년) 등의 직접고용 비정규직들도 새롭게 저항에 나섰다. 앞서 살펴본 건설업 및 운송업 노동자들 대부분이 일용직이거나 특수고용직인 것을 감안하면, 비정규 노동자들이 2000년대 중반 이후 지역의 노동자 집합행동을 주도한 세력 중 하나임을 알 수 있다.

이처럼 30년간의 노동자 저항의 조감도에 나타나는 울산 노동운동의 궤적은 크게 보아 두 개의 세대로 구분된다. 예전 세대는 저항의 1차 사이클의 폭발적 투쟁기(1987~89년)에 조직된 노조들이라면, 새로운 세대는 저항의 2차 사이클과 그 직후의 변화된 형세, 즉 외환위기 이후 노동 양극화가 가속화되는 상황에서 조직되었다. 이 둘은 조직화의 시기만 다른 게 아니다. 업종이나 고용형태의 측면도 상이하다.[9] 이처럼 노동자 저항의 조감도를 통해 우리는 지역노동운동이 두 개의 구별되는 세대로 구성되어 있음을 알 수 있었다.

---

9  이러한 노동자 저항의 새로운 세대의 출현은 울산의 산업구조 변화와도 일정한 상관성을 갖는 것으로 보인다. 1980년대까지만 하더라도 울산은 제조업 비중이 77.4%에 이르는 전형적인 '공업도시'의 면모를 보였다. 1987년 노동자대투쟁은 이러한 산업구조를 배경으로 터져 나왔다. 이후 1997년 광역시 승격을 전후하여 3차 산업의 종사자가 제조업 종사자를 추월했고, 2016년에는 전체 사업체 종사자의 약 64%가 3차 산업에 속한다. 이상의 수치는 내무부가 발간한 『한국도시연감』(1988)과 울산광역시가 발간한 『울산통계연보』(1998, 2016)에서 가져왔다.

이 두 세대는 업종과 부문, 노동시장 지위, 기업 규모 등의 여러 측면에서 매우 이질적인 집단임이 확인되었다. 그렇다면 두 세대의 노동운동은 집합행동의 양상의 차원에서 무엇이 얼마나 다를까?

이와 관련해 외환위기 이후 한국 노동운동에서 '노조 전투성의 분화'(조효래, 2010: 51-55) 또는 '노동운동의 이중구조'(손영우, 2012)가 나타났다는 논의에 주목해 볼 필요가 있다. 이 연구들은 주로 대기업 정규직 노동조합과 비정규직 노동조합 사이의 집합행동의 차이가 분명해졌다고 주장했다. 즉, 오늘날 대기업 노조들은 단체교섭의 제도화에 힘입어 제도적 전투성을 통해 이익집단 행동 전략을 전개한 반면, 비정규 노동자들은 요구 주장의 제도적 통로가 봉쇄된 상황에서 사회운동적 전투성 전략에 의존해 힘겨운 생존 투쟁을 벌이고 있다는 것이다. 비록 이 주장이 두 연구에서는 엄밀한 경험적 증거로 뒷받침된 것은 아니었지만, 이러한 노조 전투성의 이원화 가설은 우리의 논의에 중요한 시사점을 제공한다. 즉, 노조 집합행동의 분화는 그에 적합한 운동의 전술(저항 레퍼토리)의 분화로 이어질 가능성이 크기 때문이다. 다음 절에서 우리는 저항의 레퍼토리를 프리즘으로 삼아 이 문제를 들여다볼 것이다. 이를 통해 두 노동운동 세대가 직면한 현재적 과제가 무엇인지 토론할 것이다.

## 4. 노동자 저항 레퍼토리의 분기

### 1) 저항 레퍼토리의 분류와 전체 궤적의 모양새

노동자 집합행동의 패턴과 형태, 즉 노동자 저항의 레퍼토리는 노동운동의 상황과 변화하는 계급관계의 윤곽에 관한 정보를 담고 있다(Kelly, 2015). 많은 연구자들이 공식 통계를 사용하여 파업 추세와 패턴을 파악하려고 하는 목적도 이를 통해 노동운동과 계급관계의 변화를 규명하고자 하는 것이다. 우리의 목적도 크게 다르지 않다. 노동자 저항 레퍼토리의 분화를 파악하기 위해 〈표 9-6〉과 같이 그것의 유형을 구분했다.

〈표 9-6〉 노동자 저항 레퍼토리의 분류

| 구분 | | 정의와 예시 |
|---|---|---|
| 제도적 저항 | 담화적 저항 | 언어적 · 정보전달적 수단 및 법률적 방법을 통한 저항<br>예: 기자회견, 성명서 · 호소문 · 건의문 · 선언문, 고소 · 고발 · 진정 · 탄원 · 소송 · 청원, 서명운동, 항의서한, 유인물 · 홍보물, 공청회, 공개질의 등 |
| | 시위성 저항 | 합법적 · 제도적 수단을 주로 사용한 물리적 저항<br>예: 집회, 합법파업, 시위, 행진, 항의방문, 집단조퇴, 특근거부, 집단연가, 준법투쟁, 단식, 삭발, 불매운동 등 |
| 위반적 저항 | 대결적 저항 | 비합법적 또는 불법적 수단을 사용한 비폭력적인 저항<br>예: 집단결근 · 불법파업 등 작업거부, 각종 농성(철야농성, 천막농성, 연좌농성, 고공농성, 단식농성 등), 방해/봉쇄(조업방해, 조업저지, 출근저지), 점거(시설점거, 도로점거 등), 기타 불법 집회 · 시위 등 |
| | 폭력적 저항 | 폭력이나 신체적 충돌을 수반한 저항, 재산 및 자기 신체의 파괴 등<br>예: 폭력시위, 몸싸움, 폭력충돌, 폭행, 재산파괴, 방화, 분신 · 자살 등 |

* 신진욱(2004), Rucht(1998), Tarrow(1989) 등을 참고해 필자가 재구성

우선 노동자 저항 레퍼토리를 그것의 온건성/과격성을 기준으

로 제도적(institutional)/위반적(transgressive) 저항으로 대별한다. 제도적 저항은 도전자와 권력보유자 상호 간에 합법적·관행적 수단으로 인정되는 레퍼토리를 사용한 집합행동을 가리킨다. 이에 비해 위반적 저항은 현행 법·제도의 허용 범위를 넘어선 레퍼토리를 활용한 집합행동을 의미한다. 제도적 저항은 다시 담화적(discursive) 저항과 시위성(demonstrative) 저항으로 구별하고, 위반적 저항은 다시 대결적(confrontational) 저항과 폭력적(violent) 저항으로 나눈다. 각각의 정의와 그에 해당하는 레퍼토리들의 목록은 〈표 9-6〉을 보라.

민저 제도적/위반적 저항 레퍼토리를 구분하여 지난 30년간의 궤적을 표시해 보면 〈그림 9-5〉와 같다. 우선 상이한 레퍼토리가 두 번의 저항 사이클을 지배했음을 알 수 있다. 즉 1989년에 정점을 기록한 저항의 1차 사이클은 위반적 저항의 비중이 매우 높은데 비해, 1998년에 정점을 찍은 저항의 2차 사이클의 경우 제도적 저항의

〈그림 9-5〉 제도적/위반적 저항사건의 빈도 추이

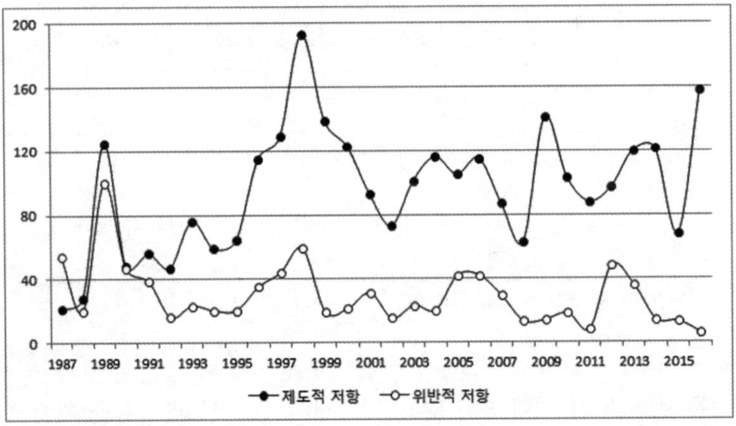

비중이 압도적으로 높아졌다. 제도적 레퍼토리의 상대적 빈도가 높아지기 시작한 시점은 대략 1990년대 초반부터이다. 그 이후 최근까지 제도적 저항사건은 완만한 상승 추세를 보였다.

그렇다면 왜 저항의 1차 사이클이 끝난 1990년 초반부터 제도적 저항 레퍼토리의 우세가 나타났을까? 주로 대기업 사업장을 중심으로 '1987년 세대' 노조들이 점차 공식 조직으로 정립되었고, 이에 따라 집합행동의 제도화가 진척되었다. 노조 연합단체의 전국적 조직화가 이 시기에 이루어지면서 노동운동의 투쟁 양상도 과거에 비해 온건한 제도화의 경로를 밟았다. 또한 현대그룹 계열사를 중심으로 한 대공장의 노사관계와 단체교섭이 점진적으로 제도화되었고, 이에 따라 국가의 물리적 억압이 감소했다는 점도 지적할 수 있다. 이 과정에서 저항의 1차 사이클에 설립된 주요 대공장 노조들에서는 1987년 체제의 게임 규칙이 형성되었고, 이것이 저항 레퍼토리의 변화를 초래했다.

## 2) 저항 레퍼토리의 세부 특징들

다음으로, 그렇다면 구체적으로 어떤 형태의 레퍼토리가 이러한 변동을 주도했을까? 저항 레퍼토리의 세부 추이를 보다 자세히 파악하기 위해서 이번에는 노동자 저항 레퍼토리를 더 세분하여 4개로 구분하고 그 추이를 각각 제시했다. 네 개의 범주를 구성하는 레퍼토리 목록 중 사용 빈도가 가장 높은 3가지만 골라 그 변화 추세를 3년 간격으로 표시한 것이 〈그림 9-6〉이다.

〈그림 9-6〉 저항 레퍼토리의 세부 수단별 추이

(단위: 건)

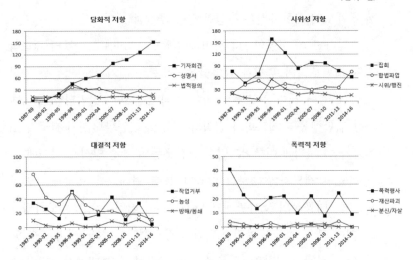

* 저항 레퍼토리별 상위 3개만 표시.

    종합적으로 보면, 담화적·시위성 레퍼토리의 추세적 증가, 대결적·폭력적 레퍼토리의 추세적 감소를 재확인할 수 있다. 저항의 1차 사이클을 지배했던 레퍼토리들, 특히 작업거부(불법파업), 농성, 조업방해, 폭력 등을 대신하여 합법파업, 집회, 행진, 기자회견, 성명서 등의 제도적 레퍼토리들이 점차 울산 노동자 저항의 형태로 널리 사용되었다. 그러나 이 변화를 완전한 대체로 말할 수는 없다. 여전히 대결적·폭력적 저항은 2000년대 이후에도 빈발했다.[10]

---

10 저항의 1차 사이클을 지배했던 위반적 레퍼토리들은 이후 최근까지 울산에서 주기적으로 재출현했다. 특히 점거농성, 고공농성 등은 1998년 현대자동차 정리해고 반대 투쟁, 2001년 화섬3사 구조조정 반대투쟁, 2005년 건설플랜트노조 파업, 2010년 현대자동차비정규직 공장점거 투쟁 등에서 유사한 형태로 반복되었다. 반면에, 1989년 현대중공업 '128일 투쟁'에서 나타난 노동자 집단주거지와 융합된

여기서 우리는 두 가지 측면을 보다 세밀하게 들여다볼 필요가 있다. 첫째, 제도적 저항(즉 담화적·시위성 저항) 중에서도 구체적으로 어떤 레퍼토리가 지배적으로 사용되었는가? 이는 주로 '1987년 세대' 노동운동의 저항 레퍼토리 상의 통시적 변화의 성격에 관한 질문이다. 둘째, 위반적 저항이 2000년대 이후에도 상당한 빈도로 유지된 현상은 무엇을 의미하는가? 이것은 '1998년 세대'라는 노동운동의 새로운 행위자들의 저항행동의 특성과 관련되는 질문이라고 할 수 있다.

먼저 제도적 저항의 세부 레퍼토리별 변화에서 주목되는 부분을 살펴보자. 앞의 〈그림 9-6〉에서 저항의 2차 사이클부터 가장 크게 증가한 저항 레퍼토리가 집회와 기자회견임을 확인할 수 있다. 그 중에서도 조합원 대중의 직접적인 동원에 기초한 집회 사용의 급증은 보다 상세한 논의가 필요한 현상이다.

저항의 2차 사이클에 들어와 집회 레퍼토리가 급증한 것은, 이 시기에 노동자들이 자신의 요구를 대중적 동원을 통해 이제 작업장 밖의 공공영역으로 가시화시키는 집단적 노력을 본격화했음을 의미한다. 저항의 1차 사이클 시기에 울산의 노동자들은 작업거부, 조업방해, 점거농성, 가두시위 등 위반적 저항을 과감하게 사용해서 주로 사용자와 관리자에 예기치 않은 타격을 입히는 저항 형태—'손상의 논리'(logic of damage)—에 주로 의존했다. 그러나 저항의 2차 사이클부터는 집회나 합법파업 같은 제도적 수단으로써 보다 많은 수의 노동자들을 동원하여 그 힘으로 요구를 관철하려는

---

폭력적 가두시위의 레퍼토리는 이후 울산에서는 더 이상 출현하지 않았다.

'수의 논리'(logic of numbers)가 지배하게 되었다.[11] '손상의 논리'에서 '수의 논리'로의 이동을 통해 우리는 민주주의의 공고화 단계에서 국가와 조직노동 간의 관계가 보다 제도화되고 예측 가능한 상호 작용으로 점진적으로 전환되고 있었음을 알 수 있다.

또 하나 주목할 지점은, 집회의 증가가 저항의 표적이나 저항 장소의 변동과 연관되어 있다는 점이다. 즉 집회 빈도의 증가는 현장의 노동자들이 (사용자를 거치지 않고) 직접 정부를 상대로 구체적인 요구 사항을 제기하게 된 변화를 반영한다. 저항의 2차 사이클, 정확히는 1996/97년 노동법 개정 반대 총파업부터 이제 울산의 노동자들은 중앙정부를 직접적인 저항의 표적으로 삼기 시작했다. 이에 따라 중앙정부를 주요 표적으로 한 저항사건의 빈도는 1987~95년에는 연평균 10여 건에 불과했지만, 1996~98년에 오면 연평균 70건으로 급증했다(앞의 〈표 9-2〉 참조). 그 이후에도 중앙정부를 표적으로 한 저항사건은 노무현 정부 후반까지 높은 비중을 유지했다.

또한 저항 스케일의 상승은 자연스럽게 집회 장소에서의 변화를 수반했다. 집회 장소를 시기별로 구분해서 계산해 보면, 1995년까지는 사업장 내부 집회가 전체 집회 사건의 약 70%를 차지했다. 그러나 1996~98년부터 사업장 외부에서 개최된 집회의 비중이 더 많아졌다. 주목할 점은 이러한 추세가 이 시기에만 국한되지 않았다는 점이다. 대략 2010년까지 전체 집회 중 사업장 외부가 차지하는 비중이 70% 이상 줄곧 유지됐다. 1990년대 초반까지 저항 레퍼토

---

11 '손상의 논리'와 '수의 논리'의 구분은 della Porta and Diani(2006: 171-176)에서 가져온 것이다.

리로서 집회는 작업장 내부에서 동료 노동자들끼리 단결력을 높여 사용자에게 압력을 가하는 수단으로 사용되었다. 이에 비해 저항의 2차 사이클부터 노동자들은 공공영역과 시민사회에서 다른 기업의 노동자, 시민, 그리고 미디어를 자신에게 우호적인 청중으로 만들기 위하여 가장 대중적인 동원 수단으로 집회를 주된 집합행동 레퍼토리로 사용하게 되었다고 말할 수 있다.

### 3) 2000년대 이후 폭력과 억압의 재출현

2000년대 이후의 시기는 여러 형태의 제도적 레퍼토리가 저항의 전체 궤적을 이끄는 주된 수단으로 사용되었다. 그러나 위반적 레퍼토리의 빈도가 2000년대에 들어와서도 등락을 거듭하며 꾸준히 지속되었다는 점을 유의해야 한다. 다음에서는 2000년대 초반 이후 울산 노동자 저항 레퍼토리의 궤적, 특히 위반적 레퍼토리의 전개 양상이 보여주는 특징을 살펴보려 한다.

먼저 최근 들어 위반적 저항과 제도적 저항 간의 '비동조화' 현상이 나타남에 주목할 필요가 있다. 앞의 〈그림 9-5〉에서 제도적 저항과 위반적 저항의 곡선을 세밀히 보면, 2000년대 중반까지는 한쪽이 상승하면 다른 쪽도 상승하고, 반대로 한쪽이 하강하면 다른 쪽도 하강하는 식으로 두 곡선이 대체로 동조화되어 궤적을 그린다. 그런데 2000년대 중반 이후의 궤적은 이러한 경향에서 벗어나 있다. 다시 말하면, 두 저항 레퍼토리 간의 상관관계가 후반 10년 동안에 비동조적이거나 때로는 반대의 경향을 보였던 것이다.[12] 이러한 제도적/위반적 레퍼토리 간의 비동조화는 두 레퍼토리가 별개의 노동자 조직에 의해 차별화되어 활용되는 경향이 강화되었음을 의미한다. 즉, 두 레퍼토리 간의 비동조화는 지역노동운동의 분화와 그에 따른 저항 레퍼토리의 분기가 반영된 것으로 해석할 수 있다.

이 점을 〈그림 9-7〉에서 명확히 확인할 수 있다. '1987년 세대' 노조들은 1990년대 이후 노사관계의 제도화가 진전되면서 저항 레퍼토리의 온건화 경향이 분명하게 나타났다. 대결적·폭력적 레퍼토리는 최근으로 올수록 거의 나타나지 않는 현상이 된 것이다. 이에 반해, '1998년 세대' 노조들의 저항 레퍼토리로 시야를 옮기면 이야기는 달라진다. 2000년대 이후 대결적·폭력적 저항의 비중이 전반적으로 매우 크고, 레퍼토리별 비중의 변동도 뚜렷한 패턴을 발견하기 힘들 정도로 극심하다. 이것은 외환위기 이후 신생 노조들이 직면한 노사관계의 불안정성이 매우 컸다는 점을 알려준다.

이와 관련하여 주목되는 점은 2000년대 이후 폭력적 레퍼토리의 비중도 크게 늘어났다는 점이다. 즉 1987년 직후와 비교해 별로 차이가 없을 만큼 '폭력의 재출현' 현상이 나타났다. 〈그림 9-8〉에서 보듯이, 울산에서 1987~89년에 총 46건의 폭력적 저항사건이 벌어진 후 폭력의 출현은 감소하여 1999~2001년에 9건으로 최저 수준으로 떨어졌다. 그런데 이 추세가 이후 역전되어 폭력적 저항이 계

---

12 지난 30년을 10년 단위로 나누어 제도적 저항사건의 빈도와 위반적 저항사건의 빈도 사이의 피어슨 상관계수($r$)를 측정해 보면, 1987~1996년은 0.48, 1997~2006년은 0.63으로 양(+)의 관계를 보이지만, 2007~2016년은 -0.12로 부(-)의 관계가 나타났다.

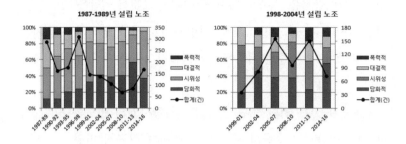

〈그림 9-7〉 노조 설립 코호트별 저항사건 빈도 및 레퍼토리별 비중 추이

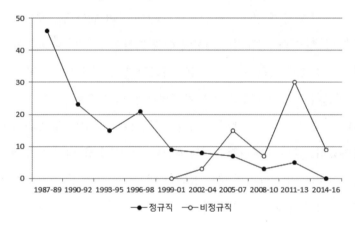

〈그림 9-8〉 정규직/비정규직 노동자의 폭력적 저항사건 빈도

속 증가해서 2011~13년에 35건을 기록했다. 실제로 폭력적 저항
이 다시 상승 추세로 돌아선 후반 15년간 총 95건의 폭력적 저항사
건이 발생했다. 그중에서 비정규 노동자들이 연루된 폭력적 저항은
64건으로 전체의 67.4%를 차지했다. 특히 최근 6년(2011~16년)으로
오면, 이러한 쏠림이 더 심해지는데, 46건의 폭력적 저항사건 중에
서 비정규 노동자는 39건(84.8%)과 직접 연관되었다.

저항 레퍼토리로서 폭력이 갖는 가장 큰 매력은 비정규직 노조들처럼 "정치적 자원이 부족한 사람들이 일으키기에 쉽다"는 것이고, 그것의 단점은 "폭력이 일단 일어나면, 그것이 억압을 정당화"한다는 점이다(Tarrow, 1994: 105). 자연스럽게 정부 당국과 사용자의 억압도 2000년대 중반 이후에는 비정규직 노조들의 투쟁에 집중되었다.

〈그림 9-9〉는 지난 30년간 폭력적 저항사건의 빈도와 정부·사용자의 '억압'[13]이 수반된 사건 빈도 추이를 정규직/비정규직의 하위 범주로 분해한 결과이다. 이를 통해 정부와 사용자의 억압이 수반된 사건 빈도가 정규직과 비정규직 간에 상이한 추세를 보였다는 점을 알 수 있다. 정규직의 저항에 대한 억압은 1987년 이래로 추세적으로 감소해 최근 3년간은 거의 사라졌다. 반면에 비정규직의 경우 억압이 수반된 저항의 빈도가 추세적으로 상승했고, 억압을 수반한 저항사건의 비중에서는 거의 모든 시기에서 정규직보다 높게 나타났다. 전체 저항사건(담화적 저항사건은 제외) 중 억압을 수반한 사건의 비중이 정규직의 경우 30년간 대체로 6~16%를 기록했지만, 비정규직의 경우 대부분의 시기에 17~26% 사이를 등락했다. 그만큼 비정규직 투쟁은 정부 당국과 사용자의 억압에 직면할 확률이 높았고, 이는 다시 비정규직 투쟁의 대결적·폭력적 성격을 강화했던 것이다.

---

13 이 자료에서 정부 당국과 사용자의 '억압'에 대한 조작적 정의는 다음과 같다. 즉 담화적 저항 레퍼토리를 제외한 전체 저항사건(시위성·대결적·폭력적 사건)에서 ① 공권력의 직접 개입, ② 징계·해고 등 회사의 인사상 제재나 불이익 처분, ③ 해당 사건에서 경찰에 의한 연행자의 발생, ④ 해당 사건과 직접 관련된 구속자의 발생 등 4가지 중에서 적어도 하나 이상이 수반된 경우 '억압'으로 집계했다.

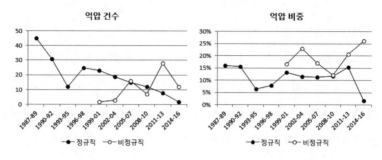

〈그림 9-9〉 정부 당국과 사용자의 '억압'을 수반한 저항사건의 빈도와 비중

주) 담화적 저항은 집계에서 제외됨.

이상에서 우리는 2000년대 중반부터 지배적인 저항 레퍼토리에서도 뚜렷한 분기가 나타났음을 확인했다. '1987년 세대'의 금속산업 대공장 노조들의 집합행동은 이제 법적·제도적 허용 범위를 벗어나지 않는 제도적 레퍼토리가 지배적 형태로 자리 잡은 반면에, 외환위기 이후 출현한 새로운 노동운동의 세대는 다양한 형태의 위반적 레퍼토리에 의존하는 경우가 상대적으로 많았다. 이에 따라 새로운 도전 세력들의 저항에 대한 국가와 자본의 대응도 '억압'으로 기우는 경우가 보다 빈발했다. 그렇다면 외환위기 이후 출현한 새로운 노동운동 조직들이 국가·자본 등의 권력 보유자 집단과 갈등적 상호작용을 실제로 어떻게 겪었는지 대표적인 노조 조직들을 사례로 하여 아래에서 분석해 보겠다.

## 5. 주요 노동조합들의 집합행동의 레퍼토리 비교

지난 30년간 울산 지역 노동자 집합행동의 노조 조직별 시퀀스
(sequence)를 추적하면, 상당한 공통점과 함께 차이점도 발견된다.
즉, 노조 조직화 전후의 급진적 동원, 이에 대한 자본과 국가의 강
력한 물리적 억압, 동원과 억압의 상호작용으로 인한 위반적 레퍼
토리의 만연 등은 시기를 불문하고 주요 노조운동의 출현과 성장
국면에 공통적으로 발견되는 시퀀스이다. 문제는 그 이후의 동원/
억압의 갈등적 상호작용의 결과에서 나타나는 상당한 변이이다. 그
변이에 따라 저항 레퍼토리의 분화가 펼쳐진다. 그렇다면 초기 국
면에서의 동원/억압의 갈등적 상호작용 이후 저항 레퍼토리의 변이
는 무엇으로 설명될 수 있는가? 이 절에서는 지난 30년간 울산에서
노동자 저항사건을 주도했던 대표적인 6개 노동조합(현대자동차노
조, 현대중공업노조, 전교조, 공무원노조, 현대차비정규직노조, 건설노조)의
집합행동 궤적을 살피고, 특유한 저항 레퍼토리를 확인하며, 레퍼토
리의 분화를 초래하는 요인을 검토할 것이다.

오늘날 사회운동 연구의 유력한 패러다임인 정치과정이론에서
집합행동의 레퍼토리는 특정한 정치적 기회구조, 동원 구조, 그리고
문화적 프레임의 맥락 내에서 벌어지는 투쟁으로부터 형성되는 것
으로 이해한다(McAdam et al., 2001). 이러한 사회운동 모델로부터 영
향을 받은 노사관계 연구자들도 각국 노조 조직의 재활성화 시도
에서 전형적으로 나타나는 노동운동의 레퍼토리들은 국가와 사용
자의 전략, 노조 구조, 노사관계의 제도적 맥락, 노조 정체성 등에
의해 주조된다고 설명한다(Frege and Kelly, 2003).

이러한 설명의 틀을 수용하면서도 저항 레퍼토리의 유의미한 변이를 초래하는 또 다른 결정적 요인으로서 두 가지를 주목할 수 있다. 하나는 집단적 저항 주체로서의 노동이 보유하는 구조적 힘이라면, 다른 하나는 집합행동에 대한 제도적(법률적) 제약의 정도이다.

첫째, '노동의 구조적 힘'은 완전고용 상황에서 초래되거나 희소한 숙련을 보유함으로써 강화되는 '시장 교섭력'과, 핵심 산업부문 노동자들의 전략적 위치 자체로부터 비롯되는 '작업장 교섭력' 등과 같이 구조적 조건 그 자체에서 연원하는, 계급이익을 실현하는 조직의 능력을 가리킨다(Wright, 2000; 실버, 2005). 공무원·교원 노동조합이 갖는 강한 구조적 힘은 이들이 국가 공무원이라는 신분적 특권과 함께, 저항 행동을 벌였을 때 발생할 수 있는 전체 사회분업 체계의 혼란과 이데올로기적 여파가 다른 부문 노동자들에 비해 매우 크다는 점이 작용한다. 현대자동차노조의 강한 구조적 힘은 일관조립라인의 기술 시스템 자체가 부여해주는 작업장 교섭력으로부터 기인하는 것이다. 이에 반해 비정규직 또는 주변부 노동시장의 노동자들은 일반적으로 시장교섭력과 작업장 교섭력 모두 낮은 조건에서 일하기에 구조적 힘이 취약한 집단이다.

'집합행동에 대한 제도적 제약'은 노동관련 법제나 노사관계 제도가 허용하거나 억제하는 노동자 집합행동의 제약 정도를 의미한다. 다른 사회운동과 달리 노동운동은 집단적 노사관계를 규율하는 노동관계법에 의해 행위 선택과 전술 활용에 있어 심대한 제약을 받는다.[14] 예를 들면, 쟁의행위에 있어 제3자 개입의 허용 여부,

---

14 이점은 손영우(2012)로부터 발전시킨 것이다. 그에 따르면, 한국의 쟁의억압적

연대파업이나 정치파업의 허용 여부, 쟁의행위의 목적·수단·절차상의 제약 정도, 특정 부문과 업종에 대한 파업권의 제한, 공공부문의 쟁의에 대한 규제, 쟁의행위에 대한 민사상·형사상 처벌의 정도 등은 노동자 집합행동 레퍼토리의 변이를 만들어낼 수 있다. 이외에도 집합행동 레퍼토리의 변이에 영향을 미치는 요인들에는 국가와 자본의 대항동원 전략, 집합행동 레퍼토리의 과거 경험과 학습의 영향 등도 포함된다.

먼저 울산에서 '1987년 세대' 노동운동을 대표하는 현대자동차노조와 현대중공업노조의 저항 레퍼토리의 시기별 변화를 비교해 보자. 두 노조는 울산의 두 번의 저항 사이클을 주도했던 조직으로 저항의 정점 이후 상이한 경로를 밟았다(〈그림 9-10〉 참조).

현대자동차노조는 울산에서 30년의 전체 기간을 통틀어 지속적으로 대중적 동원과 집합행동을 보여준 거의 유일한 조직이다. 대결적·폭력적 저항이 1990년대 초반까지는 큰 비중을 차지하지만, 1996~98년의 폭발적 동원 이후부터 시위성 저항이 현대차노조의 관행적 레퍼토리로 자리잡았다. 2000년대 중반 이후 강력한 작업장 교섭력에 기초해 노동법의 쟁의 절차를 준수하는 대단히 규격화된 합법파업 위주의 시위성 레퍼토리를 주로 사용했다(시위성 저항의 비중은 47.9%에 달한다). 특히 2008년 이후부터 대결적·폭력적 저항은 매우 드문 일이 되었다.

---

법·제도 구조가 정규직 대기업 노조와 비정규직 노조의 전략 선택에 차별적 효과를 미쳐 '노동운동의 이중구조'를 출현시켰다.

## 〈그림 9-10〉 현대자동차노조와 현대중공업노조의 저항 레퍼토리 추이

(단위: 건)

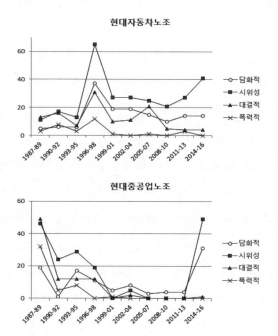

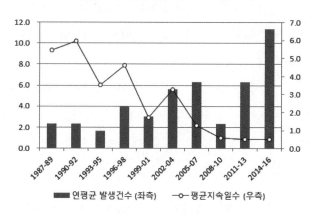

## 〈그림 9-11〉 현대자동차노조의 파업 추이

주) 파업의 합법성에 상관없이 모든 형태의 파업을 포함.

이것은 현대자동차노조의 파업 패턴에서도 드러난다. 〈그림 9-11〉에서 보듯이, 파업의 빈도(연평균 발생건수)는 추세적으로 상승했지만, 파업당 평균 지속일수는 추세적으로 하락했다. 즉, 파업은 잦아졌지만 짧아졌다. 특히 최근 10년 동안 현대차노조의 파업은 평균적으로 0.5일, 즉 하루 4시간(주간조 2시간, 야간조 2시간씩)의 단발성 부분파업이 반복되는 패턴으로 정착했다.[15] 이것은 현대차노조의 집합행동 양상이 점점 냉정한 손익계산에 기초하여 단체교섭의 제도적 절차를 준수하며 행사되는, 고유의 규칙과 의례를 갖춘 제도화된 레퍼토리로 변화했음을 의미한다. 이러한 의례적이고 제도화된 파업행동을 통해서도 매년의 임금교섭에서 조합원들은 상당한 경제적 이익을 거둘 수 있었는데, 그것은 2000년대 중반 이후부터 현대자동차의 지불능력이 정점에 이르렀기 때문이었다. 오늘날 현대차노조의 집합행동 패턴은 대기업 노조의 '이익집단형 전투성'(조효래, 2010)의 전형적 모습을 잘 보여주는 사례다.

위반적 저항의 분출과 이후의 쇠퇴는 현대중공업노조의 저항 레퍼토리에서 보다 극적으로 확인된다. 그것은 초기 국면의 폭발적 저항과 강력한 억압, 그 이후 억압에 따른 오랜 탈동원화, 그리고 집합행동의 온건한 부활로 요약된다.

최근의 집합행동 부활은 조선산업 구조조정에 대한 반발적 저항으로 볼 수 있다. 최근의 저항사건에서 주목되는 점은 초창기에 만연했던 대결적 · 폭력적 레퍼토리 대신에 담화적 · 시위성 레퍼토

---

15 파업 지속기간을 코딩할 때 1일간의 파업을 8시간으로 계산했다. 따라서 4시간 파업은 0.5일로 코딩했다.

리가 압도적으로 사용되었다는 점이다. 최근 3년(2014~16년)에 현대중공업노조는 총 81건의 저항사건을 일으켰다. 그중에서 시위성 저항은 60.5%, 담화적 저항은 38.3%를 차지한 반면에, 대결적·폭력적 저항은 거의 나타나지 않았다. 파업 참가자도 대부분 조합원의 절반에도 미치지 못할 정도로 위력이 크지 못했고, 이러한 파업 행동으로 자본에 실효적인 경제적 타격을 입히기는 힘들었다. 현대중공업노조의 작업장 교섭력은 여전히 취약하다는 점을 알 수 있다.

취약한 작업장 교섭력은 고용관계 분절구조의 영향이 컸다. 즉, 정규직 조합원보다 훨씬 많은 수의 미조직 상태의 사내하청 비정규직들의 존재는 파업의 효력을 반감시키는 주요 요인이 되었다. 최근에 정규직 노조가 사내하청 노동자의 투쟁 지원에 나서고 조합의 문호를 개방하여 사내하청 노조를 하부 지회로 받아들인 것이나, 민주노총 금속노조에 재가입을 하는 등 다른 조선업종 노조들과 연대에 이전보다 적극적으로 나서는 것은 취약한 작업장 교섭력을 보강하려는 시도로 볼 수 있다.

다음으로 외환위기 이후 '새로운 세대' 노조들의 경우는 집합행동에 대한 강한 제도적 제약에 처해 있거나 노동의 구조적 힘이 취약한 상황에서 저항 레퍼토리의 가용 범위가 대단히 제한적이라는 공통점을 갖고 있다.

울산에서 후발 노동운동 세대 중 공공부문을 대표하는 전교조와 공무원노조의 저항 레퍼토리 특성을 살펴보자.[16] 두 노조는 집합행

---

16 전교조는 1989년에 설립되었지만 대량 해직사태 이후 1999년에 합법화되기까지

동에 대한 국가의 법률적 제한이 매우 강하고 그에 따른 억압이 지속되면서 점차 대중적 동원이 거의 없는, 상층 간부 중심의 담화적 레퍼토리에의 의존이 강해졌고, 이는 동원력을 상실한 노조로 고착될 가능성을 크게 한다.

양 부문의 노조운동은 1990년대 후반부터 2000년대 초반에 저항 사이클의 정점을 기록했다. 이러한 저항 사이클의 시점은 두 노조에 특유한 정치적 기회구조의 개방과 연관되었다. 공무원과 교사는 노동 3권의 완전한 박탈 상태가 수십 년 동안 지속되다가, 1999년에 전교조가 합법화되고 2004년에 공무원노조특별법이 제정되면서 노조운동이 활성화되었다. 그러나 이 국면에서 제정된 노사관계 법제는 이들 노조의 저항 레퍼토리의 특성을 만들어내는 데 결정적인 효과를 미쳤다. 양 부문의 집단적 노사관계를 특수하게 규율하는 법률은 일체의 단체행동권을 불허했고, 정치적 중립 의무를 노조의 집합행동 억제 사유로 강조하거나, 공무원 복무규정을 강화해 저항을 최대한 탄압했다. 정부의 억압에 대해 양 노조는 위반적 레퍼토리(연가투쟁, 작업거부, 상경투쟁 등)를 사용하여 반발했지만, 정부의 일관된 처벌적 조치로 인해 조합원의 물리적 동원은 점점 더 어려워졌다.[17]

---

별다른 활동을 펼치지 못했다. 특히 지역 수준에서는 더욱 그러했다. 합법화를 전후로 한 시기에 전교조 운동이 재활성화되었기에, 여기서는 후발 노동운동 세대로 분류했다.

17 전국공무원노동조합(전공노)은 2002년 설립된 이후 정권 차원의 지속적인 탄압에 노출되었다. 노조 출범 이후 구속 119명, 해직 535명이 발생했다. 특히 2004년 정부의 공무원노조특별법 제정에 반대하는 총파업은 엄청난 징계자를 양산했다. 정부는 파면 227명, 해임 217명, 정직 648명, 감봉 470명, 견책 667명 등의 징계 처분을 시행했다. 당시 울산은 가장 위력적인 파업을 벌인 곳이었다. 민주노동당 출

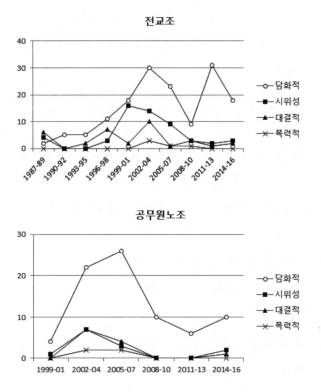

〈그림 9-12〉 전교조와 공무원노조의 저항 레퍼토리 추이

(단위: 건)

**전교조**

- ─○─ 담화적
- ─■─ 시위성
- ─▲─ 대결적
- ─✕─ 폭력적

**공무원노조**

- ─○─ 담화적
- ─■─ 시위성
- ─▲─ 대결적
- ─✕─ 폭력적

특히 〈그림 9-12〉에서 나타나듯이, 이명박 정부가 집권한 2008
년 이후 시위성·대결적 레퍼토리가 급감한 데에서 알 수 있듯이 공
무원·교원 노조운동의 레퍼토리의 변화는 정치적 기회구조의 개폐
와 강한 상관성을 가진다. 결국 두 노조는 법률적 제약과 국가의 강

신 구청장이 있던 동구와 북구를 중심으로 조합원 대부분이 파업에 참여했다. 울
산 지역의 총파업에 따른 징계자는 파면 29명, 해임 14명, 정직 19명, 감봉 122명,
견책 585명 등이었다(김영수·박재범, 2015: 225-228, 610-648).

력한 억압 조치로 기자회견이나 성명서 발표 등과 같은 담화적 레퍼토리에 대한 의존도가 갈수록 높아졌다.[18] 조합원 동원이 거의 불가능한 조건이 지속되면서 두 노조의 저항 레퍼토리는 시민운동의 전형적 운동 레퍼토리, 즉 기자회견과 성명서 발표 등이 주를 이루게 된 것이다.

마지막으로, 울산 지역 비정규직 노조운동의 중심이라고 할 수 있는 현대자동차비정규직노조와 건설노조의 저항 레퍼토리 특성을 살펴보자. 두 노조운동은 2000년대 이후 주변부 노동시장에서 새롭게 출현한 저항 흐름을 대표한다. 양자 모두 초기 동원 과정에서 합법적 이해대변 기제에 의존하기보다는, 기존 시스템에 대한 적극적 교란(disturbance)을 통해 자신의 권익을 실현하려는 전형적인 "하층계급 집단의 저항운동"(Piven and Cloward, 1979)의 성격이 매우 강했다. 그러나 두 노조운동은 시간이 지나면서 저항 레퍼토리의 변이와 함께 운동의 결과도 상이해졌다.

사내하청 고용관계는 실질 사용자로서의 원청 기업이 집단적 노사관계에서 거의 아무런 책임을 지지 않고서도 사내하청의 사용을 통한 이익을 향유하게 허용한다. 따라서 사내하청 노동자들이 집단적 방식으로 자신의 요구를 제기하려고 할 때, 이를 위한 제도적 수단이 없거나 절차적 통로가 폐쇄된 상황에 직면하여 노조는 주로 '손상의 논리'(logic of damage)에 의존해 원청 기업 작업장 질서의 공공연한 교란을 도모했다. 이러한 교란적 행위가 가능했던

---

18 전교조의 전체 저항사건 245건 중 담화적 저항의 비중은 62.0%, 공무원노조의 경우 전체 101건 중 담화적 저항이 73.3%에 달한다. 이 두 조직의 담화적 저항은 주로 기자회견, 성명서 발표, 법률적 항의 등으로 구성된다.

것은 자동차공장 일관조립공정의 기술적 시스템 덕분이었다. 자동차공장의 복잡한 기술 분업은 수적 우월성을 확보하지 못한 집단이 위반적 레퍼토리, 특히 점거농성, 연좌시위, 살쾡이파업, 작업방해 등을 통해 집합행동의 효과를 크게 거둘 수 있는 조건이 된다. 대량생산 자동차산업은 전략적 파업, 즉 전체 생산 시스템의 정상적 작동을 마비시킬 수 있는 민감한 생산 지점에 대한 직접행동에 매우 취약한 것으로 유명하다.[19] 비정규직 노조 활동가들도 이러한 자동차공장의 기술적 특성과 그로부터 비롯하는 작업장 교섭력을 과거 정규직 활동가들의 경험을 통해 학습하고 있었다. 현대차비정규직노조가 일정한 독자행동의 동원력을 확보한 경우에 '라인을 끊으려는' 저항 레퍼토리를 지속적으로 감행한 것은 바로 이러한 맥락에서였다.

현대차비정규직노조는 법원의 우호적 판결로 인해 결정적 기회가 열린 2010년 이후 몇 년 동안 점거농성, 살쾡이파업, 철탑 고공농성, 폭력을 수반한 희망버스 투쟁, 산발적인 조업방해 등의 위반적 레퍼토리를 집중시켰고, 원청 기업으로부터의 양보, 즉 1차 사내하청의 정규직 전환을 이끌어는 데 성공했다(〈그림 9-13〉). 그러나 이 과정에서 사용자와 당국의 강한 억압(구속, 해고, 손배청구 등)으로 노조 조직과 리더십의 안정성이 대단히 취약한 상태가 지속됐다. 결국 2016년에 협상이 타결돼 대부분의 조합원들이 원청 기업의 정규직으로 전환되었다.

---

19 전세계 자동차공장 노동자들의 강력한 작업장 교섭력과 전투성은 이러한 기술적 통제 시스템에서 기인한다(Edwards, 1979: 127-129; Piven and Cloward, 1979: Ch. 3; 실버, 2005: 78-105).

<그림 9-13> 현대차비정규직노조와 건설노조의 저항 레퍼토리 추이

(단위: 건)

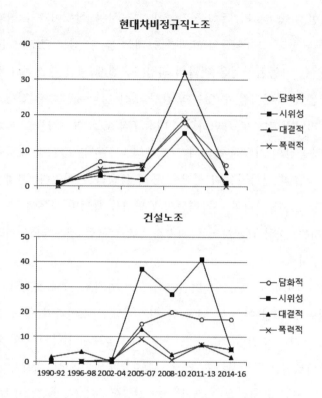

같은 비정규직 노조라도 건설노조의 저항 레퍼토리는 자동차 사내하청 노동자의 그것과 상당히 달랐다. 이 글에서 건설노조의 범주에는 건설플랜트, 토목(일용공), 건설기계 및 중장비 등 건설업의 다양한 직종을 아우른다. 건설노조의 구성원들은 일용직, 임시직, 특수고용직이 대부분이고 건설업 특유의 다단계 하도급 구조에서 일한다. 울산에서 건설업 노동자들이 본격적인 집합행동에 나선 것은 2004년 건설플랜트노조가 만들어지고부터였다. 특

히 2005~2007년 기간에 대규모 집합행동이 최고조에 달할 만큼 그동안의 누적된 불만이 봇물처럼 터졌다. 열악하고 위험한 노동조건, 다단계 하도급 구조 하에서의 권리 박탈 상황, 법적·제도적 보호로부터의 배제 관행 등은 조직화 직후의 저항 레퍼토리의 성격을 이해하는 데 중요한 배경 요인이라고 할 수 있다.[20]

초기의 폭발적 동원 기간에 건설플랜트노조가 취한 울산 시내에서의 대규모 가두시위, 서울 상경투쟁, 원청업체 시설 점거농성, 주요 사업장의 출입구 봉쇄, 공권력과의 폭력 충돌 등 다양한 위반적 레퍼토리들은 사회적으로 주변화된 자신의 존재를 세상에 알리는 인정투쟁의 성격을 내포하고 있었다(주종섭, 2010: 196-200). 초기 건설플랜트노조의 투쟁은 국가와 공권력의 강한 억압과 파업 참여 조합원에 대한 블랙리스트 작성 등과 같이 자본의 탄압에 반발하여 더욱 극단적인 양상으로 치달았다. 동원과 억압의 갈등적 상호작용이 파국으로 가기 전에 울산 시민단체들의 적극적인 지원에 힘입어 2005년의 초기 투쟁은 지역 노사민정 간의 사회적 대화를 통해 마무리되었다(조형제, 2007).

그 이후 건설노조의 저항 레퍼토리는 (일정한 위반적 저항을 동반한) 시위성 저항의 레퍼토리가 지배하는 모습으로 귀결되었다(〈그림 9-13〉 참조). 전체 234건의 저항사건 중에서 시위성 저항의 비중은 약 절반(47.4%)을 차지한다. 그중에서도 집회의 비중이 31.2%로 가

---

20 2004년 초 결성된 울산 지역 건설플랜트노조가 사용자에게 단체협상에서 요구한 주된 내용은 근로계약서 작성, 8시간 노동 준수, 4대 보험 적용, 식당 및 화장실 설치 등이 골자였을 만큼 이들은 최소한의 법적·제도적 보호도 제대로 받고 있지 못하면서 일해왔다(조형제, 2007).

장 높다. 이들에게 집회 레퍼토리는 일자리 이동이 잦고 소규모 팀 단위로 일거리를 찾아다니며 한시적으로 고용계약을 맺는 건설직종 노동자들 특유의 일의 성격에서 비롯된(임상훈·우상범, 2017), 조직화와 교섭력의 구조적 취약성을 극복하기 위한 전술적 선택이라고 볼 수 있다. 건설 노동자들은 통상적으로 대규모 건설현장 출입구 근처에서 주로 집회나 선전전을 개최한다. 이런 레퍼토리 형식은 노조가 경쟁적 노동시장에서 노동 공급에 대한 독점적 통제력을 발휘할 목적으로, 미조직 노동자들로 하여금 노조의 집합행동에 참여를 유인하거나 강제하고, 건설업체에 조합원 채용을 압박하기 위한 목적에서 기획된다. 파업행동에 돌입할 경우에도 건설노조들은 주로 주요 건설현장 주변에서 집회를 개최하여 파업대오를 유지하고 업체를 압박한다.

결국 건설노조 특유의 저항 레퍼토리들은 단속적이고 경쟁적인 노동시장 환경과 중층적 하도급 구조로 인한 파편화된 노사관계라는 제도적 제약 속에서 '연합적 힘'(associational power)을 극대화하려는 노력의 일환으로 볼 수 있다.

이상에서 우리는 저항의 2차 사이클이 종료된 이후 2000년대 중반부터 울산 지역 노동운동의 두 세대 간에는 업종·부문·고용형태 등의 내부 구성뿐만 아니라, 지배적인 저항 레퍼토리에서도 뚜렷한 분기가 나타났음을 확인했다. 이른바 '1987년 세대'의 금속산업 대공장 노조들의 집합행동은 이제 법적·제도적 허용 범위를 벗어나지 않는 온건한 레퍼토리가 지배적 형태로 자리 잡은 반면에, 외환위기 이후 출현한 노동운동의 새로운 무리(특히 그중에서도 비정규직 노조운동)는 현행 법·제도를 위반하는 급진적 레퍼토리에 의존하는 경우가 상대적으로 많았다. 결론적으로, 오늘날 울산의 지역 노동운동은 운동의 출현 시기와 업종·부문·고용형태의 측면에서 구분될 뿐만 아니라, 저항 레퍼토리의 측면에서도 명확하게 구별되는, '두 개의 노동운동'이 병존하고 있다고 말할 수 있다.

## 6. 소결

이상으로 민주화 이후 30년 동안 울산 노동자들의 저항사건 자료를 기초로 지역노동운동의 변천 과정을 그것의 전반적 궤적, 스케일과 연대, 부문별 집합행동의 통시적 변화, 조직별 레퍼토리의 분화 등의 측면에서 자세히 살펴보았다. 저항사건분석의 방법론은 민주화와 세계화의 이중적 도전의 파도를 헤쳐온 30년간의 노동운동의 궤적과 양상에 대한 정밀한 '지도 그리기'를 가능케 했다.

분석의 결과 가장 주목되는 점은 오늘날 두 개의 구분되는 노동운동 세대가 병존하고 있다는 것이다. 1차 노동시장에 속한 제조업 대공장 중심의 '1987년 세대' 노동운동과, 주로 2차 노동시장에서 출현한 비제조업·비정규직 중심의 '1998년 세대'의 노동운동이 그것이다. 그런데 30년의 시간을 전체적으로 돌아보면, 집합행동의 빈도와 전투성의 측면에서 볼 때, 2000년대 중반 이후 울산에서 '1987년 세대' 노동운동의 집합행동 빈도는 감소했거나 온건화·규격화된 반면에, '1998년 세대' 노동운동이 집합행동의 장에서 그 중심으로 들어오게 되었다.

그렇다면 이러한 노동자 집합행동 주체의 이동 현상을 '노동운동 주도세력의 교체'로까지 평가할 수 있을까? 다시 말해, 제조업 대공장의 정규직 노동운동의 역사적 사이클은 이제 쇠퇴와 침체로 들어섰고, 주변부 노동자 혹은 비정규직 노동운동을 중심으로 새로운 운동 사이클이 만들어지게 된 것인가? 이에 대해서는 아직까지는 유보적인 답변을 내놓을 수밖에 없다. 그 이유는 다음과 같다.

첫째, '1998년 세대' 노동운동은 조직의 장기적 생존 가능성, 즉 노조 조직의 유지와 활동의 지속이라는 측면에서 매우 어려운 조건 속에 놓여 있다. 조돈문(2011)의 지적처럼, 단적으로 비정규직 투쟁은 투쟁의 패배가 조직력의 약화로 곧장 이어질 리스크가 대단히 크고, 이로 인해 비정규직 노동자들의 조직적 구심점은 꾸준히 상실되었다. 또한 역설적으로 비정규직의 정규직화라는 운동 요구가 실현되더라도 그것이 비정규직 노동자의 조직적 계급형성으로 이어지지 않는다는 것을 현대자동차 비정규직 투쟁 사례에서 발견할 수 있다. 공공부문 노동자의 집합행동은 국가의 강력한 억압과 정치적 기회구조의 폐쇄로 대중적 동원능력이 매우 약해졌다. 따라서 '1998년 세대'에 해당하는 새로운 노동조합들이 앞으로 조직을 안정적으로 유지하며 동원력을 보유한 채 노동계급의 조직적 재형성을 주도할 수 있을지는 확답하기 어렵다.

둘째, 집합행동의 레퍼토리의 측면에서도 '1998년 세대' 노동운동은 아직까지 레퍼토리의 혁신(innovation)을 이루어내었다고 말하기 힘들다. 다시 말해 외환위기 이후의 새로운 노동운동들은 국가와 자본의 변화된 대응 전략에 효과적으로 도전할 수 있는 혁신적인 운동 레퍼토리를 새롭게 창출해내지 못한 것으로 보인다. 오히려 많은 경우에 그들은 '1987년 세대' 노동운동이 주로 저항의 1차 사이클에서 보여준 전투적 조합주의에서 전형화된 레퍼토리 전통을 답습하는 경우가 많았다.

제조업 대공장 노조들의 전투성이 포드주의적 대량생산 체제 하에서 주로 그들의 작업장 교섭력을 기반으로 한 것이었다면, '1998년 세대' 노동운동의 작업장 교섭력은 매우 취약하다. 따라서 그에 의존한 전투적 동원의 효력은 조직화 직후의 폭발적 갈등 국면 이후부터는 점점 약화되어갔다. 작업장 교섭력이 취약한 가운데 집합행동과 조직의 역량을 늘리기 위해서는 다른 사업장의 노동조합, 시민사회단체, 정당 등과의 연대와 연합(coalition)이 더 많이 활성화되어야 한다. 그런데 우리가 앞서 보았듯이, 2000년대 중후반부터 울산 노동자 집합행동의 스케일은 작업장으로 하강했고, 연대와 연합의 전통은 점점 약화되었다. 또한 시민사회단체와 노동운동의 협력은 퇴보했으며, 진보정당운동은 정파 분열에 따라 고사 직전의 상태에 처해 있다. 따라서 부족한 작업장 교섭력을 보충해줄 계급 연대와 지역사회 연합의 힘이 강화되지 못했기에, 노동운동의 새로운 주체로 등장한 비정규직과 주변부 노동자들의 계급 역량은 아직도 취약한 상태를 벗어나지 못했다.

셋째, 온전한 의미에서 '노동운동 주체 세력의 교체'를 말하기 위해서는, 집합행동 주체의 변화뿐만 아니라, 노동운동에서 그동안 과소 대표된 새로운 집단의 이해와 요구가 노조 내부 구조와 조직 문화에 얼마나 반영되었는지도 평가해보아야 한다. 이 책은 이 주제를 본격적으로 다루지는 않았지만, 이와 관련해서 현재로서는 대단히 부정적인 평가를 내릴 수밖에 없다. 단위노조뿐만 아니라, 지역본부, 산별노조, 총연맹 등 각급 노조의 내부 구조는 비정규직·

청년·여성·이주자 등 집합행동의 차원에서 새롭게 등장한 집단들이 노동운동 조직 내부에서 대표성을 갖추고 의사결정에 적극적으로 참여할 수 있는 제도를 여전히 마련하지 못하고 있다.

따라서 종합적으로 볼 때, 오늘날 조직과 집합행동 차원의 계급형성과 관련해서는 조직화의 시기와 동원의 주기가 다르고, 업종과 부문 및 노동시장 지위가 구별되며, 집합행동의 패턴이 명확히 구분되는 두 개의 노동운동이 병존하고 있다고 볼 수 있다. 아직까지 강력한 작업장 교섭력과 자원을 갖춘 금속산업 대공장 노조들의 집합행동은 점차 감소하는 가운데 그 양상도 작업장 내부의 이해관계에 치중하는 모습을 보이는 반면에, 2000년대의 변화된 계급상황 하에서 새롭게 등장한 노조들의 집합행동은 주변부 노동시장에서 우후죽순 분출하고 때로는 법과 제도의 장벽을 넘어서는 투쟁에 과감히 나서기도 하지만, 취약한 작업장 교섭력과 연대 약화의 조건 속에서 악전고투를 벌이고 있는 것이다. 그들이 앞으로 한국 노동계급의 조직적 계급형성의 주도 세력이 될 수 있을지는 그들의 취약한 권력자원을 어디서, 어떻게 강화할 수 있을지에 대한 해법을 찾을 수 있을지에 달려 있다. 그 해법을 구하지 못한다면, 21세기에 등장한 새로운 저항 주체들의 집합행동들은 불평등의 시대에 등장하는 '약자들의 아우성'에 그칠 뿐, 스스로를 대안적인 계급으로 만들어가지는 못할 것이다.

# 10장

# 결론

# 1. 요약

이 책은 노동계급 형성을 자본주의 경제의 발달과 생산관계의 구조적 위치, 작업장 안팎의 계급상황, 집단적 성향과 문화적 일체감, 조직과 집합행동이라는, 서로 분석적으로 구분되는 네 가지 계급 층위 간의 상호작용의 결과물로 파악하려는 이론적 입장의 유용성을 적극적으로 받아들였다. 또한 노동계급 형성이 자본주의적 산업화의 초기처럼 특정한 역사 발전 단계에서 일회적으로 나타나는 게 아니라, 자본축적의 변화와 임노동관계의 변형 속에서 끊임없이 형성과 퇴보, 재형성과 변형의 과정을 겪는다는 입장을 취했다. 따라서 임금노동자들이 특정한 국면에서 스스로를 단일한 계급으로 만들어가는지는 계급의 네 가지 층위에서 전개되는 구체적인 양상들에 달려 있는 것이다. 지금까지 살펴본 주요한 내용을 요약하면, 다음과 같다.

현대적 공업도시로서 울산의 개발은 멀리 1930년대까지 소급할 수 있지만, 오늘날 금속산업 대공장 노동자의 구조적 계급형성은 권위주의 국가의 중화학공업화 정책과 더불어 나타난 1970년대 현대그룹의 자본투자에서 본격화되었다. 이를 계기로 울산은 한국 최대의 중공업 도시로 성장했고, 1980년대 중반에 오면 자동차산업과 조선산업을 중심으로 수만 명의 남성 노동자들이 울산의 대공장에 가득 들어찼다. 바로 이들이 이 책의 연구대상인 대공장의 1세대 산업노동자들이다.

'구조' 수준의 계급형성에 이어 1987년부터 1990년대 초반까지는 '조직' 층위의 계급에서 단절적 변화가 일어났다. 노동자대투쟁을 계기로 국가와 자본의 강력한 억압 속에서도 초보적 계급 정체성에 기반한 자주적인 노동조합운동이 탄생했다. 이 시기는 노동계급 내부의 사회적·상징적 경계가 뚜렷하지 않았다. 오히려 작업장 안팎에서 동질적인 계급상황이 지배했기 때문에, 노동자들 사이에서도 연대적 집단주의의 잠재력이 강했다. 이에 근거해 울산에서 지역노동운동의 연대 조직이 만들어지고 계급형성의 조직적 경계가 보다 확장될 가능성이 상대적으로 높았다. 하지만 노동조합운동의 공식적인 조직적 경계가 동일 기업으로 제한되었고, 비공식적인 노조 간 연대도 부진했다. 결국 울산에서는 자본에 의해 구조화된 노동시장 분절구조에 조응하는 형태로 지역노동운동의 패턴이 형성되었고, 조직적 계급형성의 결정적 국면에서 형성된 조직적 경계는 이후에도 크게 변화하지 못했다.

계급의 변형은 1990년대에 들어서 작업장 안팎의 계급상황 층위에서 가장 크게 일어났다. 작업장 내부에서는 대공장의 기업내부노동시장이 제도화되어 생산직 노동자들의 정착성이 높아졌고, 현대자동차와 현대중공업의 고도성장이 본격화되고 단체교섭이 제도화되며 임금소득은 지속적으로 상승했다. 1980년대에 작업장 외부의 노동력 재생산 영역에서 노동자 가구의 가장 중요한 필요욕구는 주택문제의 해결이었다. 노조 결성 이후 1990년대 초중반에 대부분의 대공장 1세대 노동자 가구들은 결혼과 출산, 가족 형성과 양육의 생애과정을 통과하고 있었는데, 단체교섭과 기업복지 정책의 도움으로 매우 빠르게 자가 보유를 달성하며 노동자 주택문제가 해결되었다. 그 밖에 교육·의료·노후와 관련된 대기업의 기업복지 제도들은 노동자의 생애 단계에 맞게 단체교섭을 통해 꾸준히 확대되면서 노동자 가족의 생활은 안정되어갔다.

1990년대는 대공장 노동자의 가족생활과 지역사회의 공간성에도 큰 변화가 진행된 시기였다. 과거 하층신분으로서의 육체노동자의 정체성을 벗어나려는 열망은, 임금소득의 증가에 따라 가구 소비의 영역에서 중산층적 생활양식이 노동계급에 빠르게 확산되는 데 기여했다. 이와 동시에 대공장 노동자의 집단 주거지를 중심으로 형성되었던 노동계급의 문화적 동질성이 점차 희석되었고 계급적 유대의 모태로 작용했던 지역사회의 공간성도 도시 재개발, 현대식 고층아파트 건설, 직주거리의 확대, 기업의 지역사회 관리의 정교화 등의 변화 속에 사라져갔다. 이로써 1980년대에 공장 인근에 조성된 노동계급의 주거공동체들이 빠르게 해체되면서, 지역사회와 노동운동이 융합될 수 있는 공간적 기반 자체가 약화되었고, 계급투표 블록을 형성함으로써 도시정치에서 노동의 헤게모니를 확립할 수 있는 인구생태학적 조건도 열어졌다. 울산과 같은 산업노동자들이 밀집한 공업도시에서 노동계급 형성에 우호적인 공간성이 만들어지지 못했던 것은, 한국에서 도시 차원의 계급정치가 꽃피우지 못하고 노동운동이 공장 담벼락을 넘어 지역사회와 교통하지 못했던 원인 중 하나였다고 말할 수 있다.

1997/98년 경제위기와 구조조정의 격변기를 지나면서 계급의 변형이 이제 범주·성향·집합행동 수준 모두에서 가시화되었다. 1990년대 말 자동차산업 구조조정에서 인수·합병을 통해 독점적

시장 지위를 차지하게 된 현대자동차는 이제 최고경영자의 주도 하에 공세적인 해외투자에 나서며 또 한 번의 고도성장을 이루었다. 변방의 수출기업에서 2000년대를 통과하며 세계 유수의 초국적 자동차 제조업체로 발돋움하며 막대한 이윤을 축적했다. 이에 따라 강력한 교섭력을 보유하고 있던 노동자들의 임금소득도 전례 없이 상승했다. 그리하여 2010년대에 오면 현대차 노동자는 모름지기 한국의 대표적인 '풍요로운 노동자'의 반열에 올랐다. 하지만 그들이 일하는 공장은 여전히 테일러주의에 입각한 단순반복적 직무, 장시간 노동과 교대근무가 지배하는 세계였다. 그들의 장시간 육체노동은 높은 경제적 보상과 교환되었지만, 정작 공장 밖 생활세계에서의 안락은 대공장 남성 노동자 자신의 몫이 아니었다. 여가생활의 결핍과 가족생활에서의 주변화는 장시간 노동체제에 얽매인 중년 남성 노동자들의 일반적 삶의 모습이었고, 육체노동자로서 계급적 현실에 부딪히며 살아갔던 '공장의 세계'와 중산층의 생활양식과 소비규준 속에서 살아가는 가족들의 '생활세계' 사이의 간극이 점차 커져갔다. 바로 그 간극이 현대차 노동자들의 특유한 행위 성향, 즉 가족의 개별적 계층 상승의 목표를 달성하기 위하여 적극적으로 전투적 집합행동에 참여하는 도구적 집단주의 성향을 강화시키는 데 일조했다.

2000년대 이후 고용 불안전성이 일상화되면서 노동계급 내부의 분절은 그들의 성향과 집단 정체성 수준까지 삼투되었다. 계급상황 이질화로 인한 사회적 경계의 구획이 이 시기에 와서는 상징적 경계로까지 확장되었던 것이다. '우리/그들'의 구분과 관련된 집단 정체성의 측면에서 원청 대기업과 하청 중소기업, 정규직과 비정규직 간의 위계 서열이 점차 굳어져갔다. 특히 자본의 노동 분절화 전략에 의해 출현한 대공장 내 사내하청 노동자들에 대해서 정규직 노동자들의 태도는 점차 그들을 고용의 완충장치로 다루며 '내부의 타자'로 대하는 방향으로 변해갔다. 그에 따라 2000년대 이후 사내하청 비정규직 문제를 둘러싼 작업장 내부의 노동정치는 '사회적 폐쇄' 전략에 경도되었고 계급 연대를 추구하는 작업장 정치의 노력들은 실패했다. 작업장 내 계급 연대의 좌초는 자본의 고용 유연화 전략이 낳은 '분절된 노동'이 결국 연대주의적인 계급의 형성을 가로막게 되었다는 것을 명징하게 드러내 주었다.

노동자대투쟁 이후 지난 30년간의 노동자 집합행동의 궤적은 조직 수준의 계급에서 어떠한 변형이 일어났는지 자세히 드러냈다. 금속산업 대공장 중심의 '1987년 세대'의 노동운동은 30년 동안 지속적인 저항행동을 보여주었지만, 2000년대 중반 이후 집합행동의 빈도가 감소했고, 연대 행동이나 시민사회와의 연합도 확연히 줄었으며, 저항 레퍼토리가 온건화·규격화되는 모습을 보였다. 물론 최근까지도 집합행동 자체는 상당한 빈도로 나타났지만, 그 대부분은 작업장 스케일에 머물러 있는 것이었기에 집합행동의 사회적 파급력은 약해졌다. 이것은 대공장 노동자들의 사회적·상징적 경계의 변형에 상응하는 현상이었다. 그런데 노동계급의 조직적 수준에서의 재형성과 관련해 주목되는 흐름이 이와 동시에 나타났다. 금속산업 대공장 노동자와는 다른 업종과 부문에서 새로운 저항 주체들이 외환위기 이후에 등장하며 울산 지역의 노동자 집합행동의 새로운 궤적을 만들어갔다. 비정규직, 서비스산업, 공공부문 노동자들이 그들이었다. 세기 전환기에 주변부 노동시장에서 신규로 조직화된 노동자들이 조직과 집합행동 수준에서 노동계급 재형성의 핵심 주체들로 부상했다. 하지만 그들은 금속산업 대공장 노동자들이 갖추었던 강력한 작업장 교섭력도 보유하지 못했고, 노동운동 전반의 연합적 힘도 약화된 국면에서 아직까지는 생존을 위한 투쟁을 힘겹게 이어가고 있다.

## 2. 도구적 집단주의에 대하여

이 책은 울산의 1세대 대공장 산업노동자들의 생애과정과 그들의 생활세계, 노동조건, 문화와 의식의 변모를 탐구함으로써 오늘날 분절된 노동의 세계 속에서 그들의 연대적 행위 잠재력이 점차 변형되고 약화되어가는 상황을 이해하고자 했다. 그렇다면 오늘날 울산 대공장 노동자들은 과연 어떤 집단이라고 말할 수 있는가?

이 난제를 풀기 위하여 필자는 '도구적 집단주의'(instrumental collectivism)라는 낡고 오래된 개념을 다시 끄집어냈다. 그것은 반세기 전 골드소프와 록우드가 전후 영국 노동계급의 성향을 분류하기 위해 사용했던 이념형 중 하나였다(Goldthorpe and Lockwood, 1963). 도구적 집단주의는 연대적 집단주의(solidaristic collectivism)와 이념형의 수준에서 대비되는 것으로, 집합행동이 노동계급의 연대와 상호부조의 강화에 기여하기보다는 가족 중심의 생활방식과 경제적 지위의 상승을 도모하기 위한 수단으로 활용되는 노동자들의 행위 성향을 가리켰다. 필자는 오늘날 울산의 대공장 노동자의 행위 성향과 정체성을 설명하는 데 있어 이 개념이 유용하다고 판단했다.

그렇다고 이 책은 시공간을 달리하는 두 노동자 집단이 완전히 동일한 성향을 갖는다고 생각하지는 않는다. 반세기 전 영국의 루턴(Luton)과 오늘날 울산 산업노동자들의 가장 결정적 차이는 다음 두 가지이다. 첫째, 루턴의 노동자들은 삶의 중심을 직업 세계보다는 가족생활에 두고서 사사화된 생활방식 속에서 살아갔다. 일에 대한 도구주의적 태도를 지닌 채 작업장 동료들과의 사교생활이나 회합보다는, 안정된 소비 지위에서 가족 중심의 생활방식과 사사화된 여가생활을 중시했다는 점에서 당시 영국 사회에서 (화이트칼라 직업의 생활방식에 가까워진) 개인주의적 성향의 '새로운' 노동계급으로 규정되었다(Goldthorpe et al., 1969: 4장).

그들에 비해, 울산의 1세대 대공장 노동자들은 공장 생활과 직장 동료들과의 유대를 훨씬 더 중시하며, 7장에서 보듯이 실제 그들의 삶의 중심은 공장에 있었다. 이 책에서는 제시하지 않았지만, 필자가 수행한 울산 노동자 실태조사에 따르면, 그들의 '감정적 연계' 연결망도 (화이트칼라 직종과는 대조적으로) 배우자보다는 직장 동료들과의 밀도가 훨씬 높게 나타났다(유형근, 2012a: 196-202). 단적으로, 울산의 생산직 노동자 세 명 중 둘은 감정적 연계가 가장 밀접한 사람으로 직장 동료를 지목했고, 아내를 1순위로 지목한 사람은 열 명 중 한 명에 불과했다.[21] 따라서 루턴의 '새로운' 노동자들

---

21 이 설문조사는 2008년 말과 2009년 초에 걸쳐 여러 업종의 울산의 유노조 사업장을 중심으로 조사되었다. 감정적 연계 연결망은 '지난 1년간 중요한 문제를 누구와 터놓고 상의했는가'라는 질문으로 조사되었다. 울산의 생산직 노동자들은 직장 동료(68.6%), 동창(19.5%), 아내(11.2%)의 순으로 감정적 연계가 조사된 데 비해,

에 비해 울산의 노동자들은 공장 중심의 생활을 하고, 직장 동료들과의 직업적 유대관계가 중요하며, 집단주의적 문화가 강하다는 점을 시사한다.

둘째, 루턴의 노동자들은 그들의 풍요와 생활수준의 향상이 전후 경제와 산업의 성장과 번영에 따른 자연스러운 결과로 받아들일 뿐, 전국적인 노동운동이나 노동의 전투성 등 사회적·정치적 영역에서 벌어진 투쟁의 결과라고는 거의 생각하지 않았다(Goldthorpe et al., 1969: 153, 167-170). 물론 그들의 세계관과 사회적 태도는 계급적 사회상에서 완전히 벗어나지 않았다. 그들은 현장 노조의 서비스 제공 기능을 중시했고 노동당에 대한 정치적 일체감도 유지하고 있었던 것이다. 하지만 그들의 경험과 생애 서사에는 노동조합운동이나 파업과 같은 집단주의의 제도와 문화에 대한 관심을 거의 찾아볼 수 없었고, 교섭이나 투쟁과 같은 집단주의의 적극적 실천이 그들의 안정된 일자리와 경제적 풍요를 보장해준다는 인식도 별로 없었다. 루턴의 노동자 대다수는 영국의 '전통적 노동계급 공동체'의 영향권에서 벗어난 채 새롭게 형성된 공업도시로 이주해 온 비교적 젊은 노동자들이었기 때문이었다. 따라서 그들은 자신의 직업에 대한 도구주의적 태도는 강했으나, 집단주의의 성향은 비교적 약했던 것이다.

이에 반해, 울산의 1세대 대공장 노동자들은 산업과 기업의 성장

---

화이트칼라 노동자들은 아내(51.3%), 직장동료(27.4%), 동창(12.4%)의 순이었다. 또한 두 직종 모두에서 감정적 연계망의 직업적 동질성, 즉 유유상종의 경향이 매우 높게 나타났다. 즉, 육체노동자와 사무직 노동자 간에는 거의 교류가 없었다. 송호근·유형근(2010)은 동일한 조사자료를 사용하여 울산 노동자의 계급의식을 측정하고 그 영향 요인을 검증했다.

과 번영이 자신들의 풍요를 뒷받침하고 있다는 점을 인정하면서도, 동시에 자신들의 생애과정에서 국가와 자본의 적대적인 태도에 부딪히며 노동조합운동, 단체교섭, 파업과 쟁의행위를 자신들의 경제적 이해와 사회적 지위를 지켜내는 데 없어서는 안 될 집단적 보호장치로 인식해왔다. 이런 이유에서 반세기 전 영국의 사회학자들이 개념화한 '도구적 집단주의'의 이념형에 더 가까운 것은 오늘날 울산의 '풍요로운 노동자'들이라고 말할 수 있다.

또한 연구대상에 대한 접근 방법과 관련하여 루턴 노동자 연구의 접근과 이 책의 그것은 중요한 차이가 있다. 영국의 연구 사례는 전후 경제 번영의 시대에 신흥 공업도시의 육체노동자들과 화이트칼라 간의 규범적 수렴이 일어나고 있는지 여부를 질문하며, 1960년대 중후반 시점에서 횡단적(cross-sectional) 비교라는 스냅사진을 찍은 것이었다(Goldthorpe et al., 1969). 이에 비해, 이 책은 1980년대부터 오늘날까지 약 40년에 걸친 울산 대공장의 1세대 노동자들의 생애를 조망하며 계급의 네 가지 수준 각각에서 어떠한 변형의 과정을 거쳐왔는지 종단적(longitudinal) 연구를 통해 추적했다. 이를 통해 이 책은 그들의 생애과정에서 지배적 행위 성향이 그들을 둘러싼 노동 환경과 계급관계의 변동 과정을 따라 조금씩 변화해왔음을 밝힐 수 있었다. 울산 대공장 노동자들의 행위 성향은 노동자대투쟁 이전 이주민 정서에 기초한 개별화된 이탈과 순응의 성향으로부터, 노조 결성 이후 동질적 계급상황의 조건에서 국가와 자본의 적대성에 직면해 계급 정체성에 기초한 연대적 집단주의의 잠재력을 길러갔다. 하지만 1990년대 이후 한편으로는 계급상황의 이질화와 노동의 분절이 가속화되고, 다른 한편으로는 공장 밖의 생활세계는 계급적 하위문화가 희석된 환경에서 소비 영역에서의 중산층화 과정이 진행되었다. 결국 대공장 남성 노동자들의 사회적 정체성은 탈-계급적인 공장 밖 '생활세계'와 엄연한 계급적 현실이 지배하는 '공장의 세계' 간의 심원한 문화적 간극 속에서 규정되었다. 이 '두 세계' 사이의 간극 속에서 남성 노동자들은 가족의 사회경제적 지위를 유지하고 상승시키려는 경제적 생계부양자 역할을 중심으로 자신의 역할 정체성을 구성하게 되었고, 도구적 집단주의라는 특유의 행위 성향이 현실적 힘을 얻게 된 것이다.

결국 울산의 대공장 노동자들은 공장 내에서는 강한 집단주의 문화와 경영자에 대한 계급적 대립의식을 견지하며 전투적 집합행동을 마다하지 않지만, 집단주의의 표출이 노동계급 전체의 연대에 기여하기보다는 점차 대공장 노동자 집단의 경제적 이해의 배타적 충족을 위한 수단으로 변형되어갔다. 국내의 노동운동 연구는 그러한 현상을 주로 민주노조운동의 정체성의 측면에서 '전투적 경제주의'의 위기와 한계로 규정한 바 있다(조효래, 2002; 2010, 2장; 노중기, 2009). 이러한 설명들은 주로 작업장 영역의 생산의 정치나 노동체제 변동의 결과로 파악한 것이었는데, 이 책은 전투적 경제주의가 1980년대 이후 대공장 노동자들의 생애 전반에 걸쳐 구조화된 도구적 집단주의 행위 성향에 부합하는 노조운동의 정체성이라는 점을 확인할 수 있었다. 따라서 그러한 행위 성향을 구조화한 제도적 배치와 조건들이 변하지 않는다면, 전투적 경제주의라는 노조운동의 정체성은 (숱한 '외부적' 비판에도 불구하고) 크게 바뀌지 않을 공산이 큰 것이다. 그렇다고 앞으로 계급 연대의 활성화 가능성 자체를 부정할 필요는 없다. 도구적 집단주의는 계급의 네 가지 층위 중 주

로 성향과 집단 정체성에 관련된 것이고, 다른 층위에서 계급관계
가 변하면 성향의 재구조화는 일어날 수 있기 때문이다.

대공장 노동자의 도구적 집단주의와 관련하여 미지막으로 강조
할 점은, 그들의 성향을 자칫 도덕적으로 비판하거나 그것의 표출
적 행태에 초점을 맞추어 비난하는 것에서 거리를 둘 필요가 있다
는 점이다. 한국 사회의 담론 지형에서 노무현 정부 초반에 등장하
여 널리 퍼진 이른바 '귀족노조' 담론이나, 흔히 '강성노조의 집단
이기주의'로 대공장 노동자들의 단결과 투쟁을 일방적으로 비난하
는 행태들이 바로 그것이다.[22] 이런 도덕적, 행태론적 비판들은 '대
학도 안 나왔는데' 고액 연봉을 받고 사는 저학력 육체노동자들에
대한 능력주의적 편견이 작동하거나, 혹은 소유권과 자유경쟁의 원
리를 훼손하며 '강력한 교섭력'을 보유한 육체노동자들의 집단화를
낯설어하고 두려워하며 그것을 억누르고자 하는 '정치적 무의식'이
그 비난의 근저에 흐르고 있는 경우가 많다.

이 모든 도덕적 담론들은 한국 사회의 오래된 노동배제의 이데올
로기와 친화적이며, 부르디외가 말했던 '상징폭력'의 일환으로 볼 여
지가 충분하다. 학력과 학벌에 따른 사회적 위계의 '자연화'라는 한
국 사회의 오래된 지배적 가치체계 속에서, 대기업에 다니며 고임금
을 받는 저학력 육체노동자 집단과 그들의 집합행동에 대해서는 손

---

22 한국의 언론에서 '귀족노조', '집단 이기주의' 담론과 파업 보도의 프레임이 어떻
게 구성되어 효과를 발휘하는지에 대해서는 유용민·김성해(2007), 최종환·김성
해(2014)를 보라. 노중기(2020)는 '귀족노조 이데올로기'를 매우 넓게 정의했는데,
그것이 단순히 수구 세력의 담론을 넘어서 자유주의 정체세력, 개혁적 시민운동,
개혁적 노동 연구자, 민주노조운동 내부의 일부 세력까지 광범위하게 확산된 이데
올로기적 노동통제 수단으로 통용된다고 비판했다.

쉽게 도덕적 비난과 낙인이 수반되곤 하는 것이다. 결국 '귀족노조' 나 '집단 이기주의'와 같은 한국 사회의 지배적 담론들은, 대공장 노동자들의 단결이나 파업과 같이 너무나도 분명한 계급 실천의 양상을 탈-계급적인 지위 경쟁의 프레임으로 재현함으로써 한국 사회 전반의 노동계급의 권력자원을 약화시키는 효과를 거두고 있다.

이 책은 그러한 도덕적 또는 행태론적 비판에서 벗어나 대공장 노동자 특유의 행위 성향을 사회학적으로 이해하려는 시도였다. 대공장의 조직 노동자들의 도구적 집단주의는 민주화 이후 한국 사회의 역사적 산물의 일부이다. 1970~80년대에 울산으로 이주했던 1세대 대공장 산업노동자들은 그들의 생애 속에서 한국 자본주의의 고도화가 낳은 특정한 '산업의 시간'을 함께했으며, 민주화 이후 노동조합이라는 보호 장치와 조우하면서 도구적 집단주의라는 특정한 행위 성향을 자신들의 생애과정 속에서 만들어갔다. 또한 그 것은 '공장의 세계'와 '생활세계'의 분리와 같은 문화적 조건에 더해, 보다 거시적으로 보면, 외환위기 이후 엄습해 오는 실업의 공포와 미래의 불확실성, 자신들의 이해를 대표할 수 있는 노동자 정당의 허약성과 계급 포괄적인 노동조합 조직의 미발달, 그리고 노동계급의 조직적·정치적 형성 과정에서 사회주의적 대안의 붕괴라는 조건 속에서 형성된, 대공장 노동자들의 실용적 적응의 산물이라고 봐야 한다. 또한 현대자동차와 현대중공업은 도구적 집단주의 성향이 현실화하기에 충분한 물질적 조건, 즉 독과점의 시장 지위 속에서 장기간의 고도성장을 이루고 높은 지불능력을 갖춘, 한국 사회에서 예외적인 재벌 기업들이었다는 점도 놓쳐서는 안 될 것이다.

# 3. 비교와 전망: 노동계급의 재형성?

지금까지 살펴본 울산 대공장 노동자들의 경험을 역사적 비교의
관점에서 조망해보고, 향후 한국의 노동계급 재형성 기획의 전망을
간략히 토론하며 책을 마치려고 한다.

역사적 비교를 위하여 계급의 네 가지 층위 중 '계급상황'과 '조
직 및 집합행동' 층위를 교차시켰다. '계급상황'은 노동시장과 생활
양식이 동질적인지 혹은 이질적인지로 구분하고, '조직 및 집합행
동'은 노동조합의 조직 및 교섭구조가 집중적인지 혹은 분산적인지
로 구분한다. 계급상황의 동질성/이질성 그리고 노조조직의 집중
성/분산성은 비교분석을 위한 가장 핵심적인 기준으로 볼 수 있다.
이러한 유형 분류를 통해 네 개의 이념형을 추출할 수 있다(〈그림
10-1〉 참조). 19세기 후반 이후 20세기 말까지 노동계급의 형성 및

〈그림 10-1〉 노동계급 형성 및 변형에 대한 비교분석의 틀

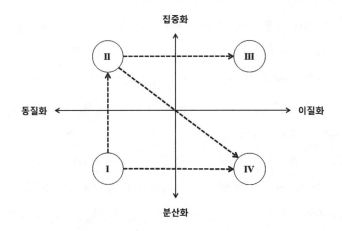

변형의 과정을 돌이켜보면, 유럽은 대체적으로 Ⅰ→Ⅱ→Ⅲ/Ⅳ의 경로를 밟았다고 볼 수 있다. 이에 반해 1980년대 이래 한국의 경로는 Ⅰ→Ⅳ로 요약할 수 있다.

먼저 유럽의 역사적 경로를 살펴보자. 북서유럽에서 근대적 산업 부문에 종사하는 육체노동자, 즉 거대한 광공업 생산시설에서 일하는 노동계급은 대략 1880년대에서 1920년대에 단일한 조직적·정치적 계급으로 형성되었다(Lipset, 1983; Marks, 1989; Savage and Miles, 1994). 이 노동계급 형성의 과정은 〈그림 10-1〉에 따르면, 'Ⅰ에서 Ⅱ로의 이동'으로 요약할 수 있다. 이 시기는 자본의 집중과 집적에 의한 생산의 대규모화, 이른바 '2차 산업혁명'으로 불리는 중화학공업을 중심으로 한 산업구조의 변화, 기계에 의한 장인적 숙련의 대체 등에 의해 직업 구성과 노동운동의 주체의 측면에서 전(前)산업화 시기로부터 연속되었던 장인·직인·숙련공의 세계가 몰락하고 (포드주의 시스템으로 알려진) 대량생산 공장에서 일하는 매우 동질화된 반숙련 또는 미숙련 육체노동자의 세계가 부상한 시대였다(브레이버맨, 1989; 고든·에드워즈·라이크, 1998).

1880년대 이후부터 근대적 산업 부문 육체노동자들의 노동과정이 점차 표준화되고, 생활세계에서도 그 이전 직업적 특이성과 지방적 정체성 대신에 임금노동자 모두에게 공통적인 생활 유형(주거양태, 취미와 여가활동, 의복, 언론매체 등)이 전국적으로 확산되면서 제1차 세계대전을 전후로 한 시기가 되면 "내적 차이들을 넘어 운명 공동체로 묶인 단일 노동계급의 의미"(홉스봄, 2003: 115)가 유럽 곳곳에서 명확해졌다. 특히 이 시기 유럽의 주요 공업도시들에서는 작업장과 지역사회를 아우르는 노동계급 특유의 생활양식과 계급적 하위문화가 발달했고, 이러한 일상적인 문화가 노동조합·정당·공제조합·협동조합·소비조합·취미클럽 등 노동운동의 공식적·비공식적 제도 및 실천들과 통합되어 있었다(Cronin, 1980; Oestreicher, 1986; Hobsbawm, 1987; Kirk, 1991; Geary, 2000; 박근갑, 2009; 콘, 2013). 이 당시 유럽의 공업도시들에서 노동조합은 단순한 경제적 기구를 넘어서 산업노동자들의 정치적·사회적·문화적 삶의 총체적 측면과 긴밀히 결합되어 있었던 것이다(데이비스, 2020: 117-163).

이렇게 작업장 안팎을 아우르는 계급상황의 동질성을 사회적 기반으로 유럽의 노동계급은 기존의 직업·숙련·지역 등에 따라 분산적이었던 노동조합 조직을 산업별 노조나 일반노조와 같이 전국적으로 집중화된 조직으로 재편했을 뿐만 아니라, 입헌주의와 보통선거권의 확대에 발맞추어 독립적인 사회주의 정당을 건설하고 정당체제에 계급균열을 공식화할 수 있었다(Ebbinghaus, 1995; 일리, 2008: 127-167). 요약하면, 20세기 전환기에 유럽의 노동계급은 계급상황의 동질화라는 사회문화적 계급형성과 더불어 기존의 분산적 계급조직을 집중된 형태로 전환시키는 조직적 계급형성을 이룬 것이다.

이 시기는 서구에서 근대적 임금노동자가 탄생한 이래 계급의 네 가지 층위, 즉 구조·범주·집단·조직 층위들 간의 긴밀한 결합(tight coupling)이 최고조에 이르렀고 노동계급의 연대적 집단주의가 절정에 이른 시대였다. 이처럼 서유럽에서 1880년대와 1920년대 사이에 형성된 독특한 '프롤레타리아적 세계'는 전간기에 사회주의 및 공산주의 정당으로 성공적으로 접합된 문화적·조직적 연대를 결정화했고, 그것의 정치적 힘이 대략 1960년대까지 지속되었다(일리,

2008).

그러나 1970년대 이후 유럽의 노동계급은 본격적으로 변형의 과정을 밟았다. 그 변형의 경로는 〈그림 10-1〉로 보면 Ⅱ→Ⅲ 또는 Ⅱ→Ⅳ로 요약되는데, 이 두 가지 경로는 '조직 및 집합행동' 수준에서는 차이가 나지만 계급상황의 이질화 추세는 공통된다.

유럽 노동계급의 계급상황 이질화 추세는 크게 두 가지로 구분할 수 있다. 하나는 노동시장 및 직업구성의 이질화, 그리고 이에 따른 노동계급 내부 이해관계의 다양화 경향이다. 나라마다 그 정도에 차이가 있지만, 공통적으로 자본주의 경제의 구조적 변동——이윤율의 하락과 고도성장의 종언, 탈산업화와 서비스경제화——에 따라 직업구조의 다변화가 진행되었다. 그중에서도 직접적으로 선진 자본주의 국가들에서 공통적으로 진행된 탈산업화와 서비스산업의 성장은 노동운동의 주체와 관련해 심대한 함의를 갖고 있었다. 1880년대 이후 석탄, 철강, 철도, 조선, 항만, 기계, 섬유 등의 산업에 고용되어 노동운동과 좌파정치의 핵심 세력으로 존재했던 전통적 노동계급은 20세기 후반부터 이제 그 규모와 영향력 면에서 빠르게 쇠퇴하는 집단이 되었다(뒤의 〈그림 10-2〉를 보라).

이를 대체하는 새로운 일자리는 주로 각종 대인서비스업, 보건과 교육 등의 공공부문, 전문직과 생산자서비스업 등에서 창출되었지만, 이들의 상당수는 보호받지 못하고 고용이 불안정하며 지리적으로 분산된 노동자들로 채워졌거나, 기존 노동운동의 영향력이 미치지 못하는 범위 또는 그 제도의 경계 바깥에 존재했다. 또한 20세기 노동운동의 결정적 한계였던 페미니즘과의 불화 또는 젠더관계의 중요성을 인식하지 못했던 주류 노동운동의 전통에 비추어 볼 때, 20세기 후반에 진행된 노동시장의 '여성화'는 기존 노동운동이 적절히 다룰 능력이 부족한 내적 이질성이 크게 증가한 결과를 낳았다. 결국 20세기 후반의 노동시장은 핵심과 주변, 취업자와 실업자, 남성과 여성, 내국인과 이주민, 정규직과 비정규직 등의 분열이 심화되어온 것이다. 직업구조와 노동시장의 이질화는 노동조합이 대표해야 하는 이해관계가 매우 다양해졌고, 노조운동 내부의 분파주의의 억제를 매우 어렵게 만든 요인이 되었다(Offe, 1985).

간과되어서는 안 될 또 다른 중요한 요인은 전후 노동계급의 독자적인 생활양식 및 문화의 쇠퇴 경향이다. 물질적 생활수준의 상승, 대중소비와 대중문화의 전파, 교외화와 도시 재개발 등의 여파로 2차 대전 이전에 중간계급과 뚜렷이 구분되었던 노동계급의 동질적 문화 환경은 희석되었다. 노동사학자 제프 일리는 이런 20세기 후반 유럽 각지의 노동계급 해체의 단면을 다음과 같이 묘사했다.

> 1920~60년에 노동진영은 도시를 정복했다. … 계급형성은 '자치정부의 태내에서 자라난', 정치에 의해 추동된 사회적 연합의 과정이었다. … 그러나 이러한 도시의 지배권은 계속해서 침식되었다. 지방의 노동계급 정치문화는 점점 더 찾아보기 어렵게 되었다. 양차대전 사이에 이루어진 교외화(suburbanization)는 일찍이 지방자치 사회주의가 형성되는 토대가 되었던 지역사회를 허물어뜨렸고, 종종 빈민가 정리와 신도시 개발이 이를 촉진했다. 이런 과정은 1970년대부터 가속화되었다. … 이제 노동과 주거는 어느 때보다도 더 분리되었다. 유흥은 뮤직홀, 영화관, 극장, 클럽 등에서 가정 내의 '오락 중심지'라는 사적 공간으로 옮겨갔다. 도

시 중심부는 상업지구 개발, 고급주택지화, 잡다한 빈민층 등에게 넘겨졌다(일리, 2008: 724-725).

노동계급 형성을 뒷받침했던 문화적 하부구조, 특히 노동계급이 인구의 다수를 구성하던 유럽의 주요 공업도시들에서 계급형성을 위한 문화적 하부구조가 서서히 무너져간 것이었다. 노동자 집단 내에서 세대 간에 전승되던 '전통적 노동계급 공동체'의 요소들은 해체되었고, 68혁명 이후 본격적으로 노동계급 내에서의 문화적 이질성의 증가, 전통적 계급문화에서 청년층의 이탈, 집단주의와 평등주의의 쇠퇴, 생애 선택의 개인화 추세가 서구 사회의 문화적 풍경을 바꿔나갔다(Goldthorpe et al., 1969; Cohen, 1972; Beck, 1987; Boltanski and Chiapello, 2006).

20세기 후반 계급상황의 전반적인 이질화 경향은 유럽 노동운동에도 많은 영향을 미쳤다. 조합원의 감소와 조직률의 하락, 노조 간 갈등의 증가, 총연맹과 전국적 리더십의 권위 약화 등이 그것인데, 이러한 변화들은 공통적으로 노조운동의 통일과 집단주의의 전통에 반하는 것이었다. 전후에 유럽 노조운동의 통일과 연대적 집단주의 전통의 약화를 가장 명시적으로 보여준 것은 기존의 평등주의적 임금정책의 폐지였다. 대표적으로 스웨덴 노조운동은 1980년대에 들어와 전국 단위의 중앙교섭을 포기했고, 1990년대 초반 이탈리아 노조운동은 임금물가연동제(scala mobile)를 폐지했다. 두 사례 모두 기존의 집중화된 노조운동의 평등주의적 임금정책을 둘러싼 노조 내부의 직업·업종·부문 간 분파적 갈등이 주요하게 작용했다(Baccaro and Locke, 1998). 20세기 후반에 임금노동자로서의 공통된 계급상황에 기초했던 전통적인 노동자 연대의 위기가 본격화되었고, 유럽 노동운동은 노동계급 이해관계의 분화와 다양화라는 새로운 환경에 대응해야 하는 과제에 직면하게 된 것이다(Hyman, 1992).

이러한 환경 변화에 대한 유럽 노동조합들의 대응은 크게 보아 두 가지로 나뉘었는데, 그것은 〈그림 10-1〉에서 'Ⅱ에서 Ⅲ으로의 경로'와 'Ⅱ에서 Ⅳ로의 경로'로 구분된다. 전자는 계급상황의 이질화가 초래할 수 있는 계급 파편화의 가능성을 집중화된 노조 조직을 통해 제어하여 일정 정도의 통합적 노조운동을 유지한 경우로서 스칸디나비아 국가들, 독일과 오스트리아 등이 대표적이다. 이들 국가의 노조운동은 1980년대 이후 노사관계의 분권화 압력에 대응하여 '조직화된 분권화'(organized decentralization)로 불리는 집중화된 조율 노력(Traxler, 1995)을 통해서 노동시장의 이질화 추세를 집중화된 노조운동의 규제력을 통해 제어하려고 시도했다. 하지만 이러한 노력들도 추세의 반전을 꾀하지는 못한 채 2000년대 이후 점차 노동조합 조직률의 하락, 교섭의 분권화, 집합행동과 동원의 쇠퇴 등이 지속되었다(바카로·하월, 2020). 이에 반해 후자의 경로는 계급상황의 이질화와 함께 노조운동의 분산화가 동시에 진행되면서 계급형성의 퇴보 현상과 노조운동 내의 분파주의(sectionalism)가 보다 빠르게 나타난 경우이다. 1980년대 이후 조합원 수의 대폭 감소, 기업별 교섭의 증가와 같은 교섭의 분권화 등 노동조합의 위기를 경험한 영국의 노조운동을 대표적 사례로 꼽을 수 있다.

다른 한편으로, 미국의 노동계급 형성은 '미국 예외주의' 명제에서 볼 수 있듯이, 유럽과는 다른 경로를 밟았다(립셋, 2006). 미국의 노동계급은 그 형성기부터 대량 이민의 물결로 매우 이질적인 구성을 갖고 있었고 그러한 인종적·민족적 이질성을 미국 자본주의는 최대한 활용하였기 때문에 유럽과 비교해 노동시장의 동질성이 약했다(데이비스, 1994). 또한 20세기 초반에 들어와 노동계급 생활세계의 사회적 격리를 유지시켜주고 동질적 계급문화를 배양했던 이민자 지역공동체의 하부구조와 문화는, 매우 빠른 경제성장과 활발한 인구이동을 겪으며 세대 간에 전승되지 못하고 쇠락하면서 문화적 변동에 쉽게 노출되었다. 즉, 20세기 초반에 이미 미국 노동계급과 지역사회는 공동체 문화의 쇠퇴를 경험했고, 이것이 미국 노동운동을 조금씩 확실하게 침식시켰다. 따라서 미국의 노동계급은 2차 대전 이후 유럽에서 나타난 계급상황의 이질화 추세를 한 세대 정도 일찍 겪은 셈이었다(배영수, 2011).

유럽과 미국의 경험과 비교해서, 약 한 세기 뒤에 후후발 자본주의 산업화를 겪은 한국사회의 노동계급 형성 및 변형의 경로는 이들 지역과는 매우 달랐다. 울산 사례에서 보듯이, 한국의 경로는 〈그림 10-1〉에서 I에서 IV로의 이동, 즉 동질적-분산적 유형에서 이질적-분산적 유형으로 이동했다고 말할 수 있다. 즉, 분산적 조직 구조는 질적인 변화가 없는 상태에서 계급상황이 동질화로부터 이질화로 이동한 결과를 보였다.

1980년대의 민주노조운동은 계급조직의 집중화를 통한 노동계급 역량의 강화를 시도했지만, 초기업별 조직화와 연대 활동을 억제하는 노동법과 국가의 물리적 탄압, 기업별 노조 중심의 교섭 및 동원의 관성 등에 의해서 그 시도는 표류하게 되었다. 그러나 민주노조운동은 조직의 분산성 속에서도 그것이 노동계급의 조직적 형성에 미치는 부정적 효과를 상당히 억제할 수 있었는데, 그것은 민주노조운동이 만들어낸 특유의 연대의 문화와 계급상황의 동질성이라는 두 가지 여건 하에서 가능했다. 먼저 분산적 조직 체계에서 연대의 문화는 평조합원들의 지지를 받는 강력한 기업별 노조의 지도부가 운동 이념과 연대 원칙에 적극 동의하며 산업별 연맹이나 전노협·민주노총 등의 상급단체에 지속적인 충성을 보내는 한 일정 기간 동안 유지될 수 있었다. 노동자대투쟁 이후 10여 년이 지난 시점에서 임영일(1998)은 그것을 다음과 같이 설명했다.

> 한국의 노동조합 조직은 기업별노조-산업(업종·지역)별연맹-총연합단체의 3단계 조직틀을 골간으로 하고 있다. … 이 틀은 ① 강력한 기업별노조들이 존속하고, ② 그 지도부들이 운동적 이념과 연대의 원칙에 따라 상급조직에 지속적인 충성을 보내며, ③ 이 지도부들이 현장 평조합원들로부터 계속 지지를 모아낼 수 있을 때 비로소 유지될 수 있는 것이다. 그리고 이를 위해서는 결국 ④ 기업단위로 산재해 있는 평조합원들의 구체적 이해(interests)가 높은 호응성관계 속에서 조직 전체에 걸쳐 지속적으로 확인되고 있어야 한다. 민주노조운동 진영(민주노총)이 '1987년 노동체제'의 한 축을 이룰 수 있었던 것은(즉 이 노동체제가 유지되어 온 것은) 이 조건들이 어느 정도 충족되고 있었기 때문이다(임영일, 1998: 111-112).

이러한 흐름은 1996/97년 겨울의 전국 총파업에서 절정에 달했지만, 총파업을 끝으로 사실상 효력을 다했다. 뒤이어 닥친 경제위

기와 세계화의 압력은 점진적으로 진행된 일반 노동자들의 계급
상황의 동질성 약화가 갖는 정치적 잠재성, 즉 연대적 집단주의를
가능케 하는 사회적 기반의 취약성을 현재화시켰다. 고용위기 국
면에서 개별 사업장에서 벌어졌던 여러 방어적 투쟁들이 정리된
2000년대 초반 민주노조운동 진영의 노동자들이 깨달은 것 중 하
나는 이제 계급상황의 측면에서 노동자는 기업의 규모별로, 원하
청 위계별로, 고용형태별로 제각각 분절되어 있고 그 분절선을 경
계로 임금노동자들의 이해관계가 같지 않다는 '오래되었지만 낯선
비밀'이었다. 그러한 자각에 기초해 비정규직의 차별 철폐와 노조
조직화의 시도들이 2000년대 초반에 민주노총을 중심으로 시작된
것이었다.

돌이켜보면, 한국의 중공업부문 산업노동자들이 오랜 침묵을 깨
고 스스로를 계급으로 만들기 시작한 1980년대는 서구에서 노동운
동이 본격적으로 쇠퇴하는 시기였다. 서구에서 탈산업화가 가속화
되고 노조 조직률의 하락, 단체교섭의 분권화, 노조 통일성의 약화
등의 위기 현상이 본격화된 시대에, 한국에서는 중화학공업화에 따
른 산업 프롤레타리아트의 양적 증가와 정치체제의 자유화가 맞물
리며 노동계급 형성의 새로운 계기가 마련되었던 것이다. '세계의
시간'과 '한국의 시간' 사이의 이러한 불일치는 한국 노동운동의 활
성화에 대한 비상한 관심을 촉발하기도 했다. 그러나 한국과 세계
사이의 시간성의 불일치는 어느덧 거의 사라졌다. 한국의 1990년대
는 탈산업화가 (다른 선진 자본주의 국가들과 비교해서도) 급격한 속도
로 진행된 시대였을 뿐만 아니라(〈그림 10-2〉를 보라), 계급상황의 이
질화와 조직의 분권화라는 이중의 제약 조건 하에서 계급의 변형이

본격화된 시기였다. 21세기에 들어와 탈산업화와 전통적인 산업 프롤레타리아트의 감소, 노조 조직률의 하락과 정체, 노동운동의 역량 약화 등은 한국뿐만 아니라 대부분의 전 세계 조직노동이 함께 직면하고 있다.[23]

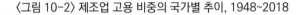

〈그림 10-2〉 제조업 고용 비중의 국가별 추이, 1948~2018

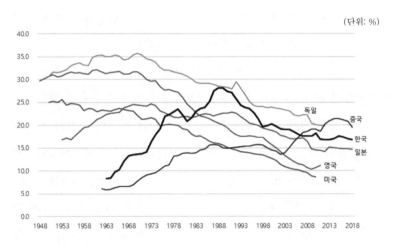

자료: Groningen Growth and Development Centre, 10-Sector Database; The Economic Transformation Database (https://www.rug.nl/ggdc/)

그런데 전 세계적인 노동계급 쇠퇴의 일반성에 더해 한국은 노동계급의 '조직적' 형성 측면에서 매우 분산적인 조직 체계를 극복하

---

23 놀랍게도 최근 한국의 노동조합 조직률은 주요 선진국과의 차이가 대폭 줄었다. 격차의 감소는 주로 OECD 회원국들의 조직률 급감에서 기인한 것이다. OECD 회원국의 노조 조직률은 (상당한 내부 편차가 있지만) 평균적으로 보면, 1985년에 30%에서 2016년에 16%로 하락했다(OECD, 2019: 195). 약 30년 동안 조직률이 절반 정도 줄어든 것이다. 한국의 노조 조직률은 1990년대 이후 오랜 기간 10%대 초반에서 정체되어 있다가 최근에 소폭 상승하여 2020년 기준 14.2%를 기록했다.

지 못한 채 반세기가 넘게 지속된 기업별 노조주의의 제도적 유산을 현재까지 떠안고 있다는 특수성이 더해졌다. 이것은 한국의 노동운동이 조직의 집중화와 내부 조율의 경험이 축적되기 전에 세계적 수준에서 펼쳐진 계급상황의 이질화가 초래하는 계급 파편화의 원심력에 직접적으로 노출되었음을 뜻한다. 금융세계화와 신자유주의적 구조조정이 가속화한 노동시장의 분절을 제어할 수 있는 조직적 수단이 거의 없는 상황에 이제 막 계급의 형성을 도모하던 한국의 노동운동이 내몰렸던 것이다.

2000년대 이후에는 오히려 계급상황의 이질화가 노동자들의 집합행동의 속성과 조직적 활동의 변화에도 반영되기 시작하면서 노동운동의 위기가 본격화되었다. 노동시장의 분절이 심화되면서 생산 현장의 계급갈등은 점점 더 노동계급 내부의 분배 갈등과 지위경쟁의 형태를 띠게 되었고, 매우 유리한 시장 지위를 누리는 노동자들은 같은 계급 위치를 공유하는 다른 부문, 다른 산업, 다른 회사의 노동자들과 연대하기보다는 자신만의 배타적 이해를 좇아가는 경향이 커져갔다. 이러한 환경에서 유리한 시장 지위와 강력한 교섭력을 갖춘 대공장 노동자들 사이에서 분파적인 이해에 기초한 도구적 집단주의가 득세하게 된 것이다. 그 결과 최근 들어 대공장 노조들의 연대적 행위 잠재력은 매우 빠른 속도로 쇠락했다.

결국 21세기에 들어서면서 한국 노동계급은 '분산성과 이질성의 결합'이 낳는 악조건에 처하게 되었다. 조직의 분산성과 계급상황의 이질성은 서로를 강화하기 마련이다. 즉, 분산적 조직은 계급상황의 이질성을 심화시키며 이렇게 심화된 이질성은 다시 조직의 분산성을 강화하는 것이다. 악순환이 이대로 지속되면 노동계급의 파

편화 또는 해체의 단계에 접어들게 될 것이다. 21세기에 들어서 본
격적으로 추진된 한국의 산업별 노조운동과 미조직 노동자의 조직
화 시도들은 분산성과 이질성의 악순환이 불러올 계급 파편화로부
터 벗어나기 위한 노동계급 재형성의 기획으로 평가할 수 있다.

하지만 이 기획은 노동계급 내부의 이질성이 매우 큰 조건에서
조직의 집중화와 조직 확대를 도모하는 것이기에 계급의 재형성은
매우 지난한 과제임이 분명하다. 명실상부한 산업별 노조로의 전환
을 통한 조직적 집중화('조직적 경계'의 확대) 노력은 노동계급 내부의
'사회적 경계'와 '상징적 경계'가 상당한 시기에 걸쳐 구획되고 분절
된 이후에야 이루어진 것이었기에, 기대만큼의 성과를 낳지 못하고
있다. 또한 최근 들어 조금씩 가시적 성과를 보여주고 있는 미조직
노동자의 조직화 시도들과 이와 관련된 다채로운 실험들은 더 이상
의 조직률 하락을 막아내고 (이른바 '프레카리아트'를 포함한) 새로운
직업과 업종의 노동자들을 '집단적으로 조직된 사회적 행위자로서
의 계급'으로 만들어내려는 노동운동의 중요한 기획임에는 분명하
지만, 아직까지 노동운동의 위기를 반전시킬 동력을 생산해내지는
못하고 있다. 그것은 한국만의 상황은 아니고, 전 세계적인 수준에
서 노동운동이 처한 현재이다.

결국 한국의 노동운동이 향후 계급의 재형성에 성공할 수 있을
지는 조직의 분산성과 계급상황의 이질성의 결합이 낳는 악조건 속
에서 이 두 개의 조직적 과제를 얼마나 창조적으로 풀어나가며 노
동운동의 새로운 주체 형성에 성공할 수 있을지에 달려 있을 것이
다. 노동계급의 형성과 퇴보, 변형과 재형성의 끊임없는 역사 속에
서 문제는 언제나 당대의 분절된 노동의 조건 속에서 연대와 단결

의 형식을 재구성하고 노동운동의 자원과 역량을 확충할 수 있는
계기와 해법을 이론적 · 실천적으로 찾는 일이었다.

## 1. 코딩의 원칙

### 1) 저항사건의 정의와 코딩 원칙

○ 정의: 노동자 저항사건(labor protest events)는 '노동자, 노동조합, 노동조합 연합단체, 또는 비공식 노동자조직 등이 자신의 집단적 이익을 위하여 다른 집단, 엘리트, 또는 당국에 대항하여 벌인 직접적인 활동'으로 정의한다.

○ 사건들의 연쇄(chain of events): 동일 행위자들의 저항사건들이 시간과 장소에 따라 명확히 구분될 경우(하루 중 특정 시간대, 같은 도시의 여러 구역들), 각각의 사건을 별개의 사건으로 코딩한다. 단, 동일 시간대 또는 동일 장소에서 사건들의 연쇄가 일어날 경우(예를 들어 집회, 성명서, 결의 등이 동시에 동일 장소에서 나타날 경우), 하나의 사건으로 코딩하고, 저항사건 범주는 그중에서 가장 급진적인 것으로 코딩한다.

○ 참여자 수가 출처에 따라 다를 경우, 평균을 사용한다. 예를 들어, 집회 주최 측 추산 인원과 경찰의 추산 인원이 다를 경우, 그 평균으로 코딩한다. 원자료에 참여자 수가 불명확하게 기록된 경우에 수 명은 5명, 수십 명은 50명, 수백 명은 500명, 수천 명은 5,000명, 수만 명은 50,000명으로 환산한다.

## 2) 파업 코딩의 원칙

○ 정의: 노동조합(노동자) 또는 사용자가 자신의 이해관계의 실현
을 위하여 일으킨 모든 종류의 작업중단(work stoppage)으로 정의
한다. 여기에는 전면파업, 부분파업, 작업거부, 집단조퇴, 집단결
근, 직장폐쇄 등이 포함된다.

○ 부분파업의 지속일수는 하루를 8시간을 기준으로 계산한다(예:
4시간 부분파업=0.5일). 부분파업 기간이 명시되지 않은 경우 통상
적으로 0.3으로 한다.

○ 작업중단이 단속적으로 벌어질 경우, 하루(24시간) 이상의 끊김
이 있으면 별도의 파업으로 계산한다.

○ 파업참가자 수: 기사에 참가자 수가 나와 있지 않은 경우, 조합
원 수로 한다. 일부 조합원만의 파업으로 파업 참여자 수가 불
명확할 경우 전체 조합원의 20%로 계산한다.

○ 조합원 수가 명시되어 있지 않은 경우는, 노동부『전국노동조합
조직현황』(각년도) 자료에서 인용한다.


## 2. 코딩 도식

1) 신문기사 게재일 : ○○○○년 ○○월 ○○일


2) 사건발생년도 : ○○○○년


3) 사건발생월일 : ○○월 ○○일

4) 사건개요 : ('저항사건의 요지를 간략히 요약')


5) 참가자 수 : (      )명


6) 행위자 유형

　① 노동조합 (예: 단위노조, 연맹, 총연맹 포함)

　② 연합조직 (예: ○○대책위원회, ○○투쟁위원회 등)

　③ 노조 내 비공식조직 (예: 노조 현장조직, 파업위원회 등)

　④ 개별 노동자


7) 고용형태별 행위자 분류

　① 정규직　② 직접고용 비정규직　③ 간접고용 비정규직

　④ 특수고용직　　⑤ 건설일용직　⑥ 기타


8) 노동조합 조직형태별 행위자 분류(노동조합의 경우)

　① 기업별 노조

　② 직업/지역별 노조

　③ 소산별 노조

　④ 산업별

　⑤ 기타


9) 결합방식에 따른 행위자 분류(노동조합의 경우)

　① 단위노조 (기업별노조, 산별노조 지회, 산별노조 기업지부 등)

② 그룹계열사 연합단체 (현총련 등)

③ 산별 연합단체 (금속연맹, 금속노조, 전교조울산지부 등)

④ 총연합단체 (민주노총 지역본부 등)

**10) 행위자의 소속 기업**

① 현대자동차 　　　 ② 현대중공업

③ 그 외 현대 계열사 　　④ 기타 　　⑨ 비해당

**11) 단위노조의 노조설립년도 : ○○○○년**

**12) 소속된 단위 노동조합의 조합원 규모**

① 30인 미만 　　② 30-99인 　　③ 100-299인

④ 300-999인 　　⑤ 1,000-9,999인 　⑥ 10,000인 이상

**13) 업종/부문 분류**

① 금속 　　　　② 비금속 제조업 　③ 건설업

④ 전기, 가스, 수도 ⑤ 도소매 　　　⑥ 운수업

⑦ 금융, 보험 　 ⑧ 공공행정 　　⑨ 교육서비스

⑩ 보건 및 사회복지 ⑪ 기타

**14) 공동행위 분류**

① 단독행위 또는 공동행위자 없음

② 동일 업종 또는 동일 업종의 상급단체, 또는 동일 그룹
계열사 노조(원)와의 공동행위

③ 다른 업종의 노조(원) 및 노조연합단체와의 공동 행위

④ 노동자조직 이외의 가족, 지역주민, 시민, 학생, 사회운동
단체, 정당 등과의 공동 행위

## 15) 저항사건의 공간 스케일(scale)

① 단위 사업장(workplace)　　② 울산 지역(local)

③ 부산, 경남 등의 인근지역(regional)　④ 전국(national)

## 16) 저항사건의 주요 타깃

① 회사/사용자　　② 중앙정부

③ 지방정부(지방소재 공공기관)　　④ 경찰 및 공안기구

⑤ 노동조합　　⑥ 기업가단체　⑦ 기타

## 17) 저항사건의 레퍼토리 분류

① 담화적 저항: 서명, 청원, 결의, 공개서한, 기자회견, 유인물
발행, 고소/고발, 소송, 성명서, 광고 게재, 공청회 등

② 시위성 저항: 집회, 시위, 거리행진, 항의방문, 합법파업, 태업

③ 대결적 저항: 농성, 점거, 방해, 봉쇄, 불법파업, 작업거부,
보이콧, 그 외의 모든 불법시위 행위

④ 폭력적 저항: 경미한 또는 심각한 재산훼손 및 파괴, 공격적
인 신체 접촉, 부상 등을 수반한 행위(자살 및 자살시도 포함)

## 18) 저항사건 지속기간 (시위, 거리행진, 파업, 농성, 점거, 작업
거부만 해당)

① 몇 시간        ② 하루 종일(8시간 이상)        ③ 2-7일

④ 2-4주(한달 이내) ⑤ 한달 이상

**19) 파업(work stoppage)의 유형**

① 전면파업        ② 부분파업        ③ 직장폐쇄

④ 작업거부        ⑤ 기타

**20) 파업의 공간적 단위**

① 사업체 내 공장 단위        ② 사업체 단위

③ 산업(업종) 단위            ④ 지역 단위

⑤ 전국 규모의 파업(다지역/다산업)

**21) 파업 발생원인: (직접 입력)**

**22) 파업 지속일수: (    )일**

**23) 파업종결 사유**

① 노사합의        ② 자체종결        ③ 기타

**24) 요구사항 (가장 중요한 것, 복수일 경우 2가지만)**

① 임금인상        ② 근로조건        ③ 단체교섭 촉구

④ 노조 인정 및 노조 활동 보장(해고자복직, 노조탄압중단, 노조
인정, 부당노동행위규탄, 징계철회, 직장폐쇄철회, 회사측 테러규탄,
단협위반, 명예훼손 및 손배가압류철회, 고소고발취하 등)

⑤ 조합 민주주의　　　　⑥ 고용/실업문제

⑦ 경영참여 / 경영감시　　⑧ 공권력 비난

⑨ 노동법 관련 법개정　　⑩ 그 외의 각종 정부정책 비판

⑪ 정권규탄/퇴진요구　　⑫ 시민사회 의제

⑬ 비정규직 문제해결　　⑭ 참여 촉구

⑮ 기타　　　　　　　　⑯ 알 수 없음


## 25) 저항사건의 장소

① 단위 사업장 내부　② 사업장 인근의 노동자 밀집 주거지

③ 울산시(사업장 소재지 외부)　④ 전국화 (상경투쟁 포함)


## 26) 저항행위의 결과

① 정부 당국의 억압행위 또는 제재 유무 (예: 시위진압, 연행, 구속, 사법적 제재)

② 사용자의 억압행위 또는 제재 유무 (예: 해고, 징계, 고소고발)

③ 연행자 발생 유무

④ 행위 결과 구속자 유무

# 참고문헌

## 1. 국내문헌

강석재. 2002. "조선산업 대기업의 작업장체제와 노사관계의 변화". 연세대학교 대학원 경영학과 박사학위논문.

강인순. 1990. "마산, 창원의 노동자계급의 가족생활". 여성한국사회연구회 편. 『한국가족론』. 까치.

강현아. 2004. "작업장에서 비정규 노동자 배제에 관한 사례 연구: 사내하청노동자를 중심으로".『산업노동연구』, 10(1): 33-56.

고든, 데이비드(David M. Gordon), 리처드 에드워즈(Richard Edwards), 마이클 라이크(Michael. Reich). 1998.『분절된 노동, 분할된 노동자: 미국노동의 역사적 변형』. 고병웅 옮김. 신서원.

고용노동부. 2011. "보도자료: 주야 2교대제, 상시적 휴일특근 장시간 근로하는 완성차 업체 – 고용노동부, 완성차업체 근로시간 실태조사 결과 발표"(2011. 11. 7).

고용노동부. 2016.『집단적 노사관계 업무매뉴얼』.

고프먼, 어빙(Erving Goffman). 2013.『상호작용 의례』. 진수미 옮김. 아카넷.

곽만섭. 1989. "도시경영과 노사분규: 대규모 공업도시를 중심으로".『도시문제』, 276: 45-54.

곽상신 · 조성재. 2013. "현대자동차 비정규직 특별교섭의 쟁점과 평가". 한국노동연구원,『노동리뷰』, 4월호: 7-19.

구해근. 2002.『한국 노동계급의 형성』. 신광영 옮김. 창작과비평사.

국회 노동위원회. 1988. "울산지방노동사무소 국정감사 회의록"(1988. 10. 14).

권미정. 2002. "울산지역 노동운동 내부의 균열구조 연구: 민주노동당 울산북구의 제16대 총선을 사례로". 서강대학교 대학원 석사학위논문.

권용목. 1988. "현대그룹 노동운동사(I)". 『새벽』, 1: 60-100. 석탑.

김기원. 2002. 『재벌개혁은 끝났는가』. 한울아카데미.

김동완·김민호. 2014. "울산공업단지의 서막, 정유공장 건설의 정치지리". 『대한지리학회지』, 49(2): 139-159.

김동욱. 1989. "해방이후 귀속 기업체 처리과정에 관한 일 연구: 조선석유주식회사의 사례". 『경제사학』, 13: 173-215.

김동춘. 1995. 『한국사회 노동자 연구』. 역사비평사.

김백영. 2009. 『지배와 공간: 식민지도시 경성과 제국 일본』. 문학과지성사.

김승석. 2007. 『울산지역 석유화학산업의 발전과정』. 울산학연구센터.

김승석·한상진. 2005. 『울산의 산업 1』. 울산대학교출판부.

김영두·인수범. 2004. "한국 자동차산업 작업조직 현황과 노조의 정책". 인수범·이상호·김영두. 『작업조직 변화와 노동조합 정책』. 한국노동사회연구소·프리드리히에베르트재단.

김영수·박재범. 2015. 『공무원노동운동사: 전국공무원노동조합 10년사』. 한내.

김원. 2006. 『여공 1970, 그녀들의 反역사』. 이매진.

김원. 2007. "신자유주의 이후 지역의 변화와 노동운동의 위기: 울산 북구를 중심으로". 『담론 201』, 10(3): 175-206.

김유선. 2005. 『한국노동자의 임금실태와 임금정책』. 후마니타스.

김정배. 2006. "1960~70년대 울산의 인구구성과 특징". 울산발전연구원 울산학연구센터. 『울산학연구』 1: 239-281.

김주환. 1999. "한국 조선산업발전에서의 국가-기업 관계에 대한 연구: 현대조선의 초기 성장과정을 중심으로". 『한국사회과학』, 21(1): 133-178.

김주환·오민규·송보석·윤철희. 2005. "좌담회: 사내하청 노동의 조직화와 과제." 한국비정규노동센터, 『비정규노동』, 5월호: 14-39.

김준. 2004. "1970년대 현대조선 노동자들의 삶과 의식: 구술 생애사 자료를 중심으로". 『사회와 역사』, 66: 190-225.

김준. 2006a. "잃어버린 공동체?: 울산 동구지역 노동자 주거공동체의 형성과 해체". 이종구 외. 『1960-70년대 한국 노동자의 계급문화와 정체성』. 한울아카데미.

김준. 2006b. "박정희 시대의 노동: 울산 현대조선 노동자를 중심으로". 장문석 · 이상록 편. 『근대의 경계에서 독재를 읽다: 대중독재와 박정희 체제』. 그린비.

김준. 2010. "다시 못 올 것에 대하여: 노동자 구술증언 속의 '향수' 또는 '과거의 낭만화'". 『사회와 역사』, 85: 83-123.

김차두 · 허민영. 2002. "기업내 노동자 조직의 형성과 전개: 현대중공업을 중심으로". 『경상대학교 상경연구』, 18(2): 13-32.

김창우. 2007. 『전노협 청산과 한국노동운동』. 후마니타스.

김철식. 2009. "상품연쇄와 고용체제의 변화: 한국 자동차산업 사례연구". 서울대학교 대학원 사회학과 박사학위논문.

김철식 · 조형제 · 정준호. 2011. "모듈 생산과 현대차 생산방식: 현대모비스를 중심으로". 『경제와 사회』, 92: 351-385.

김태현. 2008. "민주노총의 임금정책." 한국노동연구원, 『노동리뷰』, 4월호: 60-63.

김하경. 1999. 『내 사랑 마창노련』 상권. 갈무리.

김현제. 2020. "표류하는 불법파견 투쟁, 우리는 어디로 가고 있는가?". 전국불안정노동철폐연대, 『제4회 파견노동포럼 자료집』.

김형기. 1988. 『한국의 독점자본과 임노동』. 까치.

김형기. 2001. "대공장의 비정규직, 사내하청노동자의 선택: INP 사내하청노동자투쟁과 대공장 노동자투쟁의 새로운 전환". 한국노동이론정책연구소, 『현장에서 미래를』, 67호.

김형우. 2010. "모든 사내하청 노동자의 정규직화를 위하여". 민주노동당 · 전국금속노동조합 공동주최 토론회 『현대차 불법파견 판결 그후, 정규직 전환 방안 토론회 자료집』.

김호연 · 양상현 · 현재열. 2007. 『1987년 울산 노동자대투쟁 I』. 울산대학교출판부.

노동부.『전국노동조합조직현황』.

노동해방문학 특별취재단. 1990. "보라, 우리 노동자가 얼마나 높이 있는가를!".『노동해방문학』, 복간호: 13-34.

노중기. 1995. "국가의 노동통제전략에 관한 연구: 1987-1992". 서울대학교 대학원 사회학과 박사학위논문.

노중기. 2008.『한국의 노동체제와 사회적 합의』. 후마니타스.

노중기. 2009. "민주노조운동의 위기구조와 대응전략 연구".『동향과 전망』, 77: 248-280.

노중기. 2020. "귀족 노조 이데올로기". 김태훈 외.『노동, 운동, 미래, 전략』. 이매진.

데이비스, 마이크(Mike Davis). 1994.『미국의 꿈에 갇힌 사람들』. 김영희 · 한기욱 옮김. 창비.

데이비스, 마이크(Mike Davis). 2020.『인류세 시대의 맑스』. 안민석 옮김. 창비.

라이트, 에릭 올린(Erik Olin Wright). 2005.『계급론』. 이한 옮김. 한울.

라이트, 에릭 올린(Erik Olin Wright). 2017.『계급 이해하기』. 문혜림 · 곽태진 옮김. 산지니.

리보위츠, 마이클(Michael A. Lebowitz). 1999.『자본론을 넘어서』. 홍기빈 옮김. 백의.

립셋, 세이무어 마틴(Seymour Martin Lipset). 2006.『미국 예외주의』. 강정인 · 문지영 · 하상복 · 이지윤 옮김. 후마니타스.

마르크스, 칼(Karl Marx). 1991.『프랑스 혁명사 3부작』. 임지현 · 이종훈 옮김. 소나무.

마산창원노동조합총연합. 1993.『임금교섭 자료집』.

문성현. 1997. "87년 노동자대투쟁: 가슴 속의 사람들, 함께 어깨 걸 사람들". 한국노동사회연구소,『노동사회』, 8월호: 127-137.

바카로, 루초(Lucio Baccaro), 크리스 하월(Chris Howell). 2020.『유럽 노사관계의 신자유주의적 변형: 1970년대 이후의 궤적』. 유형근 옮김. 한울아카데미.

박근갑. 2009.『복지국가 만들기: 독일 사회민주주의의 기원』. 문학과지성사.

박동. 2000. "한국의 분권화된 단체교섭제도와 임금인상의 정치: 1987-97".『경제와 사회』, 47: 202-232.

박동. 2005.『한국 노동체제의 변화와 사회협약의 정치』. 동도원.

박래영 외. 1989.『자동차공업의 노사관계』. 한국노동연구원.

박명준. 1997. "자동차 산업 생산합리화에 대한 노동조합의 대응 연구". 서울대학교 대학원 사회학과 석사학위논문.

박양호. 1989. "기업도시: 창원과 울산".『도시문제』, 276: 18-31.

박재욱. 1996. "대기업 주도형 도시정치의 특성: 대기업의 지역헤게모니에 관한 사례연구." 연세대학교 대학원 정치학과 박사학위논문.

박재욱. 1999. "대기업도시 울산시와 도요타시(豊田市)의 기업권력과 지방정치".『한국과 국세정치』, 15(1): 97-129.

박점규. 2011.『25일: 현대자동차 비정규직 울산공장 점거 투쟁 기록』. 레디앙.

박종식. 2014. "내부노동시장의 구조변화와 재해위험의 전가: 조선산업 사내하청 확산과 원하청 재해율 비교 연구". 연세대학교 대학원 사회학과 박사학위논문.

박종식. 2016. "한국의 사내하도급 노동자들의 산업안전 현황: 조선업을 중심으로".『강원법학』, 48: 99-136.

박종식. 2017. "한국 조선산업 동향과 노동시장 변화 검토". 조선업종노조연대.『구조조정 기 조선산업 노동시장 구조개편과 정책과제 연구 보고서 II』. 전국금속노동조합 · 조선업종노조연대.

박준식. 1992.『한국의 대기업 노사관계연구』. 백산서당.

박준식. 1996. "노동조합의 조직 상황과 미조직 노동자의 조직화 문제".『산업노동연구』, 2(1): 319-348.

박준식. 1997. "1987년 이후의 작업장정치와 노동의 시민권".『경제와 사회』, 36: 157-197.

박준식. 2004.『구조조정과 고용관계 변화의 국제 비교』. 한울.

박준식 · 조효래. 1989. "독점대기업의 노무관리전략에 대한 연구".『경제와 사회』, 3: 42-81.

박태주. 2009. "현대자동차의 장시간 노동체제와 '주간연속 2교대제'에 대한 시
　　사점". 『동향과 전망』, 76: 233-267.

박태주. 2011. "현대자동차의 주간연속 2교대제, 어디까지 왔나". 한국노동연구
　　원, 『노동리뷰』, 8월호: 63-74.

박태주. 2013. "현대자동차 비정규직 문제를 바라보는 시각과 해결을 위한 제
　　언". 『산업노동연구』, 19(1): 105-137.

박태주 · 이문호. 2013. "토론과 조정의 노동정치: 현대자동차 '노사전문위원회'
　　의 활동결과 및 평가". 『동향과 전망』, 89: 185-221.

박훤구. 1982. "조선공업". 김수곤 · 하태현 편. 『노사관계 사례연구』. 한국개발
　　연구원.

발리바르, 에티엔(Etienne Balibar). 2022. "계급투쟁에서 계급 없는 투쟁으로?".
　　에티엔 발리바르, 이매뉴얼 월러스틴. 『인종, 국민, 계급: 모호한 정체성
　　들』. 김상운 옮김. 두번째테제.

배규한. 1985. "한국의 임금제도와 노사관계: 자동차공장 사례연구". 서울대학
　　교 인구 및 발전문제연구소 편. 『사회변동의 이론과 실제』. 서울대학교
　　출판부.

배석만. 2012. "부산항 매축업자 이케다 스케타다(池田佐忠)의 기업 활동". 『한
　　국민족문화』, 42: 127-170.

배영수. 1995. "1920년대 미국의 노동계급 문화와 거주형태". 『미국학』, 18: 99-
　　123.

배영수. 2011. 『미국 예외론의 대안을 찾아서』. 일조각.

백두주 · 조형제. 2009. "시스템합리화와 노동유연성: 현대자동차 사내하청을
　　중심으로". 『산업노동연구』, 15(2): 349-383.

백무산 · 고영직. 2013. "대담: 공장 밖이 절벽입니다". 『실천문학』, 111: 84-114.

백욱인. 1989. "한국자본주의와 주택문제". 『동향과 전망』, 5: 229-258.

백욱인. 1990. "주택문제와 대중운동". 『경제와 사회』, 7: 168-192.

백욱인. 1994. "계급별 생활상태 연구". 서울대학교 대학원 사회학과 박사학위

논문.

베버, 막스(Max Weber). 2009. 『경제와 사회 I: 공동체들』. 박성환 옮김. 나남.

보울스, 사무엘(Samuel Bowles), 허버트 진티스(Herbert Gintis). 1994. 『민주주의와 자본주의: 재산, 공동체, 그리고 현대 사회사상의 모순』. 차성수·권기돈 옮김. 백산서당.

부라보이, 마이클(Michael Burawoy). 1999. 『생산의 정치』. 정범진 옮김. 박종철출판사.

브레이버맨, 해리(Harry Braverman). 1989. 『노동과 독점자본』. 이한주·강남훈 옮김. 까치.

손영우. 2012. "왜 노동조합이 전투적이고 갈등적인 전략을 선택하는가?: 한국 노조운동의 정치적 기회구조의 한계와 이중구조의 출현". 『사회과학연구』, 20(1): 40-74.

손잡고. 2016. 『손잡고 2016년 상반기 손배가압류 현황 및 노동현장 피해사례 발표 기자간담회 자료집』.

손정순. 2009. "금속산업 비정규 노동의 역사적 구조 변화: 산업화 이후 금속산업 사내하청 노동을 중심으로". 고려대학교 대학원 경제학과 박사학위 논문.

송호근. 1991. 『한국의 노동정치와 시장』. 나남.

송호근. 1995. 『한국의 기업복지 연구』. 한국노동연구원.

송호근. 2017. 『가 보지 않은 길: 한국의 성장동력과 현대차 스토리』. 나남.

송호근·유형근. 2009. "거주지의 공간성과 노동계급의 형성: 울산 북구와 동구의 비교연구". 『산업노동연구』, 15(2): 185-222.

송호근·유형근. 2010. "한국 노동자의 계급의식 결정요인: 울산 지역의 조직노동자를 중심으로". 『경제와 사회』, 87: 237-262.

쉐보르스키, 아담(Adam Przeworski). 1995. 『자본주의와 사회민주주의』. 최형익 옮김. 백산서당.

신광영. 2005. "한국사회의 양극화와 노동계급의 현재". 『역사비평』, 71: 114-139.

신병현. 2006. "'민주노조' 정치양식의 시효소멸에 관한 시론". 『경제와 사회』, 72: 42-68.

신원철. 2001. "기업내부노동시장의 형성과 전개: 한국 조선산업에 관한 사례 연구". 서울대학교 대학원 사회학과 박사학위논문.

신원철. 2003. "사내하청공 제도의 형성과 전개: 현대중공업 사례". 『산업노동 연구』, 9(1): 107-141.

신원철. 2004. "경쟁 양식과 노동자 정체성: 1960-70년대 기계산업 노동자를 중심으로". 이종구 외. 『1960-70년대 한국의 산업화와 노동자 정체성』. 한울아카데미.

신원철. 2006. "1960-70년대 기계산업 노동자의 여가 및 소비 생활". 이종구 외. 『1960-70년대 한국 노동자의 계급문화와 정체성』. 한울아카데미.

신진욱. 2004. "사회운동, 정치적 기회구조, 그리고 폭력: 1960-1986년 한국 노동자 집단행동의 레퍼토리와 저항의 사이클". 『한국사회학』, 38(6): 219-250.

실버, 비버리(Beverly Silver). 2005. 『노동의 힘』. 백승욱·안정옥·윤상우 옮김. 그린비.

안양노동정책교육실. 2009. 『2009년 조합원 설문조사 결과』. 전국금속노동조합 현대자동차지부.

안정옥. 2002. "현대 미국에서 시간을 둘러싼 투쟁과 소비적 현대성". 서울대학교 대학원 사회학과 박사학위논문.

안정옥. 2010. "시간의 탈구와 일상의 비참: 울산 자동차 노동자의 사례". 『사회와 역사』, 88: 345-385.

안정화. 2021. "가치사슬에서 기술, 숙련의 위계적 구성과 이윤, 임금의 불균등 분배". 『산업노동연구』, 27(3): 45-89.

안주엽. 2006. "노동시장의 지역성", 노사정위원회 경제소위원회 발표자료.

양재진. 2005. "한국의 대기업중심 기업별 노동운동과 한국복지국가의 성격". 『한국정치학회보』, 39(3): 395-412.

에더, 클라우스(Klaus Eder). 2000. 『새로운 계급정치: 선진사회의 사회운동과 문화동학』. 정헌주 옮김. 일신사.

엥겔스, 프리드리히(Friedrich Engels). 2014.『영국 노동계급의 상황』. 이재만 옮
    김. 라티오.

염미경. 2001.『일본의 철강도시』. 경인문화사.

염미경. 2002. "기업도시의 통치, 도시체제, 그리고 성장정치: 일본 키타큐슈의
    사례를 중심으로".『경제와 사회』, 53: 119-143.

영남노동운동연구소 산별노조연구교육분과. 1996. "기획좌담: 현대자동차 1차
    밴드 한일이화 실태를 알아본다". 영남노동운동연구소,『연대와 실천』, 5
    월호.

요코타 노부코(横田伸子). 2020.『한국 노동시장의 해부』. 그린비.

울산개발계획본부. 1962. "울산개발계획개요". 한국산업은행조사부,『조사월
    보』79: 1-20.

울산광역시 동구. 2012.『울산광역시 동구 비정규직 노동자 실태 조사』.

울산광역시. 울산통계연보.

울산노동정책교육협회.《주간울교협통신》.

울산노동조합협의회 준비위원회. 1989.『울노협이 뭔교?』.

울산리서치. 2005.『2005년 현대자동차 조합원 생활실태 및 의식조사 결과보
    고서』. 현대자동차노동조합.

울산리서치. 2007.『2007년 조합원 생활실태 및 의식조사 결과 보고서』. 현대
    자동차노동조합.

울산리서치연구소. 2000.『2000년 금속연맹 울산본부 조합원 생활실태 및 의
    식조사 결과보고서』. 금속연맹 울산본부.

울산민주노동자협의회(준).《울산노동자》.

울산사회선교실천협의회 노동문제상담소. 1987.『울산지역 7월 노동자대중투
    쟁 자료집』.

울산상공회의소. 1981.『울산의 성장과정과 지역적 특성』.

울산상공회의소. 1984.『울산상의이십년사』.

울산상공회의소. 1984~1996.《울산상공》.

울산지방검찰청 울산지청. 1998.『울산지청16년사』.

울산지역노동조합협의회(준). 1989.『'울산지역 노동조합협의회' 건설준비를 위한 설명토론회 자료집』.

울산지역임투지원본부.《울산노동자신문》.

원영미. 2006. "1987년 이전 울산 노동자의 생활세계: 현대중공업 노동자를 중심으로". 울산발전연구원,『울산학연구』, 1: 283-349.

원영미. 2016. "1980년대 울산 대공장 노동자 연구: 현대자동차와 현대중공업을 중심으로". 울산대학교 대학원 역사문화학과 박사학위논문.

원영미. 2021. "노동자대투쟁 이전 울산지역 노동자 활동".『역사와 경계』, 118: 145-192.

유용민 · 김성해. 2007. "노동운동의 담론적 위기: 신자유주의담론과 미디어 노동담론의 역사적 접합을 중심으로".『한국언론학보』, 51(4): 226-251.

유형근. 2012a. "한국 노동계급의 형성과 변형: 울산지역 대기업 노동자를 중심으로, 1987-2010". 서울대학교 대학원 사회학과 박사논문.

유형근. 2012b. "20세기 울산의 형성과 역사적 변천: 공업도시, 기업도시, 노동자도시".『사회와 역사』, 95: 5-37.

유형근. 2014. "노동조합 임금정책의 점진적 변형: 자동차산업을 중심으로".『한국사회학』, 48(4): 23-56.

유형근. 2017. "민주화 이후 노동자 저항의 궤적과 집합행동의 레퍼토리: 울산지역을 중심으로, 1987-2016".『산업노동연구』, 23(3): 41-85.

유형근. 2018. "금속산업 비정규직 투쟁 · 조직화의 평가와 과제". 전국금속노동조합 산별노조발전전략위원회.『산별노조발전전략 연구보고서』. 전국금속노동조합.

유형근. 2020. "금속산업 사내하청 노동자 투쟁의 난관과 운동의 분화".『산업노동연구』, 26(3): 159-210.

유형근 · 이정봉. 2008.『산별노조 시대 노동복지 전략』. 한국노동사회연구소 · 프리드리히에버트재단.

유형근 · 조형제. 2017. "현대자동차 비정규직의 정규직 되기: 투쟁과 협상의 변주곡, 2003-2016년". 『산업노동연구』, 23(1): 1-45.

은수미. 2005. "한국 노동운동의 정치세력화 유형연구". 서울대학교 대학원 사회학과 박사학위논문.

은수미. 2007. 『비정규직과 한국 노사관계 시스템 변화(I)』. 한국노동연구원.

이균재. 1997. "생산적 노사관계 실현을 위한 노사갈등 해소 사례연구: 현대중공업의 경우를 중심으로". 울산대학교 경영대학원 석사학위논문.

이문웅. 1985. "신흥공업도시에서의 외지인의 생활적응". 서울대학교 인구및발전문제연구소 편. 『사회변동의 이론과 실제』. 서울대학교 출판부.

이민주. 2008. "울산 공업단지 개발에 관한 연구: 일제강점기 후반부터 1960년대까지". 울산대학교 대학원 건축학과 석사학위논문.

이병훈. 2005. "노동 양극화와 운동의 연대성 위기". 최장집 편. 『위기의 노동』. 후마니타스.

이병훈. 2018. 『노동자 연대』. 한울아카데미.

이병훈·유형근. 2009. "자동차산업의 임금결정메커니즘에 관한 사례연구". 『한국사회학』, 43(2): 1-24.

이병훈·홍석범·권현지. 2014. "정규직-비정규직의 연대정치: 현대자동차 울산공장 사례를 중심으로". 『한국사회학』, 48(4): 57-90.

이상우. 2015. "금속노조의 간접고용 비정규직 대응." 2015년 비판사회학대회 (10.24) 토론문.

이상철. 1991. "한국노동운동의 지역적 특성, 1987-1990: 포항, 울산, 마산·창원지역의 비교". 서울대학교 대학원 사회학과 박사학위논문.

이상호·김보성·엄재연·남우근·김직수·손정순. 2011. 『금속노조 비정규 노동자 조직화 전략에 대한 진단과 대안 연구』. 전국금속노동조합.

이수원. 1994. 『현대그룹 노동운동, 그 격동의 역사』. 도서출판 대륙.

이영희. 1994. 『포드주의와 포스트 포드주의: 현대, 도요다, 볼보자동차공장 비교』. 한울.

이원보. 2004. 『한국노동운동사 5: 경제개발기의 노동운동, 1961~1987』. 지식마당.

이재성. 2008. "인천 경동산업의 공장체제와 민주노조운동". 『기억과 전망』, 19: 162-192.

이재성. 2010. "인천지역 민주노조 운동에 대한 사회운동론적 고찰: '중위 동원 자'의 성장과 쇠퇴를 중심으로". 서울대학교 대학원 정치학과 박사학위 논문.

이정희. 2016. "현대자동차 사내하청 정규직 특별 고용 합의의 의미." 한국노동 연구원, 『노동리뷰』, 5월호: 69-79.

이종구 외. 2005. 『1960-70년대 노동자의 생활세계와 정체성』. 한울아카데미.

이종구 외. 2006. 『1960-70년대 한국 노동자의 계급문화와 정체성』. 한울아카 데미.

이종구 외. 2010. 『1950년대 한국 노동자의 생활세계』. 한울아카데미.

이종훈·박영범·차종석. 2007. "협력적 노사관계 연구: 현대중공업 사례". 한국 노사관계학회 토론회 『노사협력기업, 무엇이 다른가』 발표문.

이진동. 2002. "작업장실태와 노동자의식: 현대자동차의 사례". 『사회과학연 구』, 20(1): 109-144.

이철승. 2019. 『노동-시민 연대는 언제 작동하는가』. 박광호 옮김. 후마니타스.

이홍일. 2008. "생산방식 변화에 따른 노동조합의 성격변화: 모듈 생산 도입을 중심으로". 서울대학교 대학원 사회학과 석사학위논문.

이효재·지은희. 1988. "한국 노동자계급 가족의 생활실태: 노동력 재생산과정 을 중심으로". 『한국사회학』, 22: 69-97.

일리, 제프(Geoff Eley). 2008. 『The Left 1848~2000: 미완의 기획, 유럽 좌파의 역사』. 유강은 옮김. 뿌리와이파리.

임상훈·우상범. 2017. "플랜트건설업의 노사관계 조정시스템 구축방안: 약자 들의 상호의존성을 중심으로". 『산업관계연구』, 27(2): 1-31.

임영일. 1998. "한국 노동체제의 전환과 노사관계: 코포라티즘 혹은 재급진화". 『경제와 사회』, 40: 102-124.

임영일. 2003. "신자유주의적 구조조정과 노동체제 전환". 경상대학교 사회과 학연구원 편. 『신자유주의적 구조조정과 노동운동: 1997-2001』. 한울.

임영일. 2006. "1987년 이후 한국의 노동운동과 계급형성: 금속부문 노동자들을 중심으로". 정진상 외. 『한국 노동계급의 형성: 1987-2003』. 한울아카데미.

임한수. 1984. "동남해안공업지대의 형성과정에 관한 연구". 『국토지리학회지』, 9: 203-232.

장경섭. 2009. 『가족·생애·정치경제』. 창비.

장명국. 2016. "한 권의 책이 대지를 흔들다". 『기억과 전망』, 35: 375-420.

장세훈. 2007. "주택소유의 관점에 입각한 중산층의 재해석". 『경제와 사회』, 74: 199-226.

장세훈. 2010. "기업도시 포항의 기업과 지역사회의 역학관계". 『지역사회학』 11(2): 165-197.

전국금속노동조합 현대자동차지부. 『한라에서 백두까지』.

전국금속노동조합 현대자동차지부. 2009. 『현자노조 20년사』.

전국금속산업노동조합연맹. 2004. 『8년차 정기대의원대회 사업보고』.

전국노동조합협의회 조사통계국. 1994a. 『임금체계 개편 사례 분석』.

전국노동조합협의회 조사통계국. 1994b. 『금속노동자의 생활과 의식』.

전국노동조합협의회. 1993. 『1993년 임금교섭 자료집』.

전국노동조합협의회. 《전국노동자신문》.

전국민주노동조합총연맹. 1996a. 『1996 사업보고·자료모음』.

전국민주노동조합총연맹. 1996b. 『1996년 조합원 생활실태조사』.

전국민주노동조합총연맹. 1996c. 『기업간 임금 격차의 현황과 노동조합의 대응방안』. 정책토론회 자료집.

전국민주노동조합총연맹. 2008. 『민주노총 2007년 사교육비 실태 보고서』.

전국자동차산업노동조합연맹. 1997. 『'97 자동차연맹 조합원 생활실태조사 결과보고서』.

전노협백서발간위원회. 2003. 『전국노동조합협의회 백서』, 1~14권. 논장.

전주희·강빈·강태선·이진우·박다혜. 2021. 『현대중공업 중대재해 사고백서 I』. 전국금속노동조합 현대중공업지부.

정명기. 2007. "모듈생산방식에 따른 부품조달체계 변화에 관한 연구: 현대자동차 아산공장을 중심으로". 『경상논총』, 25(3): 35-54.

정수복. 1994. 『의미세계와 사회운동』. 민영사.

정승국. 2000. "시간의 경제와 작업장 교섭의 구조". 『산업노동연구』, 6(2): 93-116.

정승국. 2006. "1970년대 자동차기업 노동자의 여가생활에 관한 연구". 이종구 외. 『1960-70년대 한국 노동자의 계급문화와 정체성』. 한울아카데미.

정영태 · 윤상진. 2006. 『민주노동당 지지층의 투표행태와 정치의식』. 진보정치연구소.

정용상. 2006. "그들은 선거에서 왜 졌을까?: 울산, 지방선거 후". 매일노동뉴스. 2006. 6. 8, 6. 12.

정이환. 1992. "제조업 내부노동시장의 변화와 노사관계". 서울대학교 대학원 사회학과 박사학위논문.

정이환. 2003. "분단노동시장과 연대: 정규 · 비정규 노동자간 연대의 연구." 『경제와 사회』, 59: 161-192.

정이환. 2011. 『경제위기와 고용체제』. 한울아카데미.

정이환. 2013. 『한국 고용체제론』. 후마니타스.

정재헌. 2017. "빅데이타 분석을 통한 자동차산업에서의 클러스터 형성과 생태계 연구". 『산업경제연구』, 30(5): 1615-1642.

정철희. 1996. "중위동원과 6월항쟁: 사회운동조직의 구조적 · 문화적 통합". 『한국사회학』, 30: 65-91.

조건준. 2004. "'기금요구', 독인가 약인가: 2004 완성차노조 임단투평가." 『노동사회』, 8월호: 24-33.

조돈문. 2004. 『노동계급의 계급형성: 남한 해방공간과 멕시코 혁명기의 비교 연구』. 한울아카데미.

조돈문. 2005. "한국 노동계급의 계급 형성과 노동운동의 궤적: 해방 60주년 민주노조운동의 부침을 중심으로". 학술단체협의회 편. 『해방 60년의 한국 사회』. 한울아카데미.

조돈문. 2009. "비정규직 투쟁과 정규직 노동조합의 딜레마: 캐리어와 지엠대
우 창원공장의 사례연구". 『산업노동연구』, 15(2): 151-184.

조돈문. 2011. "비정규직 노동자 투쟁의 승패와 조직력 변화". 『산업노동연구』,
17(1): 139-176.

조돈문. 2014. "현대자동차 불법파견 투쟁의 사회적 의의와 해결방안". 민주노
총 울산본부, 시민포럼 대안과 실천, 『현대자동차 불법파견 올바른 해결
을 위한 울산 대토론회 자료집』(2014. 1. 22).

조동성. 2006. "조선산업의 글로벌 경쟁 전략". 『Shipbuilding Korea 2006』 발표
문.

조성재. 2006. "자동차산업 사내하청 실태와 개선방향: H사 사례를 중심으로".
『민주사회와 정책연구』, 10: 151-183.

조성재. 2009. "자동차산업의 노동유연성과 고용관계". 『산업관계연구』, 19(3):
57-89.

조성재. 2014. "추격의 완성과 탈추격 과제: 현대자동차그룹사례 분석". 『동향
과 전망』, 91: 136-168.

조성재·이병훈·홍장표·임상훈·김용현. 2004. 『자동차산업의 도급구조와
고용관계의 계층성』. 한국노동연구원.

조성재·곽상신. 2021. "제조업 노사관계의 역사적 변용". 조성재·김주섭·박
철성·정준호·황선웅·곽상신. 『한국 제조업의 노동력 활용구조와 발
전과제』. 한국노동연구원.

조주은. 2004. 『현대 가족 이야기』. 이가서.

조형제. 1992. "한국자동차산업의 생산방식에 관한 연구". 서울대학교 대학원
사회학과 박사학위논문.

조형제. 2005. 『한국적 생산방식은 가능한가?』. 한울아카데미.

조형제. 2007. "'사회적 합의' 모델의 가능성 탐색: 울산 건설플랜트 노조의 파
업사태를 중심으로". 『아세아연구』, 127: 122-145.

조형제. 2008. "현대자동차의 숙련형성과 임금체계." 정승국 외. 『숙련형성과 임
금체계』. 한국직업능력개발원.

조형제. 2016.『현대자동차의 기민한 생산방식』. 한울아카데미.

조형제 · 김철식. 2013. "유연생산방식과 노사관계의 전환: 현대자동차의 사례". 『산업노동연구』, 19(2): 67-96.

조형제 · 이병훈. 2008. "현대자동차 생산방식의 진화: 일본적 생산방식의 도입을 중심으로".『동향과 전망』, 73: 231-264.

조형제 · 이성균. 1999. "생산합리화와 노동조합의 대응: H자동차와 H중공업의 비교".『산업노동연구』, 5(2): 213-238.

조형제 · 이성균 · 리차드 차일드 힐. 2001. "지역혁신체제의 형성과 발전: 울산 산업지구의 사례".『지역사회학』, 3: 11-35.

조효래. 2001. "창원과 울산의 지역노동운동".『지역사회학』, 3: 53-87.

조효래. 2002. "87년 이후 '민주노조운동'의 정체성",『창작과 비평』, 118: 416-432.

조효래. 2008. "사내하청 노조운동의 발생과 성장에 관한 비교연구".『산업노동연구』, 14(1): 125-164.

조효래. 2010.『노동조합 민주주의』. 후마니타스.

조효래. 2018. "1987년 이후 민주노조운동의 동학".『산업노동연구』, 24(1): 29-64.

주무현. 2002. "경제위기 이후 기업별 내부노동시장의 구조 변화: 현대자동차의 사례".『산업노동연구』, 8(1): 75-110.

주종섭. 2010. "한국의 건설노동자 조직화 과정과 노동운동 연구: 중층적 노동통제와 건설노동자의 저항을 중심으로". 전북대학교 대학원 사회학과 박사학위논문.

줄레조, 발레리(Valérie Gelézeau). 2007.『아파트 공화국』. 길혜연 옮김. 후마니타스.

진덕규. 1975. "산업화가 지역사회의 권력구조와 주민의 의식상황에 미치는 영향의 분석: 울산조선소지역사회를 중심으로".『한국정치학회보』, 9: 113-142.

진숙경. 2007. "한국 비정규노조 효과성 연구". 고려대학교 대학원 경영학과 박사학위논문.

진숙경. 2012. "정규직노조의 지원활동이 비정규직노조에 미치는 영향." 『산업
관계연구』, 22(3): 53-85.

채창균. 1993. "독점·비독점부문별 노동조합의 상대적 임금효과". 서울대학교
대학원 경제학과 박사학위논문.

천창수·권용목. 1991. "대담: '현해협'과 울산지역 노동운동". 전국노동운동단
체협의회, 『노동운동』, 11/12월: 114-131.

촐, 라이너(Rainer Zoll). 2008. 『오늘날 연대란 무엇인가』. 최성환 옮김. 한울아
카데미.

최균. 1992. "한국 기업복지의 사회경제적 성격". 서울대학교 대학원 사회복지
학과 박사학위논문.

최병승. 2017. "사내하청노동자와 불법파견 투쟁사". 민주노총 정책연구원. 『비
정규직 노동운동사: 주제사』. 민주노총.

최윤정. 1990. "공단지역 노동자들의 주택문제에 관한 연구". 『경제와 사회』, 7:
131-167.

최장집. 2005. 『민주화 이후의 민주주의』. 후마니타스.

최장집 외. 2005. 『위기의 노동』. 후마니타스.

최재훈. 2017. "집합행동의 개인화와 사회운동 레퍼토리의 변화". 『경제와 사
회』, 113: 66-99.

최종환·김성해. 2014. "민주주의, 언론 그리고 담론정치: 파업에 대한 미디어
프레임 변화를 중심으로". 『한국언론정보학보』, 67: 152-176.

출처미상. 1991. "현 시기 민주노조운동의 현황과 전망: 특히 '울노협 준비위'와
'대공장 민주노조운동'과 관련하여"(노동자역사 한내 소장 자료).

커크, 도널드(Donald Kirk). 1995. 『현대 & 정주영』, 이재범 옮김, 한국언론자료
간행회.

코카, 위르겐(Jürgen Kocka). 1987. 『임노동과 계급형성』. 한운석 옮김. 한마당.

콘, 마거릿(Margaret Kohn). 2013. 『래디컬 스페이스: 협동조합 민중회관 노동회
의소』. 장문석 옮김. 삼천리.

톰슨, 에드워드 파머(Edward P. Thompson). 2000a. 『영국 노동계급의 형성』 상권. 나종일 외 옮김. 창작과비평사.

톰슨, 에드워드 파머(Edward P. Thompson). 2000b. 『영국 노동계급의 형성』 하권. 나종일 외 옮김. 창작과비평사.

하비, 데이비드(David Harvey). 2005. 『모더니티의 수도, 파리』. 김병화 옮김. 생각의 나무.

하성규·서준익. 1998. "도시성장에 따른 주거지 분화 요인에 관한 연구: 울산시를 중심으로". 『도시연구』, 4: 111-139.

한국기독교사회문제연구원 편. 1988. 『대구·울산 지역실태와 노동운동』. 민중사.

한국노동안전보건연구소. 2015. 『좋은 교대제는 없다』. 한국노동안전보건연구소.

한국노동연구원. 2007. 『2007년도 노사관계 실태분석 및 평가』. 노동부.

한국노동조합총연맹. 1990. 『노동자 주택정책 방향: 건설부 근로자주택건설계획의 개선방안을 중심으로』.

한국노동조합총연맹. 1993. 『1993년 최저 생계비』.

한국비정규노동센터 현장리포트팀. 2001. "상처를 넘어, 깨어진 연대의 좌절을 넘어: 캐리어 사내하청 노동자의 조직화 사례". 한국비정규노동센터, 『비정규 노동』, 9월호(통권4호).

한국사회과학연구소. 1993. 『현대자동차 노동조합의 정책수립에 관한 조사보고서』. 현대자동차(주) 노동조합.

한국사회연구소. 1989. 『한국사회노동자연구 II』. 백산서당.

한국조선공업협회. 2005. 『한국의 조선산업: 성장과 과제』.

한국조선협회. 조선자료집.

한삼건. 2012. 『울산 공업센터 반세기: 울산 남구의 변천을 중심으로』. 울산광역시 남구.

허민영. 2003a. "현대재벌의 노사관계 연구". 경성대학교 대학원 경제학과 박사학위논문.

허민영. 2003b. "현대그룹의 노사관계 변화, 1987-1999". 『산업노동연구』, 9(1): 39-69.

허민영. 2006. "경제위기 이후 재벌기업의 노사관계: 현대자동차의 경우". 『사회경제평론』, 26: 285-321.

허은. 2018. "창원 지역 노동계급 여성의 성별 노동 불평등 적응 기제에 관한 연구". 『경제와 사회』, 120: 158-197.

허은. 2020. "'부유한 노동자 도시'의 여성: 울산과 창원 여성 일자리의 실태와 특성". 『지역사회연구』, 28(3): 87-113.

허환주. 2016. 『현대조선 잔혹사』. 후마니타스.

현대그룹노동조합총연합. 1993. 『제3차 정기대의원대회 자료집』.

현대그룹노동조합총연합. 1993~96. 『사업보고』.

현대그룹노동조합협의회 청산위원회. 2002. 『사라지는 깃발은 없다: 현대그룹노조총연합15년투쟁사』. 시대와사람.

현대그룹노사관계진단연구단. 1994. 『현대그룹 노사관계 진단 연구보고서』.

현대자동차노동조합 교육선전실. 2001. 『벼랑 끝에서 본 하늘: 정리해고 · 무급휴직자 수기공모 작품집』.

현대자동차노동조합 정공본부. 2001. 『정공노조 15년』.

현대자동차노동조합 주택건립추진위원회. 1991. 『노동자의 내집마련 전략』.

현대자동차노동조합 편집실. 1990. 『양정벌에 핀 노동자들의 꿈』.

현대자동차노동조합. 《현자노조신문》.

현대자동차노동조합. 『사업보고』.

현대자동차노조 문화정책방향 연구팀. 2005. 『현대자동차 노동조합 문화정책 방향 연구』.

현대자동차주식회사. 1992. 『현대자동차사』.

현대자동차주식회사. 1997. 『도전 30년 비전 21세기: 현대자동차 30년사』.

현대자동차주식회사 · 현대자동차노동조합. 1994. 『현대자동차형 인사제도 안내서』.

현대자동차홍보부 편. 1990. 『한 아름의 행복』.

현대자동차홍보실 편. 1996. 『한 아름의 행복』.

현대중공업노동조합. 1989~1999. 《민주항해》.

현대중공업노동조합. 2007. 『현중노조 20년』.

현대중공업노동조합. 『사업보고서』.

현대중공업주식회사. 1987~1992. 《현대중공업》.

현대중공업주식회사. 1992. 『현대중공업사』.

현대중공업주식회사. 2007. 『2007 상생의 노사문화 정착 활동요약서』.

현자노동자신문 발간모임. 1992~2001. 《현자노동자신문》.

호네트, 악셀(Axel Honneth). 1996. 『인정투쟁』. 문성훈·이현재 옮김. 동녘.

호네트, 악셀(Axel Honneth). 2006. 『물화』. 강병호 옮김. 나남.

호네트, 악셀(Axel Honneth). 2009. 『정의의 타자』. 문성훈 외 옮김. 나남.

홍경준. 1995. "기업복지제도와 노동자의 연대". 『동향과 전망』, 26: 218-241.

홉스봄, 에릭(Eric Hobsbawm). 2003. 『저항과 반역 그리고 재즈』. 김동택·김정
한·정철수 옮김. 영림카디널.

홍석범. 2016. "비정규직 노동조합 조직화와 친밀감의 정치: 금속노조 3개 사내
하청지회 조직화 사례 연구". 『산업노동연구』, 22(1): 139-185.

홍장표. 2016. "한국 전자산업과 자동차산업 대기업의 글로벌 생산네트워크 비
교연구". 『동향과 전망』, 96: 9-47.

홍장표·조성재·김영두·박영삼. 1997. 『자동차산업의 원하청 관계와 노동자
간 격차』. 한국노동사회연구소.

87년노동자대투쟁20주년기념사업추진위원회. 2007. 『1987-2007 골리앗은 말
한다』.

## 2. 외국문헌

Alimi, Eitan Y. 2015. "Repertoires of Contention." in D. della Porta and M. Diani
(eds.). *The Oxford Handbook of Social Movements*. Oxford: Oxford

University Press.

Baccaro, Lucio. and Richard M. Locke. 1998. "The End of Solidarity?: the Decline of Egalitarian Wage Policies in Italy and Sweden." *European Journal of Industrial Relations*, 4(3): 283-308.

Bae, Kyuhan. 1987. *Automobile Workers in Korea*. Seoul: Seoul National University Press.

Beck, Ulrich. 1987. "Beyond Status and Class: Will There be an Individualized Class Society?" in V. Meja, D. Misgeld and N. Stehr (eds.). *Modern German Sociology*. New York: Columbia University Press.

Boltanski, Luc and Eve Chiapello. 2006. *The New Spirit of Capitalism*. translated by G. Elliott. London: Verso.

Brown, William and Keith Sisson. 1975. "The Use of Comparisons in Workplace Wage Determination." *British Journal of Industrial Relations* 13(1): 23-53.

Burawoy, Michael. 1979. *Manufacturing Consent*. Chicago: University of Chicago Press.

Capoccia, Giovanni and R. Daniel Kelemen. 2007. "The Study of Critical Junctures: Theory, Narrative, and Counterfactuals in Historical Institutionalism." *World Politics*, 59: 341-369.

Castells, Manuel. 1977. *The Urban Question*. London: Edward Arnold.

Clark, Rodney. 1979. *The Japanese Company*. New Haven: Yale University Press.

Clemens, Elisabeth. 1996. "Organizational Form as Frame: Collective Identity and Political Strategy in the American Labor Movement, 1880-1920." in D. McAdam et al. (eds.). *Comparative Perspectives on Social Movements*. New York: Cambridge University Press.

Cohen, Phil. 1972[2007]. "Subcultural Conflict and Working Class Community." reprinted in K. Gelder (ed.). *Subcultures, Vol 2*. London: Routledge.

Colligan, Michael and Roger R. Rosa. 1990. "Shiftwork Effects on Social and Family Life." *Occupational Medicine*, 5: 315-322.

Cox, Kevin. 1998. "Spaces of Dependence, Spaces of Engagement and the Politics of Scale, or: Looking for Local Politics." *Political Geography*, 17(1): 1-23.

Cronin, James. 1980. "Labor Insurgency and Class Formation: Comparative Perspectives on the Crisis of 1917-1920 in Europe." *Social Science Histroy*, 4(1): 125-152.

della Porta, Donatella and Mario Diani. 2006. *Social Movements: An Introduction*. Oxford: Blackwell Publishing.

Dubin, Robert. 1956. "Industrial Workers' Worlds: a Study of the 'Central Life Interests' of Industrial Workers." *Social Problems*, 3(3): 131-142.

Eagles, Monroe. 1990. "An Ecological Perspective on Working-Class Political Behaviour." in R. Johnston, F. Shelly and P. Tayor (eds.). *Development in Electoral Geography*. London: Routledge.

Earl, Jennifer, Andrew Martin, John D. McCarthy and Sarah A. Soule. 2004. "The Use of Newspaper Data in the Study of Collective Action." *Annual Review of Sociology*, 30: 65-80.

Ebbinghaus, Bernhard. 1995. "The Siamese Twins: Citizenship Rights, Cleavage Formation, and Party-Union Relations in Western Europe." in C. Tilly (ed.). *International Review of Social History* 40(Supplement 3): 51-89.

Edwards, Richard. 1979. *Contested Terrain: the Transformation of the Workplace in the Twentieth Century*. New York: Basic Books.

Eley, Geoff and Keith Nield. 2000. "Farewell to the Working Class?" *International Labor and Working-Class History*, 57: 1-30.

Elster, Jon. 1985. *Making Sense of Marx*. Cambridge: Cambridge University Press.

Elster, Jon. 1989. *The Cement of Society*. Cambridge: Cambridge University Press.

Esping-Andersen, Gøsta. 1990. *The Three Worlds of Welfare Capitalism*.

Cambridge: Polity Press.

Frege, Carola M. and John Kelly. 2003. "Union Revitalization Strategies in Comparative Perspective." *European Journal of Industrial Relations*, 9(1): 7-24.

Gall, Gregor. 2014. "New Forms of Labour Conflict: A Transnational Overview." in M. Atzeni (ed.). *Workers and Labour in a Globalised Capitalism*. Basingstoke: Palgrave Macmillan.

Geary, Dick. 2000. "Beer and Skittles?: Workers and Culture in Early Twentieth-Century Germany." *Australian Journal of Politics and History*, 46(3): 388-402.

Gentile, Antonina and Sidney Tarrow. 2009. "Charles Tilly, Globalization, and Labor's Citizen Rights." *European Political Science Review*, 1(3): 465-493.

Gerhards, Juergen and Dieter Rucht. 1992. "Mesomobilization: Organizing and Framing in Two Protest Campaigns in West Germany." *American Journal of Sociology*, 98(3): 555-596.

Goldthorpe, John and David Lockwood. 1963. "Affluence and the British Class Structure." *The Sociological Review*, 11(2): 133-163.

Goldthorpe, John, David Lockwood, Frank Bechhofer and Jennifer Platt. 1967. "The Affluent Worker and the Thesis of Embourgeoisement: Some Preliminary Research Findings." *Sociology*, 1(1): 11-31.

Goldthorpe, John, David Lockwood, Frank Bechhofer and Jennifer Platt. 1969. *The Affluent Worker in the Class Structure*. London: Cambridge University Press.

Gordon, Andrew. 1985. *The Evolution of Labor Relations in Japan: Heavy Industry, 1853-1955*. Cambridge: Harvard University Press.

Gottschalk, Marie. 2000. *The Shadow Welfare State: Labor, Business and the Politics of Health-care in the United States*. Ithaca: Cornell University Press.

Gould, Roger V. 1995. *Insurgent Identities: Class, Community, and Protest in Paris from 1848 to the Commune*. Chicago: The University of Chicago Press.

Halle, David. 1984. *America's Working Man: Work, Home, and Politics among Blue-Collar Property Owners*. Chicago: The University of Chicago Press.

Hareven, Tamara. 1982. *Family Time and Industrial Time: the Relationship between the Family and Work in a New England Industrial Community*. Cambridge: Cambridge University Press.

Harris, Richard. 1984. "Residential Segregation and Class Formation in the Capitalist City." *Progress in Human Geography*, 8(1): 26-49.

Hechter, Michael. 1987. *Principles of Group Solidarity*. Berkeley: University of California Press.

Hobsbawm, Eric. 1987. "Labour in the Great City." *New Left Review*, 166: 39-51.

Hutter, Swen. 2014. "Protest Event Analysis and Its Offspring." in D. della Porta (ed.). *Methodological Practices in Social Movement Research*, Oxford: Oxford University Press.

Hyman, Richard. 1992. "Trade Unions and the Disaggregation of the Working Class." in M. Regini (ed.). *The Future of Labour Movements*. London: Sage Publications.

Hyman, Richard. 1999. "Imagined Solidarities: Can Trade Unions Resist Globalization?" in P. Leisink (ed.). *Globalization and Labour Relations*. Cheltenham,: Edward Elgar.

Iversen, Torben. 1996. "Power, Flexibility, and the Breakdown of Centralized Wage Bargaining: Denmark and Sweden in Comparative Perspective." *Comparative Politics*, 28(4): 399-436.

Jonas, Andrew E. G. 1996. "Local Labour Control Regimes: Uneven Development and the Social Regulation of Production." *Regional Studies*,

30(4): 323-338.

Joyce, Patrick. 1990. *Visions of the People: Industrial England and the Question of Class, c.1848-1914*. Cambridge: Cambridge University Press.

Kabl, Don. 1997. *Expanding Class: Power and Everyday Politics in Industrial Communities, the Netherlands, 1850-1950*. Durham: Duke University Press.

Kalb, Don. 2000. "Class (in Place) Without Capitalism (in Space)?" *International Labor and Working-Class History*, 57: 31-39.

Kang, Minhyoung. 2021. "The Transformation of Labor Force Dualism in South Korea's Shipyards, 1974 to the Present." *Labor History*, 62(3): 276-296.

Katznelson, Ira. 1981. *City Trenches: Urban Politics and the Patterning of Class in the United States*. Chicago: The University of Chicago Press.

Katznelson, Ira. 1986. "Working-Class Formation: Constructing Cases and Comparisons." in I. Katznelson and A. Zolberg (eds.). *Working-Class Formation*. Princeton: Princeton University Press.

Katznelson, Ira. 1992. *Marxism and the City*. Oxford: Oxford University Press.

Kelly, John. 2015. "Conflict: Trends and Forms of Collective Action." *Employee Relations*, 37(6): 720-732.

Kirk, Neville. 1991. "'Traditional' Working-Class Culture and 'the Rise of Labour': Some Preliminary Questions and Observations." *Social History*, 16(2): 203-216.

Kittel, Bernhard. 2000. "Trade Union Bargaining Horizons in Comparative Perspective: the Effects of Encompassing Organization, Unemployment and the Monetary Regime on Wage-Pushfulness." *European Journal of Industrial Relations* 6(2): 181-202.

Klandermans, Bert. 1988. "The Formation and Mobilization of Consensus." in B. Klandermans, H. Kriese, and S. Tarrow (eds.). *International Social Movement Research 1*. Greenwich: JAI.

Kocka, Jürgen. 1980. "The Study of Social Mobility and the Formation of the Working Class in the 19th Century." *Le Mouvement Social*, 111: 97-117.

Kocka, Jürgen. 1986. "Problems of Working-Class Formation in Germany: the Early Years, 1800-1875." in I. Katznelson and A. Zolberg (eds.). *Working-Class Formation*. Princeton: Princeton University Press.

Kocka, Jürgen. 2001. "How Can One Make Labour History Interesting Again?" *European Review*, 9(2): 201-212.

Koo, Hagen. 1990. "From Farm to Factory: Proletarianization in Korea." *American Sociological Review*, 55(5): 669-681.

Koopmans, Ruud and Dieter Rucht. 2002. "Protest Event Analysis." in B. Klandermans and S. Staggenborg (eds.). *Methods of Social Movement Research*. Minneapolis: University of Minnesota Press.

Lee, Byoung-Hoon. 2016. "Worker Militancy at the Margins: Struggles of Non-regular Workers in South Korea." *Development and Society*, 45(1): 1-37.

Lichtenstein, Nelson. 1985. "UAW Bargaining Strategy and Shop-Floor Conflict: 1946-1970." *Industrial Relations*, 24(3): 360-381.

Lipset, Seymour Martin. 1983. "Radicalism or Reformism: the Sources of Working-Class Politics." *American Political Science Review*, 77: 1-18.

Loudon, R. and P. Bohle. 1997. "Work/Non-Work Conflict and Health in Shiftwork: Relationship with Family Status and Social Support." *International Journal of Occupational and Environmental Health*, 3: S71-S77.

Marks, Gary. 1989. *Unions in Politics: Britain, Germany, and the United States in the Nineteenth and Early Twentieth Century*. Princeton: Princeton University Press.

Marston, Sallie A. 2000. "The Social Construction of Scale." *Progress in Human Geography*, 24(2): 219-42.

Massey, Doreen. 1995. *Spatial Divisions of Labor* (second edition). New York:

Routledge.

McAdam, Douglas, Sidney Tarrow and Charles Tilly. 2001. *Dynamics of Contention*. Cambridge: Cambridge University Press.

McCarthy, John D., Clark McPhail and Jackie Smith. 1996. "Images of Protest: Dimensions of Selection Bias in Media Coverage of Washington, D.C. Demonstrations, 1982 and 1991." *American Sociological Review*, 61: 478-499.

Moore, Barrington. 1978. *Injustice: the Social Bases of Obedience and Revolt*. New York: M. E. Sharpe.

OECD. 2019. *Employment Outlook 2019: the Future of Work*. Paris: OECD.

Oestreicher, Richard. 1986. *Solidarity and Fragmentation: Working People and Class Consciousness in Detroit, 1875-1900*. Chicago: University of Illinois Press.

Offe, Claus. 1985. "Interest Diversity and Trade Union Unity." in *Disorganized Capitalism*. Cambridge: The MIT Press.

Offe, Claus and Helmut Wiesenthal. 1980. "Two Logics of Collective Action." *Political Power and Social Theory, Vol. 1*. JAI Press.

Oliver, Pamela E. and Gregory M. Maney. 2000. "Political Processes and Local Newspaper Coverage of Protest Events: From Selection Bias to Triadic Interaction". *American Journal of Sociology*, 106(2): 463-505.

Olzak, Susan. 1989. "Analysis of Events in the Study of Collective Action." *Annual Review of Sociology*, 15: 119-141.

Parkin, Frank. 1979. *Marxism and Class Theory: A Bourgeois Critique*. London: Tavistock Publications.

Perrone, Luca. 1983. "Positional Power and Propensity to Strike." *Politics & Society*, 12(2): 231-261.

Perrot, Michelle. 1986. "On the Formation of the French Working Class." in I. Katznelson and A. Zolberg (eds.). *Working-Class Formation*. Princeton:

Princeton University Press.

Perry, Elizabeth. 1996. "Introduction: Putting Class in Its Place: Bases of Worker Identity in East Asia." in E. Perry (ed.). *Putting Class in Its Place: Worker Identities in East Asia*. Berkeley: University of California Berkeley.

Piore, Michael. 1973. "Fragments of a "Sociological" Theory of Wages." *American Economic Review*, 63(2): 377-384.

Piven, Frances Fox and Richard A. Cloward. 1979. *Poor People's Movements: Why They Succeed, How They Fail*. New York: Vintage.

Piven, Frances Fox and Richard A. Cloward. 2000. "Power Repertoires and Globalization." *Politics & Society*, 28(3): 413-430.

Ross, Arthur. 1948. *Trade Union Wage Policy*. Berkeley: University of California Press.

Rothstein, Bo. 1992. "Labor-market Institutions and Working-class Strength." in S. Steinmo, K. Thelen and F. Longstreth (eds.). *Structuring Politics: Historical Institutionalism in Comparative Analysis*. Cambridge: Cambridge University Press.

Rucht, Dieter and Thomas Ohlemacher. 1992. "Protest Event Data: Collection, Uses and Perspectives." in M. Diany and R. Eyerman (eds.). *Studying Collective Action*. London: Sage Publications.

Rucht, Dieter. 1998. "The Structure and Culture of Collective Protest in Germany since 1950." in D. Meyer and S. Tarrow (eds.). *The Social Movement Society*. Maryland: Rowman & Littlefield Publisher, Inc.

Runciman, W. G. 1966. *Relative Deprivation and Social Justice*. London: Routledge and Kegan Paul.

Savage, Mike. 1993. "Urban History and Social Class: Two Paradigm." *Urban History*, 20(1): 61-77.

Savage, Mike and Andrew Miles. 1994. *The Remaking of the British Working Class, 1840-1940*. London: Routledge.

Schulten, Thorsten. 2004. "Foundations and Perspectives of Trade Union Wage Policy in Europe." WSI-Discussionspaper No. 129.

Scott, Joan. 1991. "The Evidence of Experience." *Critical Inquiry*, 17(4): 773-797.

Seidman, Gay. 1994. *Manufacturing Militance: Worker's Movements in Brazil and South Africa, 1970-1985.* Berkeley: University of California Press.

Sewell, Jr, William. 1990. "How Classes are Made: Critical Reflections on E. P. Thompson's Theory of Working-Class Formation." in H. Kaye and K. McClelland (eds.). *E. P. Thompson: Critical Perspectives.* Cambridge: Polity Press.

Shibata, Saori. 2016. "Resisting Japan's Neoliberal Model of Capitalism: Intensification and Change in Contemporary Patterns of Class Struggle." *British Journal of Industrial Relations*, 54(3): 496-521.

Somers, Margaret. 1989. "Workers of the World, Compare!" *Contemporary Sociology*, 18: 325-329.

Somers, Margaret. 1997. "Deconstructing and Reconstructing Class Formation Theory: Narrativity, Relational Analysis, and Social Theory." in J. Hall (ed.). *Reworking Class.* Ithaca: Cornell University Press.

Stedman Jones, G. 1983. *Languages of Class.* Cambridge: Cambridge University Press.

Streeck, Wolfgang. 2009. *Re-Forming Capitalism: Institutional Change in the German Political Economy.* Oxford: Oxford University Press.

Swenson, Peter. 1989. *Fair Shares: Unions, Pay, and Politics in Sweden and West Germany.* Ithaca: Cornell University Press.

Tarrow, Sidney. 1989. *Democracy and Disorder: Protest and Politics in Italy, 1965-1975.* Oxford: Clarendon.

Tarrow, Sidney. 1994. *Power in Movement: Social Movements, Collective Action and Politics.* Cambridge: Cambridge University Press.

Tarrow, Sidney. 1995. "Cycles of Collective Action: Between Moments of Madness and the Repertoire of Contention", in M. Traugott (ed.). *Repertoires and Cycles of Collective Action*, Durham: Duke University Press.

Taylor, Peter. 1982. "A Materialist Framework for Political Geography." *Transactions of the Institute of British Geographers*, 7(1): 15-34.

Thompson, E. P. 1971. "The Moral Economy of the English Crowd in the Eighteenth Century." *Past and Present*, 50: 76-136.

Thompson, E. P. 1978a. "Eighteenth-Century English Society: Class Struggle without Class?" *Social History*, 3(2): 133-165.

Thompson, E. P. 1978b. *The Poverty of Theory and Other Essays*. New York: Monthly Review Press.

Thrift, Nigel and Peter Williams (eds.). 1987. *Class and Space*. London: Routledge & Kegan Paul.

Tilly, Charles. 1978. *From Mobilization to Revolution*. Reading: Addison-Wesley Pub.

Tilly, Charles. 1995. "Contentious Repertoires in Great Britain, 1758-1834." in M. Traugott (ed.). *Repertoires and Cycles of Collective Action*. DurhamL Duke University Press.

Traxler, Franz. 1995. "Farewell to Labour Market Associations?: Organized versus Disorganized Decentralization as a Map for Industrial Relations." in C. Crouch and F. Traxler (eds.). *Organized Industrial Relations in Europe*. Adlershot: Avebury.

Valenzuela, J. Samuel. 1989. "Labor Movements in Transition to Democracy: A Framework for Analysis." *Comparative Politics*, 21(4): 445-472.

Vandaele, Kurt. 2016. "Interpreting Strike Activity in Western Europe in the Past 20 years: the Labour Repertoire under Pressure." *Transfer*, 22(3): 277-294.

Walker, James. 1985. "Social Problems of Shiftwork." in S. Folkard and T. Monk (eds.). *Hours of Work: Temporal Factors in Work-Scheduling.* Chichester: John Wiley & Sons.

Woo, Myungsook. 2004. *The Politics of Social Welfare Policy in South Korea.* Lanham: University Press of America, Inc.

Wright, Erik Olin. 1978. *Class, Crisis and the State.* London: New Left Books.

Wright, Erik Olin. 2000. "Working-class Power, Capitalist-class Interests, and Class Compromise." *American Journal of Sociology,* 105(4): 957-1002.

Yoo, Hyung-Geun. 2012. "Militant Labor Unionism and the Decline of Solidarity: A Case Study of Hyundai Auto Workers in South Korea." *Development and Society,* 41(2): 177-199.

Zolberg, Aristide. 1986. "How Many Exceptionalisms?" in I. Katznelson and A. Zolberg (eds.). *Working-Class Formation.* Princeton: Princeton University Press.

# 찾아보기